乡村振兴的理论探索和地方实践

樊晓燕 著

西安交通大学出版社
XI'AN JIAOTONG UNIVERSITY PRESS

图书在版编目(CIP)数据

乡村振兴的理论探索和地方实践 / 樊晓燕著.
西安 ：西安交通大学出版社，2024.10. -- ISBN 978 - 7 - 5693 - 2457 - 0

Ⅰ. F320.3

中国国家版本馆 CIP 数据核字第 2024HY6345 号

书　　名　乡村振兴的理论探索和地方实践
XIANGCUN ZHENXING DE LILUN TANSUO HE DIFANG SHIJIAN
著　　者　樊晓燕
策划编辑　雒海宁
责任编辑　雒海宁
责任校对　袁　娟
封面设计　伍　胜

出版发行　西安交通大学出版社
（西安市兴庆南路 1 号　邮政编码 710048）
网　　址　http://www.xjtupress.com
电　　话　(029)82668357　82667874(市场营销中心)
(029)82668315(总编办)
传　　真　(029)82668280
印　　刷　西安五星印刷有限公司

开　　本　720mm×1000mm　1/16　**印张**　18.25　**字数**　399 千字
版次印次　2024 年 10 月第 1 版　　2025 年 2 月第 1 次印刷
书　　号　ISBN 978 - 7 - 5693 - 2457 - 0
定　　价　88.00 元

如发现印装质量问题，请与本社市场营销中心联系。
订购热线：(029)82665248　(029)82667874
投稿热线：(029)82664840　QQ：363342078
读者信箱：363342078@qq.com

前　言

随着我国经济社会的快速发展，城乡差距问题日益凸显。为实现城乡协调发展，促进乡村繁荣与进步，乡村振兴战略应运而生。党的十九大报告首次提出了乡村振兴战略，将其提升至国家战略高度。2018 年《中共中央 国务院关于实施乡村振兴战略的意见》(2018 年“中央一号文件”)和 2021 年《中共中央 国务院关于全面推进乡村振兴加快农业农村现代化的意见》，对乡村振兴战略做出了全方位部署。2022 年习近平总书记在党的二十大报告中指出，“全面建设社会主义现代化国家，最艰巨最繁重的任务仍然在农村”[①]。2023 年“中央一号文件”和《中共中央 国务院关于做好 2023 年全面推进乡村振兴重点工作的意见》提出，举全党全社会之力全面推进乡村振兴，进一步表明国家对乡村振兴的高度重视。乡村振兴战略，作为新时代解决“三农”问题的总抓手，不仅体现了党中央对农业农村农民问题的高度重视，更展现了马克思主义理论中国化创新发展的鲜明特色，这一战略的实施，不仅是对马克思主义经典理论的继承与发展，更是结合中国实际、扎根中国大地的创新性应用。

乡村振兴战略具有深厚的马克思主义理论基础，它立足于辩证唯物论和历史唯物主义的实践观点，旨在推动乡村全面振兴、加快农业农村现代化进程。辩证唯物论强调一切从实际出发、实事求是，坚持以实践为基础，这正是乡村振兴战略的出发点和落脚点。乡村振兴并非一蹴而就之事，而是一项长期的、系统的工程，需要循序渐进地推动乡村精神文明和产业发展不断取得新突破，在这个过程中，必须遵循乡村发展的客观规律，切忌急功冒进和急于求成。历史唯物主义则揭示了社会发展的历史必然性和规律，为乡村振兴提供了根本动力和目标指引[②]。乡村振兴战略作为新时代我国农村发展的重要战略部署，不仅是农村发展模式的深刻变革，更是马克思主义社会过程理论方法的生动体现。在唯物辩证法的视角下，社会

---

① 习近平. 高举中国特色社会主义伟大旗帜 为全面建设社会主义现代化国家而团结奋斗[N]. 人民日报，2022-10-26(1).

② 赵海姣，许婵，罗惠娟，等. 从乡村振兴战略谈马克思主义理论中国化创新发展[J]. 农业技术经济，2024(7)：145-146.

发展是一个充满连续性与非连续性相互交织的自然历史过程，而乡村振兴战略的提出与实施正是这一理论的深刻实践与体现。

2019年6月1日，习近平总书记在《求是》杂志第11期发表的重要文章《把乡村振兴战略作为新时代"三农"工作总抓手》中指出，没有农业农村现代化，就没有整个国家现代化。在现代化进程中，如何处理好工农关系、城乡关系，在一定程度上决定着现代化的成败。"农业农村现代化是实施乡村振兴战略的总目标，坚持农业农村优先发展是总方针，产业兴旺、生态宜居、乡风文明、治理有效、生活富裕是总要求，建立健全城乡融合发展体制机制和政策体系是制度保障。"①他强调，在实施乡村振兴战略中要注意处理好以下关系：一是长期目标和短期目标的关系；二是顶层设计和基层探索的关系；三是充分发挥市场决定性作用和更好发挥政府作用的关系；四是增强群众获得感和适应发展阶段的关系。

习近平总书记关于乡村振兴重要论述是聚焦新时代城乡关系问题而提出的一系列思想论断，这些重要论述围绕乡村振兴战略，提出时代化的乡村振兴目标，提出中国特色社会主义乡村振兴道路，找准乡村振兴切入点，提出乡村振兴总方针，建立乡村振兴制度体系，是对中国共产党既往乡村建设思想的发展。在这些重要论述指导下的中国特色社会主义乡村振兴实现了对西方国家乡村振兴的超越：以马克思主义城乡融合理论超越西方自由主义经济学及后现代主义乡村空间转型理论；以中国特色社会主义乡村振兴道路超越资本主义生产方式一体化的乡村振兴之路；以追求人的自由全面发展超越追求剩余价值最大化；以社会主义制度优势超越资本主义制度。其之所以富含超越性，离不开战略思维、系统思维、辩证思维、创新思维、底线思维等思维方法②。

黄承伟③认为，新时代党在"三农"领域的理论创新集中体现为中国特色反贫困理论不断成熟、全面推进乡村振兴的重要论述理论化体系化、建设农业强国方略的提出与完善。党的"三农"理论创新形成了逻辑严密的思想理论体系，并引领改革实践创新取得了历史性成就，做出了时代贡献，为推进乡村全面振兴、建设农业强国奠定了理论基础和实践基础。系统总结、研究新时代党的"三农"理论创新的过程、成果及其时代贡献，对于贯彻落实党的二十届三中全会精神，继续推进实践

---

① 习近平．把乡村振兴战略作为新时代"三农"工作总抓手[J]．求是，2019(11)：4－10.

② 蒙慧，刘梦．习近平关于乡村振兴重要论述的比较研究与思维范式分析[J]．经济社会体制比较，2024(4)：9－17.

③ 黄承伟．以思想理论创新引领改革实践创新：新时代党的"三农"理论创新及其时代贡献[J]．南京农业大学学报(社会科学版)，2024，24(5)：1－12.

基础上的理论创新，以进一步深化改革推进巩固拓展脱贫攻坚成果、推进乡村全面振兴、推进农业农村现代化、推进建设农业强国，对于更好推进中国式现代化建设，具有重要的理论和实践意义。

中国是一个传统农业大国，乡村是中国的根脉，是国家大厦的基础，是经济社会发展的必然。乡村建设为农民而建，始终是一项重要的民生问题，也是解决“三农”问题，实现全体人民共同富裕，全面建成社会主义现代化强国重点关注的问题。当前，国内外经济社会发展各项任务极其繁重，全面推进乡村振兴、推进乡村共同富裕成为实现全体人民共同富裕目标、建设中国式现代化的必然路径和历史选择①。当前社会主要矛盾的突出表现是乡村发展不平衡不充分。为实现全体人民共同富裕，解决当前发展不平衡不充分这一重要问题，就必然要聚焦于乡村场域，全面推进乡村振兴。同时，乡村全面振兴不可能仅以乡村资源要素实现乡村现代化，更要从上层政策制定、下层举措落实等全方位推进乡村全面建设。学者通过厘清乡村共同富裕理论逻辑和历史逻辑，并基于乡村共同富裕发展建设现状发现，我国乡村共同富裕以乡村政治、经济、文化、社会、生活方面建设为着力点，以实现农民共同富裕为阶段性发展目标。

中国着眼于乡村振兴战略大局，全面制定乡村产业振兴的制度框架和政策体系，从调整乡村产业结构、优化乡村产业组织、协调乡村产业生产要素等层面构建现代化乡村产业体系，为建设现代化农业强国奠定坚实的产业基础。随着乡村产业振兴战略的逐步落实，各类乡村产业的贡献程度随之发生结构性变化。乡村产业结构的调整，促进多种融合性新型生产经营组织的形成。中国不断推进农业生产要素的市场化改革，在技术、金融和土地等方面做出了有利于乡村产业高质量发展的制度调整，同时提高了各项要素在农业产业链和产业集群的配置效率。乡村产业振兴的中国道路为世界范围内发展中国家的农业现代化提供了一个完整的理论分析框架，具有重要的实践指导意义②。

在乡村的现代化进程中，原有的封闭、静态和同质化的乡村文化生态，日益向开放、流动、异质化的乡村文化生态变迁和转型。城市文化、西方文化、大众文化等多种多样的文化元素和形态不断传导汇聚到乡村，逐渐重构和塑造出一个多样发展的新乡村文化生态。如何处理各种文化形态的“关系”，通过正向“引导”并使之

---

① 文丰安，陈明月．中国式现代化进程中乡村共同富裕研究[J]．重庆大学学报（社会科学版），2024，30（2）：245－259．

② 孙智君，白倩．乡村产业振兴的中国道路：理论探索与政策实践[J]．学习与实践，2024（6）：107－116．

达到一个相对平衡的结构状态是非常关键和重要的。因此，新时代乡村文化生态研究强调运用整体性、系统性、协调性的观念看待乡村文化建设，其实践指向是坚持中国特色社会主义文化主导地位，促进多样文化的和谐共生，以实现乡村文化生态平衡[①]。

中华文化复兴根基在于乡村文化振兴。从乡村文化自觉开启到新时代乡村文化自强的递进式逻辑转化中，习近平文化思想与乡村文化振兴相互呼应，揭示了乡村文化振兴的规律性认识，达成对乡村文化振兴认识论和方法论的统一，有效回应了“乡村文化何以强”的时代命题[②]。习近平文化思想引领乡村文化振兴的理论逻辑集中表现于乡村文化领导论、乡村文化立场论、乡村文化自信论、乡村文化激活论、乡村文化系统论和乡村文化保障论的体用贯通中，明确了乡村文化振兴的责任担纲、价值立场、文明基础、内生动力、要素融通和工作布局，构建了“第二个结合”性质的乡村范式。

习近平文化思想是习近平新时代中国特色社会主义思想的文化篇章。从乡村振兴层面来看，习近平文化思想规定了乡村全面振兴的文化使命；从乡村治理层面来看，习近平文化思想为推进乡村治理现代化提供了文化指引；从乡村生活层面来看，习近平文化思想表达了乡村美好生活的文化诉求。习近平文化思想为新时代乡村意识形态建设奠定了思想根基，为巩固文化强国建设的乡村之基提供了理论指导，为推进中国式乡村文化现代化提供了科学方法论。在乡村建设进程中，习近平文化思想的实践指引在于坚持党在乡村基层的文化领导权，坚持以人民为中心推动乡村文化繁荣兴盛，坚持在守正创新中提升乡村文化建设水平。

目前学者不仅从一般意义上探讨乡村振兴的理论和模式，更尝试总结中国乡村振兴的经验，提炼中国话语的要素，开辟理论创新的路径，围绕各地案例和数字经济等全新领域开展研究。浙江省实施的“千万工程”探索了从人居环境整治到乡村全面建设的科学路径，在使命、目标和原则上与乡村产业发展具有一致性，这为提升乡村产业发展水平明确了关键任务和行动路径。借鉴“千万工程”发展理念、工作方法和制度设计三大经验，解决当前乡村产业融合层次依然较浅、发展基础整体不高、项目前景有待提升、富民效果仍然有限、发展动能有待加强等问题，促进产业体系融合化、产业项目特色化、产业路径持续化、产业收益惠民化和产业动能长

---

① 唐艳群，冯旺舟．新时代乡村文化生态研究的理论基础、实践逻辑与现实向度[J]．学术探索，2024(10)：1－8.

② 张明皓，陈怡思．乡村文化何以强：习近平文化思想引领乡村文化振兴的逻辑与进路[J]．南京农业大学学报(社会科学版)，2024，24(4)：1－12.

效化。据此，应坚持系统思维，强化统筹协调；坚持求真务实，注重问题导向；坚持绿色引领，强调创新驱动；保障农民权益，突出共建共享[①]。王伟提出，数字经济具有高创新性、强渗透性和广覆盖性的特征，能够为城乡融合发展提供新动能，其通过选取测度 2006—2021 年我国 30 个省区市的数字经济和城乡融合指数，从理论和实证角度探讨了数字经济对城乡融合发展的影响效应及作用机制[②]。

乡村现代化作为中国式现代化的重要组成部分，是中国实现乡村发展与全面振兴的最终目标。李思梦等基于乡村发展与乡村现代化的内涵与逻辑，系统梳理了第二次世界大战以来全球乡村发展的阶段特征、路径策略与理论演化，总结了中国乡村现代化面临的问题与挑战，并构建了支撑中国乡村现代化转型的学理认知框架[③]。

谷甜甜等[④]通过对乡村振兴已有研究的回顾梳理发现，当下乡村振兴研究呈现出以下主要特点：①乡村振兴文献数量呈现上升趋势，研究历程可以分为起始发展期和蓬勃发展期两个阶段，核心研究机构之间存在一定的合作交流，但学者和研究机构之间的合作强度不大，尚未形成联系紧密的学术共同体和高产作者集群。②已有研究主要集中在脱贫攻坚与乡村振兴的有效衔接、乡村治理体系的转型与创新、乡村产业的融合发展、乡村振兴与精准扶贫联动发展机制等方面。③关键词聚类呈现出四个核心主题，包括乡村振兴的科学内涵、发展模式、成效测度和发展对策。完善乡村振兴理论体系构建、促进乡村振兴发展模式改革创新、精准测度乡村振兴成效、共助乡村振兴持续高速发展是未来乡村振兴的重要研究方向。

本书立足人民美好生活需要，主要从马克思主义唯物史观的分析视角出发，运用马克思主义中国化的创新理论对我国实施乡村振兴战略以来所进行的理论探索和地方实践进行研究，通过实地调研、统计分析、模型构建等方法力图呈现我国乡村振兴的理论进展和实践经验。全书共分为经济发展、社会治理和文化教育三大篇，经济发展篇主要对我国城乡要素配置效率、财政金融协同支农、数字普惠金融等议题进行了研究；社会治理篇集中讨论了乡村振兴的困境与对策、农民福利水

---

① 高鸣，周子铭.“千万工程”经验赋能乡村产业发展的理论逻辑、现实基础与行动路径[J]. 南京农业大学学报(社会科学版)，2024，24(2)：1－15.

② 王伟. 数字经济赋能城乡融合发展：理论分析与实证检验[J]. 西南民族大学学报(人文社会科学版)，2024，45(7)：89－101.

③ 李思梦，杨忍，龙花楼. 全球乡村发展理论演化及其对中国乡村现代化的启示[J]. 地理学报，2024，79(4)：854－872.

④ 谷甜甜，戴雅楠，车瑞昱，等. 中国乡村振兴研究评述与展望[J]. 中国农业资源与区划，2023，44(12)：155－164.

平、农村公共服务供给、社区韧性等问题；文化教育篇聚焦农村文化建设面临的困境、农村公共文化服务结构转型、西部乡村家校社协同育人等热点问题，分别从理论进展、现实状况、成就和问题、对策建议等方面展开。希望本书在一般意义上展现乡村振兴战略取得的成就，又通过地方乡村振兴案例反映其区域特色。但由于乡村振兴议题学界关注时间尚短，中国的乡村振兴战略还在推进中，加之作者水平有限，相关成果难免存在疏漏，期待在今后的研究中不断加以完善。

目　录

第一篇　经济发展篇

第一章　城乡融合视域下基于 DEA 方法的要素配置效率测度 …………………… 3

一、问题的提出 ……………………………………………………………… 3

二、基本概念与理论基础…………………………………………………… 10

三、我国城乡要素配置的现状分析………………………………………… 21

四、我国城乡要素配置效率的测算与分析………………………………… 28

五、对策建议………………………………………………………………… 39

第二章　乡村振兴战略背景下财政支农与金融支农的协同作用 ……………… 43

一、问题的提出……………………………………………………………… 43

二、基本概念与理论基础…………………………………………………… 50

三、财政、金融支农现状分析 ……………………………………………… 57

四、财政支农与金融支农协同作用实证分析……………………………… 68

五、财政支农与金融支农协同效率的影响因素分析……………………… 77

六、对策建议………………………………………………………………… 83

第三章　陕西省数字普惠金融对城乡收入差距的影响 ………………………… 86

一、问题的提出……………………………………………………………… 86

二、理论基础与文献综述…………………………………………………… 91

三、数字普惠金融影响城乡收入差距的机制分析………………………… 98

四、陕西省数字普惠金融与城乡收入差距的现状分析 ………………… 103

五、陕西省数字普惠金融对城乡收入差距影响的实证分析 …………… 118

六、对策建议 ……………………………………………………………… 123

第二篇　社会治理篇

第四章　新发展格局下乡村振兴的困境与对策…… 131
一、问题的提出 …… 131
二、乡村治理的理论逻辑 …… 132
三、乡村振兴面临的现实困境 …… 134
四、乡村振兴的发展出路 …… 138
五、小结 …… 141
第五章　农村居民福利水平多维测度与影响因素分析…… 143
一、问题的提出 …… 143
二、文献回顾 …… 144
三、理论分析 …… 145
四、研究设计 …… 149
五、实证结果分析 …… 152
六、小结 …… 158
第六章　陕西省农村公共服务供给的困境与对策…… 160
一、问题的提出 …… 160
二、研究现状 …… 162
三、研究设计 …… 166
四、陕西省农村公共服务现状分析 …… 169
五、基于陕西某市×村的跟踪调查分析 …… 193
六、陕西省农村公共服务供给的困境分析 …… 196
七、破解陕西省农村公共服务供给困境的对策 …… 198
第七章　乡村振兴背景下旅游社区韧性影响因素测度与分析…… 201
一、问题的提出 …… 201
二、理论基础 …… 202

三、研究设计 …… 207
四、实证结果及分析 …… 208
五、对策建议 …… 214
六、小结 …… 215

第三篇　文化教育篇

第八章　农村文化在城市化背景下面临的困境思考 …… 219
一、问题的提出 …… 219
二、研究现状 …… 220
三、农村文化面临的困境及表现 …… 222
四、破解农村文化困境的对策 …… 225
第九章　乡村振兴背景下农村公共文化服务结构转型 …… 228
一、问题的提出 …… 228
二、基本概念和理论基础 …… 230
三、农村公共文化服务建设取得的成就 …… 241
四、乡村振兴背景下农村公共文化服务结构转型面临的困境 …… 249
五、对策建议 …… 256
第十章　西部乡村家校社协同育人的困境与对策 …… 265
一、问题的提出 …… 265
二、研究现状 …… 266
三、样本选择和信效度分析 …… 266
四、家校社协同育人面临的四重困境 …… 268
五、家校社协同育人困境的成因分析 …… 273
六、对策建议 …… 277
后　记 …… 280

第一篇　经济发展篇

第一章　城乡融合视域下基于DEA方法的要素配置效率测度

马克思主义的城乡关系理论认为，城乡分离、城乡对立和城乡融合是城乡关系发展的三个阶段。随着全面建设社会主义现代化国家新征程的开启，我国已经从城乡统筹、城乡一体走向城乡融合发展阶段。促进城乡融合，提高城乡要素配置效率，是高质量发展的重要内容，对实现区域协调发展具有积极意义。测度城乡要素配置效率有助于准确把握城乡经济发展的现状和问题，为城乡融合找到切入点和实现路径。

一、问题的提出

（一）研究背景

新中国成立初期，为了快速实现国家工业化目标，政府通过一系列制度建设，逐步确立城乡二元分割的体制。1958年，以《中华人民共和国户口登记条例》颁布为标志，正式建立起城乡二元的户籍制度。1953—1979年，农村信用社在农村地区累计吸收存款达1941亿元，对农村的贷款仅为530亿元，高约73%的资金由农村流向城市[①]。1962—1979年，这一时期，劳动力和资金长期反向流动，城乡要素配置失衡的状况不断加剧。改革开放后，我国逐步放宽了对劳动力流动的限制，但对农业的投资直到20世纪末才开始加大。进入21世纪，我国经济持续快速增长，综合国力不断增强，初步具备了工业反哺农业的条件。2002年，党的十六大第一次提出要“统筹城乡经济社会发展”。2007年，党的十七大提出“建立以工促农、以城带乡长效机制，形成城乡经济社会一体化新格局”。但由于城乡结构长期呈现二元化的发展态势，要素流动的制度壁垒仍然存在，生产要素在城乡间的配置有待进一步优化。据统计，1978—2012年，通过工农产品价格剪刀差、税收和储蓄等，城市从农村抽取的资金达26万亿元以上，虽然资金流出的速度逐渐减缓，但是数量依然庞大[②]。城乡生产要素配置长期失衡制约了我国经济的健康发展。因此，优

---

① 王雪磊，郭兴平，张亮. 建国以来农村金融的发展历程及其评述[J]. 农村金融研究，2012(7)：66－70.

② 张海鹏. 中国城乡关系演变70年：从分割到融合[J]. 中国农村经济，2019(3)：2－18.

化城乡间要素配置，提高全要素生产率是城乡融合和经济协调发展必须解决的任务。

2017年，党的十九大首次提出“要坚持农业农村优先发展”，从根本上改变农业农村长期从属于城市的定位，强调要建立健全城乡融合发展体制机制和政策体系。党的十九届五中全会立足全面建设社会主义现代化国家全局，强调要推动城乡融合发展。要素平等交换、双向流动，增强农业农村发展活力。如果资源得不到合理有效的配置，将直接导致经济活动中长期存在价格扭曲、效率低下的现象，抑制发展活力和创新动力，引发社会矛盾，导致经济增长缓慢，进而阻碍经济长期可持续发展①。增加低效配置的要素投入只能带来资源的浪费，不符合高质量发展的要求；只有以效率提高为前提，才能实现可持续发展。优化城乡要素配置，不断提高要素在城乡间的配置效率，有利于缩小城乡差距、促进城乡融合发展，这是破解我国发展不平衡不充分问题的关键。因此，系统梳理城乡要素配置相关理论，测度与分析近年来我国城乡要素配置效率，对优化城乡要素配置具有重要意义。

(二)文献综述

1. 城乡关系与要素配置

要素在城乡间的配置状态在一定程度上反映出城乡关系的状态。马克思和恩格斯指出：“第一次大分工，即城市和乡村的分离。”②“分工从最初起就包含着劳动条件——劳动工具和材料——的分配，也包含着积累起来的资本在各个所有者之间的劈分，从而也包含着资本和劳动之间的分裂以及所有制本身的各种不同的形式。”③分工意味着生产要素的差异化配置，不同阶段的分工代表了不同阶段的城乡关系。20世纪70年代，普林斯顿提出用城乡相互作用的概念来表征城乡关系，并概括为人口流动、商品流动、资本流动、社会交易、行政服务供应等五种类型。随着城乡统筹、城乡一体化、城乡融合等概念的提出，相关研究不断增加。城乡统筹包括城乡要素统筹，即协调城乡关系，让生产要素在城市和农村、城市居民和村民、工业和农业之间达到合理配置④。城乡一体化发展最突出的表现就是城乡要素流动是按照市场机制在城乡间、产业间优化配置，实现经济发展和社会总福利的增加⑤。城乡融合强调要素在城乡间的自由流动与优化组合⑥。从城乡统筹、城乡一体化到城乡融合发展，呈现出如下变化：政府和市场的互动耦合作用更加凸显、乡

① 张建华，邹凤明. 资源错配对经济增长的影响及其机制研究进展[J]. 经济学动态，2015(1)：122－136.
② 马克思，恩格斯. 马克思恩格斯选集：第3卷[M]. 北京：人民出版社，1995：644.
③ 马克思，恩格斯. 马克思恩格斯选集：第3卷[M]. 北京：人民出版社，1995：127.
④ 李岳云，陈勇，孙林. 城乡统筹及其评价方法[J]. 农业技术经济，2004(1)：24－30.
⑤ 曲福田，田光明. 城乡统筹与农村集体土地产权制度改革[J]. 管理世界，2011(6)：34－46.
⑥ 陈丹，张越. 乡村振兴战略下城乡融合的逻辑、关键与路径[J]. 宏观经济管理，2019(1)：57－64.

村和城市成为互动共生的有机整体、要素流动从单向转向双向流动、工农城乡关系实现根本转变、农业农村将置于优先发展地位、更加注重改革探索的系统集成推进①。乡村振兴战略依托城乡融合、城乡一体的架构，必须实现市场、主体、要素、政策和组织的“五个激活”②。

2. 城乡要素配置的研究对象与内容

学者关于城乡要素配置的研究主要从微观层面展开，侧重分析单一生产要素的经济贡献率、产出弹性、流动状态、分布情况、变化趋势等。在城乡关系中，劳动力、资金和土地是传统的三大生产要素③，相关研究主要围绕这三种要素进行。

劳动力要素是指一定时期内一国或地区范围内具备劳动能力的人口总量，也指生产过程中人的脑力与体力。20 世纪 50 年代，刘易斯构建了城乡二元结构模型，将人口流动、工业化和经济增长有机结合，指出劳动力要素从农业部门流向非农业部门，提高了劳动生产率，由此提出“刘易斯拐点”的问题，即农业部门以不变的劳动力成本向工业部门转移过剩劳动力，到达某个转折点，农村剩余劳动力开始趋向短缺，劳动力成本开始上升。“刘易斯拐点”的问题本质上就是劳动力要素的“红利”问题。蔡昉认为，我国人口红利式微和刘易斯拐点已经到来④，他以人口抚养比为代理指标，估算出人口红利对我国 1982—2000 年人均 GDP 增长率的贡献率为 26.8%。也有一些学者认为中国的情况并不符合“刘易斯拐点”⑤⑥问题的情况。有学者提出，农业现代化减少劳动力需求，形成更多农业剩余劳动力，促进了资源的合理配置⑦。马忠东等认为，20 世纪 90 年代大量劳动力的流出对粮食生产影响并不显著，输出地的粮食生产反而有了较快的增长，劳动力流动已成为不发达地区农村新的收入增长点，正逐步发挥其消除贫困、缩小地区差距的作用⑧。伍山林分析了 1985—2011 年的数据，他提出，由于非农部门劳动的制度异质性被固化和农村劳动力教育增速放缓，农业劳动力流动促进经济增长的潜力受到了抑制，中国农业劳动力流动对经济增长的贡献具有递减的趋势，实施相应制度创新之后，农业劳动力流动仍可为延续“中国奇迹”做出贡献⑨。王颂吉等通过测算城乡要素错

---

① 张克俊，杜婵．从城乡统筹、城乡一体化到城乡融合发展：继承与升华[J]．农村经济，2019(11)：19 - 26.

② 黄祖辉．准确把握中国乡村振兴战略[J]．中国农村经济，2018(4)：2 - 12.

③ 温铁军．农村改革要解决农业三要素流出问题[J]．农村工作通讯，2013(1)：36.

④ 蔡昉．人口转变、人口红利与刘易斯转折点[J]．经济研究，2010，45(4)：4 - 13.

⑤ 陆铭．农民工进城与城市化[J]．经济研究导刊，2010(32)：1 - 3.

⑥ 张丽宾．“刘易斯拐点”尚未到来：对我国现阶段就业形势的认识问题：中[J]．中国发展观察，2011(2)：39 - 42.

⑦ 任毅．“三权分置”背景下的土地流转与人口流动互动关系探析：基于户籍、土地制度的联动改革[J]．湖北农业科学，2017，56(18)：3590 - 3594.

⑧ 马忠东，张为民，梁在，等．劳动力流动：中国农村收入增长的新因素[J]．人口研究，2004(3)：2 - 10.

⑨ 伍山林．农业劳动力流动对中国经济增长的贡献[J]．经济研究，2016，51(2)：97 - 110.

配系数，提出应加快转移农业部门劳动力[①]。

土地要素是指生产过程中投入的土地空间和附着于土地的各类资源。农村土地综合整治能够优化城乡要素配置，促进城乡融合发展。雷潇雨等认为，土地城镇化快于人口城镇化，一部分工业项目的低效建设造成了土地浪费和城镇化率的虚高[②]。2009—2014 年，中国城镇建成区面积增加了 20.95%，而同期城镇人口只增加了 13.47%[③]。叶剑平等利用生产函数和空间面板数据剥离土地要素对中国经济增长的贡献，表明土地要素贡献率和土地使用弹性较高，地方政府为获取 GDP 政绩争相扩地，应限制超大城市的扩张[④]。王建康等通过构建中国 285 个地级市 2003—2012 年的空间面板数据模型，指出土地要素在中部地区对区域经济增长的贡献程度最高，西部次之，东部最低，土地政策应因地制宜[⑤]。农地的转让权通过“交易收益效应”和“边际产出拉平效应”影响经济效率[⑥]。但是，中国城乡土地市场被割裂，市场化改革严重滞后[⑦]，应推进土地要素价格改革，促进土地要素跨越城乡藩篱自由流动，提高土地资源的配置效率[⑧]。

资本要素是泛指参与生产的有形资本、无形资本、金融资本和人力资本等各类投入。从现有研究来看，城乡间的资本要素配置差异主要通过固定资产投资等指标进行测算。农村资金投入不足是农村经济发展滞后的一个主要因素。从全社会固定资产投资看，国家投资主要集中在城市，对农村、农业投入相对很少[⑨]。张蕊等通过对 1980—2005 年我国城乡固定资产投资情况的比较分析，指出城乡之间的投资差距将不断缩小，从而确保资金的最优配置和城乡统筹发展[⑩]。资金要素的配置变动可以从资金在部门和地区间的流动来反映，在没有外界干扰的情况下，根据市场的资源配置原理，资金会从资金产出效率较低的部门（或地区）向资金产出效率较

---

① 王颂吉，李亦然，宿海越. 中国城乡要素配置状态的时序变化与空间差异分析[J]. 中国软科学，2021(3)：84 - 93.

② 雷潇雨，龚六堂. 基于土地出让的工业化与城镇化[J]. 管理世界，2014，(9)：29 - 41.

③ 张海鹏，朱钢. 中国城乡发展一体化实现程度、存在问题及政策启示：以 2020 年全面建成小康社会为目标[J]. 开发研究，2017(2)：10 - 16.

④ 叶剑平，马长发，张庆红. 土地要素对中国经济增长贡献分析：基于空间面板模型[J]. 财贸经济，2011(4)：111 - 116.

⑤ 王建康，谷国锋. 土地要素对中国城市经济增长的贡献分析[J]. 中国人口·资源与环境，2015，25(8)：10 - 17.

⑥ 徐章星，张兵，刘丹. 市场化进程中社会网络对农地流转的影响研究[J]. 南京农业大学学报(社会科学版)，2020，20(6)：134 - 147.

⑦ 陶然，汪晖. 中国尚未完成之转型中的土地制度改革：挑战与出路[J]. 国际经济评论，2010(2)：93 - 123.

⑧ 李扬，张晓晶. “新常态”：经济发展的逻辑与前景[J]. 经济研究，2015，50(5)：4 - 19.

⑨ 林光彬. 等级制度、市场经济与城乡收入差距扩大[J]. 管理世界，2004(4)：30 - 40.

⑩ 张蕊，李忠富，关柯. 我国城乡固定资产投资规模与优化配置[J]. 系统管理学报，2007(4)：401 - 406.

高的部门(或地区)流转。周振等指出,在不同历史时期,资金通过价格剪刀差、财政系统和金融系统三个流动渠道流出农村,要加大"三农"财政资金流入,建立普惠型的现代农村金融制度①。莫媛等通过分析 1997—2015 年江苏省 37 个县(市)的数据,认为农村信贷资金流出规模大于流入规模,即农村信贷资金近年来持续处于净流出状态②。张玉林则认为,农民(工)购房是农村资金流出的最主要途径③。

此外,还有部分研究是宏观的,将农村、城市的要素配置视为一个整体,在全要素生产率的角度上进行研究,这些研究包含了劳动力、土地、资本等生产要素的配置效率,是多要素投入的研究类型,这类研究主要是对城乡要素配置效率、水平测度的研究,下文会予以介绍。

3. 城乡要素配置效率的测度方法

城乡要素配置效率的研究主要有三种,第一种是有关劳动、资本等单个生产要素投入与单一产出的配置效率研究;第二种是有关劳动、资本等多个生产要素投入与单一产出的配置效率研究;第三种是有关劳动、资本等多个生产要素投入与多个产出的综合效率研究。

1)单投入与单产出

陆丁计算并比较了省级部门间总分配效应(简称 GAE),以识别劳动力流动和分配效率对城乡差距的影响④。GAE 反映了在相对劳动生产率保持不变的情况下,随着劳动力转移而发生的总劳动生产率的变化,本质上是用加总的方式表示一种边际意义。

收益率差异引起资本在部门间流动,当资本在不同部门中的边际生产率相等时,配置效率最高。周月书等运用城乡资本边际生产率差异分析了城乡资本配置情况及其变化趋势,并分阶段研究了城乡资本配置和城乡二元结构强度之间的相关关系⑤,利用 CD 生产函数的双对数模型分别测算了城市和农村资本边际生产率。

土地资源配置效率损失问题。土地资源最优配置判断标准是土地在部门之间或区域之间的边际收益相等。当必须保有的农用地规模小于现有农用地规模时,便可以讨论农业部门和非农业部门的土地配置效率问题。李辉等通过构建土地资

① 周振,伍振军,孔祥智. 中国农村资金净流出的机理、规模与趋势:1978—2012 年[J]. 管理世界,2015(1):63-74.

② 莫媛,沈坤荣. 县域银行网点布局与农村信贷资金流动[J]. 华南农业大学学报(社会科学版),2020,19(3):11-23.

③ 张玉林. 21 世纪的城乡关系、要素流动与乡村振兴[J]. 中国农业大学学报(社会科学版),2019,36(3):18-30.

④ LU D. Rural - urban income disparity: impact of growth, allocative efficiency, and local growth welfare[J]. China Economic Review,2002(13):58-65.

⑤ 周月书,王悦雯. 二元经济结构转换与城乡资本配置效率关系实证分析[J]. 中国农村经济,2015(3):44-55.

源配置效率损失测算模型测算土地资源配置过程中的效率损失、探索优化途径①。

2）多投入与单产出

要素错配是指投入一定数量的生产要素所得到的实际产出与理论上最大产出之间的差距。近年来，我国学界对城乡要素错配的研究主要通过构建要素错配系数进行测度与后续检验。要素错配法也可以对多种要素产出进行测度，但处理较为复杂，且鉴于多数文献仅设定一种产出，所以将其视为单要素产出的主要研究方法。王颂吉提出生产要素错配系数以间接反映要素错配状况，并带入各类估计系数与年鉴数据进行计算。周芳名也采用类似方法研究省份和区域层面城乡要素配置协调性的时空演化②。刘明辉等在王颂吉研究的基础上采用面板模型深入剖析城乡要素错配与城乡融合的关系，指出城乡要素错配严重制约城乡融合发展③。

总之，要素错配法属于一种参数类的经济模型测度方法，它通过确定生产函数，分别构造城市和农村的要素错配系数，被带入计算后，其通过与全国平均水平的错配系数或者同阶段发达国家的错配系数对比来反映具体的发展水平，或用城市与农村的错配系数对比反映城市和农村的差距，或通过自我纵向对比反映变化趋势。

3）多投入与多产出

多投入与多产出主要有参数类分析方法和非参数类的分析方法。随机前沿法属于参数类分析方法，采用技术效率偏差和随机误差项的基础模型，结合生产函数测算效率。建立随机前沿法的基础模型，设定 CD 函数或超越对数函数作为生产函数，假设效率的距离函数，构建随机前沿的面板数据模型，然后对效率进行估计。在工农业的范畴，随机前沿法主要应用于测算工业行业的技术效率、全要素生产率、环境效率④⑤和农业行业的科技资源配置效率、资本配置效率等方面⑥。一般认为，随机前沿法虽然解决了噪声问题，但研究过程中的多种假设增加了研究的复杂性和主观性，且对多投入多产出的研究效果不佳。

数据包络分析(DEA)是一种非参数类的分析方法，采用线性规划的方法，构建一个非参数逐段线性的前沿面，将数据包络起来，根据包络面测算效率。其基本

---

① 李辉，王良健．土地资源配置的效率损失与优化途径[J]．中国土地科学，2015，29(7)：63－72.

② 周芳名．中国城乡要素配置的协调性测度与演化分析[J]．统计与决策，2021，37(23)：54－58.

③ 刘明辉，卢飞．城乡要素错配与城乡融合发展：基于中国省级面板数据的实证研究[J]．农业技术经济，2019(2)：33－46.

④ 涂正革，肖耿．中国的工业生产力革命：用随机前沿生产模型对中国大中型工业企业全要素生产率增长的分解及分析[J]．经济研究，2005(3)：4－15.

⑤ 佟连军，宋亚楠，韩瑞玲，等．辽宁沿海经济带工业环境效率分析[J]．地理科学，2012，32(3)：294－300.

⑥ 张自强，张乐．农村金融规模、金融结构与农业资本配置效率[J]．技术经济与管理研究，2021(5)：71－75.

思路是比较不同生产者加权的投入、产出向量，确定有效生产前沿，衡量各生产者与最佳生产前沿的距离，最后确定各生产者的效率①。在工农业的范畴，DEA主要应用于工业行业的技术效率、生态效率和全要素生产率以及农业行业的生产效率、技术效率、生态效率等方面。有学者使用DEA测算了城乡统筹发展的效率。潘竞虎等构建统筹城乡发展效率的多投入-多产出评价指标体系，使用DEA评价了2009年甘肃省14个地级市（州）的城乡统筹发展效率，并通过探索性空间数据对其空间差异变化特征与规律进行了分析②。胡银根等则是使用DEA中的BCC模型，对2011年我国31个省区市统筹城乡发展效率进行了评价③。一般认为，DEA虽然能有效处理多投入多产出的情况，且对样本要求较低，但是无法检验结果的显著性，也没有考虑随机误差的影响，对效率值的估计离散程度大。

4)间接指标法

如果城乡要素配置效率不是研究的核心内容，一般通过其他指标间接反映。黄永春等以要素市场扭曲反映城乡要素配置效率④。樊纲等认为，市场化进程显著地改善了资源配置的效率，有助于提高全要素生产率⑤。因此，这种方法有一定合理性，简化了效率测度的环节，但作为效率测度的变量，只能反映效率变化的趋势。

4. 对现有研究的评价

在理论方面，要素配置与城乡关系的内在联系早已为学界所关注，不同时期的研究都强调要素配置对城乡关系发展的重要作用。特别在我国城乡融合阶段，与要素配置相关的理论研究如同雨后春笋般涌现。多数文献侧重制度层面的分析，对于城乡融合和要素配置效率的内在逻辑与运行机制的研究较少。

在数据方面，21世纪以来，学界对单要素的配置状况已进行相对彻底的研究，并取得丰硕的成果，主要聚焦于资本、劳动力要素的配置效率，并逐渐扩展到土地、数据等要素上。但由于起步早，相关研究数据更新较为滞后。

在测度方面，目前在城乡要素配置效率领域已有不少研究成果，主要集中在单要素投入与单要素产出方面，缺少对效率分解的配置效率研究。

---

① 陶卓民，薛献伟，管晶晶. 基于数据包络分析的中国旅游业发展效率特征[J]. 地理学报，2010，65(8)：1004－1012.

② 潘竞虎，尹君. 基于DEA－ESDA的甘肃省城乡统筹发展效率评价及其空间差异分析[J]. 经济地理，2011，31(9)：1439－1444.

③ 胡银根，廖成泉，章晓曼，等. 基于数据包络分析的统筹城乡发展效率评价[J]. 城市规划，2016，40(2)：46－50.

④ 黄永春，宫尚俊，邹晨，等. 数字经济、要素配置效率与城乡融合发展[J]. 中国人口·资源与环境，2022，32(10)：77－87.

⑤ 樊纲，王小鲁，马光荣. 中国市场化进程对经济增长的贡献[J]. 经济研究，2011，46(9)：4－16.

二、基本概念与理论基础

(一)概念界定

1. 城市、乡村与农村

1)城市

多数城市经济学家把人口密度作为概念界定的基础,即把城市地区定义为在相对较小的面积里居住了大量人口的地理区域,在谈及城市经济问题时,城市地区、大都市区和城市这三个术语是可以互换的①。奥弗莱厄蒂认为,城市不应以人口密度、政府设施作为界定的依据,它是许多人在小范围内经常进行大量活动和互动的地点;都市区是一个拥有大量人口的核心区,有着众多社区②。国内学界一般将城市理解为人类及其活动在特定空间地域上的集聚现象,其在人类经济社会活动方式和地形、地貌改造等方面有显著特征,包括经济活动中非农业化方式占据显著主导地位、经济社会活动中的明显分工合作、社会功能的多样化,以及对周边一定地域范围内经济社会活动的显著主导作用、聚集地域内地理环境的显著人工化改造等③。

2)乡村

乡村是属于空间概念,指的是那些以从事农业生产为主的居民所住的地方,与都市相对④。从广义上说,乡村指的是城市以外的一切地域,严格地讲是指城市建成区以外的地区。乡村属于空间地域概念,而不是产业部门的概念⑤。乡村作为一种天然的共同体,形成了独特的文化、规范和维系着生产生活的秩序⑥。由于乡村概念在不断演变,从任何角度解读都存在巨大的中间地带,因此其概念是模糊的,不能用一刀切的方式进行界定。

3)农村

丁长发认为,农村是与城市相对应的一种地域概念,也是一个历史范畴,具有人口密度较小,居住分散的特点,以农业为主要产业,居民以务农为主要职业,文化

---

① 奥莎利文. 城市经济学[M]. 周京奎,译. 北京:北京大学出版社,2015:2.

② 奥弗莱厄蒂. 城市经济学[M]. 谢呈阳,胡肖然,胡汉辉,译. 北京:中国人民大学出版社,2015:5-6.

③ 栾峰. 城市经济学[M]. 北京:中国建筑工业出版社,2012:61.

④ 肖佑兴,明庆忠,李松志. 论乡村旅游的概念和类型[J]. 旅游科学,2001(3):8-10.

⑤ 张小林. 乡村概念辨析[J]. 地理学报,1998(4):79-85.

⑥ 姜德波,彭程. 城市化进程中的乡村衰落现象:成因及治理:"乡村振兴战略"实施视角的分析[J]. 南京审计大学学报,2018,15(1):16-24.

落后、物质匮乏，商品经济不发达，生态环境良好①。焦必方认为，农村是在一定的社会经济条件下发展而形成的以农业为主要产业的区域，除了经济功能，还具备社会、政治、文化等多重功能②。

雷海章认为，农村与乡村的内涵大体一致，都是与城市相对应的地域概念，可以在一定程度上互换使用③。综合来说，农村更强调农业、农民在区域内的主导性，以农业、农民与农业经济作为支撑；而乡村的内涵更大，其生态价值和文化价值更为突出④，可以脱离固定生产方式和职业群体，将人数稀少或与城市联系较少的定居区也纳入其中。在统计标准中，农村与乡村的划分更清晰，乡村是囊括了农村，以及农村与镇区过渡空间的区域。2010年，国家统计局首次颁布《统计用城乡划分代码》，将原来的城市、县镇、农村的三个分类调整为三大类七小类，即城区（含主城区、城乡接合区）、镇区（含镇中心区、镇乡接合区、特殊区域）、乡村（含乡中心区、村庄）。与旧标准相比，新标准以更精细化的指标体现城乡过渡与融合发展的情况。

2. 要素与资源

1）要素

要素是指事物的本质或组成部分，是一个哲学概念。在经济学中，要素是指生产要素，是用于生产产品和服务的投入⑤，是生产市场上供给方提供的商品，是生产者生产商品所必需的原料或投入。生产要素主要包括劳动力、资本和土地⑥⑦，后来又扩展为组织、技术等⑧⑨，生产要素是社会进行正常生产经营不可缺少的，同时也是一个国家维持经济平稳发展所需要的基本要素。

2）资源

资源是自然资源与社会资源的集合，自然资源包括水资源、森林资源、矿产资源等，社会资源包括人力资源、信息资源等。张文秀借鉴马克思“劳动力和土地”是“一切财富的源泉”的观点，认为资源是指一切可为人类形成财富的因素⑩。狭义的资源等于要素，广义的资源包含要素，属于其中投入生产的一部分，要素配置更强调与市场、经济、生产的关联。

---

① 丁长发. 农业和农村经济学[M]. 厦门：厦门大学出版社，2006：3－4.

② 焦必方. 农业和农村经济学[M]. 上海：格致出版社，2009：1.

③ 雷海章. 现代农业经济学[M]. 北京：中国农业出版社，2003：14.

④ 龙花楼，张英男，屠爽爽. 论土地整治与乡村振兴[J]. 地理学报，2018，73(10)：1837－1849.

⑤ 曼昆. 宏观经济学[M]. 卢远瞻，译. 北京：中国人民大学出版社，2011：45.

⑥ 萨伊. 政治经济学概论[M]. 陈福生，陈振骅，译. 北京：商务印书馆，1963：75－76.

⑦ 穆勒. 政治经济学原理：上[M]. 赵荣潜，朱泱，胡企林，等译. 北京：商务印书馆，1991：36.

⑧ 马歇尔. 经济学原理：上[M]. 北京：商务印书馆，1983：157.

⑨ SOLOW R M. Technical change and the aggregate production function[J]. The Review of Economics and Statistics，1957，39(3)：312－320.

⑩ 张文秀. 资源经济学[M]. 成都：四川大学出版社，2003：1－2.

3. 效率辨析

1)经济效率

“经济效率”是由物理学的效率概念引申而来的，是西方经济学的重要研究对象，是指“利用经济资源的有效性或投入产出率”①。经济学家法瑞尔认为，总体经济效率可以分为技术效率和配置效率。

(1)技术效率

技术效率是指在既定投入下(规模报酬不变)获得最大产出的能力。列宾斯坦分别从投入和产出的视角对技术效率进行阐释，技术效率包含两个方面：一是指投入水平不变，实现“产出最大化”，即实际产出与最优产出的比值；二是指产出水平不变，实现“成本最小化”，即无效率损失的所需投入与实际投入的比值。在单一投入与单一产出的生产前沿面函数中，实际生产面处于最优生产面的下方，技术效率衡量的就是二者的差距。

(2)配置效率

配置效率是指实现多种生产要素边际替代率相等，以及总体的边际收益等于边际成本，它衡量的是实现投入-产出最优组合的能力。因此，配置效率与技术效率并没有必然的联系，配置效率高，并不意味着技术效率高。田杰将生产要素配置效率定义为技术效率，认为其本质是综合效率，并将其分解为纯技术效率和规模效率②。王学渊则是将“生产配置效率”作为全要素生产率进行分解③。

2)生产效率

生产效率是生产要素投入与最终产出的比值，具有边际含义，生产前沿面函数的斜率反映了生产效率的大小。当技术效率或配置效率改变时，最优生产前沿面函数是不会改变的，但生产效率的改变还包含了最优生产前沿面整体移动的情况，即技术进步。因此，在生产环节中，生产效率含义更广泛。杨朔认为，生产效率全面考虑了投入与产出之间的相互关系，并且具体反映了经济资源的配置与利用状况④。王庆功则认为经济效率有两个方面的含义：生产效率和社会经济效率，关键是资源配置的效率⑤。也有学者将经济效率的意义解释为生产效率，在内涵分析中不进行严格区分⑥⑦。

---

① 赵林如. 中国市场经济学大辞典[M]. 北京：中国经济出版社，2019：129.

② 田杰. 中国林业生产要素配置效率研究[D]. 杨陵区：西北农林科技大学，2014.

③ 王学渊. 基于前沿面理论的农业水资源生产配置效率研究[D]. 杭州：浙江大学，2008.

④ 杨朔. 陕西省耕地生产效率研究[D]. 杨陵区：西北农林科技大学，2011.

⑤ 王庆功. 和谐社会视野中的公平与效率[J]. 山东社会科学，2007(10)：76.

⑥ 李晓宁. 转轨时期初次分配的效率与公平研究[M]. 北京：经济科学出版社，2010：1－2.

⑦ 雷晓明. 政治公平与经济效率学概论：被社会承认的行为创造价值的理论[M]. 广州：中山大学出版社，2013：7.

4. 城乡融合

现有研究中关于城乡融合存在两种语境。一是基于马克思的城乡关系理论，将城乡融合视为城乡发展的高级阶段，与城乡对立相对应，强调城乡融合的过程性。二是基于近年来国家相关的政策文件，将城乡融合视为城乡间多维度的融合关系，与城乡统筹、城乡一体化等相对应，强调城乡关系的特定状态。前者基于宏观的历史视角，后者基于我国现实与具体实践的政策视角。因此，这两种语境不是独立的，而是前后衔接的，前者的内涵更大，后者建立在前者的基础之上。综合来看，城乡融合既是一个进程，也是一个状态，为了加速进程、达成状态，就需要促进多种要素的优化配置，实现城市和农村多层次、多领域、全方位的融合。对于第二种语境而言，其深受政策变化影响，而政策是对过往实践经验的总结，又兼具一定的前瞻性，变化相对频繁，很难在理论上进行细致的区分。因此，第二种语境的城乡融合很难在测算数据中展现出来。对于第一种语境而言，城乡融合的内涵清晰简洁，但是视角过于宏大，基于这种语境的分析较为滞后，容易使城乡关系简单化。综上所述，本研究在进行理论分析、测度分析与政策建议时，充分结合两种语境，将对城乡融合这一概念进行灵活使用。

(二)理论基础

1. 马克思、恩格斯城乡关系理论

马克思和恩格斯的城乡关系理论认为，城乡关系的动因是生产力与生产关系的演变，城乡关系可以分为孕育发展、分离对立、城乡融合三个阶段。在第一阶段，新技术的发展改变了原始社会低下的生产力与单一的生产方式，农业内部开始分化，种植业与畜牧业分离开来；随着科技水平的提高，新的分工不断出现，持续积累的粮食和劳动力孕育出相对繁荣的地区，即城市。在这个阶段，城乡关系总体保持稳定发展的状态。在第二阶段，科学技术的发展加快促进劳动分工，使城乡分离，进而导致城乡的对立。“某一民族内部的分工，首先引起工商业劳动和农业劳动的分离，从而也引起城乡的分离和城乡利益的对立。”①工厂取代手工工场，农村的劳动力、土地等生产要素转移到城市，推动城市以几何倍数扩张。“城乡之间的对立只有在私有制的范围内才能存在。这种对立鲜明地反映出个人屈从于分工、屈从于他被迫从事的某种活动……，每天都重新产生二者利益的对立。”②该阶段，占据统治地位的城市持续剥削农村，不仅造成城乡的二元对立，还加重农民的贫苦境遇，导致人的片面发展。在第三阶段，城乡的分离与对立最终不符合社会生产力发

---

① 马克思，恩格斯. 马克思恩格斯全集：第3卷[M]. 北京：人民出版社，1956：25.

② 马克思，恩格斯. 马克思恩格斯全集：第3卷[M]. 北京：人民出版社，1956：57.

展的需求，城乡关系开始由对立向融合转变。由于城市资本过剩，利润率低，在资本逐利的动机下最终会向农村地区转移，并带去先进的科学技术，带动农村地区发展。马克思指出，要“把农业同工业结合起来，促使城乡之间的差别逐步消弭。”①恩格斯还首次提出了“城乡融合”的命题，他认为通过城乡融合可以消除工人和农民之间的阶级对立，实现人的全面发展和经济社会发展成果的全民共享。由此可见，城乡关系的演变遵循着某种客观规律。

马克思、恩格斯城乡关系理论表明城乡融合发展的必然性与可行性，并强调了城市和农村的互动关系，为本研究在城乡融合视角下研究城乡要素配置效率提供了理论依据。该理论揭示了城乡关系丰富的内涵，说明不仅要关注产出的数量，还要关注产出的质量。

2. 全要素生产率理论

根据前文对效率的辨析可以得知，配置效率在全要素生产率分解中有时被视为技术效率，有时被视为规模效率（产出弹性），甚至当作全要素生产率本身。因此，有必要对全要素生产率进行分析。

除了传统生产要素增加投入带来的产出增长，还有一个差额被作为调节，以此提出全要素生产率的概念，当全部生产要素（包括资本、劳动、土地）的投入量按照特定比例增加时，产出量实现了超出投入比例的增长，多余的部分就是全要素生产率。在新古典经济学派的经济增长理论中，用来衡量在生产过程中技术进步的作用的指标就是全要素生产率。生产率指数有许多种形式，目前使用最为广泛的生产率指数是全要素生产率指数。全要素生产率指数可以被分解为技术效率和技术进步，其中，技术效率又可以被分解为纯技术效率与规模效率。一般认为，全要素生产率由纯技术效率、规模效率、技术进步三个部分组成。纯技术效率是指剔除了规模和投入处置能力变化后的生产效率②，诸如管理、制度等因素的变化。纯技术效率假定在最优投入规模，即规模报酬不变的前提下，实际生产点与生产可能性曲线差距的测度。规模效率是指在制度、管理及技术水平一定的前提下，现有规模与最优规模间差异，其测度的是生产中非有效生产的程度，并反映出投入产出要素的合理配置程度③。综上，技术效率是规模报酬可变情况下实际产出与最优产出的差距的测度。技术进步则是导致最优生产前沿面整体移动的那部分效率原因之一。

从狭义上理解，配置效率是指在技术水平与纯技术效率既定的情况下，由于生产要素实际投入的数量、比例、组合变化而导致实际生产效率发生改变，偏离实际最优生产效率的那一部分效率，更接近于数量相关的规模效率。广义上，诸如管

① 马克思，恩格斯. 马克思恩格斯全集：第 4 卷[M]. 北京：人民出版社. 1956：490.

② 李郇，徐现祥，陈浩辉. 20 世纪 90 年代中国城市效率的时空变化[J]. 地理学报，2005(4)：615 - 625.

③ 刘佳，陆菊，刘宁. 基于 DEA - Malmquist 模型的中国沿海地区旅游产业效率时空演化、影响因素与形成机理[J]. 资源科学，2015，37(12)：2381 - 2393.

理、制度等，所有影响配置的相关因素都被视为配置效率的一部分，也就是综合技术效率。配置效率是一个相对的指标，而生产效率是一个绝对的指标，配置效率通过生产效率的改变间接被反映出来。

3. 城乡要素交换理论

城乡要素交换关系是最基础的城乡关系，是指城乡要素所有者相互交换要素形成的经济关系。其主要表现是：在商品经济条件下，作为要素所有者的城市市场主体和农村市场主体之间相互认可、地位平等，按照要素价值进行市场交换，获得与要素价值相同的等价物。在城乡融合阶段，要素关系表现为城乡要素平等交换与城乡要素双向流动。

1)城乡要素平等交换

古典经济学家亚当·斯密较早提出要素平等交换的理念，他认为市场可以通过价格机制实现商品在市场中的自由流动，从而使要素贡献与要素报酬相匹配。马克思提出商品经济的生产、分配、交换与消费四个阶段，其中，交换应当是商品中凝结的劳动的等量交换，以及主体双方在自由意志情况下的交换。在新古典经济学中，要素平等交换包括要素边际产出趋于相等，以及利润在不同部门、不同地区之间逐步平衡的过程。

我国学界则在要素平等交换思想的基础上发展出城乡要素平等交换的理论。王莉认为，城乡要素平等交换是指拥有不同要素禀赋的地域（城市、农村）或利益主体（市民、农民），站在对等的地位上，在要素市场上，对其所拥有的要素条件进行自主充分交换，以实现要素的生产力效用和收益的最大化①。张克俊等认为，城乡要素平等交换包括权利对等、市场平等和分配公平三个维度。权利对等是前提、市场平等是保障、分配公平是动力，三者相互协同、相互促进，推动乡村振兴视域下城乡要素平等交换关系的有效运行②。

二维的无差异曲线能较好地反映城乡要素平等交换的本质（图 1－1）。设定一个城乡要素交换的等值线，横轴表示农村要素投入，纵轴表示城市要素投入，I_1、I_2 分别表示不同要素投入对应的效益等值线。假设在效益等值线上，城市和农村要素投入的不同组合不会改变城乡的经济、社会、生态等综合效益。由于农村要素投入与城市要素投入的边际贡献率是递减的，那么效益等值线是一个凸函数。当城乡要素平等交换时，农村要素投入与城市要素投入的收益最大化，或是投入的成本最小化，此时城乡要素投入的组合位于等值线上最接近原点的位置，偏离这个点可以被视为城乡要素处于不平等交换的状态：对于同一条等值线而言，离原点越近，同一综合效益水平对应的成本越低；离原点越远，同一综合效益水平对应的成本越高。

---

① 王莉．成都市城乡要素平等交换合理配置体制机制研究[J]．现代经济信息，2016(24)：477－478.

② 张克俊，高杰．乡村振兴视域下的城乡要素平等交换：特征、框架与机理[J]．东岳论丛，2020，41(7)：163－171.

在要素总量投入较少时，A_1 和 B_1 是 I_1 线上的两个点，B_1 比 A_1 离原点更远，在相同收益的前提下，A_1 点对应的城乡要素投入组合成本比 B_1 点高，说明这种情况下的城乡要素交换存在损失。对于不同的等值线而言，$I_1 < I_2$，且 I_2 与 I_1 并不仅仅是增量上的改变，还包含质量上的改变，所以 I_2 等值线的形状不一定与 I_1 相同。如果存在规模经济的情况，I_2 的曲率会比 I_1 更大，城乡要素平等交换的效果就越明显。

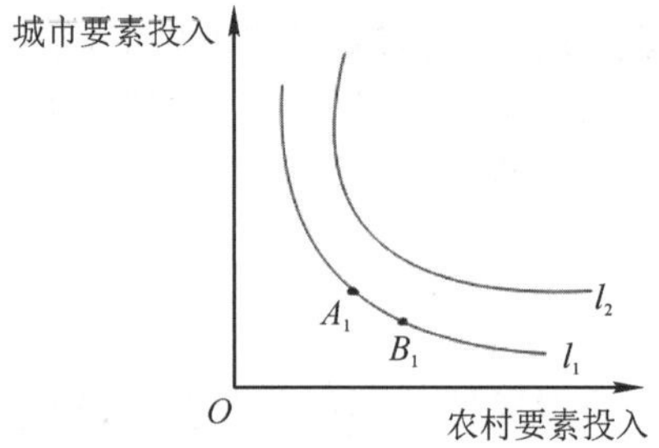

图 1-1 城乡要素无差异曲线图

城乡要素平等交换理论的启示在于：其一，要想实现城乡融合，不仅要提高要素的投入总量，还要优化其生产要素的组合。其二，城乡要素平等交换的内在要求是要素在城乡之间以合理的比例进行配置，任何资源过度倾向于任意一方都不利于配置效率的提高。

2）城乡要素双向流动

要素双向流动是要素平等的基础与前提，要素双向流动越强，城乡要素交换就越平等。城乡要素双向流动应该包含两个特征。一是资本、劳动力等不同种类要素的非同向流动，其中一种要素流向城市，另外一种要素流向农村；二是同一种要素内部的流动，比如在资本中，不同类型的资本在城乡之间的流向不同。在物理学中，两种液体的浓度不同会导致水从低浓度一侧渗透到高浓度一侧，但城乡关系却与这种直观的物理现象有所区别。农村和城市的生产要素不是总体流动的，而是有区别的流动。在早期的城乡关系中，农村的生产要素要加速流向城市，最终导致农村经济落后。在城乡融合阶段，城镇化对农村发展的促进作用逐渐凸显，生产要素的转移使城市多余要素溢出，促进紧缺要素流动。传统梯度理论以经济发展水平作为参考，将城市划分为高梯度地区，把农村划分为低梯度地区，技术、资本和产业从高梯度地区向低梯度地区转移扩散。在城乡融合和城乡要素双向流动的背景下，传统梯度理论的关注面与现实解释力显然不足。郭凡生认为，低梯度地区具有后发优势，能够实现“梯度超越”，重申“反梯度理论”的现实性[①]。广义的梯度则将社会、生态、制度等纳入梯度划分的参考内容，将单一的经济梯度延展为经济、社会、文化、生态等多种梯度的子系统，子系统间普遍联系、相互作用，使得生产要素

① 郭凡生. 何为“反梯度理论”：兼为“反梯度理论”正名[J]. 开发研究，1986(3)：39-40.

的流动不像技术与产业那样由城市向农村单向扩散，而是多层次、有需求的流动。广义梯度理论认为，推挽效应是梯度推移的动力机制，说明高梯度地区的主动梯度推移与低梯度地区的被动推移形成均衡发展。极化效应、扩散效应和回程效应分别对梯度推移产生强度影响、促进影响与遏制影响。因此，城乡要素双向流动是城乡和农村两大主体中各种复杂梯度子系统交互作用的结果，城乡要素双向流动理论为本研究分析城乡要素配置的运行机制提供了理论依据。

4. 自组织理论

系统科学为研究城乡关系提供了崭新的视角。哈肯最早提出了自组织的概念，认为自组织是指系统内部的各个子系统在没有外界干预的情况下形成空间的、时间的或功能的结构。自组织理论主要由协同学、突变论、分形论、耗散结构理论和超循环理论组成，分别解释了系统自组织演化的动力机制、变化形式、结构形态、产生条件以及组织关系的问题。国内学者运用自组织理论分析城乡关系的演进。王忠武、党纤纤等认为，我国城乡关系具有自组织性①②。系统的自组织性并不是说系统是封闭的，孤立系统在熵理论的隐喻中是趋于混乱的，不可能实现自组织。相反，每个系统都会受到外部条件的影响，受环境选择的自组织性系统不一定是各方面最优的，但一定是最契合环境的。但不能因此把所有系统都视为他组织性系统——如果外部条件很难对一个复杂系统发挥决定性作用，只是限制了系统的发展生存空间，那么这个系统仍然是自组织性的，这也是国内学者把城乡关系视为自组织性系统的原因。同时，自组织性系统在发展的过程中，自身也会逐渐产生隔离机制，用于维持自身的稳定性，不至于对外部环境过度干预。

自组织具有非线性、反馈性、动态稳定性和涨落性等特征。竞争与合作是自组织形成与发展的重要机制，自组织性系统的组成部分之间、系统与环境之间的竞争与合作是非线性的。非线性意味着有无穷多种可能，线性系统要么是稳定的，要么是不稳定的。由于自组织的非线性，导致它是稳定性与不稳定性的结合体，是新结构对旧结构的逐步颠覆。同时，自组织的非线性意味着系统的发展会带来状态量对其平均值的偏离，也叫作自组织的涨落性。新结构的发展与衰落，分别依靠系统的正负反馈机制实现，这种反馈性就是指系统当前的行为对未来行为的影响。

自组织理论对本研究的启示在于，根据自组织与他组织的原理，城乡要素配置是自发和自觉的统一，生产要素根据需求在城乡之间自发地相互流动，但由于多种原因并不能使其实现，需要外部力量采取措施引导要素的流向、破除流动的壁垒。

---

① 王忠武. 当代中国城乡关系的三重建构机制[J]. 学术月刊，2012，44(12)：5－13.

② 党纤纤，张定青. 城乡关系演进的自组织性及其对我国乡村规划的启示[J]. 城市发展研究，2014，21(3)：119－124.

(三)理论框架

1. 城乡要素配置的内涵

城乡要素配置就是生产要素在城市与农村之间的分布以及投入组合方式。根据基本概念的界定,本研究侧重点在于生产经营方面,把与城市相对的地区统称为农村,并采用广义的概念,不再将农村与乡村做详细划分。城市和农村是一个区域概念,而不是产业概念,城乡要素配置不是工农业的要素配置,定量研究出于考虑数据是否容易获得,一般用工农业数据反映城乡状况,具有一定合理性,但在理论分析中必须予以澄清。效率是要素配置状态的表现,是要素配置研究的核心议题。

城乡融合意味着城市和农村不再是对立的、有隔阂的两个实体,而是浑然一体的单一实体,在产业、地理、制度等方面紧密结合。如果把城乡视为一个完整的系统,城市和农村就是这个系统中的两大子系统,二者之间相互影响、相互作用的主要形式就是要素配置。根据不同的要素种类,城市和农村的子系统又可以进一步分为劳动力要素配置系统、资本要素配置系统和土地要素配置系统等组成部分,简称组分。规则条例、生产要素、主体个体、信息等系统中不可再分或无须再分的组成部分,是城乡要素配置系统的元素。在不同元素、不同组分间稳定有序的联系及结构中,对城乡要素配置系统而言,影响要素配置稳定的根本制度是深层结构,比如市场经济制度、户籍制度等,而运作的具体规则是其表层结构。城乡要素配置系统的环境是当下经济、政治、文化、社会、教育等外部条件的总和,比如政策因素、社会观念等。系统对环境带来的有益作用即系统的功能,由组分、结构、环境三者共同决定。城乡要素配置的功能主要体现在两个方面:一是经济发展,二是社会公平。

城乡要素配置是动态的。动态性体现在三个方面:其一是城乡要素配置贯穿于生产的各个环节,包括要素投入生产的环节,以及要素收益分配的环节,收益分配影响下一轮扩大再生产的投入。其二是城乡要素配置的状态变化是逐步发生的,要素流动不是“一刀切”式的状态转变。农村支持城市、城市反哺农村、城乡一体协调发展与城乡融合的过渡阶段是渐进的、颠覆的。其三是城乡要素配置存在内部驱动力,处于变化的状态,如劳动力追求良好的生活条件,资本追逐超额利润等,生产要素的流动持续受到吸引力与目的引导的影响。

城乡要素配置是非线性的。城乡要素配置不是简单的增减法,整个过程会产生规模效应或质变。非线性的最大特点就是整体涌现,即组分组合成系统之后额外获得的特性,一旦向上还原,便会失去这个特性。城乡要素配置的整体涌现表现为城市和农村通过要素整合、优势互补、扩大规模,从而实现数量与质量的提高。生产要素持续向城市涌入并不意味着城市经济能继续健康发展,可能会形成“拥塞效应”,使得规模经济变为规模不经济,引起各种“城市病”。所以,只有在适度的规模下才可能实现高效配置。

城乡要素配置是一个开放的复杂巨系统。自组织理论学家认为,复杂性是物质世界自组织运动的产物,是对简单事物进行组织的产物。城乡要素配置作为社会系统工程,是一种“巨系统”,即由巨量元素组成的系统,比一般工程更为复杂,需要放在更大的视野中研究。巨系统内部是有层次的,层次之间关系复杂,这类对象称为复杂巨系统。在此基础上,充分考虑环境影响的巨系统也称为开放复杂巨系统。城乡要素配置作为开放复杂巨系统体现在两个方面:第一,城乡要素配置受到政策、经济、社会文化等条件的影响,城乡系统不是封闭的,需与国外进行信息交流与物质交换。第二,城乡要素配置分别由城乡和农村的劳动力、资本、土地等要素配置系统组成,其中包含各类主体与结构,存在规模效应与质量效应。

2. 城乡要素配置的构成

城乡要素配置的核心问题应被分为三个方面来看:谁来配置、配置什么、怎样配置。对应的关键要素是城乡要素配置的主体、城乡要素配置的主要内容和城乡要素配置的机制。

1)城乡要素配置的主体

城乡要素配置的主体是指通过多种形式在城市与农村之间引导生产要素流动的主体,以及在城市或农村中使用生产要素、参与要素配置的主体。在我国城乡关系发展的前期,主要发挥作用的要素配置主体为城市与农村中的各级政府,通过设定“农业支持工业、农村支持城市”的“剪刀差”,实现落后农业国向工业国的转变。在城乡融合阶段,配置的主体微观化,市场机制在城乡要素配置中起基础作用。政府在此过程中不能缺席,因为:一方面,由于系统旧状态的稳定性,城乡户籍制度、城乡权利“双轨制”等城乡二元结构的体制机制依然存在;另一方面,城乡要素配置的“剪刀差”问题尚未解决,表现为城乡要素的不平等交换。

2)城乡要素配置的主要内容

劳动力要素配置、资本要素配置和土地要素配置是城乡要素配置的主要内容,三者之间存在内在联系。

(1)劳动力要素配置

城乡要素的核心在于劳动力,劳动力流动是城乡要素流动的核心。人在城乡之间充分流动,与人直接相关的人力、资本和技术等也随之流动,为实现更大程度的资源优化配置提供可能。这种流动主要体现为:①劳动力的再分配。城市的人口增长是由自然增长和净迁移之间的复杂相互作用所调节,农村到城市的人口迁移是许多国家现代化的关键过程。②带动资本流动。在开放的经济体中,劳动力流动将诱导企业进行投资和创新,形成规模经济,最终导致产出成比例地增长。劳动力在城乡间的流动还会形成新的基础设施需求,如住房、学校和医院等,从而让投资扩大。③促进信息流通。劳动力流动同时带动信息在城乡间流动,促进乡村地区消费习惯的改变。④为土地流转提供条件。农村劳动力流出导致农村产生大量废弃宅基地和闲置农耕地，政府通过土地流转与规模化经营实现帕累托改进，提高社会整体福利。

(2)资本要素配置

按照目的与行为划分，资本要素配置主要有政府导向型配置与市场导向型配置，政府导向型的资本配置较为重视社会效益，而市场导向型的资本配置以利润为目标。在城乡关系中，资本要素配置主要为其他要素配置发挥基础性保障作用与功能性促进作用。这种作用主要体现为：①加强基础设施建设。政府通过政策性金融体系与国企投资实现资本的城乡流动，并为农村的铁路、公路等基础设施提供资金保障，在交通层面便利要素流动。②缩小城乡差距。政府通过医疗保险、养老保险等转移支付促进农民和城市居民的福利均等化，为农村劳动力回流提供保障。③促进机会平等。资本会自发地从收益率较低的部门流向收益率较高的部门，为资本增值与扩大再生产服务。市场导向型的资本配置的投资对象具有广泛性与非歧视性。随着城市工业服务业发展进入瓶颈期，城市资本会自发流向农村地区，为农村提供就业机会与产业基础。

(3)土地要素配置

土地要素配置依托土地市场实现地租、产权的转移。我国土地市场基本处于二元结构形态，一方面，农村集体土地所有制与农用地限制导致农村土地市场总体发育水平不高；另一方面，除城镇国有土地使用权的一级市场以外，二级市场正进行制度层面的创新。虽然党和国家着力破除城乡二元分治的情况，但城乡土地的流转机制、价格机制和利益分配机制仍存在较大差别，导致两类市场间存在巨大的租金空间，即城市以较低的代价获得农村土地增值收益。在此分析基础上，土地要素配置对其他要素流动具有以下影响：①反作用于劳动力流动。劳动力流动使得农村出现大量闲置土地，农村集体土地以征地的形式大量流入城市，这种一次性补偿的方式进一步压缩农村劳动力在农村的劳动空间，加剧劳动力由农村向城市的单一流动。②影响商品价格。由于城镇与农村土地地位和价值上的不平等，地租与附着于土地上的各类资源的价值也不平等，通过“原料—基础产品—中间商品—最终商品”的价格传导路径作用于商品价格，农村与城市的商品在交换时存在的价格差距就间接导致资本向城市流动。

3)城乡要素配置的机制

城乡要素配置的机制可以分为动力机制、稳定机制和选择机制。

(1)动力机制

任何系统都围绕其目的而存在，目的是系统的动力学机制。目的具有终极性，未达到目的的系统处于持续变化的状态。目的还具有吸引性，引导系统朝着特定方向演化。城乡要素配置的动力机制包括内在驱动力与外在驱动力，驱动力由吸引子产生。吸引子可以是短期内某个时刻的状态，即人为的指令目标或自觉的发展目标，也可以是长期中时间连续的状态，即发展规律；可以是一个点，即个体的诉求，也可以是一个集合，即群体的诉求；可以是单维度，即单一指标的诉求，也可以是多维度,即多指标的诉求。因此,驱动力可以从多个角度来分析。从微观或中观的视角看,城乡要素配置的内在驱动力包括个人或群体、企业或产业的目标,比如精神诉求(理想信念)、物质条件(利润)等,而外在驱动力由各地政府的政策(福利政策、户籍制度)、各地经济发展条件(市场化水平、竞争压力、产业结构)等构成。从宏观的视角看,城乡要素配置的内在驱动力包括城市和农村的发展目标(如城市化水平、共同富裕等),外在驱动力由技术演进(如人工智能)、制度变迁(如深化改革开放)等构成。

(2)稳定机制

稳定机制包括路径依赖与动态平衡两个方面。路径依赖是指在技术发展与制度变迁的过程中产生的惯性,使得主体沿着最初的选择不断实现自我强化。在城乡二元路径依赖下,自发性力量(群众或市场)并不足以支持城乡要素充分实现平等交换与双向流动的目的,城乡要素配置目前仍处于“偏向城市”的状态。动态平衡是指系统内部的“不变”,而稳态是通过动态变化维持的,系统的变化是循序渐进的。在城乡二元结构中,各种要素配置状态处于此消彼长的变化状态,但总体是稳定的,城乡关系变化由多种指标的量变实现质变。比如,要素向农村回流由劳动力或者资本等一种或多种要素先行发生,进而扩大到全部要素的回流,渐进完成颠覆的过程。

(3)选择机制

选择机制包含组分选择、环境选择和路径选择三个方面。系统的组分、环境和结构的变化影响系统的生存。组分选择是指系统在生成与发展过程中通过创制、选择组分,并在它们之间建立联系,形成一个与环境互动的统一体的过程。比如,资本自发流动到利润高的地方,以较高的边际回报率提高总体产出,是系统自我选择的结果。环境选择是指环境对系统的生成、发展、演化进行评价和选择,优胜劣汰,适者生存。城乡要素配置系统不仅自己选择内部组分,还被环境所选择。我国城乡发展必须走可持续发展道路,重视生态文明建设。路径选择是指从一定的初态出发,选择何种路径就达成何种终态。优化城乡要素配置的路径有很多种,比如形成规模经济、提高技术水平、完善管理制度等,要选择合适的路径,抓紧关键路径,达到提高配置效率的目的。同时,系统会形成自身特有的路径,形成路径依赖,如果仅仅依赖数量堆积提高产值,或者依赖过度城市化发展生产,最终会导致不平衡不充分的发展。

三、我国城乡要素配置的现状分析

(一)我国城乡要素配置的概况

2020年,我国劳动力总数为78392万人,与2019年相比,减少392万人,下降0.497%;其中,第一产业就业人数为17715万人,较上年减少937万人,下降

5.02%;第二产业就业人数为 21543 万人,较上年增加 309 万人,提高 1.02%;第三产业就业人数为 35806 万人,提高 0.689%;城镇就业 46271 万人,较上年提高 2.26%;乡村就业 28793 万人,较上年下降 4.65%;城镇登记失业人数 1160 万人。登记失业率为 4.24%。国有单位就业 5563 万人,城镇集体单位就业 271 万人,股份合作单位就业 69 万人,联营单位就业 25 万人,有限责任公司就业 6542 万人,股份有限公司就业 1837 万人,港澳台投资单位就业 1159 万人,外商投资单位就业 1216 万人。根据 2020 年人口普查数据,我国城镇人口 90199 万人,城镇化率为 63.89%,较 2010 年增加 23642 万人,城镇化率增速为 35.52%。在人口流动方面,居住在城市中,住本乡、镇、街道,户口在外乡、镇、街道且离开户口登记地半年以上的有 323487793 人,镇和乡村分别为 119450766 人和 49823947 人。按照年龄划分,0～14岁人口数为 34146 万人,占比为 33.6%;15～64 岁人口数为 62517 万人,占比为 61.5%;65 岁以上人口数为 4991 万人,占比为 4.9%。总抚养比为 62.6%,其中,少年抚养比为 54.6%,老年抚养比为 8%。2011—2020 年,城镇就业人员呈持续上升的趋势,相反,乡村就业人员呈持续下降的趋势。在产业就业人数方面,第一产业从业人数呈持续下降的趋势;第二产业从业人数则处于上升—下降—上升循环往复的动态平衡状态,大体保持在 21000 万人至 23000 万人的区间;第三产业从业人数呈持续上升的趋势。在城镇登记失业率方面,总体呈下降趋势,但 2020 年受疫情影响而有所回升。在省市差异方面,上海市城镇就业人数占比最高,为87.48%;西藏城镇就业人数占比最低,为 37.82%;河南城镇就业人口最多,为 2293 万人;广东城镇就业人口最多,为 5418 万人①。

2020 年,我国国内生产总值为 1015986.2 亿元,其中,第一产业的产值为 77754.1 亿元,对经济的贡献率为 9.5%,产值较上年增长 10.33%;第二产业的产值为 384255.3 亿元,对经济的贡献率为 43.3%,产值较上年增长 0.94%;第三产业的产值为 553976.8 亿元,对经济的贡献率为 47.2%,产值较上年增长 3.48%。城镇居民人均可支配收入为 42359 元,农村居民人均可支配收入为 16021 元,分别增长 3.48%、4.74%,城乡收入比为 2.56,基尼系数为 0.468,农村贫困发生率降至 0%。在三次产业的固定资产投资方面,第一产业的固定资产投资为 13302 亿元,较上年增长 19.45%;第二产业的固定资产投资为 13302 亿元,较上年增长 0.001%;第三产业的固定资产投资为 13302 亿元,较上年增长 3.60%。农村住户固定资产投资完成额为 8363.3 亿元,较 2019 年减少 1032.9 亿元,降低 11.0%。其中,除北京、吉林、浙江、贵州、宁夏之外,其余省市的农村住户固定资产均有不同程度的下降。在投资方向上,农林牧渔业固定资产投资为 2577.6 亿元,较上年增长 12.71%;交通运输、仓储和邮政业固定资产投资为 507.1 亿元,较去年增长

---

① 国家统计局. 中华人民共和国 2020 年国民经济和社会发展统计公报[EB/OL].(2021-02-28)[2024-06-03]. https://www.stats.gov.cn/sj/zxfb/202302/t20230203_1901004.html.

75.28%，其他行业的固定资产投资均有不同程度的减少。其中，山东的农村住户固定资产投资最高，为863.6亿元。2011—2014年，全国农村住户固定资产投资完成额呈上升趋势，2015—2019年，主要呈下降趋势。全国农村住户固定资产投资完成额经历了一个先上升后下降的过程。2020年，国家财政对农业的支出为7514.4亿元，较上一年增加14.64%。2011—2016年，国家财政对农业的支出呈上升趋势，2016—2019年呈下降趋势，而在2020年又有所提高①。

2020年，全国农作物总播种面积达167478.1平方千米，较上年提高0.94%。2011—2020年，全国农作物总播种面积总体上保持一定程度的增长。其中，除河北、上海、山东、河南、贵州之外，其余省市的农作物播种面积保持上升趋势，北京提升比例最高，为5.1%；湖南提高的面积最多，为138.4平方千米。2018年，我国各省市城市建设用地面积为56077平方千米，较往年提高1.67%；2020年，我国各省市城区面积约为203038.87平方千米，较2019年扩大10.25%，其中，山东省的城区面积最大，为23954平方千米。2017年，我国农用地面积是644863.6平方千米，较2016年降低263.1平方千米；建设用地面积是39574.1平方千米，较2016年增加479平方千米；其中，林地占农用地比重最高，为39.2%；其次分别是其他用地、草地、园地和耕地②。

通过以上数据，我国城乡要素配置发展的成果有：①社会公平有所改善。首先，除2020年受疫情影响以外，2011—2019年我国城镇登记失业率持续下降。其次，农村贫困发生率持续下降，并在2020年降至0%。最后，城镇和农村的人均可支配收入缩小。②产业结构调整初具成效，农业科学技术水平提高，农业劳动力继续向对经济贡献率更高的工业与服务业转移，有助于发展生产。③近十年，我国城镇化进程加速推进，一些县区被纳入城市发展规划，有利于提高经济效率，促进社会公平。④在全国城区扩建的同时，农作物总播种面积仍能保持增长，说明工业用地、城建用地扩建侵占农用地的情况有所减少。

（二）城乡要素配置中存在的问题

1. 各地区要素配置不平衡

各省市之间的农业农村发展水平差异大。其一，各地区城乡居民收入水平差异大。以2020年为例，上海城镇居民可支配收入全国最高，为76437.3元；黑龙江城镇居民可支配收入全国最低，为31114.7元；上海农村居民可支配收入最高，为34911.3元；甘肃农村居民可支配收入最低，为10344.3元；其二，各地区农村住户

---

① 国家统计局. 中华人民共和国2020年国民经济和社会发展统计公报[EB/OL].（2021-02-28）[2024-06-03]. https://www.stats.gov.cn/sj/zxfb/202302/t20230203_1901004.html.

② 国家统计局. 中华人民共和国2020年国民经济和社会发展统计公报[EB/OL].（2021-02-28）[2024-06-03]. https://www.stats.gov.cn/sj/zxfb/202302/t20230203_1901004.html.

固定资产投资差异大。2020年,同为农业大省的山东与黑龙江的农村住户固定资产投资完成额差距为646.7亿元;与上年相比,新疆的固定资产投资总额增长16.2%,而内蒙古、福建、湖北、青海反而有所降低。其三,各地区的农业生产效率差异较大。各地区农作物总播种面积、粮食总产量、粮食人均占有量位次不匹配,比如,2020年山东的农作物总播种面积排名第一,粮食总产量位列全国第三,而人均占有量仅排到全国第八;内蒙古的农作物总播种面积排名第五,粮食总产量位列全国第八,而人均占有量却排到全国第三,说明在一定的生产要素条件下,各省市的农业产出水平存在差异。根据以上分析,我国各省区市之间存在生产、分配上的差异,也就是相对的配置效率的损失,主要是由经济发展水平、地理环境、政策以及社会人口条件等多种因素导致的。把全国视为一个整体,那么各地区之间的城乡发展水平差异会导致"木桶效应",从而降低全国城乡融合发展的整体水平。比如,2020年东部地区输出农民工10124万人,输入15132万人,净输入5008万人,其余地区均有不同程度的农民工跨区域外流,并向第三产业聚集,总体上,这些外流的劳动力要素主要服务的是东部地区的服务业,不利于中西部地区的长期发展①。

2. 农村劳动力流出与土地闲置

虽然农村剩余劳动力流出有助于农村土地流转,优化生产要素组合,但随着适龄劳动人口下降,农村地区的空心化与老龄化会进一步加剧。其一,农业劳动力的老龄化。近三十年来,我国农业劳动力平均年龄快速上升,1990年农业劳动力平均年龄为36.8岁,2000年上升到40岁,2010年则超过45岁②,这表明我国已进入农业劳动力老龄化时期。其二,农村生育率降低。郭志刚等通过1%的人口抽样,发现2015年农村的一孩总和生育率也达到0.607的极低水平;在二孩总和生育率上,城镇略有提高,农村则略有下降。农村生育率降低的很大一部分原因归结于城乡人口迁移,人口迁移带来思想观念变化、迁移妇女的生育成本提高等新状况,导致农村迁移人口的生育率持续下降,继而相应地加快了农村人口生育率的降低速度③。其三,农村的空心化。从人口与地理的角度,空心化是指由于农村劳动力外流造成的各类资源流失,加剧了村中闲置宅基地废弃的不良发展形态。2020年,全国农民工总量28560万人,外出农民工16959万人④。以榆中县甘草店镇为例,

① 国家统计局. 中华人民共和国2020年国民经济和社会发展统计公报[EB/OL]. 2021-02-28[2024-06-03]. https://www.stats.gov.cn/sj/zxfb/202302/t20230203_1901004.html.

② 黄季焜,靳少泽. 未来谁来种地:基于我国农户劳动力就业代际差异视角[J]. 农业技术经济,2015(1):4-10.

③ 王泽强. 乡-城人口迁移与农村老龄化:基于农村迁移人口生育率变动的分析[J]. 云南民族大学学报(哲学社会科学版),2018,35(2):72-76.

④ 中华人民共和国中央人民政府. 2020年农民工监测调查报告[EB/OL]. (2021-04-30)[2024-06-03]. http://www.gov.cn/xinwen/2021-04/30/content_5604232.htm.

高琼琼等通过问卷统计村庄空置宅基地面积、村庄废弃宅基地面积和村庄宅基地总面积，并据此得出农村空心化率，发现2003年、2009年、2015年甘草店镇各村庄的空心化率逐年上升①。此外，在其他要素流通不畅的情况下，农村老龄化与空心化会导致生产要素的浪费，降低要素配置的效率。比如，土地流转可以整合分散、零碎的土地，实现农业规模化经营，提高土地利用率。赵新浩通过对河南省农村土地流转情况的抽样调查，得出土地流转范围不广、规模不大，工商资本下乡参与土地流转的极少的结论②。

3. 要素配置仍偏向城市

城乡之间的差距仍然存在。在经济方面，2020年，全国平均农村居民可支配收入为17131.5元，全国平均城镇居民可支配收入为43833.8元，城乡居民收入水平对比（农村为1）为2.56。2020年，全国平均第一产业增加值占地区生产总值比重为9.56%，镇区及乡村消费品零售额占全社会消费品零售额的比重的全国平均值为39.26%，说明农村经济在国民经济中的地位偏低。在卫生条件方面，以床位为例，2020年，城市每千人口医疗卫生机构床位为8.81张，农村每千人口医疗卫生机构床位为4.95张，差距仍然很大。在制度层面，城乡二元结构体系涉及户籍制度、住宅制度等14种制度③。在二元户籍制度下，农村户籍与城市户籍相比，在教育机会和社会保障方面存在差距。黄锟运用logistic回归模型和入户调查数据对城乡二元制度对农民工市民化进程的影响进行实证分析，结果发现城乡二元制度对农民工的市民化进程具有明显的阻碍作用④。

（三）城乡要素配置问题的原因分析

1. 系统转型与结构滞后的矛盾

城乡融合发展主要集中在产业领域，产业结构转型升级是城乡融合的依托。对于不断发展城乡要素配置系统而言，转型升级是发展的内在需求，但是系统内的陈旧结构，如旧的规章制度、体制机制阻碍了系统的发展进步。

配第认为，先导的工业化国家的就业结构会因为收入差异从而导致劳动力从第一产业向第二、三产业转移。在此基础上，克拉克对三次产业进行详细的划分，并认为随着经济发展，劳动力会从第一、第二、第三产业依次转移。库兹涅茨认

---

① 高琼琼，张杰，王世金．甘肃省黄土高原中部地区农村空心化问题实证研究：基于榆中县甘草店镇调查数据[J]．资源开发与市场，2016，32(11)：1357．

② 赵新浩．粮食主产区农村土地流转调查与分析[J]．学习论坛，2015，31(11)：37－40．

③ 郭书田，刘纯彬，等．失衡的中国：城市化的过去、现在与未来：第一部[M]．石家庄：河北人民出版社，1991：29－78．

④ 黄锟．城乡二元制度对农民工市民化进程的影响与制度创新[J]．经济研究参考，2014(8)：30－41．

为，第一产业与第二产业就业人数变化与总产值变化幅度相同，而第三产业就业人数的增长幅度已经超过其在总产值中所占比重的上升幅度，说明第三产业吸纳劳动力的能力较强。我国从传统经济向现代化迈进，第二、三产业蓬勃发展，基于国情考虑优先发展资本节约型和劳动密集型产业，大量吸纳来自第一产业的劳动力，削减了农村劳动力，降低了农村生育率，作为社会历史过程是无可争议的。随着经济发展，产业结构升级是必然的选择，以我国现有的资本、技术、人才等资源条件，完成这个目标仍面临一个很大的挑战。产业结构升级对劳动力提出较高的需求，由于劳动力的素质结构并未跟进，因此，农村劳动力流动对效率的提高作用十分有限，只是产业转移带来的效率提高，而不是产业升级带来的效率提高。此外，由于产业转型升级困难，产业转移受到基础设施不完备、金融服务不到位、工商资本投资少和政策支持力度小等诸多原因限制，城市的辐射和带动作用弱，劳动力流动无法带来任何产业升级与技术进步。当农村的劳动力流出后，对于如何处理村里闲置的集体经营性建设用地并没有达成共识，主要原因在于：①一次性补偿的土地征用形式长期来看会损害农民利益。②在缺少养老保障和稳定收入的情况下会进一步扩大土地流转的风险。③出于法律对农村集体经营性建设用地的限制，金融服务部门缺少参与土地流转的积极性。以上情况均表明，在产业结构升级、农村劳动力流出的背景下，相关的法律制度建设和基础设施建设并未跟进，最终导致农村老龄化与空心化加剧，以及城乡对立下要素配置的效率损失。

2. 路径依赖与大幅涨落的矛盾

我国发展迅速，用数十年时间追赶发达国家的百年积累成果，当然出现问题的概率也就比较高。发达国家在长期发展过程中遇到的问题，我国短期内就会遇到。快速发展会导致系统内部产生振荡。对于城乡要素配置系统而言，从城乡对立到目前的城乡融合，时间不过短短几十年，在这个发展路径交错的阶段，产生矛盾与问题是必然的。

完成城镇化一般有两种手段，一是市场手段，即通过市场优化城乡要素组合，提高城乡要素配置效率，推动城乡自发融合；二是行政手段，即通过撤县设区、政策引导等方式直接或间接促进城镇化。张嘉庆等认为，撤县设区政策可有效提升城市土地利用效率，并具有城市异质性特点，当城市亟须获得未来发展空间载体时，撤县设区政策可以从中发挥正向推动作用[①]。熊兴等则认为，政府干预模式配置资源在经济进入新常态后会出现一系列新问题，构建政府激励与市场驱动相结合

① 张嘉庆，戚渊，朱道林，等. 撤县设区提升城市土地利用效率了吗：基于全国261个城市的实证研究[J]. 中国土地科学，2022，36(9)：59-68.

的资源配置机制势在必行①。长期以来，我国城乡要素配置主要遵循两个原则：①计划原则。计划管制下的城乡要素几乎不存在自由转移、流动。②产出原则。发展前期，我国经济发展水平较低，资源相对匮乏，要素配置侧重物质产出，生产要素会向生产条件更好的城市转移。从计划转向市场、从物质至上转向综合效益的重大转变意味着我国城乡要素配置系统产生巨大变革，侧重城市的路径依赖也不是短期内能改变的，这种转变在缺少规划的条件下会放大市场手段或行政手段的弊端，强化了城乡二元结构体系，造成配置效率的损失。我国改革开放前主要依靠行政手段实现要素配置，改革开放之后逐渐强调通过市场手段实现要素配置，巨大的转向并没有改变要素配置倾向城市的现实，因为在行政手段实施的过程中已经形成城市对农村的优势地位，在市场手段发挥作用时，正值我国城镇化快速推进的时期，进一步加强了城市的地位。虽然资本有离开城市向农村流动的潜在可能，但是农村发展水平滞后，因此城市的资本、产业只会向另一个城市转移。

3. 内部平衡与极化效应的矛盾

系统能自我调节，使得自身发展处于相对平稳的状态，城乡关系的演化便是系统自我调节的结果。系统的稳态不意味着其各个组成部分之间是平衡的，相反，城乡二元结构、地理位置差异等现实因素会导致不同地域的城乡之间产生极化效应，这又会反向削弱系统的稳定。城乡融合意在削弱极化效应的负面影响，增强城乡系统平稳发展的能力。

我国经济发展呈阶梯状，经济水平按照由低到高排列：西部、中部、东部。经济水平高的、利润率高的地区对生产要素的吸引力更强，因此要素流动也会遵循这个路径。根据2020年国家统计局对农民工的调查，西部、中部和东部都存在劳动力流出与输入的情况，东部地区的极化效应明显，劳动力处于净输入的状态，而西部、中部地区处于劳动力外流的状态。根据2020年人口普查数据，城市中的外来人口远高于乡、镇的外来人口。对于全国性的要素配置而言，可以进一步把西部—中部—东部的阶梯分为“西部的乡镇”“西部的城市”“中部的乡镇”“中部的城市”“东部的乡镇”“东部的城市”等。“东部的乡镇”不一定比“西部的城市”落后；流向城市的要素不一定都来自乡镇，还可能来自下一级的城市。不可否认的是，“东部的城市”居于阶梯的顶层，必然比其他层级更具吸引力，会进一步占据其他地区的生产要素。即便存在“中部的乡镇”或“东部的乡镇”向“西部的城市”流动等内在平衡的

① 熊兴，余兴厚，丁黄艳. 政府主导下的城镇化与工业化发展及其互动关系[J]. 广东财经大学学报，2017，32(2)：100－112.

反向流动，面对“东部的城市”的极化效应是无能为力的。综上，城乡要素配置不仅仅是城和乡两大主体之间的配置，还是各省市城乡之间的配置，这意味着在城乡极化效应的基础上还叠加了地域的极化效应，深化了城乡二元结构体系，加剧农村的老龄化与空心化。

四、我国城乡要素配置效率的测算与分析

在对城乡要素配置的现状进行分析的基础上，本研究采用选定的方法进行城乡要素配置效率的测度，对结果进行静态分析与动态分析。

（一）DEA－Malmquist 模型的构建

前文已讲城乡要素配置的概况与理论分析，但配置的具体水平仍需进一步测度，意义在于：一方面可以对综合的效率进行分析，另一方面可以为后续研究做铺垫。确定城乡要素配置的评价内容和结构，选择对应的方法。从目前的文献看，配置水平的测度方法各有特点。一般来说，评价方法一般可以分为主观评价法和客观评价法。主观评价法主要是定性评价方法，比如专家法，此类方法具有较高的主观性，且不便实施；客观评价法是定量评价法，基于客观数据进行统计分析，适用范围广。客观评价法包括统计分析法、运筹学法、模糊数学法和人工智能法等。城乡要素配置作为一个系统，其发展是客观的，具有动态性、非线性和复杂性。效率评价具有封装性，侧重投入与产出的比例，不涉及运行过程分析，蕴含“黑箱”理念，目前仍是评价配置水平的首选。效率评价有单投入与单产出、多投入与单产出、多投入与多产出三种大类。其中，单投入与单产出的方法仅包含一种生产要素；多投入与单产出需要人为构建生产函数，存在一定的主观性，也存在一定难度，而且测度对象单一。多投入与多产出的方法主要是数据包络法，此类方法无需预先设定生产函数，原则上符合系统科学的复杂性内涵，通过与 Malmquist 指数法结合，也能进行动态的分析。

第 1 个 DEA 模型由美国运筹学家 Charnes、Cooper 和 Rhodes 于 1978 年提出，面向投入且假设规模报酬不变（CRS），也称作 CCR（C^2R）模型。当所有企业都以最优规模运作时，规模报酬不变的假设是合理的，但不完全竞争、制度障碍等因素的存在可能会导致企业不能以最优规模运作。Banker、Charnes 和 Cooper 在 CCR 模型的基础上，提出了规模报酬可变（VRS）的 BCC 模型。此后，学者还提出了规模报酬非递增的 FG 模型，满足规模报酬非递减的 ST 模型，反映决策者偏好的 CCWH 模型、半无限规划的 CCW 模型等。但是相对经典的还是 CCR 模型和 BCC 模型。DEA 模型可以有效处理多投入与多产出的效率测度问题，且无须设

定生产函数，无须对不同的单位进行归一化处理。应当指出，DEA 方法只是对决策单元相对效率的评估，而不是对绝对效率的评估，所以测算出有效率的决策单元并非是真正有效率，而只是相对于其他决策单元而言的相对有效。

目前使用最为广泛的生产率指数是 Malmquist 全要素生产率指数，它由 Caves、Christensen 和 Diewert 于 1982 年提出，后逐渐被应用于生产率与效率测算的领域中。Malmquist 全要素生产率指数具有以下优点：无须考虑价格因素、投入或产出角度，允许生产无效率的情况发生。求解 Malmquist 全要素生产率指数的顺序为：首先确定参数法或非参数法求解距离函数(distance function)，然后再通过距离函数将全要素生产率进行分解。如果采用参数方法，那么就需要预先设定确定的生产函数形式，因此将会遇到如何选择确定生产函数模型的问题以及如何选择随机变量分布假设的问题，这些问题将使计算变得更加复杂，并且这种方法受到人为因素影响的可能性较大。如果采用非参数方法，可以有效避免采用参数方法时所遇到的问题，而且当技术描述形式为多项投入和多项产出时能够以实物的形式来表示，从而可以避免价格因素对距离函数的影响。

综上，将 DEA 的 BCC 模型与 Malmquist 指数法相结合，能较好地评估城乡要素配置效率。本研究借鉴管立杰等的方法，构建 DEA－Malmquist 模型①，具体表达式为

$$\min\left[\theta - \varepsilon\left(\sum_{i=1}^{m} si^{-} + \sum_{r=1}^{n} sr^{+}\right)\right] \tag{4-1}$$

$$\sum_{j=1}^{I} x_{ij}\lambda_j + si^{-} = \theta xik \tag{4-2}$$

$$\sum_{j=1}^{I} y_{rj}\lambda_j - sr^{+} = yrk \tag{4-3}$$

$$\sum_{j=1}^{I} \lambda_j = 1 \tag{4-4}$$

$$\lambda_j, si^{-}, sr^{+} \geqslant 0, j = 1,2,\cdots,n \tag{4-5}$$

在上式中，假设 BCC 模型有多个决策单元(DMU)，其中，x_{ij} 为第 j 个决策单元的第 i 个投入量，$x_{ij} \geqslant 0$；y_{rj} 为第 j 个决策单元的第 r 项输出，$y_{rj} \geqslant 0$，θ 是目标规划值，λ_j 是规划决策变量，ε 为非阿基米德无穷小，si^{-} 和 sr^{+} 是松弛变量向量，若 $\theta = 1, s^{-} = 0, s^{+} = 0$，则决策单元 DEA 有效；若 $\theta < 1$，则决策单元 DEA 无效；若 $\theta = 1, s^{-} \neq 0, s^{+} \neq 0$，则决策单元弱 DEA 有效。

Malmquist 指数法被广泛用于测算生产率变化，其表达式为

① 管立杰，赵伟. 基于 DEA－Malmquist 的农村基础设施供给效率评价[J]. 统计与决策，2020，36(4)：172－175.

$$M(x^{t+1},y^{t+1},x^t,y^t)=\left[\frac{D^t(x^{t+1},y^{t+1})}{D^t(x^t,y^t)}\times\frac{D^{t+1}(x^{t+1},y^{t+1})}{D^{t+1}(x^t,y^t)}\right]^{1/2} \tag{4-6}$$

$$\text{effch}=\frac{D^t(x^{t+1},y^{t+1})}{D^t(x^t,y^t)} \tag{4-7}$$

$$\text{tech}=\left[\frac{D^t(x^{t+1},y^{t+1})}{D^{t+1}(x^{t+1},y^{t+1})}\times\frac{D^t(x^t,y^t)}{D^{t+1}(x^t,y^t)}\right]^{1/2} \tag{4-8}$$

$$\text{tfpch}=\text{effch}\times\text{tech}=(\text{pech}\times\text{sech})\times\text{tech} \tag{4-9}$$

其中，(x^t,y^t)和(x^{t+1},y^{t+1})分别表示t时期和$t+1$时期的投入产出向量，若M指数小于1，表明效率提高；若M指数大于1，表明效率降低。effch代表技术效率；tech代表技术进步；pech代表纯技术效率；sech代表规模效率；tfpch代表全要素生产率。

(二)城乡要素配置效率的指标

城乡要素配置效率是判断城乡要素配置状况的重要依据，理由如下：①以效率作为评价标准便于量化处理。城乡要素配置是一个抽象的概念，配置得好坏必须通过参照系来反映，以目前数据的局限性，效率评价是最优的选择。②城乡要素配置效率是城乡要素配置的出发点与落脚点，优化配置的首要目的是提高效率。如果一个配置方案是没有效率的，那么它就不具有竞争力，也不能实现可持续发展。此外，效率可以用来衡量投入与产出的关系，产出可以被人为定义，将非期望产出纳入分析框架，从而避免片面性，比如在核算农业全要素生产率时，结合资源与环境约束的指标提出农业绿色全要素生产率。对于城乡要素配置效率而言，可以考虑更综合的指标。

参照城乡要素错配、DEA法测度生产效率的相关研究，并充分考虑数据的可获取性和可靠性，本研究选取的投入指标与产出指标如下。

1. 农村投入指标

1)劳动力要素投入

劳动力是生产过程中最基本的三大要素之一，虽然乡村除了农业还有其他产业，但是各省市相关指标存在差异，为了保证数据的可持续性与城市数据之间的可比性，本研究统一采用农业从业人员数量作为劳动力要素投入指标。

2)资本要素投入

本书参考城乡要素错配研究，将固定资本存量作为资本要素投入指标，并借鉴单豪杰和徐现祥等的方法，通过徐现祥等的缩减指数构造方法计算得出本研究三次产业投资数据的价格平减指数，然后借鉴宗振利方法计算分省折旧率，利用单豪杰方法计算基期资本存量数据，根据永续盘存法得出本研究的分省三次产业资本存量数据①。

3)土地要素投入

本研究选用农作物总播种面积作为土地要素投入指标,与以上两种要素投入相对应。

2. 农村产出指标

1)选择农业生产总值反映农村生产活动的规模和总量

2)选择农村居民可支配收入反映分配情况

3. 城市投入指标

1)劳动力要素投入

城市劳动力数据难以准确测度,本研究选择第二、三产业的从业人数作为城市劳动力要素投入指标。

2)资本要素投入

与农村投入指标中的资本要素投入类似,本研究选择第二、三产业的固定资本存量作为资本要素投入指标。

3)土地要素投入

本研究选择建成区面积作为土地要素投入指标。

4. 城市产出指标

1)选择工业、服务业生产总值反映城市生产活动的规模和总量

2)选择城镇居民可支配收入反映分配情况

以上所有指标数据来源于2011—2021年的《中国统计年鉴》、各省市的统计年鉴、《中国农村统计年鉴》以及《中国城市统计年鉴》。缺失值使用线性插值法等补齐。

(三)测度结果与分析

1. 静态分析

利用DEAP2.1软件,选取2011年和2020年中国31个省区市的投入产出指标进行城乡生产要素配置效率分析(MULTI－STAGE分析),分别得到城乡生产要素配置的综合效率、纯技术效率、规模效率和规模收益,结果见表1－1、表1－2。

---

① 宗振利,廖直东. 中国省际三次产业资本存量再估算:1978—2011[J]. 贵州财经大学学报,2014(3):8－16.

表 1-1 分地区农村 DEA 静态效率表

地区	2011 年				2020 年			
	综合效率	纯技术效率	规模效率	规模收益	综合效率	纯技术效率	规模效率	规模收益
北京	1.000	1.000	1.000	—	1.000	1.000	1.000	—
天津	0.758	0.797	0.951	drs	0.829	0.912	0.908	irs
河北	0.661	0.856	0.773	drs	0.428	0.789	0.543	drs
山西	0.325	0.415	0.783	drs	0.207	0.431	0.480	drs
内蒙古	0.578	0.623	0.927	drs	0.417	0.588	0.709	drs
辽宁	0.900	0.918	0.981	drs	0.421	0.655	0.644	drs
吉林	0.617	0.634	0.974	drs	0.270	0.524	0.516	drs
黑龙江	0.638	0.692	0.922	drs	0.587	0.872	0.673	drs
上海	1.000	1.000	1.000	—	1.000	1.000	1.000	—
江苏	1.000	1.000	1.000	—	0.805	1.000	0.805	drs
浙江	1.000	1.000	1.000	—	1.000	1.000	1.000	—
安徽	0.427	0.745	0.573	drs	0.376	0.684	0.550	drs
福建	0.964	1.000	0.964	drs	1.000	1.000	1.000	—
江西	0.557	0.581	0.960	drs	0.448	0.631	0.711	drs
山东	0.616	1.000	0.616	drs	0.414	1.000	0.414	drs
河南	0.517	0.884	0.585	drs	0.376	0.938	0.401	drs
湖北	0.555	0.793	0.700	drs	0.458	0.838	0.547	drs
湖南	0.553	0.858	0.645	drs	0.433	0.813	0.532	drs
广东	0.741	1.000	0.741	drs	0.753	1.000	0.753	drs
广西	0.451	0.744	0.606	drs	0.462	0.755	0.611	drs
海南	1.000	1.000	1.000	—	1.000	1.000	1.000	—
重庆	0.487	0.497	0.980	drs	0.423	0.560	0.755	drs
四川	0.510	0.909	0.560	drs	0.386	0.963	0.401	drs
贵州	0.455	0.768	0.592	drs	0.396	0.572	0.691	drs
云南	0.287	0.653	0.440	drs	0.327	0.654	0.501	drs
西藏	0.597	1.000	0.597	irs	0.429	0.477	0.900	drs
陕西	0.490	0.553	0.887	drs	0.361	0.546	0.662	drs
甘肃	0.271	0.366	0.740	drs	0.218	0.359	0.609	drs
青海	0.440	0.448	0.983	irs	0.493	0.514	0.959	irs
宁夏	0.365	0.372	0.980	drs	0.393	0.408	0.962	drs
新疆	0.761	0.792	0.960	drs	0.394	0.543	0.726	drs
平均值	0.630	0.771	0.820		0.532	0.743	0.708	

注:drs 代表收益递减,irs 代表收益递增,一字线代表收益未发生变化。

表1-2　分地区省区市城市DEA静态效率表

地区	2011年				2020年			
	综合效率	纯技术效率	规模效率	规模收益	综合效率	纯技术效率	规模效率	规模收益
北京	0.900	0.938	0.959	drs	1.000	1.000	1.000	—
天津	0.933	0.943	0.989	drs	0.821	0.844	0.973	drs
河北	0.672	0.816	0.823	drs	0.464	0.584	0.794	drs
山西	0.580	0.581	0.998	irs	0.443	0.458	0.968	irs
内蒙古	1.000	1.000	1.000	—	0.669	0.670	0.998	drs
辽宁	0.668	0.810	0.825	drs	0.483	0.539	0.896	drs
吉林	0.594	0.595	0.999	drs	0.485	0.538	0.902	drs
黑龙江	0.515	0.538	0.957	drs	0.389	0.467	0.834	—
上海	1.000	1.000	1.000	—	1.000	1.000	1.000	drs
江苏	0.690	1.000	0.690	drs	0.794	1.000	0.794	drs
浙江	0.876	1.000	0.876	drs	0.634	0.951	0.667	drs
安徽	0.436	0.540	0.806	drs	0.506	0.609	0.831	drs
福建	0.745	0.780	0.955	drs	0.801	0.905	0.885	drs
江西	0.530	0.534	0.991	drs	0.451	0.521	0.866	drs
山东	0.617	0.900	0.685	drs	0.554	0.767	0.722	drs
河南	0.585	0.757	0.773	drs	0.524	0.721	0.726	drs
湖北	0.580	0.650	0.892	drs	0.565	0.658	0.859	drs
湖南	0.698	0.738	0.947	drs	0.614	0.740	0.830	drs
广东	1.000	1.000	1.000	—	0.670	1.000	0.670	drs
广西	0.512	0.523	0.978	drs	0.382	0.471	0.811	drs
海南	0.666	0.952	0.700	drs	0.577	0.768	0.752	drs
重庆	0.514	0.575	0.894	drs	0.605	0.616	0.982	drs
四川	0.529	0.654	0.809	drs	0.465	0.622	0.748	drs
贵州	0.745	0.756	0.986	drs	0.454	0.498	0.912	drs
云南	0.545	0.609	0.896	drs	0.530	0.535	0.990	drs
西藏	1.000	1.000	1.000	—	1.000	1.000	1.000	—
陕西	0.731	0.740	0.989	irs	0.566	0.585	0.967	drs
甘肃	0.500	0.591	0.847	drs	0.402	0.560	0.717	drs
青海	1.000	1.000	1.000	—	0.747	0.819	0.912	drs
宁夏	0.861	0.966	0.891	drs	0.651	0.786	0.829	drs
新疆	0.663	0.669	0.991	irs	0.466	0.532	0.875	drs
平均值	0.706	0.779	0.908		0.604	0.702	0.862	

1)综合效率角度

各地农村的要素配置效率在2011年和2020年均未达到DEA有效,综合效率的平均值分别为0.630和0.532,出现了下降趋势,整体处于较低的水平。从省际层面,不同地区城市要素配置效率还存在一定差异,除了农村生产要素配置效率有所提高的天津、广东、广西、青海、宁夏以外,其余地区的配置效率有所下降。2011年与2020年各有5个地区达到生产前沿面,且在两个时段中均有效的地区为北京、上海、浙江和海南,表明这些地区的农村生产要素组合实现了最优配置,投入产出达到最佳效果。其余地区都存在着较大的纯技术效率和规模效率的提升空间。2020年,农村综合效率处于后三位的三个省份为山西、甘肃、吉林,这3个省份应注重加强农村生产的管理水平,完善制度建设以达到最优规模。

2)城市要素配置效率角度

全国各地区的城市要素配置效率在2011年和2020年均未达到DEA有效,综合效率的平均值分别为0.706和0.604,出现了下降趋势,整体也处于较低的水平。从省际的角度看,不同地区城市要素配置效率存在一定差异,除了北京、江苏、安徽、福建、重庆的城市生产要素配置效率有所提高以外,大部分地区的配置效率有所下降。2011年与2020年各有5个和3个地区达到生产前沿面,且在两个研究时段中均有效的地区为北京和上海,表明这些地区的城市生产要素组合实现了最优配置,投入产出达到最佳效果。其余省区市都存在着较大的纯技术效率和规模效率的提升空间。2020年,城市综合效率处于后三位的三个省份为广西、甘肃、黑龙江,这3个省份应改善城市生产以达到最佳规模。

在城乡对比方面,城市生产要素配置效率总体比农村高,说明城市的生产投入组合整体优于农村地区,应加强农村地区的建设,缩小城乡差距。

3)纯技术效率角度

2020年全国农村与城市的纯技术效率平均值分别为0.743和0.702,与生产前沿面分别相差0.257和0.298,这反映出管理水平有较大进步空间。若农村要素配置的规模效率平均值低于纯技术效率平均值,说明生产规模是制约我国农村要素配置效率的主要因素,应扩大农村的生产要素投入。若城市要素配置的规模效率平均值高于纯技术效率平均值,说明管理与技术的水平是制约我国城市要素配置效率的主要因素。若城市的纯技术效率平均值低于农村的纯技术效率平均值,说明城市地区可能出现了类似人口、交通、产业过度集中的"城市病",导致效率损失。2011年和2020年农村纯技术效率有效的省份分别有9个和8个,城市纯技术效率有效的省份分别为7个和5个,说明这些省份在管理和技术等方面较为先进，既定投入实现产出最大化，规模效率较低是导致综合效率较低的主要原因，应调整投资规模，进一步提高规模效益。宁夏、甘肃农村的纯技术效率值的水平较低，2020 年的纯技术效率分别为 0.408 和 0.359；山西、黑龙江城市的纯技术效率值的水平较低，2020 年的纯技术效率分别为 0.458 和 0.467。这远低于全国平均水平，须进一步提高农村基础设施管理和技术水平。

4）规模效率和规模收益角度

农村规模效率平均值从 0.820 下降到 0.708，城市规模效率平均值从 0.908 下降到 0.862，存在一定程度的下降。2011 年和 2020 年，农村地区生产达到最优规模的地区分别为 5 个和 4 个，城市地区生产达到最优规模的地区分别为 5 个和 3 个。2020 年，河南、四川农村的规模效率值水平较低，应进一步扩大对农村生产要素的投入，浙江、广东城市的规模效率值水平较低，应进一步扩大对城市生产要素的投入。2020 年，规模收益递增的地区如山西的城市，天津、青海的农村应扩大生产要素的投入。而规模收益递减的地区因生产要素未得到充分利用，存在明显的效率损失问题，应及时调整要素投入，注重提高配置效率。

2. 动态分析

Malmquist 指数能动态反映各地区农村与城市生产要素配置效率的变化趋势，利用 DEAP2.1 软件选取 2011 年和 2020 年中国 31 个省区市的投入产出指标进行城乡生产要素配置效率的时间序列分析（DEA－MALMQUIST 指数法），分别得到城乡生产要素配置的技术效率、技术进步率、纯技术效率、规模效率和全要素生产率，结果见表 1－3 至表 1－6。

表 1－3　不同时间段农村 DEA 动态效率表

时间段	技术效率	技术进步率	纯技术效率	规模效率	全要素生产率
2019—2020 年	1.010	0.901	0.989	1.021	0.910
2018—2019 年	1.024	0.870	0.990	1.034	0.891
2017—2018 年	1.036	0.895	1.016	1.020	0.927
2016—2017 年	1.058	0.944	1.026	1.031	0.998
2015—2016 年	1.071	0.867	1.015	1.056	0.929
2014—2015 年	1.015	1.043	1.001	1.014	1.059
2013—2014 年	1.009	0.938	0.998	1.011	0.946
2012—2013 年	1.011	0.794	1.009	1.002	0.803
2011—2012 年	0.971	0.924	0.996	0.975	0.897
平均值	1.022	0.906	1.004	1.018	0.927

表 1-4 分地区农村 DEA 动态效率表

地区	技术效率	技术进步率	纯技术效率	规模效率	全要素生产率
北京	1.000	0.872	1.000	1.000	0.872
天津	0.990	0.897	0.985	1.005	0.888
河北	1.050	0.895	1.009	1.040	0.939
山西	1.051	0.884	0.996	1.056	0.929
内蒙古	1.037	0.884	1.006	1.030	0.917
辽宁	1.088	0.902	1.038	1.048	0.981
吉林	1.096	0.880	1.021	1.073	0.964
黑龙江	1.009	0.885	0.975	1.036	0.893
上海	1.000	0.890	1.000	1.000	0.890
江苏	1.024	0.914	1.000	1.024	0.936
浙江	1.000	0.889	1.000	1.000	0.889
安徽	1.014	0.910	1.010	1.005	0.923
福建	0.996	0.909	1.000	0.996	0.905
江西	1.024	0.885	0.991	1.034	0.906
山东	1.045	0.899	1.000	1.045	0.939
河南	1.036	0.876	0.993	1.043	0.908
湖北	1.021	0.904	0.994	1.028	0.923
湖南	1.028	0.909	1.006	1.022	0.934
广东	0.998	0.914	1.000	0.998	0.913
广西	0.997	0.913	0.998	0.999	0.910
海南	1.000	0.985	1.000	1.000	0.985
重庆	1.016	0.881	0.987	1.029	0.895
四川	1.031	0.915	0.994	1.038	0.943
贵州	1.016	1.044	1.033	0.983	1.060
云南	0.986	0.951	1.000	0.986	0.938
西藏	1.037	0.916	1.086	0.955	0.950
陕西	1.034	0.907	1.001	1.033	0.938
甘肃	1.024	0.916	1.002	1.022	0.938
青海	0.988	0.904	0.985	1.003	0.892
宁夏	0.992	0.885	0.990	1.002	0.878
新疆	1.076	0.899	1.043	1.032	0.967

表 1-5 不同时间段城市 DEA 动态效率表

时间段	技术效率	技术进步率	纯技术效率	规模效率	全要素生产率
2019—2020 年	1.023	0.976	1.016	1.007	0.998
2018—2019 年	1.106	0.877	1.049	1.055	0.970
2017—2018 年	0.970	0.983	0.995	0.975	0.954
2016—2017 年	1.012	0.933	1.015	0.997	0.944
2015—2016 年	1.044	0.920	1.029	1.015	0.960
2014—2015 年	1.029	0.959	1.018	1.010	0.986
2013—2014 年	0.975	0.982	0.992	0.983	0.958
2012—2013 年	1.020	0.956	1.011	1.009	0.975
2011—2012 年	0.993	0.961	0.989	1.004	0.954
平均值	1.018	0.949	1.012	1.006	0.967

表 1-6 分地区城市 DEA 动态效率表

地区	技术效率	技术进步率	纯技术效率	规模效率	全要素生产率
北京	0.988	0.945	0.993	0.995	0.934
天津	1.014	0.948	1.012	1.002	0.961
河北	1.042	0.946	1.038	1.004	0.986
山西	1.030	0.943	1.027	1.003	0.972
内蒙古	1.046	0.949	1.045	1.000	0.992
辽宁	1.037	0.951	1.046	0.991	0.986
吉林	1.023	0.948	1.011	1.011	0.969
黑龙江	1.032	0.949	1.016	1.015	0.979
上海	1.000	0.958	1.000	1.000	0.958
江苏	0.985	0.950	1.000	0.985	0.935
浙江	1.037	0.948	1.006	1.031	0.983
安徽	0.983	0.947	0.987	0.997	0.931
福建	0.992	0.938	0.984	1.009	0.930
江西	1.018	0.936	1.003	1.015	0.952
山东	1.012	0.948	1.018	0.994	0.960
河南	1.012	0.946	1.005	1.007	0.958
湖北	1.003	0.951	0.999	1.004	0.954
湖南	1.014	0.947	1.000	1.015	0.961
广东	1.045	0.969	1.000	1.045	1.014
广西	1.033	0.946	1.012	1.021	0.978

续表

地区	技术效率	技术进步率	纯技术效率	规模效率	全要素生产率
海南	1.016	0.950	1.024	0.992	0.965
重庆	0.982	0.947	0.992	0.990	0.930
四川	1.014	0.930	1.006	1.009	0.943
贵州	1.057	0.951	1.047	1.009	1.005
云南	1.003	0.951	1.014	0.989	0.954
西藏	1.000	0.996	1.000	1.000	0.996
陕西	1.029	0.949	1.026	1.003	0.976
甘肃	1.025	0.944	1.006	1.019	0.967
青海	1.033	0.959	1.022	1.010	0.991
宁夏	1.032	0.938	1.023	1.008	0.968
新疆	1.040	0.945	1.026	1.014	0.983

1)整体效率变动分析

由表1-3可知,2011—2020年我国农村的全要素生产率均值为0.927,与2011—2012年的0.897相比有所提高,全要素生产率大都在0.9左右,说明农村要素配置效率仍有一定提升空间。从各年分解来看,技术效率提高2.2%,纯技术效率提高0.4%,规模效率提高1.8%,说明农村生产要素的管理水平及利用效率对全要素生产率起主要的拉动作用,但是技术进步率小于1,说明农业发生了技术衰退,原因可能是由于政府减少公共支出导致产业发展所需的资源出现断供,也有可能是生产投入扩大,但技术创新投入较少导致技术进步率下降,等等。分年度看,2014—2015年的效率均值大于1,该年内农村要素的配置效率处于上升状态。2011—2012年的效率均值小于1,该年内农村生产要素的配置效率处于下降状态。

由表1-5可知,2011—2020年我国城市的全要素生产率均值为0.967,比农村的全要素生产率相比略高,全要素生产率都大于0.9且低于1,城市要素配置效率整体比农村要高,但还是没有实现资源的有效配置。从各年分解来看,技术效率提高1.8%,纯技术效率提高1.2%,规模效率提高0.6%,说明城市生产要素的管理水平及利用效率对全要素生产率起主要的拉动作用,但是技术进步率小于1,说明城市的产业与农业一样发生了技术衰退,只是衰退的程度更低。分年度看,2018—2019年,技术效率为十年内最高,为1.106,而技术进步率却是十年内最低,仅为0.877,体现出技术进步率对城市生产要素配置效率产生了制约作用。

2)各地区的效率对比

由表1-3至1-6可知,2011—2020年,除贵州以外,其他农村地区的全要素生产率都小于1;除广东、贵州以外,其他城市地区的全要素生产率也都小于1,说明在2011年至2020年期间我国绝大部分农村、城市地区配置效率水平总体呈缓慢下降趋势,存在配置效率水平低的问题。无论是城市地区,还是农村地区,技术效率、纯技术效率和规模效率大多大于1,处于持续优化的状态,反而是技术进步率较低,直接拉低了全要素生产率,说明综合管理、技术提升与生产规模的扩大对优化配置发挥了推动作用,而技术进步因素对优化配置产生了主要的制约作用。

五、对策建议

城乡要素配置是一个完整的系统,牵一发而动全身,需要用系统思维来处理城乡关系,一方的发展不能以牺牲另一方为前提,而是相辅相成,实现城乡融合发展。城乡要素配置的政策必须立足国情,符合经济社会的客观发展规律,体现社会主义制度的优越性。既要依靠市场力量,又要辅以政府引导;既要体现公平的原则,又不能丢失市场的效率。以系统思维优化城乡要素配置,关键是实现城乡生产要素的融合:第一是城乡劳动力要素的融合,即实现劳动力在城乡间的双向流动。第二是城乡资本要素的融合,即通过综合手段实现资本向城乡中利润高的地区与领域流动。第三是城乡土地要素的融合,即建设统一的土地市场,促进土地流转。在城乡生产要素融合的基础上,由"点"及"面",逐步实现城乡产业与生态的融合,即促进城市产业向农村转移;构建城乡统一的生态环境保护机制,协同治理,全面共享。科技创新是城乡融合的重要支撑,始终贯穿于城乡融合的过程中,应该提高科技创新质量,提高城乡要素的配置效率。

(一)促进城乡生产要素的融合

1. 城乡劳动力要素的融合

劳动力在城乡间的双向流动条件:一是农村劳动力在城市的权益获得保护且与城镇居民享有同等的基本公共服务;二是农民工返乡可以创业就业,以此促进农村经济增长。

农村劳动力向城市流动,面临的主要问题是劳动报酬与劳动强度不成比例、参与社保比例低等。对此,需要:第一,加强户籍制度建设。户籍制度是我国人口管理的基本制度,但不同地区城乡之间的不同户籍却对应着不同的基本公共服务,需要通过改革促进不同户籍权利的平等化。第二,消除对农民工的就业歧视。在招聘环节,部分企业对农民工的户籍仍然存在歧视,限制了外来农民工的择业自由,应该加强对就业市场的监督管理与规范引导。第三,放宽对农民工的落户政策。在大中型城市,外来农民工较多,较高的落户门槛使得农民工群体无法享有与城镇居民同等的权利，应该放宽落户政策，促进流动人口与本地人口的融合。

农村劳动力向农村回流，存在的主要问题是返乡就业机会少、福利待遇低、能力不足等。对此，需要：第一，打造农村的就业载体与优质的生活载体。农村地区缺乏就业载体，会导致农民工返乡就面临失业的情况，而缺少宜居的生活载体则导致农民工返乡面临生活体验不佳的情况。一方面，要在农村建设产业园，用于承接城市的产业，引导劳动密集型产业转移，进而带动劳动力等要素回流农村，并带回发达地区的组织方式与管理方式，促进农村地区产业的转型升级。另一方面，要优化农村的居住环境，打造宜居的居住区，在生态环境优良的条件下，完善生活、交通、医疗等基础设施，生活体验对标甚至优于城市，以此吸引农民工、城镇居民到农村生活。第二，加强对农民工进行职业教育与创业教育。农民工返乡从事的工作往往不是传统的农业工作，而是与现代产业相结合的现代农业工作，或者与农业配套的相关工业、服务业工作，这对农民工的素质提出较高要求，同时要求农民工有较强的返乡工作意愿。一是通过社区教育等方式宣传返乡工作的机遇。二是发动教育培训机构对农民工进行就业、创业培训。三是通过行业协会帮助农民工解决就业、创业过程中的难题。

2. 城乡资本要素的融合

资本会通过市场机制向利润率高的地方转移，城市资本确实有向农村地区转移的可能，但由于各地区发展不平衡不充分，城市和农村之间的实际差距很大，资本流入乡村的市场自发驱动力仍然较弱，因此这个转移过程是漫长且反复的。所以，光依靠市场的力量无法缩小城乡间经济的差距，反而可能会适得其反。对此，需要：第一，优化农村的投资环境。要实现资本双向流动，就要先解决投资环境的问题，良好的投资环境是吸引投资的先决条件。农村基础设施落后是制约资本向农村流动的重要原因，要加快推进农村基础设施建设，解决农村交通不便、医疗不便、卫生“脏乱差”等问题。第二，优化对农村财政支出的结构。国家财政对农村的支出总体上是持续增长的，但不意味着财政支出都能投入到关键领域中。对于农村而言，财政支出重点服务农业现代化建设与乡村绿色发展，同时改善农村的基本公共服务。第三，优化农村金融服务体系。农村的金融服务体系长期滞后于城市，需要发展农村普惠金融，重点面向分散的农村个体，提供小额贷款，坚持金融普惠性，以满足不同阶层、不同群体、不同个体的需求。同时，要提高金融科技水平，通过数字货币、互联网等技术优化农村的金融服务。第四，发挥农村金融机构的作用。一方面，要降低农村金融机构的存款准备金率，刺激金融机构发放贷款，通过“金融市场—生产市场—消费市场”的传导路径实现农村经济发展；另一方面，应根据当地情况，赋予农村金融机构较大的利率浮动空间，有助于因地制宜，为当地农村提供利润与风险相对平衡的金融产品。第五，推动农村税收体系改革，对农村重点行业、企业提供税收优惠，引导工商资本流入农村。第六，加强对农村金融的监管，防范不良资产、汇率波动、通货膨胀等金融风险。

3. 城乡土地要素的融合

土地要素是农村最丰富的生产要素，利用好农村的土地要素，不仅能促进城乡空间优化与融合，还能促进农村经济发展，缩小城乡差距。土地位置是固定的，是不可移动的，土地要素的流动本质是产权的归属问题以及如何使用的问题。对此，需要：第一，推动农村集体经营性建设用地的改革。由于相关产权归属不明晰，导致这部分土地难以进入市场。即便成功市场化，后期不合理的土地增值收益分配机制也会造成农民利益受损，降低农民将土地入市的积极性。因此，需要推动集体经营性土地的确权工作，明确土地权属，为土地入市打下基础；同时要改革收益分配机制，兼顾多方主体、集体与个人的利益分配，全方位提高积极性。第二，规范农村土地征收制度。农村土地流转需要经过土地征收这一必要环节，土地征收不规范，就会引起诸多矛盾，阻碍城乡土地要素的融合。因此，需要对土地征收制度进行改革，对土地征收进行信息公示，过程公开透明；同时，要改革土地征用中单一的补偿方式，探索多元的、持续性的补偿方式，切实保护农民权益。第三，改革农村宅基地制度。由于农村空心化、老龄化问题严重，村中废弃的、闲置的宅基地降低了农村土地的活力，推进农村宅基地制度改革，探索新的土地退出机制，有利于盘活农村土地资源。因此，需要完善相关社会保障制度，解决农民退出农村宅基地的后顾之忧，同时要加强对退出土地的监督管理。第四，建立公平有序的城乡统一的土地市场。政府应通过市场手段提高土地利用效率，同时提高对土地市场的监管，防范腐败、违规交易等潜在风险。

(二)推动城乡产业与生态的融合

1. 城乡产业的融合

城乡产业的融合是指通过三次产业的融合发展，以新产业形成农村经济发展的新动能。传统农业的经济效益较低，已经不符合农民收入增长与乡村振兴的要求。围绕农业形成新的产业链，延长产品的供应链，提高产品的附加价值，提供新服务，以此发展农村经济。对此，需要：第一，根据生产要素等条件，因地制宜，发展特色产业。特色产业包括依托当地特产的农业、依托当地矿产的工业、依托当地自然景观的旅游业等。政府应将这些产业以“农业＋工业”“农业＋服务业”“农业＋工业＋服务业”等多种形式结合起来。第二，打造农村龙头企业。政府应加强对农村龙头企业的扶持，以龙头企业作为农村引进城市先进管理技术、先进组织形式和高级技术人才的支点，以点带线促进整个农村产业的转型升级。第三，构建新型农业经营体系。农村的企业、农场等经营个体仍然是高度分散的，政府应该通过产业合作、投资入股等形式将分散经营的个体结合起来，形成优势互补，实现规模经济。

第四,承接城市的劳动密集型产业。由于农村发展较为滞后,应先通过承接城市产业来实现最初的发展。劳动密集型产业可以吸附大量劳动力,有助于农村劳动力回流,从而带动其他资源回流。

2. 城乡生态的融合

在对城乡融合水平的测度研究中,城乡生态融合指标表明生态融合在城乡融合中占据了重要位置。在工业化、城镇化高速发展的时期,若仅追求单一的产值,最终会导致城市生态环境被破坏、被污染等诸多问题,降低了城镇居民的生活质量。此外,农村以市场手段发展经济,也会面临生态恶化的问题。当城市高污染的产业向农村转移时,城市的环境压力也转嫁给了农村,加上农村基础设施薄弱,环境自净能力较弱,农村居民环保意识不强,农村面临的生态压力会更加巨大。对此,需要:第一,加强生态补偿的转移支付。财政支出为环境保护提供资金,为受偿地区经济发展与人民生活提供保障。第二,加强生态文明建设。不同地域采取不同的生态建设方案,比如农田生态文明建设、城镇生态文明建设等,针对当地情况建设对应的功能区。此外,还需要构建农村居民与城镇居民全民参与的机制,提高群众对生态文明建设的认可度。第三,探索绿色发展的道路。重走城市的高污染工业化发展道路是不符合可持续发展的原则的,农村地区应该探索新的绿色发展道路,比如特色小镇,应把特色产业、居民生活与生态建设有机结合起来,让其既具备完整城市功能,又符合产业转型升级的需求。

3. 提高城乡科技创新的质量

通过前文对效率分解的分析,发现城市和农村全要素生产率低于 1 的原因是技术进步率较低。这一现象与目前三次产业在生产过程中普遍存在的注重创新规模而忽略创新质量的情况有很大关系。创新质量低下表现为创新投入规模庞大,专利产出较多,但实际作用于生产前沿面的却寥寥无几。创新只有切实提高产出,实现投入成本的回收才是有效的。一般而言,以实用性为导向的创新仍是重点。提高创新质量,需要:第一,完善科技创新的评价标准,以实用性与基础性为导向,避免不计成本的盲目创新投资和忽视实用性与积累性的创新行为。第二,贯彻落实科教兴国战略,加强现代化建设人才支撑,激发人才的创新活力,提高人才创新的积极性。培养农业科技人才,提高农村农业科技创新水平。第三,加强技术创新的市场导向,提高技术创新在国企经营业绩考核中的比重,引导社会资金投入科技创新领域,增强各方主体的创新活力。第四,加快推进高端农业、工业和服务业创新发展,提高创新的利润率。第五,解除创新和成果转化的制度障碍,推动研究院、院校与企业的创新合作,优化科技成果的推广渠道,完善科技成果转化机制。

第二章　乡村振兴战略背景下财政支农与金融支农的协同作用

近年来，中央一号文件多次明确提出要加强财政与金融的协同支农，加快形成财政优先保障、金融重点倾斜、社会积极参与的多元投入格局。但在实践过程中，财政支农资金仍然存在监管不严、投入结构不合理和利用率较低等问题，农村金融存在金融机构数量少、金融服务获取难和金融来源单一等问题，抑制了财政与金融支农协同体系的成长。因此，科学测度我国财政与金融协同支农效率，对提高支农资金使用效率、促进农村经济社会发展，推动乡村振兴具有重要意义。

一、问题的提出

（一）研究背景

2004—2023 年，中央一号文件连续 20 年聚焦“三农”问题，表明守好“三农”基本盘至关重要。2021 年 2 月 25 日，习近平总书记在全国脱贫攻坚总结表彰大会上庄严宣告，我国如期完成了消除绝对贫困的艰巨任务，标志着我国“三农”工作的重心从脱贫攻坚转向乡村振兴。在乡村振兴背景下，政府强调将财政与金融工具联动，强化多元机制，以解决我国长期以来存在的农业财政资金使用效率低下和农村金融发展滞后等问题。为此，需要通过协调配置财政资金和金融机构贷款再贴现等资源，加快形成财政优先保障、金融重点倾斜、社会积极参与的多元投入格局，确保财政投入持续增长。

围绕乡村振兴，2018 年中央一号文件提出国家财政金融协同支农体系需要不断健全，需要加快建立涉农资金统筹整合长效机制，坚持农村金融改革发展，稳步扩大“保险＋期货”试点；2021 年中央农村工作会议也指出提升资金总量，发挥财政金融协同支农的带动作用；2023 年中央一号文件聚焦财政与金融支农的协调，坚持把农业农村作为一般公共预算优先保障领域、健全政府投资与金融、社会投入联动机制，发挥全国农业信贷担保体系的职能与优势，优化“保险＋期货”。近年来的中央一号文件已明确要加强财政与金融协同支农，要加快形成财政优先保障、金融重点倾斜、社会积极参与的多元投入格局。“三农”问题是关乎我国发展全局的重点问题,乡村振兴战略则是解决新时代“三农”问题的抓手,是实现现代化或现代化建设的必要途径,而财政与金融作为两个十分重要的配置手段,其协同支持乡村振兴的重要性不言自明。

多年来我国财政支农资金存在监管不严、投入结构不合理且利用率较低等问题,加上农村金融市场存在金融排斥与金融抑制现象,不仅会抑制金融体系的发展从而影响财政与金融支农协同体系的配合发展,也造成了农业生产等类型的企业筹资融资难的问题,不利于乡村振兴。因此,评价当前的财政支农与金融支农效率,探明同效率的影响因素,破解两者各自为政、资金效率使用低下的问题,探索财政和金融协同的长效机制,在我国当前国情下对于促进我国农村经济发展、实现乡村振兴具有重要意义。

财政支农和金融支农一般由不同的部门承担,发挥的作用以及定位具有一定的差异,但两者在农村经济发展和乡村振兴中都有重要的作用。财政支农是政府参与分配的重要手段,政府通过资金以及各类政策解决“三农”问题,是目前最核心的手段。金融支农是指金融机构通过贷款等方式为农村企业提供金融资本支持农业生产。财政与金融的本质不同,财政的本质是政府的经济行为,而金融的本质是效用最大化,因而具有逐利性,财政可以兼顾社会、政治等因素进行资金投放,而金融相对更不可控,主要依靠“无形的手”进行调节。财政和金融手段的配合,可以使政府和市场之间的互动具有结构性与动态性,达到相互强化的效果,因此加强财政金融协同作用,可有效促进乡村振兴。

(二)问题界定

在乡村振兴背景下,财政支农一般是通过直接的资金补助,因此无法形成放大效应,如果和金融部门协同,则可以制造杠杆,对财务支农资金以及政策的效应进行放大,更好促进农村综合改革,因此财政和金融的协同支农是乡村振兴战略背景下降本增效的必然选择。由此,评价我国当前的财政金融协同支农效率,探究影响财政金融协同支农效率的因素,探讨如何更有针对性地让政策落实以提高资金利用率,以及如何巩固现有扶贫成果以更高效地促进乡村振兴是本章主要研究的问题。

(三)研究意义

1. 理论意义

首先,本研究对现有文献进行了梳理,并从政策、资金、结果三个角度对财政支农和金融支农进行了现状分析。其次,本研究从两者协同的效率出发,分析了财政金融协同支农效率及其影响因素,这有助于扩展相关理论的研究范畴,同时为政府、金融机构等相关部门提供理论和实践的基础,助力乡村振兴。

2. 现实意义

目前我国财政和金融支农面临精细化、高效化、造血式的转型，在乡村振兴背景下，本书选取31个省区市的面板数据进行财政金融协同支农动态和静态的研究，分析优势区域借鉴经营，并探索财政和金融协同支农的影响因素，以期为相关部门提供决策参考，巩固现有支农成果，推进乡村振兴。

（四）国内外研究现状

1. 国内研究现状

1）关于财政支农的研究

传统观念认为，财政支持对农业发展具有最稳定和基础的作用，然而关于财政在农业方面的实际作用和正负效应，存在不同观点。

乡村振兴战略提出之前，相关研究多集中在财政支农对减贫与增收的作用与影响。秦建军等探究我国实施改革开放以后，财政资金对农村的作用，发现财政资金需要可持续的投入，改革开放后财政资金作用大致呈现短期有效、长期稳定的特点[①]。茆晓颖等对江苏的面板数据进行实证分析发现，财政资金具有显著的增收作用[②]。周红梅等使用DEA模型对湖南省的绩效进行分析，发现不同的地市财政资金发挥的作用有差异，但总体均为正向作用[③]。

也有学者发现财政支农存在的问题，影响农村经济的发展进程。如孙文祥等发现财政资金的支出项目、分配结构存在问题，造成了资金浪费和支农效率低下的问题[④]。陈明使用DEA对我国财政支农的效率进行分析，发现存在支农资金的多头管理和无效管理问题[⑤]。白彦锋等[⑥]、张维刚等[⑦]从逆向角度分析，认为需要提高资金的规模、完善相应结构、降低财政纵向失衡水平等因素，才能使财政支农资金利用效率更高。

---

① 秦建军，武拉平. 财政支农投入的农村减贫效应研究：基于中国改革开放30年的考察[J]. 财贸研究，2011(3)：51－57.

② 茆晓颖，成涛林. 财政支农支出结构与农民收入的实证分析：基于全口径财政支农支出2010—2012年江苏省13个市面板数据[J]. 财政研究，2014(12)：68－71.

③ 周红梅，李明贤. 基于DEA模型的湖南省财政支农支出效率评价[J]. 农业现代化研究，2016，37(2)：284－289.

④ 孙文祥，蔡方. 我国财政支农经济绩效实证研究[J]. 财政研究，2005(11)：25－28.

⑤ 陈明. 我国省际财政支农支出效率及影响因素研究[J]. 当代农村财经，2019(8)：2－10.

⑥ 白彦锋，王秀园. 基于省级面板数据的财政透明度与财政支农资金配置效率[J]. 长安大学学报(社会科学版)，2019，21(4)：19－28.

⑦ 张维刚，欧阳建勇. 财政纵向失衡、公共财政支农偏向与农业高质量发展[J]. 当代财经，2023，460(3)：41－54.

2)关于金融支农的研究

金融支持农业,不仅可以提高农民获得金融服务的可能性,还可以增强农村农业的生产和经营能力,从而直接促进乡村振兴。我国虽然是农业大国,历史悠久,但金融市场发展起步较晚,机制也不如发达国家成熟,因此金融支农的理论研究关注度较低。不过,随着我国农业现代化进程的加快和乡村振兴战略的提出,学术界对金融支农的研究逐渐增加。我国对金融支农的研究呈现出从探讨性到量化分析的趋势,学术界致力于探究金融支农的新模式、新技术和新机制,以期提高金融支农的效率和质量,更好地服务乡村振兴战略的实施。

苏静等人经实证分析发现,金融支农能够提高金融服务的可获得性,增强农村的生产经营能力,具有促进经济发展、收入分配等与农业相关的间接效应,同时也指出金融支农减贫存在门槛效应[①]。夏遨对湘西地区的金融结构进行研究,认为涉农贷款的结构与农民收入呈正相关关系[②]。贾娟琪采用 DEA - Tobit 方法研究普惠金融背景下各省涉农贷款对促进农业发展的资源配置效率和影响因素,研究从资源配置的决定作用和基础作用两个角度入手,旨在探究各省在促进农业发展过程中的涉农贷款配置效率及其相关因素[③]。

3)关于财政金融协同支农的研究

财政金融协同支农是将两种支农方式进行整合,同时发挥政府和市场的作用,以实现财政与金融的功能互补,这也是目前我国最为看重的一个方面,两者协同不仅可以加强政府与金融机构的合作,提高管理水平,还能降低资金使用成本、提高资金利用效率。

蔡锦涛通过对面板数据进行实证分析发现,从静态来看,金融发展水平与减贫之间的作用与财政支农有单门槛的关系,财政支农的相关水平越高,金融对农业经济的作用越大;从动态来看,金融的规模和效率与财政、金融支农呈正相关关系,财政支农亦与金融水平和农村经济呈正相关关系。从长期来看,这种关系可以累积[④]。黄寿峰对省际面板数据进行实证分析,发现财政支农和农民收入无论在什么条件下都显著正相关,但金融支农只有在空间面板分位数高的特定条件下才显著正相关[⑤]。姜松等利用 DEA 模型进行研究,动态来看,我国财政金融协同支农

---

① 苏静,胡宗义,肖攀. 中国农村金融发展的多维减贫效应非线性研究:基于面板平滑转换模型的分析[J]. 金融经济学研究,2014,29(4):86 - 96.

② 夏遨. 涉农贷款对农民收入水平的影响研究:以湘西抽样县为例[J]. 特区经济,2017(6):43 - 46.

③ 贾娟琪. 普惠金融视角下甘肃省涉农贷款配置效率及影响因素研究:基于 DEA - Tobit 方法[J]. 金融理论与实践,2018(2):38 - 43.

④ 蔡锦涛. 金融发展、财政支农与减贫效应研究[D]. 重庆:重庆大学,2019.

⑤ 黄寿峰. 财政支农、金融支农促进了农民增收吗:基于空间面板分位数模型的研究[J]. 财政研究,2016(8):78 - 90.

效率在逐年提升，但存在“集簇性”差异。拆解来看，虽然效率在逐年提升，但财政和金融资金对彼此的促进作用并没有达到预期效果①。李艳秋等人经实证研究，认为财政支农与农村金融的深化发展对农村居民收入水平增长在促进农村居民收入水平增长方面具有空间溢出效应，并且这种效应呈现出区域差异性特征②。

由于财政金融协同支农的起步较晚，很多模式都还在适用阶段，因此国内研究大多都研究财政金融协同存在的问题，彭克强认为由于财政资金利用率低、农村金融积极性差，因此财政金融的协同效果欠佳③。石丹等建立了财政金融协同支农的二元模型，发现两者之间联动机制不健全，依然处于比较割裂的状态④。宋瑀嫣认为我国不同地区财政金融协同支农效果差别较大，但整体上未达到资源的有效配置水平，且部分地区规模报酬递减，认为协同资金结构不合理，且投入过热⑤。由此可见，我国财政金融协同支农还存在较多问题，有很大的上升空间。

2. 国外研究现状

1)关于财政支农的研究

国外财政支农的定义与国内不太相同，相关研究多从扶贫增收出发，多数国外学者认为合理的财政政策对农民增收减贫有重要的促进作用。Moreno 和 Wodon 通过对拉美和非洲国家的扶贫状况进行了调查，发现许多发展中国家已普遍使用财政政策作为扶贫的主要依据。Diao 等对印度面板数据进行实证分析，发现地方财政支出对扶贫有重要作用，但不同地区间差异较大⑥。Kyzyma 和 Williams 认为财政资金和农村经济存在中介效应，财政资金通过转移支付对就业发挥正向作用，从而影响农村经济⑦。

许多学者也认为，财政政策对农村农业的促进作用有限。Paul Allanson 对苏格兰地区进行实证检验，分析结果显示，政府财政资金的投入对农业的发展作用有

① 姜松，曹峥林，王钊. 中国财政金融支农协同效率及其演化规律[J]. 软科学，2013，27(2)：6－11.

② 李艳秋，辛立秋，赵孟鑫. 财政支农与金融助农促进农民增收的空间溢出和门槛特征[J]. 地方财政研究，2021(10)：65－71＋79.

③ 彭克强. 改革以来中国财政支农效率的实证分析[J]. 经济前沿，2008(10)：2－8.

④ 石丹，严高. 基于系统协同度模型的财政支农与金融支农协同演化研究[J]. 商业研究，2015(8)：96－101.

⑤ 宋瑀嫣. 财政、金融协同支农的有效性分析：基于 DEA 模型的实证研究[J]. 农村经济与科技，2023，34(1)：254－257.

⑥ DIAO X S，FAN S G，KANYARUKIGA S，et al. Agricultural growth and investment option for poverty reduction in Rwanda[J]. If Discussion Papers，2008(24)：1－3.

⑦ KYZYMA I，WILLIAMS D R. Public cash transfers and poverty dynamics in Europe[J]. Empirical Economics，2016(2)：485－524.

限，因而无法对农民起到明显的增收作用①。Anderson 对发达国家和发展中国家进行横向对比，发现发达国家的政策更行之有效，体系更成熟②。

2)关于金融支农的研究

由于部分国家金融市场较为成熟，发展得较早，因此国外关于金融支农的研究较多，但大多是关于减贫的研究。Jalilian 等对全球 26 国数据进行研究发现，虽然各国金融市场机制不同，但总的来讲，金融水平越高的国家贫困水平越低③。Burgess 和 Pande④ 等研究表明，小额信贷在中等收入以及低收入水平的国家可以发挥显著的减贫作用。JieYu 等人则对一国的面板数据进行分组分析，发现小额贷款等金融工具在贫困组的样本中对增加收入有显著的作用，进一步证实了小额信贷等金融工具的有效性⑤。综合以上观点，金融虽然具有逐利性，但明显在资源配置较差的地区规模效益更高。

一些学者指出，尽管实施了金融政策来缓解贫困，但其成效并没有达到政策的目标，这说明金融支农也存在诸多因素的羁绊。Cull 等认为，小额信贷的实践通常会和政策相悖，贫困地区金融发展困难、成本高，因此金融机构会选择增加利率等方式提高金融工具收益，穷人和贫困地区获得金融服务更为不容易⑥。Aviral 等认为除金融水平外，金融市场的环境也对减贫增收有显著的影响。分群体来讲，Rahman 等人用分位数回归模型，发现金融在经济程度发展不同的地区作用效果不同，但总体来讲金融政策的支持会促进当地经济发展⑦。

3)关于财政金融协同支农的研究

国外学者关于农村金融的研究主要围绕金融和财政相关政策与农村经济的相关关系。20 世纪 60 年代以后，舒尔茨、刘易斯等建议以提高农业产出能力、促进

---

① ALLANSON P. The redistributive effects of agricultural policy on scottish farm incomes[J]. Journal of Agricultural Economics,2006,57(1):117－128.

② ANDERSON E,Maria Ana Jalles d'Orey,Maren Duvendack,Lucio Esposito. Does government spending affect income poverty? A meta-regression analysis[J]. World Development,2018,103:60－71.

③ JALILIAN H,KIRKPATRICK C. Financial development and poverty reduction in developing countries [J]. International Journal of Finance & Economics,2002,7(2):97－108.

④ BURGESS R,PANDE R. Do rural banks matter? Evidence from the Indian social banking experiment [J]. The American Economic Review,2005,95(3):780－795.

⑤ YU J,HAN X,CHEN B Z,et al. Estimating the impact of poverty alleviation microcredit on the income of poor households using the propensity score matching method: Evidence from China[J]. Agriculture, 2020,10(7):293.

⑥ CULL R,DEMIRGUC-KUNT A,MORDUCH J. Financial performance and outreach: A Global analysis of leading microbanks[J]. The Economic Journal,2007,117(517):F107－F133.

⑦ RAHMAN M M,FUQUAN G,ARA L A. Nonlinear dynamics in the Finance－Inequality nexus in China－CHNS Data[J]. Sustainability,2019,11(1):191.

经济增长为核心，利用所有可用的金融和财政资源，实现传统农业的现代化。1990年起，便有学者开始关注“协同”这一概念。Tosun 和 Lang 提出，政策的协同是指不同领域的目标要达到统一[①]。Cejudo 和 Michel 指出，协同的目的是达到政策协同作用后总体大于简单加和的效果，是为提高效率衍生的概念。尽管不同国家的学者在具体意义和重点上存在一些差异，但他们都认为政策协同具有重要性，因为它可以将多个层面和领域的政策目标和关注点统一，以提高政策实施的效率[②]。

3. 对现有研究的评价

国内外学者对财政和金融协同支农的作用基本达成共识，普遍认为目前各个国家的财政与金融政策对于农村经济的发展、农民收入的提高有正向的促进作用。但是财政和金融支农都存在一些问题，如财政支农的结构不合理、投入项目选择失败、部分领域投入过热等，金融支农在贫困地区受金融工具成本高、居民信用水平低下等因素的制约，影响了财政金融协同支农的效率，因此财政金融协同支农有很大的提升空间和研究意义。

现有研究的不足之处主要有：第一，国内外大部分文献关注单一的财政支农或金融支农，对两者协同作用的研究尚待深入。第二，许多研究只涉及全球多个国家或我国某个特定省份。由于我国各地区财政和金融机构的政策与措施不同，即使是相同的措施，在不同经济体、不同地区之间也会存在巨大的效应差异。第三，目前我国已经全面打赢脱贫攻坚战，进入巩固拓展脱贫攻坚成果同乡村振兴有效衔接的阶段，以乡村振兴为背景的研究较少。

因此，本研究立足于乡村振兴的宏观背景，对我国整体的财政金融协同支农进行分析，对各个省份的协同效率进行静态与动态分析，并在现状分析和量化测度的基础上提出财政和金融政策协同支持的改进建议，希望能为各级财政部门和金融机构巩固脱贫攻坚成果、缓解相对贫困、助力乡村振兴提供参考。

（五）研究方法

1. 规范分析法

本书运用规范分析的方法，对国内外当前财政支农和金融支农的现状进行整理，分析其理论基础，从而提出财政金融协同支农的机理，同时，本研究还对财政金融支农以及财政金融协同支农的现状进行了研究。

---

① TOSUN J, LANG A. Policy integration: mapping the different concepts[J]. Policy Studies, 2017, 38(6): 553 - 570.

② GUILLERMO C M, CYNTHIA M L. Addressing fragmented government action: Coordination, coherence, and integration[J]. Policy Sciences, 2017, 50(4): 745 - 767.

2. 比较分析法

本研究选取我国31个省区市相关财政、金融数据，通过简单定量和实证分析的方法对比各省区市的支农政策、总量情况以及财政金融协同支农效率情况，以达到整体把控和进一步分析的效果。

3. 实证分析法

本研究选取我国31个省区市五年的面板数据进行实证分析，采用数据包络分析方法(DEA-BCC)从静态角度评价我国东中西部财政金融协同支农的效率以及全要素生产率等，采用Malmquist指数法从动态角度分析了我国各地区协同支农效率的变动趋势。最后，由于财政支农效率数值的特殊性，本研究利用Tobit模型分析了财政金融协同支农效率的影响因素，并基于实证结果提出建议。

二、基本概念与理论基础

(一)基本概念

1. 财政支农

财政支农是国家通过资金投入、政策和制度建设等实现对农业农村支持的方式，也是国家资源分配的重要手段。财政支农范围有农业生产、农村基础设施建设、农村社会保障、农村医疗保险、养老保险，以及改善农村居民的社会保障状况的农村综合改革等。财政支农资金是直接用于支持农业相关生产活动或与农业生产活动具有密切关系的政府预算资金，包括农村生产费用、科技三项费用、福利救济和政策性补贴等。

2. 金融支农

金融支农是指金融机构通过向农村地区提供各种金融服务来支持和促进农业生产和农村经济的发展。这些金融服务包括贷款、咨询、保险、支付等，旨在帮助农民提高生产效率、增加收入，同时促进农村农业的发展。金融支农，可以促进农村的经济发展和城乡融合。金融是现代经济的核心，农村金融可以促进经济发展、产业升级，解决融资压力等问题。农村金融成为“三农”的重要推力，可以促进资源更有效地配置。金融支农主要涉及三个途径：一是政策性金融支农模式；二是银行等金融机构通过涉农信贷资金等用市场化的方式向农村地区提供金融服务；三是农户通过保险机构购买农业保险，转移相关风险，从而增加农户生产的积极性，稳定收入。本章的金融支农途径指第二种途径。

3. 协同

协同的概念来源于协同学，协同学最先由德国理论物理学家赫尔曼·哈肯提出，指的是系统内部各子系统经过自由组织变化，从无序到有序，最终实现系统要素间有效协调。后来协同学概念逐渐被引入管理学、经济学等领域。财政和金融作为服务经济发展、调节分配和融通资金的重要政策工具，二者既各尽其责又相互渗透，协同理论也适用于财政和金融协同支农。在较早的研究中，钱峥认为财政金融协同支农是指将财政政策和金融资源有机结合，相互协调，优势互补达到有机统一，进而提高支农效率[①]。李洪侠认为财政金融协同支农是指二者相互融合、相互协调实现有效衔接，形成合力和扩大效应，影响农村资金配置进而促进乡村产业发展[②]。其中财政主要是通过农林水事务支出对农业等基础乡村产业进行帮扶，农村金融因其弱质性，证券、担保等金融业务对乡村产业发展的支持作用有限，因此金融主要通过涉农贷款、农业保险和金融机构网点服务为乡村产业生产经营提供资金，在协同配合中，财政政策释放积极的投资信号，引导金融资本投向，推动建立乡村产业发展基金，金融在积极的财政政策引导下不断创新金融产品和服务以满足乡村产业的发展需求。

(二)理论基础

1. 财政支农理论

农业是第一产业的主要组成部分，在我国的经济发展中发挥着举足轻重的作用。本书从农村公共物品理论、改造传统农业论、委托代理理论以及马克思城乡关系理论等多角度出发，分析财政支农如何影响“三农”，并在乡村振兴中发挥何种作用。

1)公共物品理论

按照公共物品理论，产品按照性质可划分为私人消费品和公共消费品，公共消费品具有非竞争性和非排他性的特征，即消费者的消费不会减少其他人的消费，也无法排除其他人的消费。这种特征决定了私人投资不会自愿提供公共物品，因为他们无法从中获得利润。因此，政府应该出资提供公共物品。

这些公共物品或服务的使用是无法排他的，即一个人的使用不会影响另一个人的使用。同时，这种供应是具有规模经济性的，即在一定规模内提供的成本较低，但在小规模提供时成本显著增加。公共物品理论的核心思想是，如果没有政府或其他组织提供这些公共物品或服务，那么就不会有人提供。上文讲过，因为私人市场供应者不会提供这些物品或服务，因为他们无法获得利润，或者成本太高而无法覆盖。因此，政府或其他组织的干预是必要的。符合上述条件的有农村水利、电

---

① 钱峥. 财政支持与金融支持联动对农民收入的影响研究：以杭州市为例[D]. 杭州：浙江大学，2012：48.

② 李洪侠. 乡村振兴视角下财政金融支农协同作用研究：基于 DEA - Malmquist 和 Tobit 模型[J]. 西南金融，2021(7)：14 - 26.

网、基本医疗服务、农业补贴资金、农产品信息服务等，特别是在经济相对落后的农村地区，更需要财政资金予以支持提供公共物品。政府通过财政支持，提供一系列的公共物品和服务，例如农村道路、教育、医疗等，来满足农村居民的共同需求。这些公共物品和服务可以提高农村居民的生产和生活水平，改善他们的基础设施和生活条件，同时也可以促进农村地区的经济发展，提高其竞争力和可持续性。

2)农业的正外部性理论

农村地区的发展对整个经济系统具有积极的外部性影响。具体而言，农村地区的发展可以带来多方面的正向影响，如增加粮食和其他农产品的供应，提高土地的生产力和可持续利用性，提高农民收入和就业机会，促进农村和城市之间的良性互动等。这些正向影响将不仅仅影响农村地区，也会波及整个经济系统。

由于农村发挥其正外部性，因此政府需要为这一部分效益支付费用，即财政支农资金，正外部性是某项行为产生的边际效益大于私人产生的边际效益。由于私人边际成本较大，私人在市场上提供的数量可能达不到社会最优水平，因此需要政府通过课税和补贴等方式对这种经济行为进行干预，以降低个人边际成本，提高个体的积极性与效益性。

农业是一个存在非常强的正外部性的行业。农业生产活动不仅能够为农民带来收入，还能够为整个社会提供粮食、棉花、油料等农产品，同时还能够保护生态环境，维护乡村稳定等。由于私人投资往往无法充分反映正外部性的贡献，政府需要通过财政资金的投入来支持农业发展，提高农业生产的效率和质量，激发农民的积极性和创造力，促进农业经济的增长和乡村经济的发展。政府可以通过农业补贴、农产品价格保护、农业科技研发等方式来支持农业发展，以此来弥补正外部性所带来的市场失灵问题，实现社会经济效益的最大化。

3)改造传统农业论

根据改造传统农业论，传统的农业经营方式通常由小农户或家庭经营，缺乏资本、技术和市场信息等资源，导致生产效率低下和收益不足。舒尔茨认为，农民的人力资本，即知识、技能和健康状况等因素，对农业生产力的提高至关重要，财政支农可以通过提供技术培训和医疗保障等方式，帮助农民提高人力资本，从而提高生产力。

同时，对农民进行投资是促进农业现代化和提高农业生产效率的关键。首先，财政支农可以通过提供资金支持、补贴和直接投资等方式，帮助农民购买新的农业设备、种子、化肥等生产资料，从而提高生产力。其次，信息是农业生产的关键因素，包括市场信息、技术信息和管理信息等。财政支农可以通过建立市场信息系统、提供技术信息和管理指导等方式，帮助农民更好地决策和管理农业生产。

改造传统农业理论为财政支农提供了理论基础，因为该理论着重强调了提高农民生产力的重要性，同时也强调了提高农民生活水平的必要性。这与财政支农的目标一致，财政支农通过改造传统农业，提供各种资源，帮助农民提高农业生产效率和收益水平，从而促进农业农村发展以及农民生活标准的提升。

4）委托代理理论

委托代理理论是指在经济活动中，委托人将一部分权力或责任交给代理人行使或承担的理论。代理人在行使或承担这部分权力或责任时会面临一定的激励问题，这种问题被称为委托代理问题。该理论强调了激励和监督对于代理人行为的影响，从而为财政支农提供了理论基础。在财政支农中，政府扮演着委托人的角色，农民则扮演着代理人的角色。政府通过提供各种资源和政策支持，委托农民去实现农业生产和农村经济发展的目标。但是，由于信息不对称和利益分配不均等问题，农民可能存在不遵守政策规定、低效率和偷工减料等行为，这就是委托代理问题。

委托代理关系同样存在逆向选择和道德风险等问题，需要采取措施防范和化解。为了提高农业资金使用效率，应该强化对受托人的约束和规范，明确受托人的职责和义务，建立健全的管理制度和监督机制，确保资金使用的透明度和公正性。同时，可以采用激励机制，对受托人进行奖惩，以激发其积极性和责任心，提高工作效率和质量。此外，还应加强信息披露和公开，让委托人和社会公众了解资金的使用情况和效果，以增强监督和问责的能力。

5）马克思城乡关系理论

城乡关系是生产力发展和社会分工演变的结果，城乡关系的变革对整个社会的发展影响深远。城乡关系的优化和改善能加强国家统一、促进全面发展。马克思在《哲学的贫困》中所言“城乡关系的变化会导致整个社会面貌的改变”，表明了城乡关系对整个社会的深远影响。由此可见，城乡关系是推动社会生产力发展和促进社会进步的重要因素。优化城乡关系可以促进城乡之间的良性互动，实现资源配置、经济效益和社会效益的最大化，从而推动国家经济和社会的全面发展。

马克思、恩格斯主张走工农业结合、乡村城市化的道路，并倡导合理布局生产力，力求“人口尽量平均分布于全国”。传统理论认为应该实行“乡村农业人口的分散和大城市工业人口的集中”，这只适用于工农业发展水平较低的阶段，应该“尽可能平衡地分布大工业在全国”，以促进工农业的有效结合和缩短城乡之间的差距。此外，马克思、恩格斯认为科技进步对城乡关系的发展具有重要影响。例如，蒸汽机和电的普及可以加速城市化进程，增强城乡之间的联系，减少彼此之间的封闭和隔阂。

我国的乡村振兴战略旨在解决城乡关系问题，通过改变乡村的从属地位来推进乡村的现代化发展。这种现代化的推进涉及城市和乡村、工业和农业的共同发展，因此，深入研究城乡关系问题，是实现乡村振兴战略的重要工作。在乡村振兴背景下，采取财政支农机制、加强财政支农资金管理、调整产业结构等，能推动脱贫攻坚与乡村振兴的有效衔接，促进农业产业升级，加快农业农村现代化进程，实现农村农业良性发展，使农民过上美好的生活。

2. 金融支农理论

长期以来，涉农贷款是推动农村综合改革、提高生产率的重要资金来源。在社会经济发展的不同阶段，农村金融及其特性也在变化。为分析金融支农机理，本书梳理了以下理论。

1）经济增长理论

经济增长理论的核心是关注生产发展和消费的增长和变化，目的是优化和提高经济增长的速度和效率。现代经济学家们提出了很多不同的理论模型和框架，其中最为著名的有新古典经济增长模型、技术进步理论、人力资本理论、内生增长理论等。

金融支农政策是一种为支持农村发展而实施的金融政策，其目标是提高农民的收入和生活水平，同时促进农村经济的发展壮大。金融支农政策主要通过金融机构提供农业贷款、保险、融资担保、股权投资等多种金融服务和产品来实现。

金融支农政策以经济增长理论为基础，因为经济增长理论提供了一些促进经济增长的方法和政策建议。例如，内生增长理论强调技术进步和人力资本对经济增长的重要作用，因此，金融支农政策可以通过提供技术培训和教育贷款来促进农村技术和人力资本的提升，从而促进农村经济的发展。

此外，金融支农可以按照新古典经济增长模型，通过提供农业贷款等方式，来帮助农民扩大种植规模、提供融资，从而提高农业的产出，带动农村经济增长速度。同时，通过对农民提供金融服务，金融支农还可以提高农民的财务能力和金融素养，进一步促进农村经济的发展和壮大。

2）农业信贷补贴理论

农业信贷补贴理论是指政府通过为农民贷款时提供一定的补贴，从而降低农民贷款成本、提高他们的借贷能力和生产力的一种理论。农业是一个风险较高的行业，它受天气、自然灾害和市场波动等因素的影响较大，这使得银行和其他金融机构不愿意为农民提供贷款，因为它们不确定这些贷款能否得到还款。因此，政府应加大对农业的支持力度，通过建立公益性质的金融机构，对资金进行再分配，以缓解农业生产资金压力，提高金融资金在农业生产中的支持力度。

政府主要有以下几种补贴方式。第一，直接补贴贷款利息。政府可以直接向银行和金融机构提供补贴，以降低农民的贷款利率。这可以减少农民的还款负担，提高其借贷能力。第二，提供贷款担保。政府可以为农民提供贷款担保，使得银行和金融机构更愿意为他们提供贷款。这可以减少银行和金融机构的风险，从而促进农业贷款的发放。第三，提供借款补偿。政府可以为农民提供借款补偿，即在农民无法偿还贷款时，政府可以为其提供一定的补偿，这可以使银行和金融机构更愿意为农民提供贷款。因此，农业信贷补贴理论让我们明白了金融支农的必要性，为金融工具提供了基础的理论框架。

3)农村金融市场理论

20世纪80年代，在金融深化理论的基础上衍生出了农村金融市场理论。该理论认为农村金融市场不应该受到太多的干预，只需要对其进行良性的监督即可。过度地干预农村金融市场会引发严重后果，不利于农村经济的发展，其主张金融应该由市场自发，从而最大化地提高农村居民的积极性，推动农村金融的良性运行。

农村金融市场理论主要认为，不应过度监管、干涉农村金融，农户的存款潜力和需求都是巨大的。政府若想促进农户贷款等经济行为而投入信贷补贴，反而会对农户的需求产生负面影响。政府在推动农村金融发展和农村经济发展中发挥至关重要的作用，谨防监管过度，要给市场足够多的空间让市场自行调节，遵循金融规律，从而让金融发挥最大的作用。

值得注意的是，农村金融市场理论和农业信贷补贴理论的结论相反，因此需要针对数据进行辩证分析，从而选取适合我国的理论基础，促进农村金融改革和转型。

4)不完全竞争市场理论

不完全竞争市场理论是一种描述市场结构的理论，该理论认为市场中存在少数主导企业或者存在不同程度的产品差异化，使得企业之间的竞争不是完全自由的。在这种市场结构下，企业可以通过价格设置和产品差异化等策略来增强自己的市场份额和竞争力。同时，这种理论认为在金融机构和用户间存在的信息不对称会降低交易效率，从而影响农村金融的发展进程，农业生产者可能会面临市场失灵的问题，即在市场上无法获得公平的价格和交易条件。因此政府需要针对信息不对称等情况做出反应，通过提供资金和金融服务来增加农业生产者的竞争力和市场份额等，保证农村金融的高效性，从而促进农业的发展。

不完全竞争市场理论主要有以下假设和结论。金融机构与借贷方由于信息不对称降低了交易的效率，增加了交易的难度。农村金融市场具有自我调节的能力，但由于金融活动本身具有逐利性，农村金融市场要借助外力(如政府的干预)。当地部门应规范金融市场，从而突破金融不完全竞争市场的局限性，从而降低交易难度，维护两方主体的利益，增加信息透明度，提高金融资源配置的能力，维持金融市场的稳定运行。不完全竞争市场理论充分说明了政府与农村金融之间的关系，对健全中国农村金融体制，促进农村经济增长具有重要影响和意义。

5)普惠金融理论

普惠金融理论在2005年联合国会议上由世界银行扶贫协商小组提出。普惠金融通过金融手段给低收入人群和小微企业提供金融服务。该理论主要解决那些无法获得传统金融服务的人们的金融需求，如农村居民、小微企业主等。普惠金融理论主张以可持续、低成本的方式，为这些人提供各种金融产品和服务，从而帮助他们实现金融包容和经济自主。

具体来讲，根据普惠金融理论主张，政府可以通过制定政策，调动金融机构支持农村经济发展，鼓励金融机构为农民提供小额贷款和其他金融产品。建立农村金融机构进行专门服务，推广金融教育，提高农民的金融意识和风险意识，这一系列金融行为可以有效地实现普惠金融目标，推动乡村振兴。

(三)财政支农与金融支农协同机理分析

财政政策和金融政策的协同体系是由四个主体构成的，它们分别是政策协同执行主体、政策制定主体、政策目标主体和政策优化主体。其中，财政与金融政策执行主体之间的协同配合是整个协同体系中至关重要的一环。

财政支农与金融支农协同机理如图2-1所示，党和国家最高决策层作为政策制定主体，是协同网络中协同治理秩序的最高构建者，负责政策的发起和传导治理势能，其运用政治权威和资源将势能传导至执行主体，以协调财政和金融执行主体之间的关系。财政政策和金融政策执行主体在考核的压力下，需要克服部门之间的利益冲突，形成财政金融政策的协同配合，并提高支农治理效率。乡村振兴

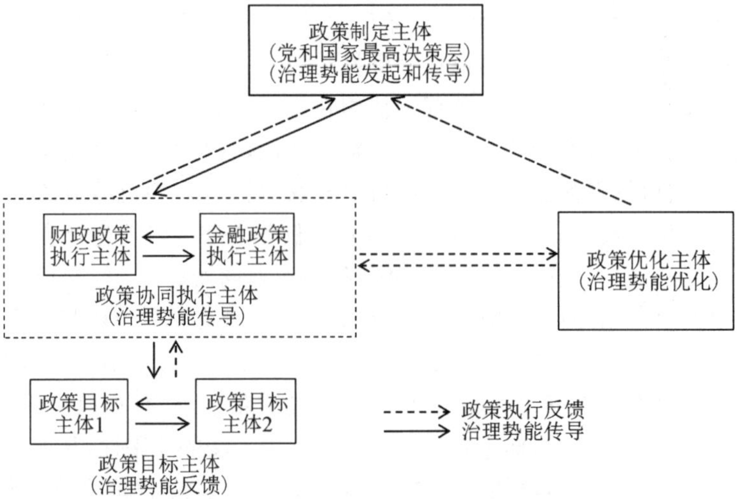

图2-1 财政支农与金融支农协同机理

战略背景下，农村与相关企业不仅仅是治理势能的终端接受者，也会反向对政策执行主体反馈政策执行的效果，进而反馈给政策制定主体和政策优化主体。政策优化主体（如智库和科研机构）发挥专业技术职能，接受财政政策执行主体和金融政策执行主体反馈的问题，为优化财政政策和金融政策提供专业的解决方案，并反馈给政策执行主体和政策制定主体。在这样一个治理势能传导和政策执行反馈双向动态回路的政策协同网络中，财政政策和金融政策的主体才能够形成协同关系。

三、财政、金融支农现状分析

（一）财政支农现状分析

改革开放以来，财政支农政策紧紧围绕党和国家在不同时期的战略部署，地方政府紧密结合国家的实际情况，积极推动农业和农村经济的改革和发展，以促进农民的增收，助力乡村振兴。我国财政支农政策大致分为三个阶段。

第一个阶段是 1978—1994 年。中国的改革从农村开始，财政支农政策出现转折，包干体制取代了统收统支管理体制，中央和地方财政在农业农村方面的支出重点得到明确。第二个阶段是 1994—2002 年。随着政府职能的转变以及市场在资源配置中起到了更加重要的作用，财政支农的重心进行了调整，教育、社保等公共服务领域支出逐步成为重点。国家实施了以分税制为核心的财政管理体制改革，同时积极实施财政政策，加大对林业、农村生产等方面的投入。第三个阶段是 2003 年至今。其标志是党中央提出“统筹城乡发展”方略，这代表着农业、农村和农民问题成为我国社会与经济发展的工作重点，财政支农政策实现战略性转变，中央一号文件也从 2004 年起连续锁定“三农”问题。这一阶段，财政支农侧重于保证农业农村的全方位发展和整合财政支农资金，发展现代农业，统筹城乡发展。本书主要阐述第三个阶段以来财政支农的特点。

1. 由“直接投”向“间接引”改革

2018 年之前，农业财政支持的主要目标是鼓励实施有利于农业的财政计划，包括提高农业产量的不同举措和有利于农民的法律。2014—2017 年，中国大力加强农村改革，加快农业现代化进程。在此期间，国家对农业的财政支持不断扩大。政府在培育和扶持农林牧的基础上，特别强调鼓励农田水利工程建设、农村税费改革，管理体制向专业化、适度规模经营转变。这个时代的典型特征是“提供收入来维持农业”。

2018 年以来，财政对农业的支持目标有所改变，部分原因是国家提出积极实施乡村振兴战略，并发布了《乡村振兴战略规划（2018—2022 年）》。这些支持目标更具体、更深入，对资金投入的要求也更严格。村庄、农业组织和特定项目都获得了经费支持，促进了农业发展。这一政策因此被称为“精准支农”。此外，政府开始优化财政支农支出结构，注重财政支农创新，着力推进农业供给侧结构性改革。财政支农的直接补贴减少了，促使间接“扶农”的资金增加了。政府加强与金融机构和农业生产优质企业合作，更加注重金融资本投入的放大效应，将无偿的资本补贴转化为股份或其他投资，还通过间接手段提高资金使用效率，更加注重财政“三农”资金的长效作用，提高农业企业可贷款杠杆率，从多维度助力农业生产企业发展。

2. 资金总量稳步提升

1978 年实行家庭联产承包责任制，解放了生产力，促进了农业现代化，农业生产总值和农业生产效率得到了提高。其中，农业财政援助发挥着重要作用，成为整个体系的动力。农业生产总值、农业生产效率得到快速提高，背后的驱动力离不开财政支农所发挥的重要作用。自党的十八大以来，党中央、国务院、财政部等相关部门持续出台支农政策，全国各级政府认真贯彻落实中央各部门关于“三农”与乡村振兴各项工作部署，全国的财政支农资金投入出现大幅上升，在财政支农的作用下，农业经济活动总量增加，农林牧渔业总产值保持持续增加，农村的第一二三产业结构得到进一步优化。

2011—2021 年我国农林水事务支出及增长率，如图 2-2 所示。2011 年以来，农林水事务支出总体上在不断增加，截至 2021 年底，全国农林水事务支出达到 21535.59 亿元。中央财政资金方面，政府要求各方面加大农业农村投入，2021 年中央财政支农资金高达 4158.16 亿元，相较于 2020 年增加了 353.04 亿元，同时政府要求财政金融以及社会资本等方面协同，支持乡村振兴，加快格局形成①。

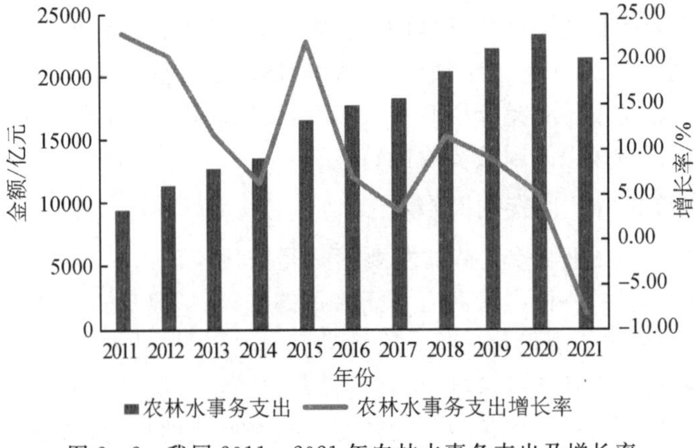

图 2-2　我国 2011—2021 年农林水事务支出及增长率

① 相关数据根据《中国财政年鉴》整理。

农村居民人均可支配收入从2011年的697.30元增加到2021年的19216.6元,年均增长率约10.5%,这得益于财政资金的持续支持、现代农业的不断发展和连年的大丰收。2021年农林牧渔业总产值14.7万亿元,比2011年增长6.82万亿元,10年年均增长率为6.43%。分产业看(图2-3),农、林、牧、渔各业均呈现增长趋势,其中以农业为核心,总产值增加最多,牧业其次,林业以及渔业的增速较慢。2021年,农业产值7.83万亿元,比2011年增加3.64万亿元,2012—2021年年均增长6.45%;林业产值0.65亿元,比2011年增加0.34万亿元,2012—2021年年均增长7.67%;牧业总产值3.99万亿元,比2011年增加1.41万亿元,2012—2021年年均增长4.46%;渔业产值1.45万亿元,比2011年增加0.69万亿元,2012—2021年年均增长6.67%。由此可见,政府对农业的资金支持在不断增加,这对农村社会经济发展起到了稳定的促进作用①。

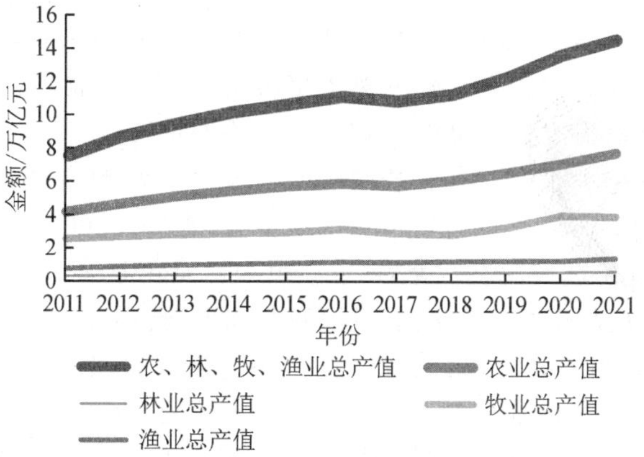

图2-3 2011—2021年农、林、牧、渔业总产值及细分情况

3. 持续稳固农业生产

目前农业、扶贫、水利、林业、农村综合改革、目标价格补贴等农业、林业、水资源支出是财政支持农业的主要支出类别(图2-4)。此外,财政对农业的支持大多数集中于农业生产,但对于农村综合改革、农村开发、目标价格补贴的支持力度较小。

具体来看,呈现以下特点:

一是从占比看,农业财政补助资金总量最高,从2011年的4291.2亿元增加到2020年的7514.4亿元,增长75.11%,占农林水利支出总额的32.27%。这反映了一个事实,即在收支矛盾较为突出的情况下,坚持把农业作为财政优先保障对象,以农业生产及其相关活动作为核心,重点支持现代种养业、农产品加工流通业等农业生产环节以及农业农村基础设施建设等重点领域和关键环节,增强重点项

① 相关数据根据《中国统计年鉴》《中国财政年鉴》整理。

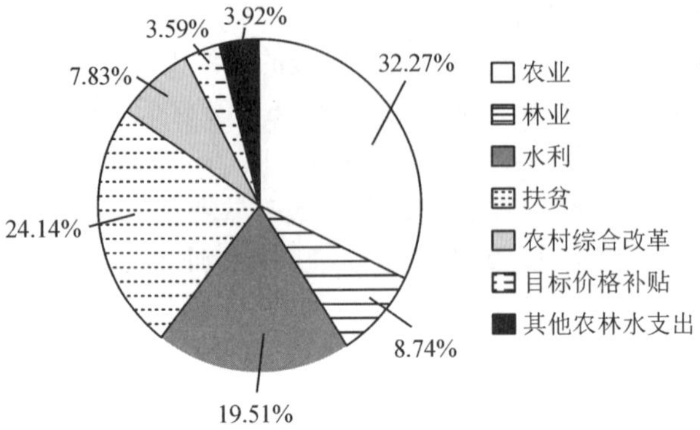

图 2-4 我国 2020 年财政支农支出结构

目投入的带动效应，充分保障现代农业生产的发展。总体来看，2020 年农业支出占 32.27%，扶贫支出占 24.14%，水利支出占 19.51%，其他项目支出占比均低于 10%[①]，从这可看出我国对"三农"、乡村振兴战略的重视。

二是从增速看，增长最快的是扶贫支出项目。首先，政府对贫困地区相关的资金支持从 2011 年的 545.3 亿元增长到了 2020 年的 5621.63 亿元，增长 9.3 倍，这与我国 2015 年开始进行脱贫攻坚，6 年结束绝对贫困这一战略实施结果完全相符，同时为防止返贫，建立长效机制，巩固脱贫成果，建立与乡村振兴有效衔接的机制，财政资金继续加大投入，因此扶贫支出项目增长较快。其次是林业支出，从 2011 年的 876.5 亿元增加到 2020 年的 2035.1 亿元，增长 1.32 倍。农村综合改革支出增速相对较慢，从 2011 年的 887.6 亿元到 2020 年 1822.41 亿元，增长 1.05 倍[②]。这也说明我国政府部门在巩固农村基层治理基础、推动乡村振兴这一方面需要进一步提升。

(二)金融支农现状分析

近年来，党中央、国务院等中央部门将农村金融的发展和改革视为工作重点，颁布了一系列农村金融政策，做出了一系列重大部署。政府充分发挥税收优惠、贴息、保费补贴等作用，完善农民金融支持体系。在加大支持力度的前提下，利用创新金融工具，推动农村金融的发展，助力稳增长、调结构、促就业。

国务院于 2014 年 4 月印发《国务院办公厅关于金融服务"三农"发展的若干意见》，旨在促进农村金融与"三农"共赢的关系；2015 年 11 月，中共中央办公厅与国务院办公厅联合发布《深化农村改革综合性实施方案》，再次申明了农村金融的改

① 相关数据根据《中国统计年鉴》《中国财政年鉴》整理。

② 相关数据根据《中国统计年鉴》《中国财政年鉴》整理。

革目标，并出台了多项政策支持；2019 年 1 月，中国人民银行、银保监会、证监会、财政部、农业农村部联合印发《关于金融服务乡村振兴的指导意见》，要求切实提升金融服务乡村振兴效率和水平；2022 年 10 月，《中国人民银行关于做好 2022 年金融支持全面推进乡村振兴重点工作的意见》要求进一步提升金融支持全面推进乡村振兴的能力和水平。

党的十八大以来，我国农村的金融改革勇毅笃行，多元化的现代农村金融体系已经初现雏形，金融支农全面推进乡村振兴战略的局面愈发开朗。

1. 变“输血”为“造血”促进产业提升

政府历来为农业提供的金融支持多于市场，金融业具有逐利性，因此金融支农需要更多的辅助支持，要实现财政支农，让财政支农的安排、部署、协调、衔接，形成合力，主要靠政府领导、财政部门管理、金融机构落实、有关部门合作，搭建有效的信息沟通交流平台。金融支农由从前的“输血式”支农转变为“造血式”支农，推动产业发展，对巩固拓展脱贫攻坚成果同乡村振兴有效衔接有重要的作用。

财政部、人民银行等多个中央部门及机构，都加大了对金融支农主体的激励力度，从财政补贴、税收优惠、货币政策三个方面出台了一系列支持和优惠政策，以缓解农村金融排斥效应。例如，符合条件的农业贷款按额度直接补贴；税收方面，对金融机构农户小额贷款利息收入免征或者按照比例减免增值税等；货币政策方面，坚决鼓励发行绿色债券，为金融机构提供更加灵活的融资和流动性支持，促进支农金融的发展。

目前，各个地区的金融机构根据农村金融的需求，致力于将金融支农的职能变“输血”为“造血”，各地区在扎实做好脱贫人口小额信贷工作、不断提高基础金融服务质量的同时打造了更多助力农村产业的产品：例如西藏地方政府量身定制新型农业贷款产品支持涉农企业，助力适度规模经营；江苏省发布《关于进一步加强财政金融支持农业农村发展的若干政策措施》，大力推广“新型农业经营主体信贷直通车”这一金融产品；山西省农信社推出“富农宝”“脱贫贷”“能人宝”“果乐富”等十多种系列产品，满足种植、养殖、创业等不同资金需求。

2021 年是我国金融支农的重要一年，也就是这一年出台了“十四五”规划和全面推进乡村振兴战略，为中国经济高质量发展和实现乡村振兴奠定了基础。到 2021 年底，中国涉农金融机构贷款项目已建立 14 年。2007—2021 年涉农贷款的年平均增长率为 15.3%。从 2007 年末的 6.1 万亿元增加至 2021 年末的 38.67 万亿元，累计增速 533.93%[①]。

首先，相关部门调整资金支持方向支持农业农村快速发展，农村金融机构加大信贷的投放金额，通过各种方式降低融资成本，针对不同区域，优先发展特色相关农

① 相关数据根据《中国统计年鉴》《中国金融年鉴》整理。

产品保险，促进已经脱贫的地区发展主导产业，稳定特色产业，产生内生动力。其次，各地区创新专属的金融产品，进一步提升金融服务的可得性与便利性，推动农村三个产业的融合，守住不发生规模性返贫底线，促进乡村振兴与脱贫攻坚的有效衔接。

2. 涉农贷款稳定增长，但增长率放缓

近年来国家加强了对金融机构的监管和整顿，出台了多项法律和措施以鼓励信贷资金流向“三农”领域，信贷总量持续上升。从图 2－5 中可以看出，与农业相关的贷款额逐年上升，截至 2021 年底，涉农贷款额为 38.67 万亿元，相比 2011 年增加了 24.17 万亿元，累计增长 166.69%。

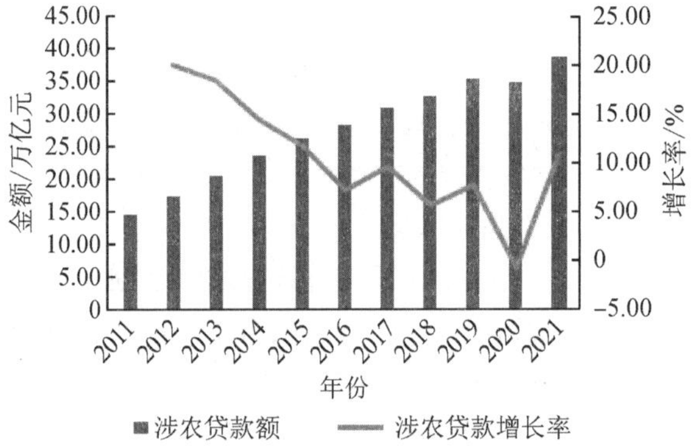

图 2－5　2011—2021 年涉农贷款及增长率

但在 2012—2020 年，我国涉农贷款增长率总体看呈下降趋势，主要原因是我国第一产业增加值占国内生产总值比重下降，2011 年占比 9.18%，2020 年占比仅 7.3%；除第一产业外，由于全口径涉农贷款还包括与第一产业相关的其他两个产业以及农村基建、农田基建等方面，因此，上述领域的相关贷款增速也发生了一定的减缓①。

3. “保险＋期货”模式被大力推广

自 2016 年第一次提出“保险＋期货”，到 2023 年 2 月中央一号文件指出发挥多层次资本市场支农作用，优化“保险＋期货”，这种创新金融工具已经连续 8 年出现在中央一号文件中。

经过多年的试点以及推广，这种模式已经得到了国内市场的认可，经过多次实践的改进，“保险＋期货”对服务“三农”、促进我国实体企业的发展提供了有力的支持。它深度整合保险和期货的特点、金融机构和实体产业的资源，有效降低了农业产业的风险，形成了服务“三农”、乡村振兴的一种成熟模式。

① 相关数据根据《中国统计年鉴》《中国金融年鉴》整理。

“保险＋期货”模式，具体是指以期货品种为保险的标的，期货在保期间，除了合同责任免除以外的原因，保险人按照保险合同负责赔偿期货价格低于约定价格的部分。这一金融工具主要针对养殖户或者企业，由保险公司和期货公司运作。运作模式如图 2－6 所示。

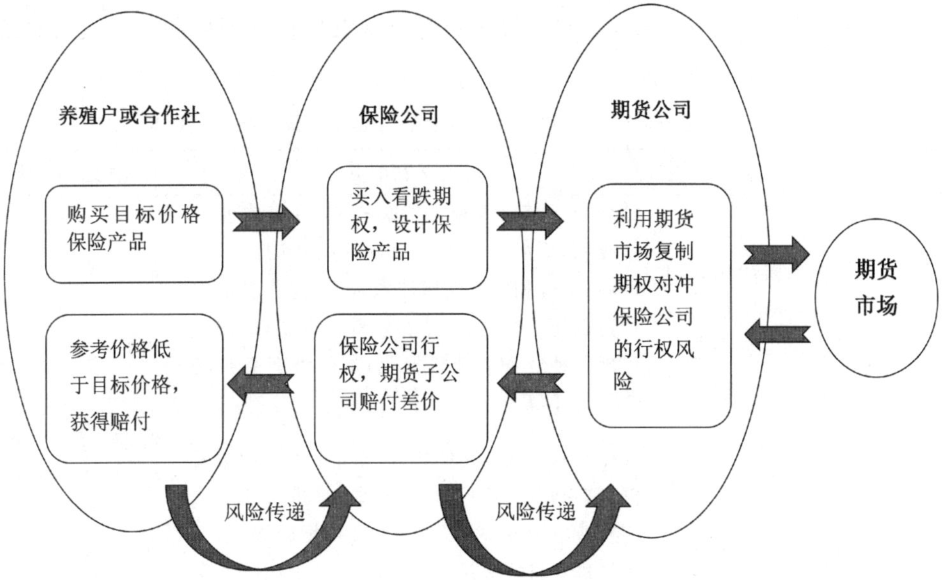

图 2－6　“保险＋期货”运作模式

目前国内已开始运用“保险＋期货”模式的标的物主要是猪肉、玉米、大豆、鸡蛋、苹果、棉花和橡胶等，与农业息息相关。“保险＋期货”的运用不仅可以减轻财政支农的压力，同时也有利于提高政府的补贴效率。随着农村金融的发展，农业金融保险在农业生产过程中发挥了更加重要的作用，而“保险＋期货”这一模式是农业金融保险的延伸与升级，也是金融支农的重要手段，对于稳定农民生产积极性、提高粮食的绿色与安全、保障农民收入底线有着显著的影响力。

2022 年 4 月，《中华人民共和国期货和衍生品法》发布，这标志着“保险＋期货”这一模式将更加完善、成熟，这一法律对“三农”会发挥出更大的作用。目前多地已根据当地优势产业在此基础上推出“保险＋期货＋N”的升级模式，这些实践中衍生的金融工具更有利于对“三农”精准发力。

(三)财政金融协同支农现状分析

财政支农和金融支农是支持“三农”问题的两大核心手段，两者互相协同可更好地提高资金利用率。财政支农资金通过金融的杠杆作用，撬动财政资金的功能，起到放大作用，提高利用效率；金融支农通过税收优惠、贴息、补贴、风险转移等措施，引导社会上更多的资本投入到农村地区，使得农村企业以及农民能够依照自身情况运用不同的方式实现风险降低或成本降低。财政金融协同支农将成为未来中央对农村支持的主要方式。

1. 新时代我国财政金融协同支农政策的演进

根据近十年中央一号文件，本书将历年财政支农的重点领域和金融支农政策工具加以汇总(表 2-1)。

表 2-1 近十年中央一号文件财政金融协同支农重点与工具汇总

年份	文件	财政支农重点	金融支农工具
2014	《关于全面深化农村改革加快推进农业现代化的若干意见》	健全“三农”投入稳定增长机制；完善农业补贴政策，积极开展改进农业补贴办法的试点试验；整合和统筹使用涉农资金；完善农田水利建设管护机制；推进农业科技创新；加快发展现代种业和农业机械化；加强农产品市场体系建设等	信贷、保险、租赁、基金、期货、担保
2015	《关于加大改革创新力度加快农业现代化建设的若干意见》	优化财政支农支出结构；提高农业补贴政策效能；完善农产品价格形成机制；推进农村一二三产业融合发展；拓宽农村外部增收渠道；大力推进农村扶贫开发；强化农业社会化服务等	信贷、普惠金融、互联网金融、保险、债券、基金、租赁、抵押、担保、期货
2016	《中共中央 国务院关于落实发展新理念加快农业现代化实现全面小康目标的若干意见》	健全农业农村投入持续增长机制；大规模推进农田水利建设；强化现代农业科技创新推广体系建设；推动农产品加工业转型升级；加强农产品流通设施和市场建设；实施脱贫攻坚工程；改革完善粮食等重要农产品价格形成机制和收储制度	信贷、普惠金融、互联网金融、保险、债券、基金、租赁、抵押、担保、期货
2017	《中共中央 国务院关于深入推进农业供给侧结构性改革加快培育农业农村发展新动能的若干意见》	进一步提高农业补贴政策的指向性和精准性，重点补主产区、适度规模经营、农民收入、绿色生态。深入推进农业“三项补贴”制度改革；改革财政支农投入机制；持续改善农村人居环境等	信贷、普惠金融、债券、期货、期权、保险、担保、基金
2018	《中共中央 国务院关于实施乡村振兴战略的意见》	夯实农业生产能力基础；调整优化农业生产力布局；构建农村一二三产业融合发展体系；构建农业对外开放新格局；促进小农户和现代农业发展有机衔接；持续改善农村人居环境；优先发展农村教育事业；促进农村劳动力转移就业和农民增收等	信贷、担保、融资、债券、普惠金融、期货、期权、保险

续表

年份	文件	财政支农重点	金融支农工具
2019	《中共中央 国务院关于坚持农业农村优先发展做好“三农”工作的若干意见》	完善粮食主产区利益补偿机制，健全产粮大县奖补政策；完成高标准农田建设任务；大力生产紧缺以及绿色的优质农产品，推进农业由增产导向转向提质导向；加快突破农业关键核心技术；实施重要农产品保障战略；抓好农村人居环境整治三年行动；实施村庄基础设施建设工程；提升农村公共服务水平；发展壮大乡村产业；完善农业支持保护制度加快构建新型农业补贴政策体系等	保险、信贷、期货、期权、债券
2020	《中共中央 国务院关于抓好“三农”领域重点工作确保如期实现全面小康的意见》	坚决打赢脱贫攻坚战；加大农村公共基建力度；农村人居环境整治；农村教育提质；加强农村社会保障；保障重要农产品有效供给和促进农民持续增收；债券募集资金用途优先保障“三农”投入；抓好农村重点改革任务，完善农村基本经营制度等	信贷、债券、小额贷款、担保、普惠金融、保险、期货、股票
2021	《中共中央 国务院关于全面推进乡村振兴加快农业农村现代化的意见》	农业供给侧结构性改革深入推进；推进生猪产业发展；提高农产品质量和食品安全水平；脱贫攻坚成果持续巩固；农业农村现代化；脱贫攻坚政策体系、工作机制与乡村振兴的有效衔接与过渡；乡村建设行动；整治提升人居环境；促进农村改革	保险、债券、信贷、担保、保险、期货
2022	《中共中央 国务院关于做好2022年全面推进乡村振兴重点工作的意见》	全力抓好粮食生产和重要农产品供给；强化现代农业基础支撑；促进脱贫人口持续增收、逐步提高中央财政衔接推进乡村振兴补助资金用于产业发展的比重；持续推进农村一二三产业融合发展；加强县域商业体系建设；推进农业农村绿色发展；健全乡村建设实施机制；农村人居环境整治五年行动；开展重点领域基建；大力推进数字乡村建设等	保险、信贷、债券、期货、担保
2023	《中共中央 国务院关于做好2023年全面推进乡村振兴重点工作的意见》	抓紧抓好粮食和重要农产品稳产保供；加强农业基础设施建设；强化农业科技和装备支撑；巩固拓展脱贫攻坚成果、落实巩固拓展脱贫攻坚成果同乡村振兴有效衔接政策；推动乡村产业高质量发展；拓宽农民增收致富渠道、强化各项稳岗纾困政策落实、深化农村土地承包制度改革；扎实推进农村人居环境整治提升；坚持把农业农村作为一般公共预算优先保障领域，压实地方政府投入责任等	信贷、保险、期货、担保、债券

从政策分析的角度来看,财政金融协同支农具有以下特点。

1)从增量到提质

在农村经济发展中,财政和金融部门协同支持的作用至关重要。近十年的一号文件中,财政金融协同支农政策始终保持稳中有进的步伐,其中,农业农村被中央政府视为一般公共预算优先投入的领域,政府持续加大对其财政资金投入。2023年中央一号文件提出“中央财政衔接推进乡村振兴补助资金用于产业发展的比重力争提高到60%以上”;在金融支农方面,虽然金融是市场经济体制,但金融支农的整体方向依然要由政府决定,因此要发挥财政资金的引导作用,推动金融工具的创新和农村金融的改革发展,使社会金融资金投入农业领域,并不断对金融工具进行创新。为了更好地帮助美丽乡村的建设,中国政府的相应财政投入逐年上升,越来越多地关注新的地区,且重点关注基础设施和环境改善。乡村振兴规划更加注重巩固成果和促进产业发展升级。财政金融两者相互协同占据了更加重要的位置,这种协同体系也逐渐清晰,例如财政和金融支农投入项目有不同的侧重点,农业想要增质提效,并非短时间内可以实现,财政资金更适合投入到促进增收渠道、农村改革等具有长远意义的支农项目中,而金融具有逐利性,更适合投入短期项目,因此我国财政金融协同支农政策从“增量”向协同“提质”发展。

2)从分散到集约

近十年中央一号文件对财政金融协同支农的表述比重逐渐增多,在美丽乡村建设部分,对支农政策的描述非常细致,对各地政府做出了较为明确的指引,同时,一号文件在阐述农村基础建设、农业建设等时,都能看到财政或者金融资金支出的身影。如对农业进行财政补贴以及生态补偿。自2017年乡村振兴战略实施以来,支农政策的重点越发清晰,注重减少低效项目,提高项目效益。注重发展现代化的农业,提高农业的产能和提升农民收入水平;金融方面,金融机构创新金融服务方式,发挥财政资金的杠杆作用,引导社会资金向农业农村领域投入。同时,推出更加多样化的和灵活的金融产品和服务,加强对农业农村企业的融资支持,提高金融服务效率和质量。财政金融协同支农政策从分散到集约的转变,旨在提高政策资金使用效益,促进农业农村现代化和乡村振兴。这一转变不仅有利于政府资源的优化配置,也有利于农业农村经济的可持续发展。

3)从外输到内生

财政支农主要是通过货币政策、税收优惠以及直接的补贴,金融支农是金融机构对企业或农户提供贷款、保险等金融服务,无论是以上哪种手段,都体现了支农资金对农业的投入。纵观近十年中央一号文件,中央财政强调财政支农力度持续增加,小额信贷、保险、期货等多元化金融工具在农村金融的应用更加普遍,自我国全面打赢脱贫攻坚战以后,财政金融协同支农强化了农业的自我造血功能。过去,政府主要通过政策引导来支持农业农村发展，如补贴、减免税费等，现在，政府更加注重市场机制的发挥，通过产业扶贫、创业扶持、科技创新等手段来推动农业农村发展，提高农村地区的发展活力和可持续性，通过金融创新等手段来吸引社会资金进入农业农村领域，提高农业农村的竞争力和市场化程度。从整体来看，财政与金融的协同支农政策体系更加丰富且完整，总之，从外输到内生的转变，使财政金融协同支农政策更加符合农业农村经济发展的内在规律，有利于推动农业农村现代化建设和乡村振兴。

4)从传统到数字

习近平总书记明确指出，要推动实体经济和数字经济无缝对接发展，把握网络化、智能化方向，推动工业、服务业、农业等经济领域实现数字化。随着人工智能、大数据等新兴技术在各行各业引起的变革深入推进，数字技术也逐渐惠及农村农民。我们应把握机遇，加快农业数字化转型，全面推进乡村振兴。近十年中央一号文件中多次强调“大力推进数字乡村建设”，将数字化融入财政与金融中将大大提高支农效率。

当前，我国农业现代化发展面临着多个上升瓶颈，包括综合成本上升、安全粮食、高效发展等。促进农业农村的数字化，是加快实现农业农村现代化、推动农业高质量发展的战略举措。金融方面，农村信用社等金融机构虽然积累了大量金融工具经验，但始终面临农民等对金融认知不足、传播性差以及成本较高等困难。2020 年我国颁布了《数字农业农村发展规划(2019—2025 年)》，2021 年、2022 年中央一号文件也都明确提出开展数字乡村试点、实施数字乡村建设发展工程，这标志着我国数字农业逐渐得到实践落地。

目前，浙江省等地已开启金融协同支农数字化改革试点，根据中国互联网络信息中心统计数据，截至 2022 年 6 月，中国互联网普及率为 74.4%，其中农村地区互联网普及率为 58.8%。越来越多农民已经接受并利用互联网这一工具提高生产力，目前在政策的支持引导下，数字农业技术的推广以及农民内生动力的提升，为财政金融协同支农数字化提供了坚实的基础。

2. 建立全国农业担保体系，财政金融协同实现重大突破

建立健全全国农业担保体系，是一项完善目前的农业支持保障体系、深化农村金融改革的重大创新举措。这一体系主要是通过农业担保公司对接银行等金融机构，对需要融资的农业企业发放贷款，由担保公司提供担保，进行增信，从而解决企业融资的信用以及渠道问题。

中央财政每年安排相关资金用于支持农业的适度规模经营，这部分资金主要用于各级农业担保公司的注资。截至 2020 年年底，全国农业担保体系的注册资本达到 794.07 亿元，体系逐渐完善。同时，中央财政对各级各地的政策性担保公司以及业务提供支持。目前，已初步建立可在全国上下联动的农业担保网络，累计担保项目高达65万个，据估算，通过这一网络，相关政策效能被放大了3.73倍。为支持这一体系的发展，使之更快普及，目前全国农业担保体系平均担保费率仅1%左右，远低于担保行业的均值。

全国农业信贷担保体系的构建，创新了目前我国财政金融协同支农的模式，标志着财政金融协同支农进入了快速发展的重要阶段，通过投入资金构建农业担保体系，降低以后的支农成本，并且放大直接补贴的政策效应。农业信贷担保体系作为具有财政协同金融、政府协同市场属性创新型金融工具，可降低农业生产企业的融资成本，对化解“融资难”“融资贵”问题发挥了独特作用。目前，我国政府进一步创新投融资方式，构建“财政＋农担＋金融”模式，支持“三农”融资，保障金融供给，增加乡村振兴产业资金供给途径，为乡村振兴提供资金“活水”。

四、财政支农与金融支农协同作用实证分析

(一)指标选取与统计特征

1. 指标选取与说明

1)投入变量

(1)财政支农

本书以各省区市农林水事务支出衡量财政支农支出。农林水事务支出包括农业、林业、草原、水利、扶贫、农业综合开发、农村综合改革和普惠金融发展支出，这在一定程度上反映出财政对农业产业的助推。

(2)金融支农

金融支农的渠道主要体现在金融机构的信贷投放，因此本书选用涉农贷款衡量金融支农投入，涉农贷款是指涉及“三农”的相关贷款，主要包括农户贷款、农村生产企业及组织的贷款、城市企业及各类组织与“三农”相关的贷款等。

2)产出变量

产出方面，由于财政与金融支农一般通过促进农村经济增长、提高农民收入、改善农业生产条件三个方面来发挥作用，也符合乡村振兴战略的内涵，所以分别用农林牧渔业总产值、农村家庭人均可支配收入、农用机械总动力三个指标来表示。

(1)农林牧渔业总产值

农林牧渔业总产值是以货币形式表现的，农、林、牧、渔业全部产品的总量，它可以反映特定时间内农业生产的规模与成果，财政金融协同支农政策的结果必然会反映在农林牧渔业总产值上，本书选取该指标衡量农村的经济增长，并作为产出

变量之一。

(2)农村居民人均可支配收入

农村居民人均可支配收入反映了当前农村居民的生活水平,侧面可以看出金融支农和财务支农的成果。

(3)农用机械总动力

农用机械总动力主要指用于农、林、牧、渔业的各种动力机械的动力总和。包括耕作机械、收获机械、农用运输机械、牧业机械、林业机械、渔业机械等。财政金融协同支农政策注重农村供给侧结构性改革,因此有效的协同实施会体现在这一指标上。

财政金融协同支农投入产出变量以及指标,如表 2-2 所示。

表 2-2　财政金融协同支农投入产出变量以及指标

变量	指标
投入变量	财政支农(农林水事务支出)
	金融支农(涉农贷款)
产出变量	农林牧渔业总产值
	农村居民人均可支配收入
	农用机械总动力

2. 数据来源

本书选取 31 个省区市 2016—2020 年的面板数据作为样本,从投入和产出两个角度选取变量。投入和产出指标来源于国泰安数据库与《中国统计年鉴》,剔除缺失值后根据 STATA16.0 和 DEAP2.1 分别得到描述性统计结果和实证结果。

3. 描述性统计分析

本书选取 2016—2020 年 31 个省区市区面板数据进行分析,对投入和产出变量通过 Stata16.0 进行描述性统计,如表 2-3 所示。

表 2-3　投入变量与产出变量描述性统计分析

变量	平均值	标准差	最小值	最大值
农村居民人均可支配收入/元	15 319.57	5 442.80	7 457	34 911
农用机械总动力/万千瓦	3 256.65	2 735.73	93.97	10 964.66
农林牧渔业总产值/亿元	3 850.02	2 616.47	172.97	10 190.58
农林水事务/亿元	661.02	278.14	154.82	1 339.36
涉农贷款/亿元	10 625.05	8 762.39	859.8	46 896

数据样本量为155个，表中显示了各变量的平均值、最小值、最大值以及标准差。具体来看，农林牧渔业、农用机械总动力在不同省份和年份中变化巨大，人均可支配收入和涉农贷款也在近五年出现了比较大的变化。

(二)模型构建

本书使用DEA指数模型评估财政金融协同支农的有效性。DEA指数模型(数据包络分析法)属于统计学中的非参数统计方法，最初用于评估各种组织或单位的生产效率和经营效率。一般来说，DEA方法按照模型中比例回报率参数的可变与否分为BCC和CCR模型，分别代表着纯技术效率模型与规模效率模型。为了更深入地考察财政金融支持农业协同，本书选择投入导向的BCC模型进行分析。其中，综合技术效率是对决策单元的资源配置能力、资源使用效率等多方面能力的综合衡量与评价，纯技术效率是由于管理和技术等因素影响的生产效率，规模技术效率是由于规模因素影响的生产效率。DEA-BCC模型的线性规划如下。

$$\min\left[\theta-\varepsilon\left(\sum_{j=1}^{m}s^{-}+\sum_{j=1}^{r}s^{+}\right)\right]\begin{cases}\sum_{j=1}^{n}\lambda_j x_j+s^{-}=\theta_{x_0}\\ \sum_{j=1}^{n}\lambda_j y_j-s^{-}=\theta_{y_0}\\ \sum_{j=1}^{n}\lambda_j=1\\ \lambda_j,s^{-},s^{+}\geqslant 0,j=1,2,3,\cdots n\end{cases} \tag{4-1}$$

Malmquist全要素生产率指数方法通过测算相邻两期的设定指数变化测算Malmquist全要素生产率指数，从而对财政金融协同支农效率进行动态分析。Malmquist全要素生产率指数与DEA结合，能够实现对效率动态变化的描述。

Malmquist全要素生产率指数是一种用于衡量决策单元在多个时间段生产活动中的效率的指标，可以对动态进行测量，同时还可以评估每个决策单元相对于效率前沿的差别。比例回报率不变时，t期到$t+1$期的Malmquist全要素生产率指数如下：

$$M(y_{t+1},x_{t+1},y_t,x_t)=\sqrt{\frac{D^t(x_{t+1},y_{t+1})}{D^t(x_t,y_t)}\times\frac{D^{t+1}(x_{t+1},y_{t+1})}{D^{t+1}(x_t,y_t)}} \tag{4-2}$$

比例回报率可变时，Malmquist全要素生产率指数如下：

$$M^t(x^{t+1},y^{t+1},x^t,y^t)=\left[\frac{D^t(x^{t+1},y^{t+1})}{D^t(x^t,y^t)}\times\frac{D^{t+1}(x^{t+1},y^{t+1})}{D^{t+1}(x^t,y^t)}\right]^{\frac{1}{2}} \tag{4-3}$$

$$M^t(x^{t+1},y^{t+1},x^t,y^t)=\frac{D^{t+1}(x^{t+1},y^{t+1})}{D^t(x^t,y^t)}\times\left[\frac{D^t(x^{t+1},y^{t+1})}{D^t(x^t,y^t)}\times\frac{D^{t+1}(x^{t+1},y^{t+1})}{D^{t+1}(x^t,y^t)}\right]^{\frac{1}{2}} \tag{4-4}$$

同时,全要素生产率可以分为技术进步变化和技术效率变化,本书用 tech 表示技术进步变化,effch 表示技术效率变化,其中,技术效率变化又可分解为纯技术效率变化率(pech)和规模效率变化率(sech),即 tep＝tech×pech×sech。测算出来的对应数值大于 1,代表本期相较于上期对应的效率存在进步。

(三)实证分析

利用 DEAP2.1 软件选取我国 31 个省区市 2016—2020 五年的财政支农、金融支农平均效率进行测度及分解,结果如表 2－4 所示。

表 2－4　我国财政支农、金融支农以及财政金融协同支农综合效率对比

年份	财政支农	金融支农	财政金融协同支农
2016	0.769	0.799	0.870
2017	0.786	0.811	0.893
2018	0.764	0.797	0.885
2019	0.755	0.795	0.889
2020	0.731	0.797	0.892
平均值	0.761	0.800	0.886

表 2－4 的结果显示,我国财政金融协同支农平均效率为 0.886,高于财政支农平均效率 0.761 和金融支农平均效率 0.800,这说明财政金融协同支农作用效果显著优于财政与金融单独支农作用,我国当前的财政金融协同支农是有效的、值得大力推广的。但是三者平均效率都小于 1,即三者综合来看效果并未达到最优,原因可能在于资金过热、投入项目不合理,也可能是规模不足导致出现资金利用效率低下的情况,具体原因还需要进行更进一步的分析。在财政支农中存在的问题更明显,且随着时间的推移,财政利用效率出现了小幅度的下降,金融支农效率则比较稳定,表明金融支农更接近生产前沿面,2017 年单侧支农效率和财政金融协同支农效率都达到了最高值,在此之后的农村发展建设中要重视技术因素的作用,此外还要尤其重视提高规模效率。下文会对 2016—2020 年 31 个省区市的财政金融支农的协同效应进行静态和动态的进一步分析。

1. DEA－BCC 模型测算结果分析

通过 DEA－BCC 模型,根据表 2－5,2016—2020 年全国各省区市财政和金融协同支农的平均综合技术效率为 0.845。通过比较发现,安徽省、福建省、广西壮族自治区、海南省、河南省、黑龙江省、湖北省、湖南省、江苏省、辽宁省、山东省、上海市、天津市、西藏自治区、浙江省 15 个省区市的综合技术效率值为 1，表明这些省区市财政与金融协同对农业生产和农村经济发展支持完全有效，协同支农效率较高，以上省区市中天津市、上海市、浙江省等地经济发展程度较高，宁夏回族自治区、西藏自治区等财政支农力度较高；北京市、广东省、江苏省、辽宁省的纯技术效率均为有效状态，但规模技术效率为非有效状态，说明这些地区的财政金融政策对农村经济、生产等有正向作用，但规模效应未达到最大化，存在闲置资源浪费的情况。其他省份财政支农与金融支农的协同作用在技术效率和规模效益上均未有效发挥，处于末三位的省份分别为甘肃省、贵州省、青海省，主要是技术效率较低，政策需要有一定的改进。从规模报酬变动情况来看，北京市、广东省、贵州省、河北省、吉林省、江苏省、江西省、辽宁省、内蒙古自治区、四川省、云南省 11 个省区市规模报酬递减，说明以上省区市存在财政以及金融支农资金投入过量的情况，甘肃省、宁夏回族自治区、青海省、山西省、新疆维吾尔自治区、重庆市仍处于规模报酬递增阶段，表明这些省区市的财政和金融支农需持续加大力度。

表 2－5 DEA－BCC 模型输出结果

区域	综合技术效率	纯技术效率	规模技术效率	规模报酬
安徽省	1.000	1.000	1.000	不变
北京市	0.999	1.000	0.999	递减
福建省	1.000	1.000	1.000	不变
甘肃省	0.472	0.557	0.847	递增
广东省	0.943	1.000	0.943	递减
广西壮族自治区	1.000	1.000	1.000	不变
贵州省	0.565	0.569	0.993	递减
海南省	1.000	1.000	1.000	不变
河北省	0.850	0.851	0.999	递减
河南省	1.000	1.000	1.000	不变
黑龙江省	1.000	1.000	1.000	不变
湖北省	1.000	1.000	1.000	不变
湖南省	1.000	1.000	1.000	不变
吉林省	0.764	0.773	0.988	递减
江苏省	0.734	1.000	0.734	递减
江西省	0.611	0.616	0.992	递减
辽宁省	0.988	1.000	0.988	递减
内蒙古自治区	0.647	0.654	0.989	递减

续表

区域	综合技术效率	纯技术效率	规模技术效率	规模报酬
宁夏回族自治区	0.775	0.904	0.858	递增
青海省	0.582	0.764	0.761	递增
山东省	1.000	1.000	1.000	不变
山西省	0.805	0.819	0.983	递增
陕西省	0.696	0.697	1.000	不变
上海市	1.000	1.000	1.000	不变
四川省	0.747	0.751	0.996	递减
天津市	1.000	1.000	1.000	不变
西藏自治区	1.000	1.000	1.000	不变
新疆维吾尔自治区	0.637	0.641	0.993	递增
云南省	0.711	0.712	0.999	递减
浙江省	1.000	1.000	1.000	不变
重庆市	0.656	0.667	0.983	递增
东部地区	0.960	0.988	0.972	—
中部地区	0.870	0.874	0.995	—
西部地区	0.684	0.726	0.943	—
全国均值	0.845	0.870	0.969	—

同时，本书也对东、中、西部地区①的财政金融协同支农效率进行了一定的分析，其中东部地区综合技术效率为 0.960，财政金融协同支农效率最高，东部地区的省区市的财政金融协同支农基本达到了完全有效，中部地区综合技术效率为 0.870，技术效率较低意味着中部地区的政策以及执行需要调整；综合技术效率最低的是西部地区，仅有 0.684，纯技术效率为 0.726，技术效率较低，需进一步关注。

2. DEA - Malmquist 模型测算结果分析

为进一步探究我国财政金融协同支农在时间维度上的变化，本书进一步使用 Malmquist 模型对我国协同减贫效率的变化情况进行计算及分解阐释，得到表 2 - 6 和表 2 - 7 的分析数据。

① 东部地区：北京、天津、河北、辽宁、上海、江苏、浙江、福建、山东、广东、广西、海南（12 个省区市）。中部地区：山西、内蒙古、吉林、黑龙江、安徽，江西、河南、湖北、湖南（9 个省区市）。西部地区：重庆、四川、贵州、云南、西藏、陕西、甘肃、青海、宁夏、新疆（10 个省区市）。

表 2-6 财政金融协同支农效率动态演变及分解

时间段	技术协同效率变化	技术进步协同效率变化	纯技术协同效率变化	规模协同效率变化	全要素协同效率变化
2016—2017 年	1.022	0.932	1.032	0.991	0.953
2017—2018 年	0.971	1.13	0.988	0.982	1.097
2018—2019 年	1.006	1.003	1.004	1.002	1.009
2019—2020 年	1.012	1.000	1.005	1.006	1.012
平均值	1.002	1.014	1.007	0.995	1.016

表 2-7 2016—2020 年各省区市财政金融协同支农效率动态演变及分解

区域	技术协同效率变化	技术进步协同效率变化	纯技术协同效率变化	规模协同效率变化	全要素协同效率变化
天津市	1.000	1.066	1.000	1.000	1.066
重庆市	1.055	0.980	1.056	0.998	1.033
江苏省	0.993	1.006	1.000	0.993	0.999
北京市	0.908	1.099	0.916	0.991	0.998
江西省	1.044	1.033	1.049	0.995	1.079
四川省	1.036	0.981	1.074	0.964	1.016
上海市	1.000	1.060	1.000	1.000	1.06
青海省	1.046	1.033	1.050	0.996	1.080
宁夏回族自治区	0.972	1.020	0.998	0.974	0.990
福建省	1.000	1.020	1.000	1.000	1.020
辽宁省	1.003	0.993	1.000	1.003	0.996
广东省	0.991	1.005	1.000	0.991	0.995
广西壮族自治区	1.000	0.997	1.000	1.000	0.997
陕西省	1.049	0.998	1.053	0.996	1.047
黑龙江省	1.000	1.022	1.000	1.000	1.022
海南省	1.000	0.970	1.000	1.000	0.970
浙江省	1.000	1.093	1.000	1.000	1.093
云南省	1.023	0.982	1.032	0.991	1.005
安徽省	0.964	0.969	0.966	0.998	0.934
新疆维吾尔自治区	1.001	0.975	1.023	0.979	0.976

续表

区域	技术协同效率变化	技术进步协同效率变化	纯技术协同效率变化	规模协同效率变化	全要素协同效率变化
吉林省	1.070	1.008	1.066	1.003	1.078
湖北省	0.994	0.977	1.000	0.994	0.971
内蒙古自治区	1.007	1.014	1.011	0.996	1.021
贵州省	0.992	0.970	0.993	0.999	0.962
湖南省	0.998	0.982	1.000	0.998	0.979
山东省	1.000	1.035	1.000	1.000	1.035
河南省	1.000	1.008	1.000	1.000	1.008
甘肃省	1.022	0.994	1.004	1.019	1.016
河北省	1.021	0.948	1.022	0.999	0.968
西藏自治区	1.000	1.141	1.000	1.000	1.141
山西省	0.907	1.082	0.923	0.983	0.981
东部地区	0.993	1.024	0.995	0.998	1.016
中部地区	0.998	1.011	1.002	0.996	1.008
西部地区	1.020	1.007	1.028	0.992	1.027
全国均值	1.002	1.014	1.007	0.995	1.016

从表 2 - 6 可见，2016—2017 年全要素协同效率小于 1，其余年份均大于 1，说明在 2016—2017 年，我国财政支农和金融支农两者的减贫效率有所下降，全要素协同效率的积极趋势主要来源于技术进步协同效率，随着国家对“三农”的重视，政策决策的效率发生了较为显著的提高，但规模效率近五年来平均值为 0.995，小于 1，说明存在财政与金融支农资金利用效率不高的问题，从趋势上来看，从 2018 年起，规模协同效率已经有了明显的积极趋势，规模协同效率变化值大于 1，技术协同效率虽然除了 2017—2018 年都大于 1，但整体未增加。总体而言，财政金融协同支农效率整体是上升的态势，技术进步协同效率近两年有增长，但速度较慢，这可能是限制财政金融协同支农效率的原因，因此需要加大技术资本的投入，促进我国技术创新与发展，同时，应注重规模协同效率，避免国家财政与金融对农业的支持产生闲置浪费。

表 2 - 7 为选取 2016—2020 年我国 31 个省区市进行的财政金融协同支农效率动态演变及分解，数值大于 1 代表对应协同指标呈现变好的趋势，数值小于 1 则相反。除技术协同效率变化之外，下文对其他项进行分析。

1)全要素协同效率变化分析

2016—2020年,全国财政金融协同支农平均全要素协同效率为1.016,整体来看协同作用有明显提高,天津市、江西省、上海市、青海省、浙江省、吉林省、西藏自治区等地区协同效果良好且呈现积极的态势,当地政策可以成为其他省区市的参考。总体来看,2016—2020年,我国金融和财政协同支农的政策体系不断发展成熟,有效提高了农业生产力,促进了农村经济增长。这说明,要彻底提高财政金融协同支农的全要素协同效率,不能单纯依靠市场经济的调节,必须发挥政府部门的主导作用,重点关注政策制定与财政金融部门管理层面的配合。

2)规模协同效率变化分析

2016—2020年全国规模协同效率变化均值为0.995,表明我国财政金融协同支农规模效益不足、农业发展基础不稳固。由于农民家庭生产和农村企业规模小、基础不牢固、经营效益不稳定,致使相关部门虽然为扩大对农业生产的支持做出了大量努力,但协同促进效应并不显著。此外,第三产业在外部世界的爆发式增长部分取代了农业,这也将阻碍规模协同效率的发展。

3)纯技术协同效率变化分析

2016—2020年我国纯技术协同效率变化均值为1.007,说明2016年以来财政金融支持农业的制度和管理水平不断提高,协调合作效果越来越好。2010年以来,中央一号文件连续多年以来都明确指出要强化财税支农与金融支农的长效关系,实证结果表明政府部门已经开始重视这种关系和联动作用,并发挥了效果。

4)技术进步协同效率变化分析

技术进步协同效率均值为1.014大于1,说明农业财政援助的技术水平有了较大的提高。改革开放之初,我国农村生产基本停留在较为基础的方式,较少使用现代化机械,技术的市场化和商品化水平都比较低,处在不断创新的发展期,近些年已卓有成效,技术进步已经成为财政金融协同支农的关键进步因素,这也从侧面说明科技技术进步对于解决“三农”问题的重要性。想要实现中国现代化建设,从根本上提高财政与金融支持农业的全要素协同效率,必须以加快科技进步、推动创新为重点。

5)分区域考察

在我国各个分区中,西部地区的全要素协同效率得分最高(1.027),主要是由于西部地区相对来说具有较大的发展空间。西部地区地广人稀,地势高,科技水平较为落后,农业机械化程度不高,因而国家重点关注西部地区,根据西部经济、地势等因素出台一系列政策,从而提高农业科技发展水平和农业产出率等。其中,西藏的全要素协同效率在各省中排名第一，可能是由于国家对西藏一贯采取“三补两免”等附加措施，倾斜度高，且西藏的经济以农牧业为主，它的农业组织结构相当单一，农业财政援助产生效果的阈值门槛相对较低，也更为有效。

东部地区全要素协同效率得分为 1.016，位居第二，财政、金融支农协同效应增强。其主要原因在于东部地区经济、技术的发展较为成熟，城镇化水平高，科学技术好，农业从机械化发展迈向集成化、生态化、智能化，适合现代化农业发展，因此资金得到了较好的配置，农业和第二、第三产业得到融洽发展。

在这些地区中，全要素协同技术效率最低的是中部地区(1.008)，其值略微大于 1，财政和金融支持农业的协同效果在不断提升改善，但在与其他地区比较时还存在明显不足。中部地区地处“东靠西移”战略布局的中间位置，起到衔接的作用，河南、湖北、湖南、陕西、山西等地区有着独特的属性，一是其农业发展正处于技术的高速发展的阶段，二是其现阶段的发展是基于生态化绿色发展。在这些省区市中，山西省的得分最高，山西省正处于机械化水平提高农业效率的典型阶段。

五、财政支农与金融支农协同效率的影响因素分析

(一)指标选取与统计特征

1. 指标选取与说明

1)被解释变量

基于研究目标和理论模型，被解释变量为 DEA 模型测算出的 2016—2020 年 31 个省区市的财政金融协同支农效率(全要素协同效率)。

2)解释变量

在目前已有研究基础上，从财政金融协同支农的理论基础和协同机制出发，同时考虑指标获取的可能性，从而确定解释变量。

(1)财政支付能力(Fin)

财政支出是政府进行分配活动的一个重要指标与因素，财政支农对农业农村的影响作用主要是通过财政支出这一手段来实现的。因此财政支出的结构和总量，往往反映某个地区的政府为实现财政支农的执行性与倾向性。本书选用各省区市人均财务支出衡量当地财政支付能力。

(2)财政自给率(Inc)

这一指标反映了某地区对中央转移支付的依赖程度，财政自给率指标数值越

大，说明该地区经济较为发达，地方财政的独立以及收入能力较强，对于中央财政转移性支付的依赖程度越低，数字越小则相反。财政自给率选用一般公共预算收入和一般公共预算支出之比表示。

(3)城乡结构(Urb)

城乡结构选用城镇化率表示，本书的城镇化率指某特定省份的城镇人口占总人口的比例。城镇化率是衡量一个国家或地区现代化水平的重要指标之一，城镇化的程度理论上会影响财政金融协同支农的技术层面，因而作为解释变量。

(4)经济发展水平(GDP)

财政金融协同支农，采用的是滴灌式的投入，即通过每一项小额的金融和财政投入，来积累和促进贫困地区的经济发展，同时，两者协同支农还有“利贫效应”，财政和金融部门在支持农村地区经济发展的过程中，能够使贫困地区的农民和企业获得更多的收益和利益。因此经济发展水平这一因素极大可能会影响协同效率，本书的经济发展水平用各地区人均 GDP 衡量。

(5)收入分配差距(Dis)

胡兵等①指出，地区收入差距会抑制财政金融协同支农与农村经济之间的正相关关系，因此本书选取收入分配差距这一指标进行验证。收入差距水平用城镇居民人均可支配收入和农村居民人均可支配收入的比值衡量。

(6)产业结构(Ind)

财政和金融协同政策主要影响农村地区第一产业和第三产业的相关领域，因此，第一、三产业的结构也可以反映财政金融协同支农的范围。产业结构用第一、三产业总产值占各地区生产总值中的比重来衡量。

(7)财政支农力度(Fina)

财政支农力度一方面反映了财政支农的总量，另一方面也反映了当地政府以及地区的经济水平，本书选取将其作为解释变量之一。本书用涉农财政支出与一般公共预算支出的比值衡量财政支农力度。

(8)金融发展水平(Finb)

农村金融有正外部性，理论上来讲，农村金融水平的提高会推动政策的演变和升级，同时也吸引多方资金投入，因此金融发展水平越高可能越有利于金融支农效率的提高。金融发展水平用存贷款之和与 GDP 的比值衡量。

(9)金融普遍度(Num)

农村金融发展的普遍程度直接影响了农民的认知以及涉农贷款的金融，进而

---

① 胡兵，赖景生，胡宝娣. 经济增长、收入分配与贫困缓解：基于中国农村贫困变动的实证分析[J]. 数量经济技术经济研究，2007(5)：33-42.

影响金融支农的综合效率,农村每万人营业网点机构个数可以某种程度上代表金融普遍度。

(10)数字化程度(Rbnum)

随着数字乡村建设的提出,我国财政金融协同支农逐步趋向于数字化、智能化、精准化,政策也出现了与时俱进的演变,并且各地政府已开始展开数字化试点。数字化离不开互联网的加持,本书选取农村宽带接入用户数量衡量农村的数字化程度。

表 2-8　变量及具体指标

类型	变量	符号	指标
被解释变量	财政金融协同支农效率	Y	全要素协同效率
解释变量	财政支付能力	Fin	人均财务支出
	财政自给率	Inc	一般公共预算收入/一般公共预算
	城乡结构	Urb	城镇化率
	经济发展水平	GDP	人均 GDP
解释变量	收入分配差距	Dis	城镇居民人均可支配收入/农村居民人均可支配收入
	产业结构	Ind	第一、第三产业总产值/生产总产值
	财政支农力度	Fina	涉农财政支出/一般公共预算支出
	金融发展水平	Finb	(存款+贷款)/GDP
	金融普遍度	Num	农村每万人营业网点机构个数
	数字化程度	Rbnum	农村宽带接入用户数量

2. 数据来源

本书选取 2016—2020 年我国 31 个省区市的相关面板数据,数据来源于《中国财政年鉴》《中国金融年鉴》《中国统计年鉴》以及 CSMAR 数据库。

3. 描述性统计分析

本书选取 2016—2020 年我国 31 个省区市面板数据进行分析,对解释变量和被解释变量通过 Stata16.0 进行描述性统计,数据样本量为 155 个,表 2-9 中显示了各变量的平均值、最小值、最大值以及标准差。具体来看,财政自给率、财政支付能力、城乡结构、经济发展水平、金融发展普遍程度以及数字化程度在不同省区市和年份中差别巨大,收入分配差距变化较小,2016—2020 年城镇化率平均为 57.60%,第一、三产业总值占比均较大,人均可支配收入和涉农贷款也在近五年出现了比较大的变化。

表 2-9 解释变量和被解释变量描述性统计分析

变量	平均值	标准差	最小值	最大值
年份	2018	1.42	2016	2020
财政支付能力	16 805.39	9 447.84	7 819.69	6 228.89
财政自给率	45.52	18.99	9.82	92.59
城乡结构	57.60	16.32	0	88.30
经济发展水平	6.46	2.95	2.76	16.49
收入分配差距	2.53	0.35	1.85	3.45
产业结构	60.81	7.44	50.19	84.20
财政支农力度	5.99	1.90	2.18	10.19
金融发展水平	3.69	1.14	2.24	7.58
金融普遍度	2.99	4.63	0	24.42
财政金融协同支农效率	0.89	0.15	0.52	1.00
数字化程度	362.84	339.81	0	1 416.43

(二)模型构建

Tobit 模型适用于被解释变量受限的样本，本书被解释变量财政金融协同支农全要素效率符合以上特点，大于 1 以后均取值为 1。选用此模型，可避免采用 OLS 进行回归时出现参数估计有偏的问题。

本书采用 Tobit 混合效应模型，模型表达式为

$$Y = \alpha + \sum_{i=1}^{n} \beta_i X_i + \mu_i \tag{5-1}$$

其中，Y 是被解释变量，X_i 表示解释变量。

(三)实证分析

运用 Stata16 软件，运行结果如表 2-10 所示。

表 2-10 Tobit 混合效应回归结果

变量	回归结果
财政支付能力(Fin)	0.0000102***
	(2.67)
金融普遍度(Num)	0.0161 *
	(1.88)

续表

变量	回归结果
金融发展水平(Finb)	0.099*** (4.00)
财政支农力度(Fina)	−0.061*** (−4.22)
产业结构(Ind)	0.009*** (3.26)
收入分配差距(Dis)	−0.231*** (−3.78)
经济发展水平(GDP)	0.004 (0.29)
城乡结构(Urb)	−0.001 (−0.91)
财政自给率(Inc)	−0.009*** (−3.77)
数字化程度(Rbnum)	0.00167** (2.35)
年份	控制
省份	控制
Constant	2.187*** (8.48)

得到 Tobit 模型回归结果

$$Y=2.187+0.0000102\text{Fin}+0.16\text{Num}-0.99\text{Finb}-0.061\text{Fina}+0.009\text{Ind}-0.231\text{Dis}-0.009\text{Inc}+0.00167\text{Rbnum}$$

对 Tobit 模型回归结果进行分析。上述模型中财政支付能力(Fin)、金融发展水平(Finb)、财政支农力度(Fina)、产业结构(Ind)、收入分配差距(Dis)、财政自给率(Inc)在 1%的显著性水平下通过检验，数字化程度(Rbnum)在 5%的显著性水平下通过检验，金融普遍度(Num)的系数在 10%的显著性水平下显著为正，以上 8 个因素均对财政金融协同支农效率有显著影响。城乡结构(Urb)、经济发展水平(GDP)的显著性水平未通过显著性检验。

财政支付能力对财政金融协同支农效率呈现出显著的正向影响。政府财政支付能力的增强可以提供更多的财政支持。政府可以通过各种形式的财政支持来促进农村经济发展和农民增收，如农业补贴、农业保险、农村公共设施建设等。同时，政府财政支付能力的增强可以提高农村金融服务水平。政府可以通过各种形式的资金投入来支持农村金融服务，如设立农村信用社、小额信贷等。

金融发展指数和营业网点数量都代表了农村金融的发展程度，金融发展程度越高，财政金融协同支农的资金使用效率也越高。首先，随着金融技术的不断进步，金融产品的风险管理、定价和支付等方面的效率得到了提高，这使得农村金融服务可以更好地满足农民的融资需求，并且将农村财政金融协同支农的效率提高到一个新的水平。其次，金融发展水平高的地区一般来说金融工具模式较为成熟，且融资成本低，农村以及相关企业获取金融的便利性越高，最后，金融发展水平的提高可以促进财政金融协同支农政策进一步优化，因此更可以进一步升级老产业、推动农业现代化、促进金融产品的创新，从而提高协同支农的效率。

政府工作报告提到了“以数字化改革牵引财政支农”，网络平台是数字化的重要载体，财政金融协同数字化可以帮助政府提高财政管理效率，实现财政信息化管理，使各级政府部门之间的财政信息互通共享，实现全流程的财政管理和监管，提高财政信息的准确性和时效性，从而使政府部门的预算决策更加科学和精准。在金融支农领域，数字化改革可以帮助金融机构提高对农村金融市场的覆盖率和服务质量。通过互联网、移动支付等方式，金融服务能够被进一步延伸到农村地区，从而提高两者协同支农的效率。

从实证结果可发现，财政支农规模的增大抑制了财政金融协同支农的效率，这表明目前财政支农体系发挥过热导致超载，财政与金融支农政策无法更好地协调，导致财政支农资金无法高效利用。财政自给率与财政金融协同呈负相关，这说明当前，部分地方政府在财政支出方面仍存在资金浪费和使用不合理的问题。

收入分配差距与财政金融协同水平呈负相关，收入分配差距过大可能会导致政策实施的效果不佳、所需投入过大、社会矛盾加剧和社会不稳定等问题，这会对财政金融协同支农的推广和实施造成一定的困难。

城乡结构、经济发展水平在2016—2020年的面板数据检验中未成为显著影响因素的原因可能是我国财政与金融支农执行端已经达到了一个基准，不太会受到城镇化率以及经济发展的水平的影响，近年来国家重视“三农”问题，对各地区财政以及金融补助都大力支持，因而财政自给率也并非关键限制因素。

综上分析，良好的经济基础和基础环境会产生正外部性，财政金融协同支农效率会得到一定的提升，可以推断，财政金融协同支农效率的提高也会进一步加强经济基础等条件，同时，关注我国战略部署和中央政策方向，例如数字化等，一般这类因素的边际效应高，是提升财政金融协同支农效率较快的办法。总之，通过实证分析，提升财政金融协同支农效率，要从提高财政支付能力、农村金融发展、改善财政资金结构、推动三大产业融合以及推进数字化改革等入手，加速提高协同效率，保证政策实施效果。

六、对策建议

本书探讨了2016—2020年静态和动态的财政金融协同支农效率，并进行分解，同时对协同效率的影响因素进行了测量。从静态角度看，财政金融协同支农效率高于财政支农效率和金融支农效率，细化财政金融协同支农效率，技术效率高于规模效率，技术效率更接近有效生产前沿，因此规模效率是重点需要提升的部分；从动态角度看，2016—2020年财政金融协同支农效率全要素生产率变化均值大于1，总体呈上升趋势，但不同省份之间存在较大差异，技术效率呈上升趋势，而规模效率则未出现增长甚至下降；总体来看，我国财政金融协同支农资金存在过热以及浪费的情况。

在影响因素分析中，财政金融协同支农效率与财政支付能力、金融普遍度、金融发展水平、产业结构、财政自给率和数字化程度六个因素呈显著正相关，与收入分配差距呈显著负相关，因此，想要提高财政金融协同支农效率，需要综合考量以上因素可能产生的影响。提高财政金融协同支农效率应从以下几方面着力。

1. 提升政府财政支出能力，改善金融服务水平

根据Tobit实证结果可知，农村金融发展水平、金融普遍程度等金融指标与财政支付能力对提高财政金融协同支农的协同效率有显著的正向作用，但财政支农资金存在利用率低下的问题。政府财政支付能力的增强可以为财政金融协同支农提供更多的财政支持，政府可以通过各种形式的财政支持来促进农村经济发展和农民增收；金融发展水平的提高可以促进金融产品的创新，降低融资成本，从源头增强了农村企业产业升级的动力，推动农业现代化，支持农村产业链的建设，从而提高协同支农的效率。

在财政支付能力方面，地方政府应该加强对财政预算和资金的管理和监督，提高财政收入的质量和效益，提升财政运作的透明度和规范性，优化财政支出结构，合理分配支出，优先满足国家和人民的基本需求，助力财政金融协同支农。同时，政府可以通过制定相关政策以激励社会资本参与乡村地区的发展，从而提高地方及整体财政支付能力。

在财政支出方面，改善对农业财政投入的合理化程度，提高农业现代化水平，加强农业科技创新，提高农业生产效率，同时还需要加强财政支农资金的监督，以避免资金浪费的现象。加大对农村金融的支持力度，提高农村金融服务的质量与创新性，从而使金融工具的运用更加普遍，促进农村经济的发展。

在金融水平方面，地方政府应当积极引导和支持金融服务的创新，鼓励银行、券商等金融机构推陈出新，面向农村地区推出合适的金融服务和工具。要积极开展金融支农工作，提高农村地区金融服务水平。同时，地方政府应积极引导社会资本参与农村地区的发展，鼓励社会资本投资农村基础设施建设和农村产业发展。

增强地方财政支付能力和金融水平需要政府部门、金融机构和市场主体共同努力，促进财政金融的协同支农。

2. 缩小城乡收入分配差距，增进协同支农效能

根据 Tobit 实证结果可知，减小收入分配差距有利于财政金融协同支农效率的提高，收入分配的差距导致资源配置不合理可能会导致规模效率难以达到完全有效，降低协同支农效果，财政金融的协同支农又进一步影响收入分配，形成恶性循环。缩小收入分配的差距，关键在于财政支农政策的完善。

第一，提高农村居民受教育程度和个人能力，提供职业技能和法律知识等培训；激发农村居民参与、创造乡村文化生活的积极性，增强农村发展的内生动力；提升农村居民文化素养与道德水平，全面促进乡村振兴。第二，从产业的角度来说，政府应当多渠道、多层次促进农业创收和增收，推动农村产业结构调整，提高农民收入；积极发展各类专用粮食、蔬果等高质量产品产业，促进农产品更新换代，提高产品附加值与核心竞争力，鼓励销售渠道多样化；对农产品的价格进行合理化管理，并且进行适当的补贴，扶持农业的发展，提高农民实际收入。第三，从地区的角度来说，促进农村地区农村居民就业、创业，为农村地区农村居民提供创业和就业条件，增加就业岗位，适度提高最低工资标准，缓解就业压力。完善社会保障体制机制，构建社会主义现代化的城乡一体化的社会保障体系，扩大农村居民社会保障覆盖范围；此外，还需要进一步加大对农村地区财政资金倾斜的力度，改善农村基础设施和公共服务条件。

3. 防止财政支农体系过载，提高资金利用效率

对 2016—2020 年面板数据进行分析，发现财政支农力度与财政金融协同支农效率呈显著负相关，说明随着协同支农政策、体系的发展与完善，财政支农资金的边际效益降低甚至为负，存在资金使用目标无法完全匹配、利用率低下的问题。

因此，首先，政府需要防止财政支农体系过热导致超载，提高财政支农资金利用率。为此，应建立有效的监管机制，加强对财政支农资金使用情况的监管力度，建立健全的监督机制，严格审批财政支农项目，加强对项目进展的跟踪和监督，确保财政支农资金的使用符合规定。其次，优化财政支农政策或资金投向，对于过去存在的政策不合理、扶持对象不明确等问题进行优化和完善，加强对财政支农政策的研究和制定，确保政策的合理性和可行性，同时，加强农民教育和培训，通过开展农民技术培训、科普宣传等活动，提高农民的科技水平和文化素质，增强他们的发展能力和自我调节能力，从而减少对财政支农资金的过度依赖。

在加大对财政支农资金监管的基础上，财政支农资金的投入可适当与金融机构合作，加强金融监管和风险控制，建立完善的贷款审核制度，加强对贷款资金使用情况的监管，避免出现违规贷款、失信违约等问题。财政支农力度要匹配金融支农共同前行，建立健全财政金融协同支农机制，推进财政和金融机构的合作，提高财政支农资金的使用效益和金融服务水平，从而提高财政金融协同支农效率。可以建立财政、金融机构和农民的信息交流平台，加强信息共享和协调配合。

4. 积极推进数字乡村发展，注重乡村数字改革

数字乡村是指通过数字技术手段推动乡村产业升级、优化农业生产方式、提高农产品附加值，同时促进城乡融合的一种发展模式。自我国提出数字乡村后，财政金融协同支农政策的侧重和趋势将会出现一定的改变，经实证分析，数字化程度与财政金融协同支农显著正相关，该现象与政策导向相符。

在当今社会，财政支农是促进农业农村现代化和乡村振兴的重要手段之一。为了实现财政支农政策与金融产品、融资工具的有效衔接，可以通过数字化改革、建立信息共享网络整合财政支农政策、金融工具政策、财政项目投放以及金融机构投融资项目资源，实现跨部门协作，也可以有效避免多头管理的情况。这可以引导更多社会资本和金融资金流向农业与农村，促进财政资金从“直接补”向“间接引”转变。

此外，数字乡村发展可以为财政金融协同支农提供更好的支持平台。通过数字技术手段，财政金融机构可以更加精准地了解农村居民的资金需求和贷款需求，为其提供更加合适的金融产品和服务。针对财政金融政策投资的项目，要通过提前部署、设计、计算保证项目的有效性，此外，要利用数字技术推动财政资金投入与金融机构融资担保、投资基金等政策相互衔接，促进乡村振兴债券、普惠金融等工作的推动和实施，为财政金融机构提供更多的支持对象和业务机会，促进财政金融协同发展。

最后，数字化技术还可以提升农产品附加值，帮助农业生产者实现精细化管理，提高农产品质量和产量，综上，紧跟国家政策方向，因地制宜发展数字技术，能够有效增强财政金融政策的协同效率。

第三章 陕西省数字普惠金融对城乡收入差距的影响

进入新时代，中国经济稳中有进，整体向好，城乡居民生活水平得到显著提高。但发展不平衡不充分的现象仍较为突出，城乡收入差距问题亟待解决。西部农村地区在数字经济快速发展的背景下面临着严重的金融排斥困境，农民因缺乏金融支持而无法实现财富增加，其经济发展和生活水平的提高因此受限。金融是经济增长的润滑剂，是实现居民增收的重要动力。新兴技术的发展应用，使得数字普惠金融能以低成本、广覆盖、高效率的优势，有效破解金融服务“最后一公里”问题。

作为西部地区数字普惠金融发展的龙头，陕西省因新时代西部大开发形成新格局与共建“一带一路”倡议等，经济稳中有进，但同时，其城乡存在的收入差距问题是我国西部省份的代表性问题。本书在梳理现有研究成果的基础上，从县域这一微观视角切入，对陕西省数字普惠金融的发展水平和城乡收入差距进行了总体考察，并选取了陕西省 79 个县 2016—2020 年的数据，利用门槛效应检验了陕西省数字普惠金融发展对缩小城乡收入差距的影响。

一、问题的提出

（一）研究背景与意义

1. 研究背景

自迈入新时代，中国经济稳中有进，整体向好，经济总量实现了迅速扩张。图 3－1 反映了我国自 1978—2022 年国内生产总值的变动趋势，我国国内生产总值从 1978 年的 3679 亿元跃升至 2022 年的 1210207 亿元，年均增速在全球主要经济体中位列前茅。

随着我国经济持续健康发展和综合国力的显著增强，我国居民生活水平明显提高，居民收入实现跨越式增长。《中国的全面小康》白皮书发布并指出，1978 年，全国居民人均可支配收入仅为 171 元。据 2022 年统计公报数据，2022 年，全国居民人均可支配收入为 36883 元，较之 1978 年增长了约 215 倍，我国成功地由低收入国家跨入中等偏上收入国家的行列。

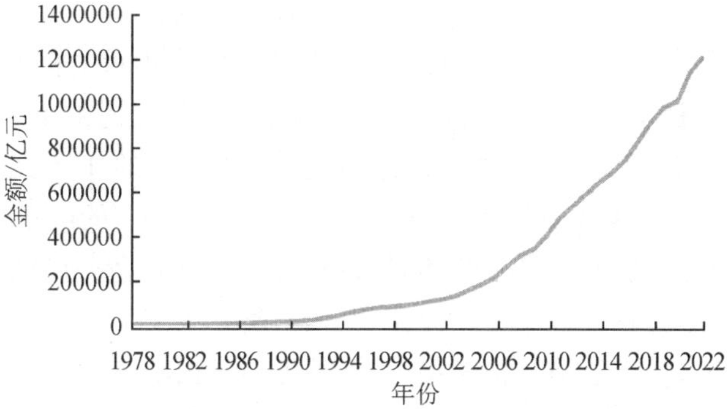

图 3-1　我国 1978—2022 年国内生产总值变动趋势图
数据来源:《中国统计年鉴》。

与此同时,我国逐渐暴露出了发展不平衡不充分的隐患,城乡居民的收入差距也表现出渐次扩张之态。这种形势深刻地影响着我国经济社会的健康稳定发展,制约着我国共同富裕目标的实现。由 2022 年统计公报数据可见,2022 年我国城市地区居民的人均可支配收入为 49283 元,农村地区居民的人均可支配收入为 20133 元,我国的城乡居民收入比值约达 2.45,城乡收入差距问题依然突出。图 3-2反映了我国 2003—2020 年居民人均可支配收入基尼系数变动趋势。

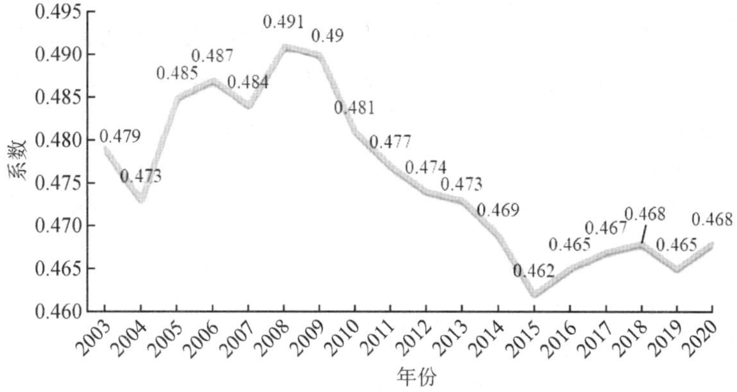

图 3-2　我国居民人均可支配收入基尼系数变动趋势图
数据来源:《中国住户调查年鉴(2021)》。

如图 3-2 所示,2003—2020 年,我国居民获得可支配收入的基尼系数远高于国际警戒值 0.4。2020 年,我国基尼系数为 0.468,较之上一年呈现出上升趋势。综上所述,我国收入分配高度悬殊,城乡收入差距问题亟待解决。

陕西统计年鉴数据显示，1978—2022 年，陕西省城镇居民人均可支配收入由 310 元增长至 42431 元，增长了约 136 倍。农村居民人均可支配收入由 133 元增长至 15704 元，增长了 117 倍。城乡居民人均可支配收入比由 1978 年的 2.33 增长至 2022 年的 2.7，且城乡收入差距绝对值由 1978 年的 177 元进一步扩大至 2022 年的 26727 元。这说明陕西省城乡收入差距不断扩大的问题十分严重，也从侧面表现出陕西省经济发展极不均衡，城市经济发展良好，农村经济发展迟滞。

过大的城乡居民收入差距会严重阻碍经济增长，影响社会稳定。一方面城乡居民收入差距悬殊造成消费结构断层，消费萎缩引发内需疲软，制约经济发展方式转变和经济结构优化升级，导致经济增长内生动力不足。另一方面，贫富两极分化明显，城乡收入差距不断扩大，影响成果共享和共同富裕的实现，且易增添社会动荡因素。因此，缩小城乡收入差距、促进城乡一体化建设迫在眉睫。我国自上而下，高度重视金融在经济发展和社会生产生活中的重要地位和深远作用。金融发展对经济增长起到了积极作用，是解决好我国发展不平衡不充分问题的关键和根本所在。然而，传统金融的逐利性使农村地区面临金融门槛和金融排斥困境，农村居民金融服务缺失问题逐渐引发关注。

2016 年，G20 峰会发表了《G20 数字普惠金融高级原则》，并宣布借助数字金融服务的共享、便捷、低成本、低门槛优势，增强金融服务普惠性。依托新兴数字技术，可以使居民，尤其使农村低收入人群以可负担的成本享有多元化的金融服务和金融产品。近年来，政府出台了一系列相关政策文件，大力推进数字普惠金融发展，充分表明其必要性和重要性。图 3-3 反映了陕西省 2011—2020 年数字普惠金融指数变动趋势。

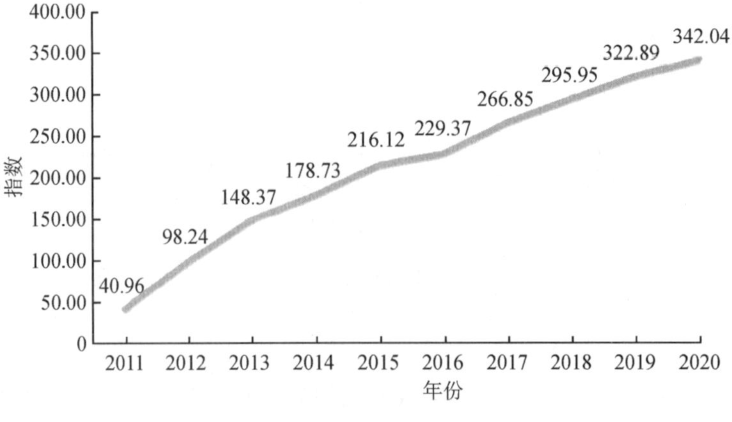

图 3-3 陕西省 2011—2020 年数字普惠金融指数变动趋势图

数据来源:《北京大学数字普惠金融指数(2011—2020 年)》。

从图 3-3 可见，自 2011—2020 年，陕西省的数字普惠金融发展表现出了逐年上升的良好态势，其指数由 2011 年的 40.96 提高至 2020 年的 342.04，增长了约 7.4 倍，陕西省数字普惠金融实现快速增长。

互联网为居民享有普惠金融和实现经济高质量发展提供了强大技术支撑。图 3-4 反映了 2002—2022 年我国网民规模和互联网普及率的变动趋势。

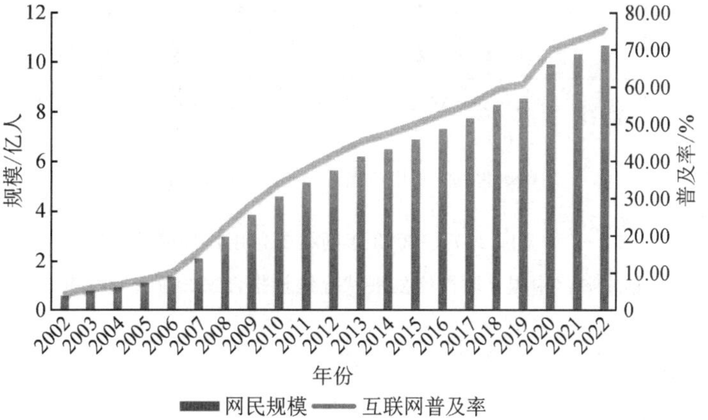

图 3-4　全国 2002—2022 年网民规模和互联网普及率变动趋势图

数据来源：《中国互联网络发展状况统计报告》(2002—2022 年)。

自 2002 年开始，中国互联网进入快速发展期。如图 3-4 所示，2002—2022 年，我国互联网发展迅速，全国网民总数逐年上升。互联网的普及促使一个新形态的数字社会产生了，显然我国已经拥有了世界上最大的数字社会。据 2022 年《中国互联网络发展状况统计报告》，2022 年底我国有 10.67 亿网民，互联网推广率为 75.6%。如图 3-5 所示，在互联网迅猛发展背景下，网络支付业务规模也在持续扩大，截至 2022 年 12 月，我国网络支付用户达 9.11 亿人，占整体网民数量约 85.4%，这使得持续提升金融服务成为可能。

针对数字普惠金融在缩小城乡收入差距方面的诸多问题，国内外学术界基本达成共识。本书主要研究目的在于：讨论陕西省是否可以通过发展数字普惠金融帮助农民更好地增收致富，进而是否可以缩小城乡收入差距。针对这一目的，本书拟以县域为切入点，选取陕西省 79 个县 2016—2020 年共 5 年的数据，展开相关讨论。

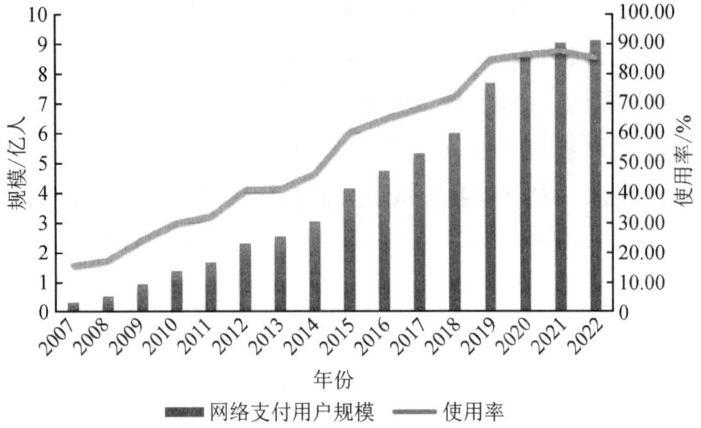

图 3-5 全国 2007—2022 年网络支付用户规模及使用率

数据来源:《中国互联网络发展状况统计报告》(2007—2022 年)。

2. 研究意义

1)理论意义

自 2016 年 G20 提出发展数字普惠金融以来,数字普惠金融对城乡收入差距的影响研究已有很多。但不可忽视的是,目前学界相关研究大多选取省级数据。笔者为更好地研究这一问题,拟从县域这一微观角度出发,选取陕西省 79 个县的相关数据进行论证讨论,力图克服宏观数据研究的不足,并从理论上进一步充实这一领域的研究内容。

2)实际意义

笔者通过选取陕西省 79 个县的相关数据,研究陕西省数字普惠金融对城乡收入差距的影响,这对促进农民增收、缩小城乡收入差距、实现共同富裕具有现实价值,同时也可以为其他地区起到一定的借鉴作用。

(二)研究方法

1. 文献研究法

笔者在充分阅读国内外现有文献的基础上,进行了整合归类,学习借鉴了本书研究领域的相关研究成果,并从维度差异、群体差异、门槛效应和空间效应等角度切入,分析数字普惠金融对城乡收入差距的影响。

2. 理论分析法

本书从马克思主义经济学与金融学等方面的相关理论着手,剖析并阐述了数字普惠金融对城乡收入差距影响的直接机制和间接机制，主要涉及降低金融门槛、解决金融排斥效应、缓解非均衡发展效应、强化涓滴效应等，并在此基础上提出了本书的研究假设。

3. 实证研究法

笔者将在前期所提出的研究问题和研究假设的基础上，使用门槛效应检验的实证分析方法进行研究，选取陕西省 79 个县 2016—2020 年的相关样本数据，得出定量分析结果。

二、理论基础与文献综述

（一）理论基础

1. 金融发展理论

1）金融结构理论

美国经济学家戈德史密斯在 1969 年出版了《金融结构与金融发展》一书，书中提出了金融结构理论，开启了金融结构理论的研究。他肯定了金融结构对经济增长的巨大促进作用，金融结构明显地改善了经济运行，为资本转移提供了巨大的便利①。经济学家肯特和苯文在《金融结构和经济增长：银行、市场和发展的跨国比较》一书中对金融结构进行了定义，他提出金融的总体发展水平影响经济增收，同时政治及法律制度等方面的显著差异也会影响金融发展与经济增收之间的关系②。

2）金融抑制理论和金融深化理论

美国经济学家麦金农和爱德华·肖提出了“金融抑制理论”和“金融深化理论”。这些理论立足于发展中国家的实际国情，研究货币金融与经济发展二者之间的内在联系，弥补了以往西方主流经济发展理论忽视发展中国家的特殊情况这一缺陷，被认为是发展经济学与货币金融理论领域的重要成果。

（1）金融抑制理论

1973 年，经济学家麦金农在《经济发展中的货币与资本》一书中提出了金融抑制理论。他认为，大多数发展中国家推行的经济政策往往带有抑制作用，欠发达地

---

① 戈德史密斯. 金融结构与金融发展[M]. 周朔，郝金城，肖远企，等译. 上海：上海人民出版社，1994：389 - 403.

② 肯特，苯文. 金融结构和经济增长：银行、市场和发展的跨国比较[M]. 黄纯纯，译. 北京：中国人民大学出版社，2006：2 - 11.

区畸形的金融市场导致了金融资本的利用效率低下，进而抑制了经济的增长，传统货币理论并不适用于欠发达地区[①]。依据如下：发展中国家经济分割性导致经济单位被严重隔绝，面对同样的生产要素和产品，却难有同等的价格和生产技术，资本谋求利润受限制。

(2)金融深化理论

与麦金农提出金融抑制理论的同一时间，1973 年，另一位经济学家爱德华·肖在其著作《经济发展中的金融深化》中提出了金融深化理论。他从全新的视角对金融与经济二者之间的发展关系进行了创造性的研究。他提出金融与经济发展是息息相关的，深度金融加速了经济的增长，浅度金融则阻碍了经济的发展。金融深化具备储蓄、投资、就业、收入等方面的效应，注重金融深化效应，推行金融自由化战略，能使现有资金被分配好和利用好，促进外资流入，有利于国家经济的稳定增长[②]。

(3)金融约束理论

第二次世界大战后，东亚经济创造了发展奇迹，东亚国家在经济快速发展的同时，也存在着非常严重的金融抑制问题。根据金融抑制理论的观点，政府对金融市场的管制会阻碍经济增长，显然东亚经济发展的事实与这一理论不符。在此背景下，20 世纪 90 年代末，以托马斯·赫尔曼等为代表的经济学家针对发展中国家的国情现状提出了金融约束理论。其核心观点是：通过提供一种稳定的宏观经济环境，利用一些金融约束政策，可以明显促进发展中国家的经济增长[③]。

2. 金融排斥理论

金融排斥理论最早由英国莱申教授在 1994 年提出，早期主要聚焦于金融机构和服务的地理可接触性。1999 年，肯普森等将金融排斥问题细分为地理、评估、条件、价格、营销和自我排斥。金融排斥导致了金融资源的空间配置失衡。随着人们对金融排斥理论研究的逐渐深入，其概念也不断变得丰富，但至今学术界仍未形成一致概念。金融排斥是共享金融服务缺乏的一种形态，比如弱势群体缺乏接近金融机构、获取金融产品和服务的途径。

3. 收入分配理论

20 世纪 50—60 年代，随着世界经济的逐渐恢复，经济增长理论蓬勃发展。与此同时，经济学家开始聚焦于收入分配问题。比如，收入分配与经济增长的关系，

---

① 麦金农. 经济发展中的货币与资本[M]. 卢骢，译. 上海：上海人民出版社，1997：10－11.

② 肖. 经济发展中的金融深化[M]. 邵伏军，许晓明，宋先平，译. 上海：格致出版社，2015：6－8.

③ 赫尔曼，穆尔多克，斯蒂格利茨. 金融约束：一个新的分析框架[J]. 经济导刊，1997(5)：43－48.

收入分配对消费和储蓄的影响等。这一阶段，最具代表性的经济学家就是刘易斯和库兹涅茨。

1)二元经济结构理论

英国经济学家刘易斯在1954年发表的《劳动无限供给条件下的经济发展》一文中，首次提出了二元经济结构理论。他认为发展中国家的经济构成包括了传统部门和现代部门这两个性质截然不同的经济部门。传统部门，即农业部门，采用手工劳动，生产规模小且劳动生产率低，产出仅够维持生存；现代部门，即资本主义部门，采用机器大工业的生产方式，生产规模较大且劳动生产率较高，高产出可实现资本积累与扩大再生产。传统部门更为落后但比重更高，现代部门更为先进但比重较低①。刘易斯肯定了收入分配不均等状况在经济发展较早时期的重要意义和作用。他认为，工业化早期产生的劳动力过剩问题，必然导致收入差距的持续扩大，一旦劳动力资源稀缺时，收入差距就会趋向缩小。收入差距不均等能实现二元经济增长和经济结构转变。

2)库兹涅茨倒"U"型理论

美国经济学家库兹涅茨于1955年提出了经济发展与收入差距之间的变化呈现倒U型这一假说。经济发展状况改变着社会经济结构，并影响着居民的收入分配。库兹涅茨描述了经济发展中收入分配的长期变动趋势。在经济未得到充分发展的时期，收入分配会因为经济发展逐渐趋向于不平等；而在经济得到充分发展的时期，收入分配会逐渐趋向于平等。收入分配的变动不是无条件的，而是受到政治、经济、社会、人口等因素影响，发展中国家要解决收入分配不公的问题就必须立足于其所面临的现实条件进行深入调查和研究。

(二)文献综述

1.国外研究现状

数字普惠金融的研究在国际上起步较晚，国外学术界将数字金融作为一种促进金融发展的工具，因而主要关注数字普惠金融发展与经济增长的关系研究，而对城乡收入差距关注甚少。就目前可供参考的研究文献而言，国外大部分学者认为这二者间有着积极作用。

Beck等学者选取了52国1960—1999年的数据发现，金融会影响收入分配，

---

① LEWIS W A. Economic development with unlimited supplies of labour[J]. The Manchester School, 1954(1):139-191.

对提高贫困人群的收入水平有积极作用[①]。Bittencourt 通过研究巴西 20 世纪末社会各阶层收入问题，发现在这一时期，金融发展对减少收入不平等有显著的积极作用，金融服务高的地区，其收入差距相对较小[②]。Sarma、Pais 认为金融普惠程度提升与收入水平提高和不平等程度降低有密切关系[③]。Anand、Kuldip 指出，普惠金融指数与贫困呈负相关关系，提升金融的普惠程度有利于消除区域失衡[④]。Chakravarty、Pal 通过分析印度 1972—2009 年的普惠金融数据发现，普惠金融发展对缩小城乡收入差距有较为显著的收敛作用[⑤]。Kapoor 也认为普惠金融能拉动经济增长并促进印度城乡经济协调发展[⑥]。Grossman、Tarazi 证明了数字金融服务能降低农民支付和贷款的成本与风险，使小农户受益。Allen 等学者认为普惠金融可以令居民受益，并针对被排斥群体探讨了具体有效的政策，发现普惠金融可以实现扩大就业并提高农村居民收入水平[⑦]。Daniela、Brooks 提出将金融发展与数字技术结合可进一步推动普惠金融的发展，还能提升欠发达地区低收入人群对金融服务的可得性[⑧]。也有人认为普惠金融为低收入者提供可消费的金融产品与服务，可以改善其生活和收入状况[⑨]。Ouma、Odongo 学者发现，非洲的电话金融服务方法，提高了居民积蓄资金的可能性，对受到传统金融排斥的农村居民比较有利[⑩]。Bittencourt、Chang 等学者基于美国 50 州 1976—2011 年的数据研究发现，金融对各州收入差距的影响存在门槛效应。对收入不平等程度高于均值的州来讲，金融发展对其影响较大，而对收入不平等程度低于均值的州来讲，二者存在

---

① BECK T, DEMIRGUC K A, LEVINE R. Finance, inequality and poverty: cross-country evidence[R]. NBER Working Paper, 2004.

② BITTENCOURT M. Financial development and inequality: Brazil 1985—1994[J]. Economic change and restructuring, 2010(43): 113 - 130.

③ SARMA M, PAIS J. Financial inclusion and development[J]. Journal of International Development, 2011, 23(5): 613 - 628.

④ ANAND S K, KULDIP S C. A Theoretical and quantitative analysis of financial inclusion and economic growth[J]. Management and Labour Studies, 2013, 38(1 - 2): 103 - 133.

⑤ CHAKRAVARTY S R, PAL R. Financial inclusion in India: An axiomatic approach[J]. Journal of Policy Modeling, 2013, 35(5): 813 - 837.

⑥ KAPOOR A. Financial inclusion and the future of the Indian economy[J]. Futures, 2014(56): 35 - 42.

⑦ ALLEN F, KUNT A D, KLAPPER L, et al. The foundations of financial inclusion: Understanding ownership and use of formal accounts[J]. Journal of Financial Intermediation, 2016(27): 1 - 30.

⑧ DANIELA G, BROOKS S. The digital revolution in financial inclusion: international development in the fintech era[J]. New Political Economy, 2017, 22(4): 423 - 436.

⑨ CORRADO G, CORRADO L. Inclusive finance for inclusive growth and development[J]. Current pinion in Environmental Sustainability, 2017(24): 19 - 23.

⑩ OUMA S A, ODONGO T M. Were M. Mobile financial services and financial inclusion: Is it a boon for savings mobilization? [J]. Review of Development Finance, 2017, 7(1): 29 - 35.

倒U型关系①。

2. 国内研究现状

得益于我国新兴数字技术迅猛发展,并走在全球发展前列,我国数字普惠金融发展成效显著,相关研究成果也如雨后春笋般涌现。国内学术界也积极探索数字普惠金融在缩小城乡收入差距方面的作用价值,相关理论和实践研究成果逐日丰硕。综合来看,国内学者普遍认为这二者间有显著作用,部分学者在此基础上从维度差异、群体差异、门槛效应和空间效应等方面展开进一步分析研究。

第一,学术界主流观点在这一问题上已达成共识,那就是数字普惠金融的发展对缩小城乡收入差距具有显著积极作用。

宋晓玲基于2011—2015年的中国省级数据,实证检验出这种可观的推动效力,提出要针对农村居民特征,设计并推出与之高度相关的个性化数字金融产品和特色套餐②。张贺、白钦先研究了数字普惠金融发展对城乡收入差距的影响,建议深入拓展金融服务的广度及深度,建设惠及人人的金融体系③。孙继国、赵俊美通过分别比较传统金融、数字普惠金融对城乡收入差距影响的效果,发现数字普惠金融能够持续地缩小城乡居民间的收入差距,因此认为精进服务,施展其直接效应十分有必要④。周利、廖婧琳等学者从微观视角切入,研究发现,数字普惠金融通过提供信贷支持、增加收入和完善收入分配制度等方式,能有效缓解居民贫困⑤。刘魏、张应良等学者研究2014—2018年中国家庭追踪调查数据发现,数字普惠金融能降低信贷成本、积蓄社会与人力资本,有效改善城乡居民的相对贫困状况⑥。陈海龙、陈小昆认为,数字普惠金融可以通过兴盛产业、增速经济、带动就业等方式促进农村居民的人均可支配收入增长,这一效应将直接对农村居民相对贫困状况产生影响⑦。

第二,部分学者认为数字普惠金融发展对缩小城乡收入差距的影响存在维度

---

① BITTENCOURT M, CHANG S, GUPTA R, et al. Does financial development affect income inequality in the U. S. States? [J]. Journal of Policy Modeling, 2019, 41(6): 1043-1056.

② 宋晓玲. 数字普惠金融缩小城乡收入差距的实证检验[J]. 财经科学, 2017(6): 14-25.

③ 张贺, 白钦先. 数字普惠金融减小了城乡收入差距吗: 基于中国省级数据的面板门槛回归分析[J]. 经济问题探索, 2018(10): 122-129.

④ 孙继国, 赵俊美. 普惠金融是否缩小了城乡收入差距: 基于传统和数字的比较分析[J]. 福建论坛(人文社会科学版), 2019(10): 179-189.

⑤ 周利, 廖婧琳, 张浩. 数字普惠金融、信贷可得性与居民贫困减缓: 来自中国家庭调查的微观证据[J]. 经济科学, 2021(1): 145-157.

⑥ 刘魏, 张应良, 王燕. 数字普惠金融发展缓解了相对贫困吗? [J]. 经济管理, 2021, 43(7): 44-60.

⑦ 陈海龙, 陈小昆. "涓滴"还是"极化": 数字普惠金融对农村相对贫困的改善效应[J]. 云南财经大学学报, 2021, 37(7): 15-26.

差异。

张子豪、谭燕芝利用2013—2015年的空间面板数据，证实了数字普惠金融各子指标均能提高农村居民福利水平，显著缩小城乡收入差距。数字普惠金融覆盖广度对缩小城乡差距具有更大作用①。任碧云、李柳颖从微观角度切入，分析京津冀2114位农民的调查结果发现，数字金融支付、借贷服务的使用情况对农村包容性增长有着直接的促进作用②。杨伟明、粟麟等学者认为，数字普惠金融3个维度的作用会产生差异性影响，覆盖广度能显著提高城镇居民人均可支配收入，但不影响农村人均可支配收入③。肖威基于县域数据发现，在2级指标中，使用深度指数对经济增长促进作用最显著，覆盖广度指数对缩小经济发展水平差距作用最显著④。

第三，部分学者认为数字普惠金融发展对缩小城乡收入差距的影响存在群体差异。

张勋、万广华等学者研究发现，数字金融发展更加有助于农村居民创业，帮助改善农村内部收入分配状况，显著提高农村居民的收入水平⑤。潘锡泉以浙江为样本，发现传统金融在帮助低收入阶层实现收益倍增时，存在信息壁垒、时空局限性以及帮扶精度和宽度不足等问题，提出建立数字普惠金融精准帮扶农村居民的逻辑实现机制⑥。黄倩、李政等学者的实证结果表明，相比富裕阶层，数字普惠金融更能改善贫困阶层的收入结构，数字普惠金融在一定程度上能兼顾效率与公平，改善居民内部收入不均等状况⑦。也有学者认为数字普惠金融对城市居民收入的影响明显大于农村居民。李牧辰、封思贤等从文献综述的视角提出，数字普惠金融有效减缓了农村金融排斥，如在缓解信贷约束、改善人力资本与扩大就业等方面为农民提供了金融支持，并通过经济增长缩小城乡差距⑧。赵丙奇实证发现，数字普惠金融的发展满足了低收入阶层恰当的金融诉

---

① 张子豪，谭燕芝．数字普惠金融与中国城乡收入差距：基于空间计量模型的实证分析[J]．金融理论与实践，2018(6)：1-7.

② 任碧云，李柳颖．数字普惠金融是否促进农村包容性增长：基于京津冀2114位农村居民调查数据的研究[J]．现代财经（天津财经大学学报），2019，39(4)：3-14.

③ 杨伟明，粟麟，王明伟．数字普惠金融与城乡居民收入：基于经济增长与创业行为的中介效应分析[J]．上海财经大学学报，2020，22(4)：83-94.

④ 肖威．数字普惠金融能否改善不平衡不充分的发展局面？[J]．经济评论，2021(5)：50-64.

⑤ 张勋，万广华，张佳佳，等．数字经济、普惠金融与包容性增长[J]．经济研究，2019，54(8)：71-86.

⑥ 潘锡泉．数字普惠金融帮扶农村居民的逻辑机理及实现机制[J]．区域经济评论，2019(4)：143-149.

⑦ 黄倩，李政，熊德平．数字普惠金融的减贫效应及其传导机制[J]．改革，2019(11)：90-101.

⑧ 李牧辰，封思贤，谢星．数字普惠金融对城乡收入差距的异质性影响研究[J]．南京农业大学学报（社会科学版），2020，20(3)：132-145.

求而令其增收，这对缩小城乡收入差距有重要作用[①]。星焱认为，发展农村地区数字普惠金融是有效解决中国城乡间发展不平衡不充分等问题的重要路径，但目前发展农村地区数字普惠金融仍存在诸多难点，必须要走出一条具有中国特色的农村数字普惠金融发展之路，确保广大农村中低收入人群能以低成本享有金融服务[②]。

第四，部分学者认为数字普惠金融发展对缩小城乡收入差距的影响具有门槛效应。

周利等学者提出，城乡存在收入差距主要是源于数字普惠金融发展水平等变量本身的特点差异，数字普惠金融发展主要影响低分位点处的收入差距，对高分位点处的收入差距影响有限。数字普惠金融发展的重点是通过提高金融服务可得性和降低金融门槛，缩小城乡收入差距[③]。赵丙奇认为，在经济发展水平较低的地区，数字普惠金融具有门槛效应。数字普惠金融指数一旦跨越门槛值，城乡收入差距就会随其提高而有效缩短；但低于门槛值时，则会扩大城乡收入差距。何宜庆等学者提出，数字普惠金融与农村收益间存在非线性关系和门槛效应，一旦数字普惠金融发展水平超过门槛，其广覆盖、可持续性与接近零的边际成本等优势逐渐显现，这能更加刺激增收效应[④]。陈慧卿等学者研究发现，数字普惠金融的减贫效应会随经济发展水平与政府财政支出比重的提高而逐渐减小，随着城镇化水平的提高而逐渐增大[⑤]。

第五，部分学者认为数字普惠金融发展对缩小城乡收入差距的影响具有空间效应。

陈啸、陈鑫实证发现，短期内，数字普惠金融对缩小城乡收入差距的影响具有全局溢出效应，即可以积极影响邻接地区。金融支持力度主要决定此溢出效应的程度[⑥]。刘丹等学者提出，数字普惠金融将极大增加中国农民非农收入，并对周边省份农民非农收入增加有积极溢出效应，有必要促进区域一体化来帮助农民获取

---

① 赵丙奇. 中国数字普惠金融与城乡收入差距：基于面板门限模型的实证研究[J]. 社会科学辑刊，2020(1)：196－205.

② 星焱. 农村数字普惠金融的"红利"与"鸿沟"[J]. 经济学家，2021(2)：102－111.

③ 周利，冯大威，易行健. 数字普惠金融与城乡收入差距："数字红利"还是"数字鸿沟"[J]. 经济学家，2020(5)：99－108.

④ 何宜庆，王茂川，李雨纯，等. 普惠金融数字化是"数字红利"吗：基于农村居民收入增长的视角[J]. 南方金融，2020(12)：71－84.

⑤ 陈慧卿，陈国生，魏晓博，等. 数字普惠金融的增收减贫效应：基于省际面板数据的实证分析[J]. 经济地理，2021，41(3)：184－191.

⑥ 陈啸，陈鑫. 普惠金融数字化对缩小城乡收入差距的空间溢出效应[J]. 商业研究，2018(8)：167－176.

非农收入[①]。杨伟明、粟麟等学者实证发现，数字普惠金融对东、中、西部地区城乡居民收入均有显著影响，并进一步分析认为，数字普惠金融对东部地区城乡居民收入的提高效果最显著。何宜庆、王茂川等学者提出，数字普惠金融的创收效应有区域异质性，表现为东部地区最强，西部地区次之，中部地区最弱。肖威则提出，数字普惠金融的经济增长效应在欠发达地区更显著，其促进中西部地区经济增长的作用大于东部地区，数字普惠金融在缩小中西部地区与东部地区经济发展差距的同时，也能缩小区域内部的经济发展差距。陈慧卿、陈国生等学者通过实证分析发现，增收效应最大是中部地区，其次为东部地区，最小是西部地区。但它们之间的地区异质性差异不是很明显，其对中西部地区农村减贫的边际贡献比东部地区大得多。

3. 文献评述

数字普惠金融将各类新兴数字技术作为支撑，由此实现对传统金融业务的优化与升级，或者实现对传统金融产品与服务形式的创新，进而形成数字普惠金融发展的新形式。数字普惠金融被视为一项重要的国家战略，由于其具有降低服务成本、拓宽服务范围、提高服务质效的众多益处，可以减少收入不平等、提高金融包容性与社会福利水平。

在中国，发展数字普惠金融能有效缓解金融排斥、金融门槛问题，真正将金融服务的"最后一公里"落实到位，强力助推城乡融合发展。聚焦最新研究，大部分学者认为数字普惠金融会缩小城乡收入差距，部分学者提出数字普惠金融对城乡收入差距的影响在不同维度与不同群体中有所差异，也有学者认为虽然数字普惠金融有着积极作用，但具有门槛效应且在不同区域有空间溢出效应。学界研究大多以省级数据为样本，本书为更好地探究二者间的关系，拟选用县域数据进行实证分析。

三、数字普惠金融影响城乡收入差距的机制分析

（一）影响机制

本书通过对相关理论进行梳理，得出图 3－6 影响机制图。数字普惠金融对缩小城乡收入差距的影响机制可划分为直接影响机制与间接影响机制。直接影响机制包括：降低金融门槛以缩小城乡收入差距，解决金融排斥以缩小城乡收入差距。间接影响机制包括：缓解非均衡发展以缩小城乡收入差距，强化涓滴效应以缩小城

① 刘丹，方锐，汤颖梅．数字普惠金融发展对农民非农收入的空间溢出效应[J]．金融经济学研究，2019，34(3)：57－66．

乡收入差距。数字普惠金融通过直接和间接两种影响机制作用于城乡收入差距，以实现缩小城乡收入差距的最终目的。

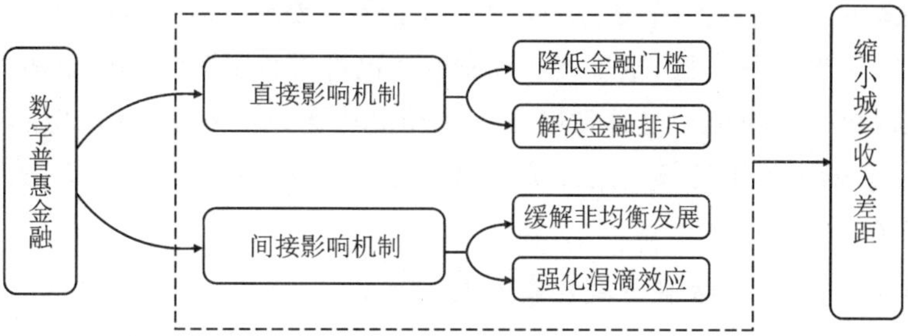

图 3-6　影响机制图

1. 直接影响机制

金融发展直接影响城乡收入差距，这一机制主要是以直接给居民，特别是提供给低收入阶层金融支持的方式，使经济不发达地区的低收入阶层可以平等享有金融服务和金融产品。直接影响机制重点在于提升欠发达地区的金融机构和金融服务的可及性，其通过将数字技术与普惠金融相结合，有效降低金融门槛、缓解金融排斥，达到缩小城乡收入差距的目标。

1）降低金融门槛以缩小城乡收入差距

金融门槛效应指的是，传统金融将资源优势集中于部分发达地区，以此凸显经济效益。也就是说，只有部分发达地区（城市地区）的高收入阶层（城市居民）才能享受到金融发展成果，而欠发达地区（农村地区）以及低收入阶层（农村居民）如果想要享有金融服务和金融产品就必须付出额外的成本。显而易见，高收入群体资本雄厚，有财力支付相应的成本进而跨越金融门槛，可利用金融服务和金融产品在金融市场中实现自身财富的持续增长。相对而言，农村居民资产薄弱、经济实力低，且几乎没有可供抵押的资产，抗风险能力弱，贷款风险大，再加上欠发达地区具有基础设施差、金融机构建设及运营成本较高等诸多劣势，因此他们无法跨越金融门槛。出于传统金融追求利益最大化的天性，金融机构会对农村居民设置获取金融服务和产品的门槛，降低其通过金融市场实现持续增收的可能性，城乡收入差距因此不断扩大。普惠金融的出现在一定程度上缩小了城乡收入差距，但金融机构成本高、金融服务不均等问题并未得到根本解决，因此不能有效地降低金融门槛，不能实现农村居民公平享有金融服务和金融产品的目标，也就不能在根本上缩小城乡收入差距。

经济迅速发展使数字技术得以成熟应用。借助新兴数字技术，普惠金融解决了金融机构成本高、金融服务不均等问题。数字普惠金融使金融服务的覆盖面更为广泛和深入，金融产品可得性也因此大幅提升。借助互联网数字平台，一方面，金融机构降低了服务运维等成本，同时提高了运营效率。另一方面，数字普惠金融大大降低了金融服务门槛，城市居民和农村居民都可以平等地享受金融发展成果。欠发达地区农村居民能通过移动网络等途径更快速、更便利地获取金融服务和金融产品，从金融市场中持续创造经济价值，不断提高收入水平，从而有效缩小了城乡收入差距。

2)解决金融排斥以缩小城乡收入差距

传统金融具有明显的资本逐利和风险规避的特征，趋向于为少数的高收入群体提供金融服务和金融产品，而排斥农村居民。城乡二元经济结构的不平衡性也逐步导致了愈加严重的金融排斥现象，金融在欠发达地区（农村地区）发展落后迟缓。这种金融排斥主要表现在地理排斥、评估排斥和产品排斥三个方面。首先，从地理排斥来讲，相较于城市发达地区完善的金融基础设施，农村落后地区的金融机构和服务网点数量明显较少，很难满足农村居民的金融需求。同时，在农村地区建设金融机构和服务网点的成本更高但盈利更低，因此农村地区的金融排斥现象明显。其次，从评估排斥来讲，城市高收入群体的资本雄厚且收入来源稳定，金融机构向其贷款的风险小。而农村居民资金积累少，大部分通过农业种植方式实现营收，这种方式受自然条件制约明显，收入不稳定。同时农民信用体系不健全，金融机构收回贷款风险较大。城乡对比，金融机构更愿意选择让城市高收入群体贷款，而对农村居民形成评估排斥，贷款条件更严格，甚至拒绝为其提供贷款。最后，从产品排斥来讲，由于城乡之间经济水平差异较大、金融机构偏好明显等原因，城市金融机构和网点提供的金融服务和金融产品更加丰富，农村金融机构和网点提供的金融服务和金融产品则单一同质。因此，城乡之间享受到的金融服务和金融产品有很明显的区别，这导致城乡增收的程度也存在明显差别，城乡收入差距会进一步拉大。

数字技术与普惠金融的结合将有效解决传统金融发展过程中的这一排斥效应。数字普惠金融使金融服务覆盖面持续扩大，金融产品可及性显著提升，有效解决了传统金融的地理排斥问题，农村居民可以突破传统金融机构和服务网点的区域限制。移动网络让农村地区的金融环境得以改善，农村居民可以随时随地享用金融服务和金融产品。借助大数据、云计算等数字技术，信息不对称带来的风险问题可以轻松获得解决。针对农村居民的贷款评估，金融机构也能快速获取更为全面、精确的数据。农村信用体系逐渐变得完善，这在很大程度上控制了金融机构的风险，传统金融的评估排斥问题得以解决。金融产品随着数字技术的不断革新而变得更为多元、丰富，从而可以满足不同区域不同阶层的金融需求，城乡居民均可以享用，传统金融的产品排斥问题得到解决。综上，数字普惠金融扩大了相关机构的覆盖范围，降低了其整体成本，提升了金融机构的盈利空间，在很大程度上解决了传统金融的排斥效应，使农村居民能够可负担地享用金融服务和金融产品，这对缩小城乡收入差距有着积极作用。

2. 间接影响机制

金融发展间接影响城乡收入差距，这一机制主要通过经济增长这一中介来实现。金融发达程度与经济发展水平紧密相关，金融发展可以有力拉动经济，改善农村居民的增收环境，进而缩小城乡收入差距。数字普惠金融利用新兴数字技术，实现资源合理配置、产业结构优化升级，激发经济活力，促进经济增长，使得经济发展成果惠及全社会的各个阶层，有效缓解了金融的非均衡发展问题并增强了涓滴效应，从而缩小了城乡收入差距。

1)缓解非均衡发展以缩小城乡收入差距

金融发展的非均衡效应是指由于地理环境、发展条件、政策历史等一系列原因，金融发展在区域上呈现出非均衡的特点，再加上资本的逐利性与资源的有限性，这一效应逐渐凸显。这使区域收入差距悬殊的问题更为严重，而城乡收入悬殊就是金融非均衡发展效应的主要体现之一。金融发展在城乡间的不均衡主要表现在以下两个方面：一方面，传统金融对发达的城市地区有更为明显的偏好，城市因此拥有了大量的资本流入，有条件实现经济的快速发展，城市居民收入水平得到大幅提高。另一方面，由于欠发达的农村地区金融基础设施薄弱，金融机构和服务网点建设及运营成本高，征信系统欠缺，在农村地区开展金融业务明显存在成本高、风险高且收益低的弊端。因此，传统金融机构出于利益最大化和风险最小化的需要，一般会拒绝在欠发达的农村地区开展金融业务，农村居民也就无法享有金融服务和金融产品。城市居民金融服务的高度集中促进了城市经济的快速发展，农村地区金融服务的严重缺失导致了农村经济发展的滞后，这种经济的二元化使得城乡居民收入差距逐渐形成。

随着大数据、云计算、人工智能、区块链等新兴数字化技术的大规模普及和深化应用，数字普惠金融能有效弥补传统金融受制于时间、空间这一缺陷。借助数字化手段，线上网络办理金融服务打破了时间限制。此外，数字普惠金融在空间上明显拓展了金融服务的覆盖广度，极大提升了金融产品的可触达程度。在实施数字普惠金融的过程中，金融机构可以最大限度地降低运营成本，金融资源配置的城乡差距得以缩小，金融服务和金融产品也能实现城乡均等化。与此同时，农村居民可以随时随地享受金融服务，他们对金融产品多样化的需求得到满足，传统金融歧视也逐渐消弭。数字普惠金融的出现有效解决了传统金融的失衡问题，在促进城乡发展一体化的同时，缩小了城乡居民收入差距。

2)强化涓滴效应以缩小城乡收入差距

涓滴效应作为数字普惠金融作用于城乡收入差距的一种间接影响机制，主要通过经济增长和产业发展发挥作用。其一方面能实现社会财富总量增加，另一方面能够给居民，尤其是农村居民提供更多的就业岗位和机会，从而有效改善了农村居民的增收环境，缩小了城乡收入差距。

首先，伴随着金融市场的不断发展完善，高收入群体的资本逐步积累，越来越多的资金会流入金融市场以满足融资需求。与此同时，数字化的深入发展提高了流动资本的利用效率，降低了流通成本。农村居民就有获取可贷资金以实现增收的良机，这会缩小城乡收入差距。其次，通过涓滴效应先实现富裕的群体，他们的闲置资金增加了，用于投资的需求也增加了，这在一定程度上促进了产业发展和经济增长，产生了更多的就业岗位，同时也能使农村居民获益。农村居民将会有更多的就业选择，其收入水平也会得到相应提高。最后，随着经济的稳定增长，基础设施存量的进一步扩大，涓滴效应会惠及更广大的人群，尤其会惠及农村居民，这有利于缩小城乡收入差距，实现共同富裕。

(二)研究假设

假设1:陕西省数字普惠金融对缩小城乡收入差距有着显著的正向作用，但也存在着明显的地域差异。

金融发展水平因地域环境、发展条件、政策历史等诸多因素而呈现非均衡的特点。同时，金融资源的有限性和地区数字技术发展水平的差异性会加剧金融发展的不平衡。这一失衡效应在城市二元结构的背景下，显得更为突出。一方面，金融机构对明显发达的城市地区更为青睐，因此大量的金融资本流入城市，使得城市获取了经济优先发展权，城市居民的收入也因此大幅提高。另一方面，农村地区经济发展落后，金融基础设施薄弱，新建服务网点等各项成本高昂，且预期收益低。因此，传统金融机构一般会拒绝在农村地区开展金融活动和金融业务，这就拉大了城乡之间的收入差距。与此同时，城乡间金融发展失衡问题将对农村地区的后续经济发展造成不利影响，并且将越发拉大城乡之间的收入差距。

假设2:陕西省发展数字普惠金融将对缩小城乡收入差距具有显著的正向作用，但存在较为明显的门槛效应。

门槛效应是指金融机构为了节约成本而设定的用户必须达到的财富或资产金额的限制条件。这种弊端的本质其实是金融市场的逐利性，只有城市高收入阶层才能负担得起享有金融服务和金融产品的成本，并能通过金融活动和金融业务实现自身财富或资产的保值和增值。相比而言,农村的低收入阶层因自身资产金额较少、经济实力较差、金融信誉较低,很难跨越金融门槛,很难享有金融服务和金融支持,也就很难实现自身收入的增长。然而,随着新兴数字技术的迅猛发展和成熟应用,数字普惠金融凭借低成本、广覆盖、高便捷的巨大优势,大大降低了传统金融的服务门槛,有效解决了金融排斥难题,使农村居民能获取便捷、优质的金融服务和金融产品,使其能在金融市场中实现自身收入的增长,从而缩小城乡收入差距。

四、陕西省数字普惠金融与城乡收入差距的现状分析

(一)主要指标

1. 普惠金融

2016 年,《推进普惠金融发展规划(2016—2020 年)》(以下简称《规划》)由国务院颁布,其对"普惠金融"给出了明确的定义。普惠金融是指立足机会平等要求和商业可持续原则,以可负担的成本为有金融服务需求的社会各阶层和群体提供恰当、有效的金融服务。《规划》还提出了小微企业、农民、城镇低收入人群、贫困人群和残疾人、老年人等特殊群体是当前我国普惠金融重点服务对象。强力推进普惠金融的健康发展,一方面普惠金融可以促进金融行业的均衡化、持续化发展,另一方面,它也能够助力大众创业、万众创新,助推经济结构优化升级,从而维护社会公平、和谐和稳定。

2. 数字普惠金融

"数字普惠金融"这一概念提出的时间较短,目前仍处于不断发展之中,因而并没有统一的定义。本书采用了学界认可的 GPFI 白皮书的概念,"数字普惠金融"指的是利用数字化促进普惠金融的活动。例如,运用数字技术为无法获取金融产品或者缺乏金融服务的群体提供一系列正规金融业务等。数字普惠金融以广覆盖、多种类、低成本、高便利的优势,提供更为优质的金融产品和更为便捷的金融服务,能最大限度地解决农村等贫困偏远地区存在的金融排斥与金融门槛等问题,对增加农村居民的收入、改善其生活状况有非常重要的作用。

(二)陕西省数字普惠金融发展现状

近年来,新兴数字技术发展迅速,数字普惠金融由横向扩大服务面逐步转向纵向加大深度。在数字普惠金融的发展进程中,新兴数字技术通过互联网络高

度弥补了传统金融存在的覆盖面窄、金融产品触达率低等方面的缺陷，大大提高了金融服务的运维效率和使用质量。与此同时，结合信息安全等技术，也最大限度地降低了可能存在的信贷、转账等金融风险。

郭峰等学者在国际组织和现有文献中提及的传统普惠金融指标的基础上，结合数字金融服务下的新业态、新特征以及数据的可得性、可靠性，从数字金融的覆盖广度、数字金融的使用深度以及数字普惠金融的数字化程度等 3 个一级维度，构建起了完备的数字普惠金融指标体系，包括上述 3 个一级维度、11 个二级维度以及 33 个具体指标[①]。如图 3－7 所示，数字普惠金融指数的覆盖广度指数通过账户覆盖率来表征，数字普惠金融指数的使用深度指数通过支付使用指数、货基（货币基金）使用指数、信贷使用指数、保险使用指数、投资使用指数和信用使用指数来共同表征，数字普惠金融指数的数字化程度指数则通过移动化指数、实惠化指数、信用化指数和便利化指数来共同表征。

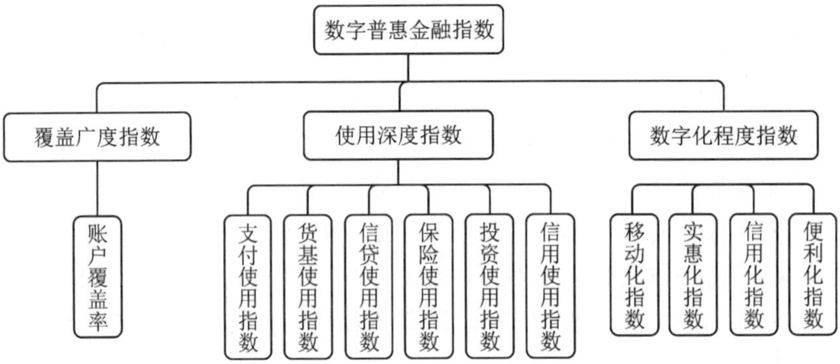

图 3－7　数字普惠金融指数分类图

本书通过选取陕西省 79 个县（市、区）2016—2020 年的数字普惠金融指数来衡量其数字金融发展现状。如表 3－1 和图 3－8 所示，陕西省数字普惠金融指数由 2016 年的 229.37 增长至 2020 年的 342.04，增长率为 49.12％，各县均值由 2016 年的 86.35增长至 2020 年的 110.00，各县均值增长率为 27.38％，各县中位数由 2016 年86.35 增长至 2020 年的 109.75，增长率约为 27.10％。

① 郭峰，王靖一，王芳，等．测度中国数字普惠金融发展：指数编制与空间特征[J]．经济学（季刊），2020，19(4)：1401－1418.

表 3-1 陕西省及其 79 个县(市、区)2016—2020 年数字普惠金融指数

地区	指数					增长率/%
	2016 年	2017 年	2018 年	2019 年	2020 年	
陕西省	229.37	266.85	295.95	322.89	342.04	49.12
蓝田县	83.07	97.20	97.14	107.40	110.67	33.23
周至县	86.60	98.38	100.12	106.97	111.43	28.67
鄠邑区①	89.77	103.14	106.59	115.29	117.49	30.87
宜君县	86.32	97.88	97.45	105.97	106.50	23.38
凤翔县	83.51	97.51	98.50	106.75	109.40	31.01
岐山县	86.07	99.63	101.93	110.50	112.86	31.13
扶风县	84.31	96.83	97.21	103.55	106.75	26.62
眉县	87.89	100.22	101.55	109.92	111.79	27.20
陇县	85.85	95.69	95.71	102.63	105.88	23.33
千阳县	82.28	96.79	97.73	105.48	109.12	32.62
麟游县	85.53	97.54	98.78	106.22	111.17	29.98
凤县	87.30	100.68	101.30	107.53	112.31	28.65
太白县	84.94	101.18	102.64	109.83	115.90	36.45
三原县	90.47	100.54	100.16	108.76	111.31	23.03
泾阳县	87.32	100.30	101.05	110.16	113.43	29.89
乾县	82.57	94.46	95.31	102.02	106.20	28.62
礼泉县	86.13	98.22	98.30	105.05	108.77	26.28
永寿县	83.34	95.92	94.01	101.98	106.22	27.46
彬州市②	89.39	99.16	96.89	107.12	111.63	24.89
长武县	90.45	100.43	99.69	105.98	109.83	21.43
旬邑县	85.53	97.99	94.67	103.13	106.09	24.05
淳化县	83.97	97.91	95.95	101.33	104.57	24.53
武功县	86.49	99.71	100.96	108.61	111.33	28.71
华县	88.10	100.01	100.77	106.59	108.74	23.42
潼关县	91.88	102.01	102.45	110.67	113.40	23.41
大荔县	85.84	98.19	98.66	106.96	110.57	28.81
合阳县	85.15	97.52	98.15	106.71	109.75	28.89
澄城县	86.80	98.78	98.13	107.60	111.25	28.17
蒲城县	86.51	99.13	99.26	107.84	111.35	28.71
白水县	85.89	97.90	97.13	106.34	109.09	27.02

① 2017 年前曾用名户县,2017 年改为鄠邑区。

② 2018 年前曾用名彬县,2018 年改为彬州市。

续表

地区	指数					增长率/%
	2016 年	2017 年	2018 年	2019 年	2020 年	
富平县	85.09	97.59	97.33	105.59	108.60	27.62
延长县	84.31	96.75	95.86	104.33	108.18	28.30
延川县	82.09	99.14	98.28	104.47	108.92	32.67
子长市①	88.59	99.80	98.96	106.58	109.27	23.35
安塞区②	84.05	98.42	93.82	100.50	104.00	23.73
志丹县	86.36	100.88	98.88	105.32	108.03	25.09
吴起县	87.87	98.79	97.79	105.42	109.85	25.02
甘泉县	83.74	98.88	98.85	106.37	108.75	29.86
富县	86.36	102.75	102.98	110.66	112.31	30.04
洛川县	91.49	101.69	100.89	109.81	111.02	21.34
宜川县	89.73	99.73	98.05	107.60	111.40	24.15
黄龙县	91.51	102.47	103.38	110.21	114.08	24.66
黄陵县	91.65	104.26	105.12	112.15	114.64	25.07
南郑区③	88.07	101.93	104.32	113.36	115.71	31.38
城固县	88.76	101.83	103.23	111.30	114.48	28.97
洋县	86.46	98.70	98.43	105.62	108.23	25.17
西乡县	86.37	99.94	99.88	106.96	110.42	27.84
勉县	87.81	100.10	101.80	110.28	113.30	29.03
宁强县	86.31	97.70	95.31	103.49	107.71	24.79
略阳县	88.61	100.44	100.02	106.27	109.32	23.38
镇巴县	85.10	96.71	95.78	102.72	105.95	24.50
留坝县	89.82	102.25	101.77	107.82	110.18	22.67
佛坪县	92.04	104.37	104.88	111.59	115.96	25.99
神木市④	91.80	104.81	105.51	114.14	118.55	29.13
府谷县	91.04	103.08	103.76	110.92	114.15	25.39
横山区⑤	84.93	98.95	101.58	103.65	107.72	26.84
靖边县	87.34	101.14	96.88	106.59	110.53	26.55
定边县	89.02	101.41	99.09	107.90	112.14	25.97
绥德县	86.29	96.91	95.31	104.47	109.01	26.33
米脂县	88.66	98.52	97.73	105.46	107.75	21.53

① 2019 年前曾用名子长县,2019 年改为子长市。
② 2016 年前曾用名安塞县,2016 年改为安塞区。
③ 2017 年前曾用名南郑县,2017 年改为南郑区。
④ 2017 年前曾用名神木县,2017 年改为神木市。
⑤ 2016 年前曾用名横山县,2016 年改为横山区。

续表

地区	指数					增长率/%
	2016 年	2017 年	2018 年	2019 年	2020 年	
佳县	83.42	94.29	91.40	99.98	104.52	25.29
吴堡县	86.35	95.96	94.09	104.64	108.88	26.09
清涧县	82.35	97.22	96.52	103.12	108.56	31.84
子洲县	79.16	93.81	90.13	99.53	103.92	31.28
汉阴县	88.64	102.03	103.06	110.73	112.64	27.07
石泉县	86.75	101.39	101.18	109.88	113.13	30.41
宁陕县	85.89	99.51	101.66	107.48	109.97	28.04
紫阳县	85.98	100.01	97.75	105.56	108.20	25.85
岚皋县	82.79	99.08	98.64	105.50	107.56	29.92
平利县	86.61	101.03	102.31	108.04	110.55	27.65
镇坪县	87.93	102.28	101.36	107.68	109.20	24.19
旬阳县	84.81	97.28	96.30	104.25	107.58	26.85
白河县	88.74	100.55	98.91	106.32	110.47	24.49
洛南县	83.43	96.42	94.72	103.75	106.51	27.66
丹凤县	78.79	95.47	96.41	104.05	107.98	37.04
商南县	85.84	98.89	98.52	106.82	110.86	29.15
山阳县	81.84	95.81	96.36	103.84	106.97	30.70
镇安县	81.48	98.02	97.62	104.11	107.77	32.25
柞水县	80.52	100.75	100.34	107.26	109.69	36.21
各县均值	86.35	99.25	99.00	106.70	110.00	27.38
各县中位数	86.35	99.13	98.66	106.59	109.75	27.10

数据来源:《北京大学数字普惠金融指数(2011—2020)》。

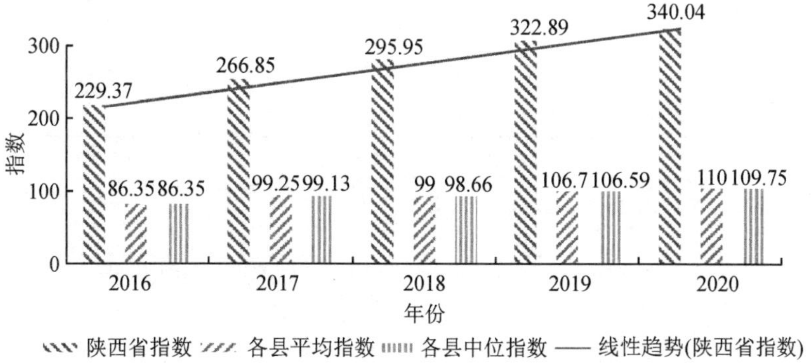

图 3-8　陕西省及各县(市、区)2016—2020 年数字普惠金融发展趋势图

数据来源:《北京大学数字普惠金融指数(2011—2020)》。

由图 3-9(a)(b)(c)可见,2016—2020 年,陕西省 78 个县[①](市、区)数字普惠金融指数整体呈现明显的上升趋势,数字普惠金融指数整体由 2016 年的 80 至 100 区间段,上升到 2020 年的 100 至 120 区间段,表明陕西省数字普惠金融发展较快。

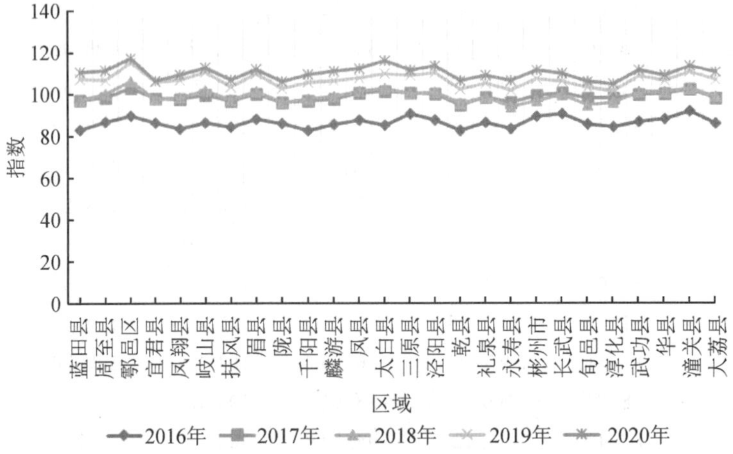

(a)

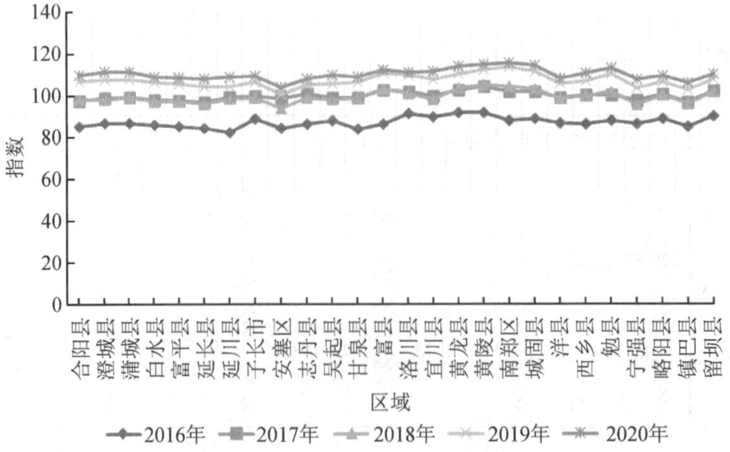

(b)

① 统计 79 个县,实际绘图只有 78 个县,有一个县的数据需核实,总体仍可反映陕西数字普惠金融发展情况。

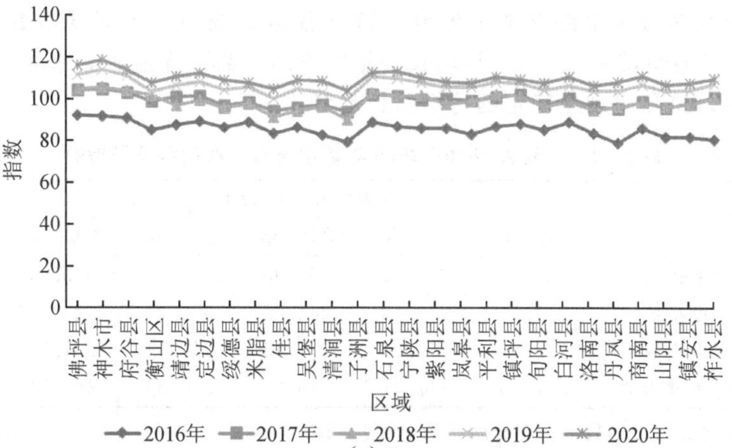

(c)

图 3－9　陕西省 78 个县(市、区)2016—2020 年数字普惠金融指数折线图

数据来源:《北京大学数字普惠金融指数(2011—2020)》。

显而易见,陕西省 78 个县(市、区)数字普惠金融发展水平也体现出一定的差异性。从表 3－1 数据可得,2016—2020 年,陕西省各县数字普惠金融指数的极差分别为:13.25、11.00、16.46、15.76 和 14.62。也就是说,2018 年陕西省各县数字普惠金融发展水平差异最大,在此之后这一差距呈现出逐年缩小的趋势。从发展水平来看,2020 年陕西省数字普惠金融指数最高的是神木市,为 118.55,指数最低的是子洲县,为 103.92。

根据赛迪顾问整理的相关县域数据,2021 年,神木市以 GDP 1848.2 亿元位列中国 43 个"千亿县"第 9 位,神木市较高的经济发展水平以及居民生活水平决定了其发展数字普惠金融的起点较高。多年来,子洲县一直是典型的贫困县,直到 2020 年实现脱贫摘帽,其经济发展基础薄弱,传统金融发展水平落后,意味着当地发展数字普惠金融的先天条件很差。从发展速度来看,2016—2020 年,数字普惠金融指数增长率最高的是丹凤县,指数增长率最低的是洛川县。近年来,丹凤县通过大力推进数字乡村建设,促进乡村振兴,使经济发展速度变快,居民生活水平因此提高,居民享受金融服务的途径更加多元。

从陕西省数字普惠金融的各个子指数的发展情况来看,如表 3－2 所示,2016—2020 年,增速最快的是数字普惠金融的使用深度指数,增长率为 63.52%,其次是数字普惠金融的覆盖广度指数,增长率为 56.05%,再次是数字普惠金融的数字化程度指数,增长率为 19.11%。就各数据而言,数字金融的使用深度开始成为促进数字普惠金融指数增长的重要动力源。我们将不同年度数据进行对比发现,数字普惠金融的各个子指数间发展程度也不完全相同。由图 3－10 可见,2016—2020 年,陕西省普惠金融的数字化程度指数整体发展水平最高,最高值为 402.11,原因是陕西省互联网络和移动终端的普及大大降低了数字金融服务的成本，移动支付等数字金融服务更便利。数字普惠金融的使用深度指数在2016—2017年增长最快，2017—2018年增长的幅度下降。数字普惠金融的覆盖广度指数在2016—2020年呈现出稳定的持续增长趋势。

表3-2 陕西省2016—2020年数字普惠金融指数及子指数

指数	指数及子指数值					增长率/%
	2016年	2017年	2018年	2019年	2020年	
数字普惠金融指数	229.37	266.85	295.95	322.89	342.04	49.12
覆盖广度指数	211.17	246.48	281.05	308.21	329.53	56.05
使用深度指数	202.87	276.00	277.15	309.14	331.73	63.52
数字化程度指数	337.60	317.47	379.31	396.36	402.11	19.11

数据来源：《北京大学数字普惠金融指数(2011—2020)》。

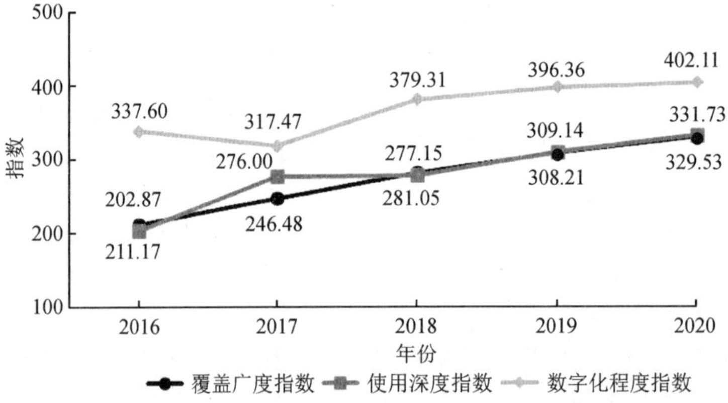

图3-10 陕西省2016—2020年数字普惠金融各子指数发展趋势图

数据来源：《北京大学数字普惠金融指数(2011—2020)》。

(三)陕西省城乡收入差距现状

本书通过选取陕西省79个县(市、区)2016—2020年城乡收入比来表征其县域层面差距。表3-3反映了陕西省及其79个县2016—2020年城乡居民人均可支配收入比。

表3-3 陕西省及其79个县(市、区)2016—2020年城乡居民人均可支配收入比

地区	2016年	2017年	2018年	2019年	2020年
陕西省	3.03	3.00	2.97	2.93	2.84
蓝田县	2.18	1.66	1.65	1.62	1.57
周至县	2.20	1.75	1.73	1.71	1.65
鄠邑区	1.91	1.90	1.85	1.82	1.76
宜君县	2.90	2.89	3.59	3.53	3.42
凤翔县	2.82	2.82	2.59	2.55	2.48

续表

地区	2016 年	2017 年	2018 年	2019 年	2020 年
岐山县	2.77	2.76	2.51	2.48	2.41
扶风县	3.12	3.09	2.53	2.51	2.44
眉县	3.12	3.11	2.57	2.54	2.47
陇县	3.17	3.15	2.48	2.46	2.39
千阳县	3.31	3.27	2.60	2.57	2.50
麟游县	3.31	3.30	2.73	2.70	2.61
凤县	2.96	2.94	2.67	2.65	2.57
太白县	3.20	3.20	2.62	2.59	2.52
三原县	2.91	2.88	2.86	2.83	2.75
泾阳县	2.90	2.88	2.03	1.97	2.43
乾县	2.75	2.73	2.96	2.93	2.86
礼泉县	2.73	2.71	2.83	2.80	2.72
永寿县	3.03	2.99	3.20	3.15	3.04
彬州市	2.92	2.89	2.86	2.85	2.76
长武县	3.03	3.03	3.17	3.16	3.07
旬邑县	2.87	2.87	3.11	3.10	2.99
淳化县	2.92	2.88	3.17	3.11	3.00
武功县	2.70	2.68	2.98	2.95	2.87
华县	2.97	2.97	2.78	2.75	2.69
潼关县	2.83	2.80	2.62	2.58	2.51
大荔县	2.59	2.58	2.35	2.32	2.26
合阳县	3.07	3.03	2.80	2.75	2.67
澄城县	3.27	3.24	2.78	2.74	2.66
蒲城县	2.97	2.95	2.10	2.59	2.52
白水县	2.85	2.83	2.96	2.73	2.67
富平县	3.00	2.97	2.91	2.47	2.41
延长县	3.13	3.22	3.20	3.14	3.04
延川县	3.10	3.12	3.09	3.03	2.92
子长市	3.16	3.28	3.24	3.18	3.08
安塞区	2.83	2.93	2.90	2.85	2.75
志丹县	2.96	3.09	3.05	3.00	2.88
吴起县	2.91	3.11	3.07	3.02	2.93
甘泉县	2.81	3.00	2.98	2.93	2.82
富县	2.57	2.73	2.69	2.64	2.57
洛川县	2.56	2.73	2.69	2.64	2.55
宜川县	2.82	3.02	3.00	2.97	2.87

续表

地区	2016 年	2017 年	2018 年	2019 年	2020 年
黄龙县	2.77	2.89	2.87	2.80	2.71
黄陵县	2.62	2.77	2.73	2.70	2.62
南郑区	2.88	3.01	3.00	2.96	2.89
城固县	2.86	2.98	2.96	2.90	2.82
洋县	2.86	3.04	3.00	2.94	2.87
西乡县	2.89	3.02	3.00	2.95	2.86
勉县	2.88	3.03	3.00	2.94	2.87
宁强县	2.93	3.01	2.99	2.94	2.88
略阳县	2.90	3.02	3.01	2.96	2.88
镇巴县	2.90	3.05	3.02	2.95	2.86
留坝县	2.88	3.04	3.00	2.96	2.88
佛坪县	2.87	3.00	2.99	2.94	2.87
神木市	2.36	2.37	2.35	2.32	2.26
府谷县	2.61	2.40	2.38	2.35	2.30
横山区	2.66	2.44	2.42	2.39	2.32
靖边县	2.65	2.32	2.30	2.27	2.21
定边县	2.62	2.12	2.10	2.07	2.01
绥德县	2.99	2.71	2.68	2.65	2.61
米脂县	2.78	2.55	2.53	2.50	2.45
佳县	2.89	2.66	2.64	2.61	2.55
吴堡县	2.89	2.69	2.66	2.63	2.57
清涧县	2.85	2.66	2.65	2.61	2.55
子洲县	2.85	2.62	2.59	2.56	2.49
汉阴县	2.97	2.96	2.61	2.55	2.47
石泉县	2.95	2.95	2.60	2.54	2.45
宁陕县	3.07	3.03	2.63	2.58	2.51
紫阳县	2.90	2.86	2.66	2.61	2.53
岚皋县	3.11	3.10	2.63	2.57	2.51
平利县	2.90	2.90	2.51	2.46	2.39
镇坪县	3.04	3.03	2.59	2.55	2.49
旬阳县	3.00	2.97	2.55	2.51	2.43
白河县	3.03	3.03	2.64	2.59	2.52
洛南县	3.04	3.01	2.66	2.63	2.56
丹凤县	3.07	3.05	2.36	2.33	2.26
商南县	2.99	2.97	2.89	2.84	2.75
山阳县	2.96	2.94	2.36	2.33	2.26

续表

地区	2016 年	2017 年	2018 年	2019 年	2020 年
镇安县	3.02	3.00	2.84	2.79	2.70
柞水县	3.04	3.01	2.79	2.76	2.67
各县均值	2.88	2.86	2.72	2.68	2.61

数据来源:陕西省及其各市县统计年鉴(2016—2020 年)。

由表 3-3 可知,在 2020 年陕西省各县域城乡居民人均可支配收入比中,比值最大的是宜君县,为 3.42,比值最小的是蓝田县,为 1.57。根据陕西省 79 个县(市、区)城乡居民人均可支配收入比测算出的样本年份期间的各县均值数据显示,2016—2020 年,各县城乡居民人均可支配收入比的平均值逐年降低,说明陕西省城乡收入差距呈现出逐渐缩小的趋势。但是,在 2020 年陕西省 79 个县(市、区)中,仍有 38 个县的城乡居民人均可支配收入比值高于平均值,这说明陕西省各县域在城乡收入差距方面仍存在较大的地区差异。

图 3-11 反映了 2016—2020 年陕西省城镇和农村居民人均可支配收入情况与城乡居民人均可支配收入比的变化趋势。

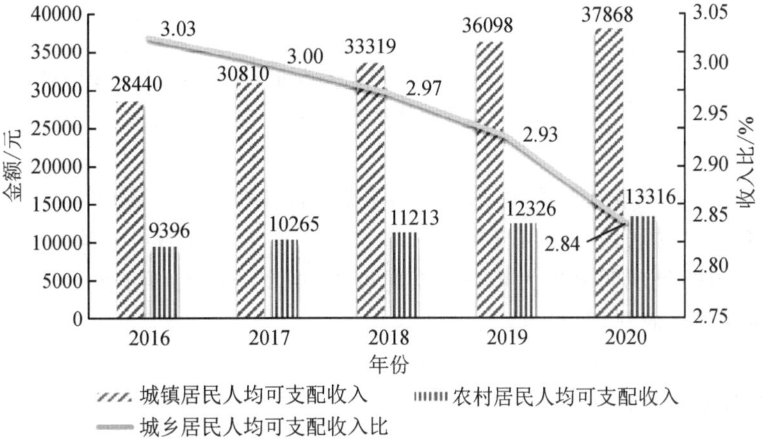

图 3-11 陕西省 2016—2020 年城乡居民人均可支配收入比变化趋势图

数据来源:陕西省及其各市县统计年鉴(2016—2020 年)。

图 3-11 更直观地表现出陕西省 2016—2020 年城乡居民人均可支配收入比的变化趋势。2016—2020 年,陕西省城乡收入差距呈现明显的逐年缩小态势,城乡居民人均可支配收入比值由 2016 年的 3.03 下降到 2020 年的 2.84。虽然陕西省城乡人均可支配收入比值逐年缩小,但其差额绝对值仍处于高位。由图 3-11 可见,陕西省城乡居民收入差距的绝对值由 2016 年的 19044 元增长到 2020 年的 24552 元,这表明陕西省城乡居民收入差距存在扩大态势。

图 3-12 反映了陕西省 2016—2020 年城乡居民人均可支配收入增长率变动趋势。根据折线图可知，2016—2020 年，陕西省农村居民人均可支配收入增长速度高于城镇居民人均可支配收入增长速度，且城乡居民人均可支配收入增长率差值逐年拉大。2020 年，农村居民人均可支配收入增长率为 8.03%，比城镇居民人均可支配收入增长率高出 3.13%。

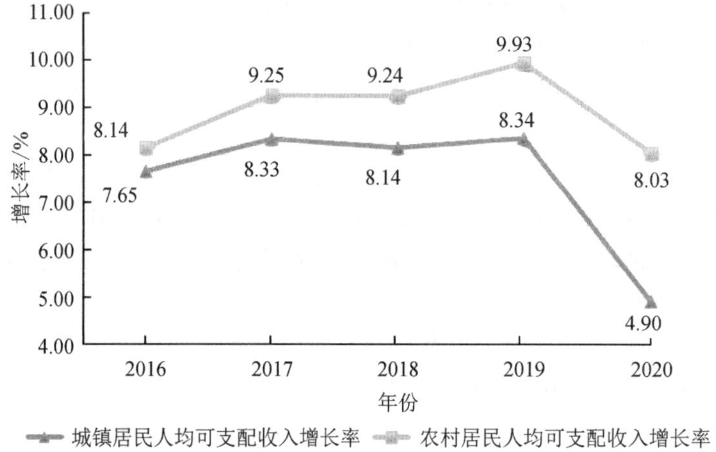

图 3-12 陕西省 2016—2020 年城乡居民人均可支配收入增长率变动趋势图

数据来源：《陕西统计年鉴》(2016—2020 年)。

如图 3-11、图 3-12 所示，在样本年份期间，陕西省城乡居民人均可支配收入比缩小，并且农村居民人均可支配收入增长率不低于城镇居民人均可支配收入增长率，增速差距呈现明显扩大趋势。据此可得，城乡居民人均可支配收入差距缩小的关键在于提高农村居民的收入水平。

表 3-4、表 3-5 和图 3-13、图 3-14 分别展示了 2016—2020 年陕西省城乡收入来源分类及占比。

表 3-4 陕西省 2016—2020 年城镇居民人均可支配收入来源分类及占比

年份	来源分类及占比							
	工资性收入/元	占比/%	经营性收入/元	占比/%	财产性收入/元	占比/%	转移性收入/元	占比/%
2016	16877	59.34	2014	7.08	2056	7.23	7493	26.35
2017	18105	58.80	2029	6.60	2156	7.00	8520	27.60
2018	19352	58.10	2582	7.70	2451	7.40	8934	26.80
2019	20983	58.20	2760	7.60	2644	7.30	9711	26.90
2020	21850	57.70	2836	7.49	2851	7.53	10330	27.28

数据来源：陕西统计年鉴(2016—2020 年)。

表 3-5　陕西省 2016—2020 年农村居民人均可支配收入来源分类及占比

年份	来源分类及占比							
	工资性收入/元	占比/%	经营性收入/元	占比/%	财产性收入/元	占比/%	转移性收入/元	占比/%
2016	3916	41.68	3058	32.55	159	1.69	2263	24.08
2017	4272	41.60	3242	31.60	185	1.80	2566	25.00
2018	4621	41.20	3508	31.30	197	1.80	2887	25.70
2019	5025	40.80	3792	30.80	214	1.70	3295	26.70
2020	5388	40.46	4150	31.17	229	1.71	3550	26.66

数据来源:《陕西统计年鉴》(2016—2020 年)。

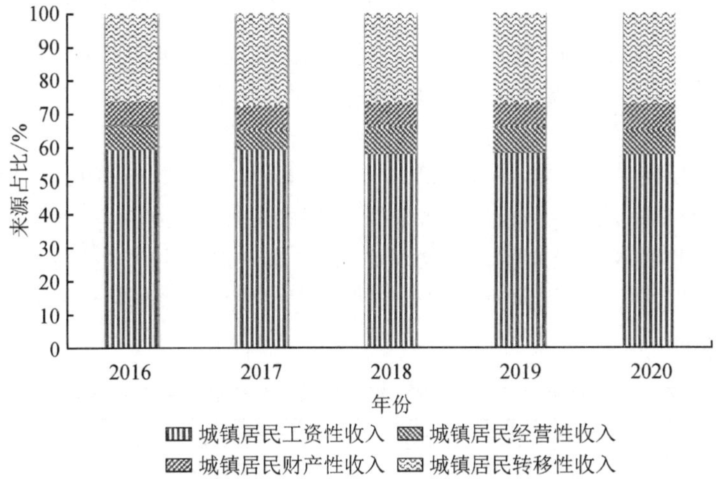

图 3-13　陕西省 2016—2020 年城镇居民收入来源占比

数据来源:《陕西统计年鉴》(2016—2020 年)。

据上述图表数据,2016—2020 年,工资性收入是陕西省城镇居民的主要收入来源,平均占比约 58.37%,转移性收入以平均占比约 26.99%居次。陕西省农村居民人均可支配收入来源为工资性收入、经营性收入、财产性收入和转移性收入,平均占比分别约为 41.15%、31.48%、1.74%和 25.63%,其中工资性收入占比呈现逐年下降趋势,经营性收入占比在 2016—2019 年也呈现逐年下降趋势,但 2020 年占比回升至 31.17%,转移性收入占比呈现逐年上升趋势。这其中财产性收入占比最低。

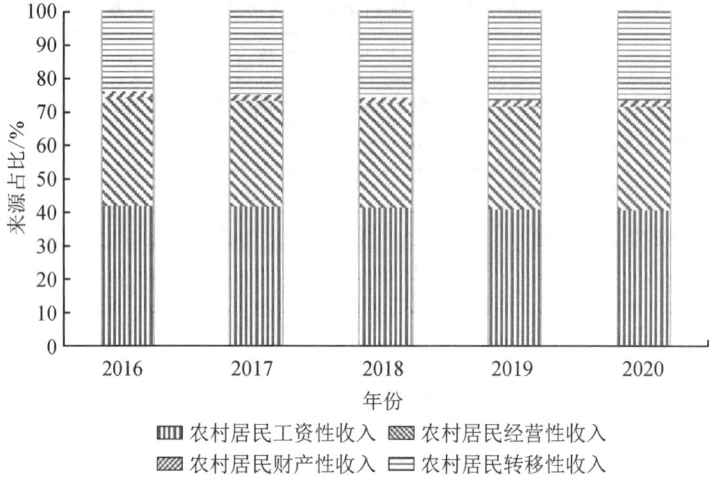

图 3-14 陕西省 2016—2020 年农村居民收入来源占比

数据来源:《陕西统计年鉴》(2016—2020 年)。

表 3-6 反映了陕西省 2016—2020 年城乡居民各类收入来源比值情况。根据表中数据测算的平均值可知,各收入来源比值降序排列分别为财产性收入比、工资性收入比、转移性收入比及经营性收入比,其中城乡居民财产性收入差距最大,城乡居民财产性收入比均值约为 12.37,工资性收入比和转移性收入比均值分别约为 4.2 和 3.1。

表 3-6 陕西省 2016—2020 年城乡居民各类收入来源比值情况

各类收入来源比	2016 年	2017 年	2018 年	2019 年	2020 年
工资性收入比	4.31	4.24	4.19	4.18	4.06
经营性收入比	0.66	0.63	0.74	0.73	0.68
财产性收入比	12.93	11.65	12.44	12.36	12.45
转移性收入比	3.31	3.32	3.09	2.95	2.91

数据来源:《陕西统计年鉴》(2016—2020 年)。

劳动者之间的收入差距逐渐扩大是客观的、必然的。按劳分配体现效率优先原则,效率要提高依靠劳动者的积极性,而积极性是取决于劳动者的经济利益能否实现以及实现的程度。因此,在社会主义市场经济条件下,一部分人先富是不以人们意志为转移的客观规律。刘易斯的二元经济结构理论,假设发展中国家仅有现代工业和传统农业两个经济部门,两个部门不平均地使用劳动力、资本和土地三种生产要素。除去流动的人口,工业部门有供应不断的资本,农业部门则只有土地,长期以来,工业部门就可以获得比农业部门更多的产出,导致收入差距逐步形成。中国城乡经济的发展一直存在明显的二元化特征，城乡建设不平衡。

（四）陕西省数字普惠金融与城乡收入差距的相关性分析

整体上陕西省数字普惠金融水平渐高，城乡收入差距逐渐缩小，说明在数字经济时代，城乡发展一体化进程在不断深入。下文将陕西省 78 个县（市、区）（比统计少 1 个县）2020 年数字普惠金融和城乡收入差距的数据进行对比，研究二者的相关性关系，如图 3－15(a)(b)(c)所示。

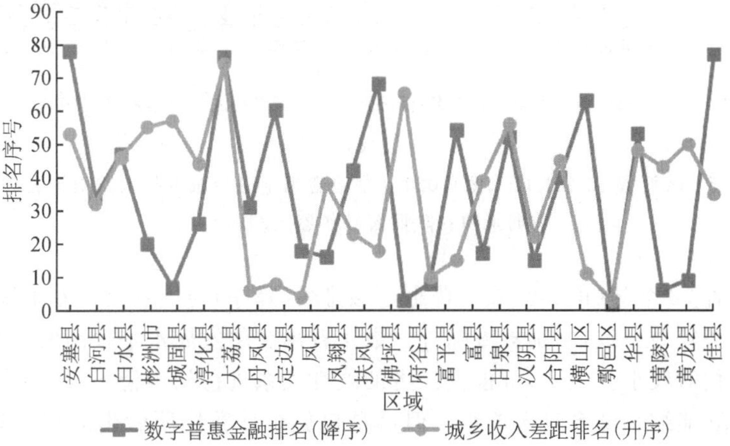

(a)

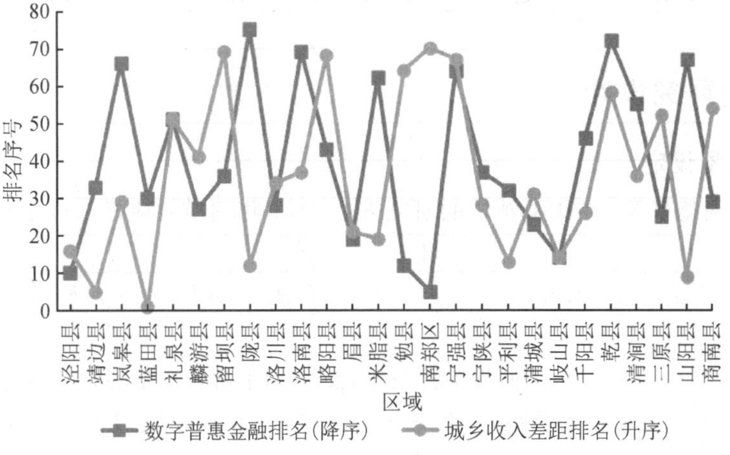

(b)

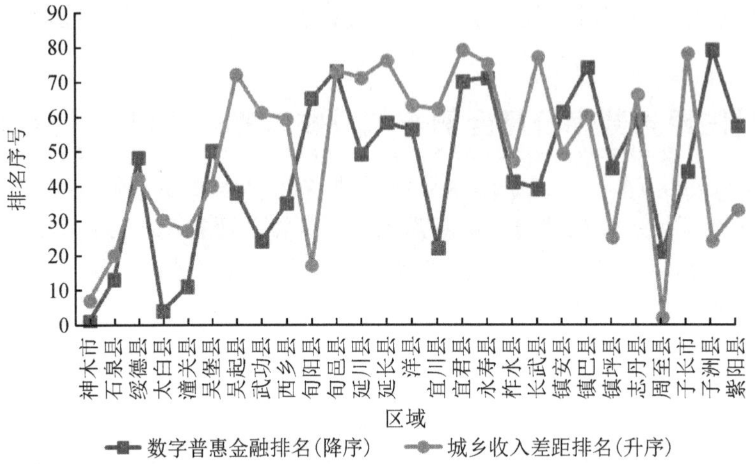

(c)

图 3-15 陕西省 78 个县(市、区)2020 年数字普惠金融与城乡收入差距排名对比情况

数据来源:《陕西统计年鉴》(2020 年)。

陕西省 78 个县(市、区)数字普惠金融排名(降序)与城乡收入差距排名(升序)的变动趋势较为一致,个别县域除外。数字普惠金融发展水平较高的县域,其城乡收入差距相对较小。因此,可根据二者的线性关系进行初步猜想:陕西省数字普惠金融的发展能缩小城乡收入差距。但这是仅凭统计数据所做出的初步猜想,后续需要通过模型变量精确证实二者之间的关系。

五、陕西省数字普惠金融对城乡收入差距影响的实证分析

(一)研究设计

1. 模型设定

借鉴熊德平等①在相关领域的研究方法,本书将门槛效应模型设定如下:

$$H_0: \beta_m = \beta'_m \tag{3-1}$$

$$IG_{it} = \alpha_0 + Controls_{it}\beta_i + l(P_{GDP} \leqslant \gamma)F_{it}\beta_m + I(P_{GDP} > \gamma)F_{it}\beta'_m + \mu_{it} \tag{3-2}$$

在公式(3-1)中,H_0 为假设前提条件,β_m 表示了解释变量的系数。在公式(3-2)中,IG_{it} 代表了城乡收入差距,α_0 代表了截距项,$Controls_{it}$ 代表了各个控制变量,β_i

① 熊德平,陈昱燃. 数字普惠金融发展对城乡收入差距的影响:基于非均衡效应与门槛效应的实证分析[J]. 长白学刊,2020(5):99-106.

代表了每个控制变量的系数。$l(P_{\text{GDP}} \leqslant \gamma)$、$I(P_{\text{GDP}} > \gamma)$ 则表示了当括号内的逻辑表达式成立时，所得值为 1，反之则所得值为 0。P_{GPD} 代表了人均 GDP，γ 代表了估计的门槛值，F_{it} 代表了数字普惠金融指数，μ_{it} 代表了误差项，i 代表了不同地区，t 代表了不同时期。

2. 指标选取

此次研究指标主要包括 2016—2010 年陕西省各县的 6 个变量(表 3-7)。每个变量包括 79 个样本量，共计 474 个样本量。

表 3-7　变量及指标度量方式

变量类型	符号	变量名称	度量方式
被解释变量	IG	城乡收入差距	城镇居民人均可支配收入/农村居民人均可支配收入
核心解释变量	FI	数字普惠金融水平	数字普惠金融指数
控制变量	P_{GDP}	经济发展水平	当地人均 GDP
	URBAN	城镇化率	城镇常住人口数/总人口数
	GOV	政府干预行为	地方政府财政支出/地区 GDP
	IS	产业结构	第二、三产业 GDP/地区 GDP

1)被解释变量

城乡收入差距是因变量，也称为被解释变量。采用收入比来表征城乡收入差距，是已经被大多数学者所认可和应用的一种方法。可支配收入是一种反映经济发展水平和居民生活水平的重要指标，通过比值数据，可以明确表明城乡生活状况的差别和城乡发展不平衡的程度。本书也将沿用这一方法来衡量陕西省的城乡收入差距。具体来讲，本书将对陕西省 79 个县域 2016—2020 年的城镇居民人均可支配收入与农村居民人均可支配收入进行比较，得出比值数据，以此反映陕西省各县域城乡收入差距的水平和程度。

2)核心解释变量

本书将数字普惠金融水平作为核心解释变量。对于反映陕西省数字普惠金融水平的数据选取，本书将直接采用北京大学郭峰等构建的数字普惠金融指标体系中的陕西省数字普惠金融指数来衡量。北京大学数字金融研究中心所给出的这一指标体系的构建是“普惠+数字化”，主要考虑广度、深度以及数字化程度。具体来讲，数字普惠金融的覆盖广度是通过账户覆盖率来表征，数字普惠金融的使用深度则通过支付、货基、信贷、保险、投资和信用使用指数等来共同表征，数字普惠金融的数字化程度则通过移动化、实惠化、信用化以及便利化指数来共同表征。这一指标数据可以很好地反映了陕西省 79 个县域数字普惠金融服务的效益和质量。

3)控制变量

参考目前学术界的众多学者在数字普惠金融影响城乡收入差距这一领域的实证研究方法,本书拟将同时选取经济发展水平、城镇化率、政府干预行为、产业结构作为本书研究过程中的4个控制变量。通过控制其他可能影响数字普惠金融对城乡收入差距作用效果的因素,来最大限度地降低数字普惠金融对城乡收入差距影响这一研究的分析误差。

经济发展水平是指一个国家或地区在一定时期内,其经济发展的规模、经济发展的速度以及经济发展所达到的水平。通常而言,国内生产总值是可以反映一个国家或者地区经济发展水平的常见指标。本书拟将使用人均GDP来衡量陕西省79个县域的经济发展水平。此外,根据“倒U型”的假说,居民的收入差距会伴随着经济发展水平的提高,呈现先扩大后缩小的态势。因此,将人均GDP纳为本研究的控制变量之一,可以有效验证陕西省数字普惠金融发展对于城乡收入差距的影响。

城镇化率指的是城镇人口在当地人口总数中所占的比例。城镇化率是衡量一个地区城市化进程的一个重要指标。就国内而言,城市化促进了城乡间经济往来,不过也导致了收入差距的存在和持续扩大。相较于农村地区的发展而言,城市通常有更高薪的就业机会、更集中的土地等资源,这使得城镇居民在经济增收方面有更大的优势。因此,在研究数字普惠金融对城乡收入差距影响这一问题的过程中,将城镇化率作为本研究的控制变量之一,可以更为精准地分析陕西省数字普惠金融对城乡收入差距的影响程度。

政府干预行为是指政府通过经济、行政、法律等各种政策手段对市场经济中的各种不利因素和不良行为进行干预,从而实现经济健康发展、社会和平稳定的目的。政府同样在数字普惠金融发展中扮演着重要的角色,政府的各种政策措施会直接地影响数字普惠金融发展的程度和水平。政府通过投资、减税等行为会促进数字普惠金融的发展,并通过支持数字金融服务而缩小城乡差距。但是,如果政府过多干预,则会出现负面影响。本书用地方财政支出与地区GDP来测度政府干预行为,将有助于判断数字普惠金融对城乡收入差距的影响程度。

产业结构是指一个国家或地区经济发展的不同行业之间的分量关系。产业结构差别化有可能对城乡收入差距产生一定的干扰。有学者通过研究发现,产业结构的转型升级可以有效缩小城乡收入差距,但同时,金融发展长期存在着“脱实向虚”的问题,其产生的“金融发展—产业结构”交互效应,进一步加剧了城乡居民收入之间的不平衡。不同地域的产业结构或许会成为扰乱数字普惠金融对城乡收入差距的影响的因素,因此本研究将把产业结构作为控制变量之一进行实证分析。

3. 数据来源

本书拟定研究陕西省数字普惠金融发展对城乡收入差距的影响这一问题,并从县域角度切入分析。同时，本书将样本数据的区间选定为2016—2020年，因为此时间段内的样本数据具备高度的可得性，并且能够准确反映2016—2020年的经济社会发展状况。数据来源主要包括《统计年鉴》《统计公报》《北京大学数字普惠金融指数(第三期)》《陕西统计年鉴》以及选取的陕西省的10个地级市的《统计年鉴》与陕西省79个县的《统计年鉴》。这些样本数据来源均为具备可信度和权威度的官方数据，使用这些样本数据能够为本研究的实证研究提供充分的数据支持。借助这些样本数据能够较为准确地探究陕西省数字普惠金融对城乡收入差距的影响，并能够为相关政策建议提供有价值的借鉴与参考。

由于本书所研究的样本数据的时间跨度选定为2016—2020年，因此本书将根据2016年以前的陕西省县域名单来确定研究样本，即以陕西省79个县为样本进行研究。

(二)结果分析

1. 描述性分析

用Stata对陕西省79个县2016—2020年的变量数据进行描述性统计检验发现(表3-8)，在样本期间，陕西省79个县城乡收入差距(IG)的最大值为7.37，最小值为1.42，平均值为2.74，由此可见陕西省79个县的城乡收入差距悬殊普遍较大。从数字普惠金融指数(FI)来看，最大值为118.55，最小值为78.79，平均值为100.28，由此发现陕西省内79个县域的数字普惠金融发展差距比较明显。聚焦于各控制变量的描述性分析结果看，各控制变量的变化程度差异也比较大。其具体数值分别为：经济发展水平(P_{GDP})最大值为420641，最小值为3230，平均值为44054，即陕西省79个县的经济发展水平极为悬殊；政府干预行为(GOV)最大值为1.67，最小值为0.01，平均值为0.30，即各县政府干预数字普惠金融影响城乡收入的差距的行为差异度较大；城镇化率(URBAN)最大值为0.77，最小值为0.14，平均值为0.33，即在推进城市化进程中各县差异较为明显；产业结构(IS)的最大值为0.99，最小值为0.02，平均值为0.81，由此可见陕西省各县的产业发展结构存在很大差距。

表3-8　变量描述性统计

	城乡收入差距	数字普惠金融指数	经济发展水平/元	政府干预行为	城镇化率	产业结构
平均值	2.74	100.28	44054	0.30	0.33	0.81
最大值	7.37	118.55	420641	1.67	0.77	0.99
最小值	1.42	78.79	3230	0.01	0.14	0.02

2. 回归结果分析

由表3-9可知，陕西省79个县域的数字普惠金融对城乡收入差距的缩小有正向作用。政府干预行为(GOV)、城镇化率(URBAN)、产业结构(IS)与城乡收入差距之间存在正相关关系,表明加强政府干预行为、推进城镇化、升级产业结构,能缩小城乡收入差距。

表 3-9 变量回归结果

解释变量	数值
FI	−0.000*** (−6.56)
P_{GDP}	−0.179 (−1.34)
GOV	0.095 (1.67)
URBAN	0.850 (0.19)
IS	0.777 (0.28)
Constant	0.000*** (14.81)
Observations	395
R^2	0.126

注:***、**、* 分别表示在 1%、5%、10%的显著性水平下显著。

3. 门槛效应检验

用 Stata 对样本数据进行三次门槛效应检验的结果如表 3-10 所示,从结果来看,进行单一门槛检验得出拒绝原假设的结果,即存在单一门槛效应;进行双重门槛检验和三重门槛检验,得出接受原假设的结果。这也就意味着,不存在双重门槛效应和三重门槛效应。当把经济发展水平(P_{GDP})设置为门槛变量时,陕西省数字普惠金融发展对城乡收入差距存在着单一门槛影响。陕西省数字普惠金融对城乡收入差距的收敛效应在单一门槛区间两边的回归结果存在不同影响,也就是说,数字普惠金融和城乡收入差距存在非线性关系。

表 3-10 门槛效应的检验结果

模型	P 值	门槛值	原假设(H_0)
单一门槛	0.0130***	15656	拒绝
双重门槛	0.8633	40709	接受
三重门槛	0.8433	70244	接受

注:BS 抽样次数为 300 次,***、**、* 分别表示在 1%、5%、10%的显著性水平下显著。

在Stata中构建本研究样本数据的单一门槛面板模型，其回归结果如表3-11所示，当陕西省各县域的人均GDP小于等于15656元时，P值为0，且在1%的显著性水平下显著，这表明陕西省数字普惠金融发展对缩小城乡收入差距具有积极的促进作用。

表3-11　门槛模型参数估计结果

变量名称	系数估计值	t值	P值
GOV	0.0281909	0.25	0.802
URBAN	0.5844881	1.51	0.136
IS	0.0979647	0.33	0.741
FI($P_{GDP} \leqslant 15656$)	−0.0113401	−5.30	0.000***
FI($P_{GDP} > 15656$)	−0.0130546	−5.10	0.000***
常数项	3.616946	8.43	0.000

注：BS抽样次数为300次，***、**、*分别表示在1%、5%、10%的显著性水平下显著。

4.稳健性检验

为了进一步验证本研究中的实证分析结果是否具有可靠性，笔者已将各个变量进行了上下1%的缩尾处理，并通过了门槛检验模型重新估计。重新得到的回归结果显示，门槛值并未出现明显改变，数字普惠金融系数估计值的显著性与符号方向均与之前实证得出的结果一致，因此说明本书所得出的实证结果是稳健的。

六、对策建议

本书通过将经济发展水平P_{GDP}作为门槛检验变量，并选取了样本期间内陕西省79个县域的数据展开实证分析，探究了陕西省数字普惠金融对城乡收入差距的收敛作用。研究结果发现：在将经济发展水平P_{GDP}作为门槛值的情况下，数字普惠金融与城乡差距之间存在单一门槛效应，陕西省通过发展数字普惠金融能够较好地使农民增收致富，进而缩小城乡收入差距。

1.提升农民参与数字普惠金融的积极性

数字普惠金融借助新兴数字技术，具有广覆盖、多种类、低成本、高便利的优势，可以为农村居民提供金融服务和金融产品。例如，帮助陕西各县农民解决支付、存款、贷款、保险等金融服务需求，相较于传统金融，数字普惠金融为农民等提供了更多的金融支持。然而，要最大限度地发挥出数字普惠金融在缩小城乡差距、提高农民收入方面的作用，需要农民群体的积极参与，提高农民对数字普惠金融的认知。以下是提高陕西省各县农民群体对数字普惠金融的参与度和积极性的一些具体做法和建议。

第一，政府要加大宣传和推广力度，提高农民对数字普惠金融的认知。陕西省各级政府要通过多种渠道开展数字普惠金融宣传推广工作，例如，组织相关领域的专家学者到农村地区做讲座，制作数字普惠金融宣传材料等，增进农民对数字普惠金融的认知度和使用意愿。政府可以联合金融机构，推广数字金融服务。要制定并实施数字普惠金融相关政策，为金融机构提供贴息补助等，鼓励和支持金融机构在农村地区拓展金融服务网络，使农民能享有更多更优质的数字金融服务。此外，政府可以通过提供数字设备补贴等措施，吸引农民参与并使用数字金融服务和产品。

第二，金融机构可以通过推出个性化定制方案，来增强农民对数字普惠金融的信任度和包容度。比如，金融机构可以针对不同类型农民的金融需求，为农民提供个性化的金融咨询，定制不同的金融贷款方案，开发符合其实际情况的金融产品等，以此来增强农民参与数字普惠金融的意愿。比如，针对分别以果业、粮业、茶业为主要作物的陕北、关中、陕南等地的农民提出符合各作物周期的服务方案。此外，金融机构应重视、加强金融市场风险管理，有效规避数字普惠金融可能出现的市场风险，既能保障金融机构稳定、安全运行，也能提高农民的信任度和满意度。

第三，就数字技术公司而言，可以针对陕西各农村开发相关服务产品，提高当地数字金融的普及率，满足广大农民的诉求。比如，可以在相对比较贫困的陕北地区，开发基于普通手机或座机的网上银行系统，使当地农民可以只使用电话或者短信即可操作金融业务流程。这将会有效解决因缺少智能手机等互联网接入设备而无法参与数字普惠金融的问题。此外，数字技术公司可以在农村地区建设移动支付服务终端，为农民提供更便捷、优质的金融服务。

第四，农民作为受益者，也应成为其“代言人”。当地农民应通过多元途径了解数字普惠金融对提高收入、改善生活的重要性，并积极参与数字普惠金融相关的教育培训，学习金融知识和操作技能，积极使用数字普惠金融产品和服务，如在线支付、贷款、投资等，从中获取更多的金融支持和财务收益。与此同时，农民也应关注数字普惠金融产品和服务的潜在风险及注意事项，提高自身的风险防范意识和防范能力。农民可以积极了解相关法律法规和政策动态，参与市场监管，自觉建设公开、透明、高效的市场环境。

综上，数字普惠金融是一种可满足农民需求的新型金融模式，对提高农民收入和生活水平有着非常重要的意义。然而，要想将数字普惠金融效用最大化，必须强化农民参与意识，提高农民使用意愿。而这需要政府、金融机构、数字技术公司以及农民自身的共同努力。经过多方协助，数字普惠金融可以更好地服务于农村地区，让农民可以从中获取更便利、更优质的金融支持，从而提高农民的收入水平和生活质量。

2. 加强数字普惠金融基础设施建设

数字普惠金融是一种借助新兴数字技术为农民提供更多金融服务和支持的新型金融形态。数字普惠金融基础设施建设是发展数字普惠金融的核心和关键，是实现金融数字化的基础和根本。数字普惠金融基础设施包括网络基础设施、安全技术、支付清算系统和金融信息服务等方面。只有建设好完备、高效、安全的数字普惠金融基础设施，才能为数字普惠金融发展提供有力的支撑和坚实的保障，才能为农民群体提供更加便捷、高效和安全的数字普惠金融产品和服务。以下是加强数字普惠金融基础设施建设的一些具体做法和建议。

第一，加强网络基础设施建设。作为数字普惠金融基础设施建设的重要组成部分，网络基础设施主要包括通信基础设施、宽带设施等多方面。推进数字普惠金融网络基础设施建设，必须要重视网络覆盖率和网络速率的提高。一方面，为了提高农村地区的网络覆盖率，可以建设更广范围的基站，优化网络架构等。另一方面，要提高农民使用网络的速率和稳定性，可以采用5G等移动通信技术，提高网络速度等。

第二，确保金融活动网络安全。安全技术对数字普惠金融基础设施建设而言也非常重要。随着数字经济的飞速发展，网络安全问题也愈来愈突出，安全技术的学习和应用也愈加成为陕西省数字普惠金融基础设施建设的重要环节。为确保数字普惠金融活动的安全性和保密性，既要建立并完善数字普惠金融数据加密系统，通过安全认证、传输加密等安全技术保障金融活动安全进行，又要重视建设网络防御系统，要具备主动识别潜在的网络威胁和攻击的能力，并加以防范。

第三，建设高效可靠的支付清算系统。支付清算系统是数字普惠金融基础设施建设的重要组成部分，建设高效可靠的支付清算系统是数字普惠金融顺畅运行的重要保障。支付清算系统按照结算时限可分为实时支付清算系统和非实时支付清算系统，为建设高效可靠的支付清算系统，需要考虑技术、监管等诸多方面的因素。具体而言，陕西省要采取有高度可靠性和高度可扩展性的支付清算系统，确保高并发、高负载的金融交易被有效处理，与此同时，要通过监管及法律途径，保障农民用户的资金安全和数据安全等。

第四，提供高质量的数字普惠金融信息服务。数字普惠金融信息服务为数字金融用户提供了高度的金融便利和有力的金融支持，是基础设施建设的关键步骤。强化数字普惠金融基础设施建设，必须为农民提供更为便捷高效的数字普惠金融信息服务。例如，及时准确地提供数字普惠金融市场数据、数字普惠金融产品信息、交易信息以及隐藏风险等。

加强基础设施建设，可以实现普惠金融的数字化及智能化，可以为农民群体提供金融贷款、支付、结算等服务。借助手机、互联网等数字化渠道，农民提高了使用效率，同时降低了参与风险和成本。在这种新型金融模式下，可以最大化地实现农民群体收入增加，从而有效缩小城乡收入差距。

3. 实施数字普惠金融发展差异化战略

数字普惠金融作为一种新型金融模式，旨在为低收入人群和贫困偏远地区提供可负担的金融服务和金融产品。数字普惠金融凭借其低成本、低门槛等多元优势，近年来实现了迅速发展，并已成为全球金融行业的热点领域。与此同时，数字普惠金融市场的竞争也越来越激烈，为了在激烈竞争中获取优势地位，必须要实施数字普惠金融差异化战略，以此满足不同类型农民的需求，同时最大程度地发挥出数字普惠金融在增收、缩小差距方面的功效。以下是实施数字普惠金融发展差异化战略的一些具体做法和建议。

第一，实施客户群体差异化战略。客户群体差异化战略，即针对不同的客户群体，必须要提供差异化、个性化的金融服务方案。在实施过程中，最重要的步骤就是满足不同种类型农民的需求。不同类型的农民在金融方面面临的状况、产生的需求以及个人资信情况和还款能力等均不相同，因此，必须要针对农民的实际状况和需求，设计提供差异化的金融服务方案和金融产品方案。比如，针对收入较高且相对稳定的陕南、关中的农民群体，可以提供更高额度的金融贷款服务，而对于收入较低且不稳定的农民群体，应设计出更为灵活的金融贷款方案。

第二，实施产品服务差异化战略。在市场竞争日趋激烈的环境背景下，推广实施产品服务差异化战略是金融机构获取市场竞争优势地位的重要途径和手段。金融机构应该设计并推出多样化的金融服务和金融产品，以此满足不同用户群体、不同场景的使用需求和个体偏好。例如，有些农民在生产过程中产生了购买农资、种植作物等需求，针对这一实际情况，金融机构可以提供定制化的贷款服务、租赁服务、保险服务、咨询服务等，帮助农民提高生产经营效率和水平。此外，有些农民在生产经营过程中产生了支付工资等需求，金融机构可以提供线上工资支付平台、代发工资等金融产品和服务内容，帮助农民优化薪资管理过程。

第三，实施地域化差异化战略。地域化差异化战略，即根据不同地区的经济发展水平、产业特点、人口结构、文化背景等因素，针对性地为不同地区的农民提供个性化、多元化的数字普惠金融产品和服务。比如，在经济发展和金融市场较为成熟发达的陕南、关中农村地区，金融机构可将服务与产品高端化，而在经济发展和金融市场较为不发达的陕北农村地区，金融机构可以提供更为传统适用的储蓄、贷款等金融业务，与此同时，也要考虑到陕西各地的产业特色、人口密度、文化信仰等诸多方面的因素。

第四，实施数字技术差异化战略。实施技术差异化战略是强化数字普惠金融差异化战略的一个重要方面，数字普惠金融的技术手段和技术方案对金融服务质量、金融产品成本等方面都有着非常重要的影响。首先，数字普惠金融可借助大数据、云计算、人工智能、区块链等新兴数字技术，精准分析用户群体数据，描摹用户画像，针对不同用户的行为偏好，定制出更为精细化的服务产品。其次，可以利用移动支付等，提供更为高效、便捷的金融服务。比如，通过移动支付技术，用户可以随时随地实现在线支付等业务，最大程度地节省时间等成本。最后，数字普惠金融可以利用在线客服、智能机器人等技术手段，全天提供客户服务，改善服务体验等。

基于竞争日渐激烈的市场业态，实施数字普惠金融差异化战略是非常必要和关键的一个环节。通过差异化战略，可以为用户群体定制出个性化、多元化、精细化、智能化的方案，符合用户实际需要，改善服务体验。但同时，在实施差异化战略过程中，要避免过度浪费资源，必须关注差异化战略实施的合理性和可行性，必须重视数字普惠金融服务的质量和效率。

4. 加大对数字普惠金融市场的监管力度

数字普惠金融作为借助新兴数字技术实现农村居民和贫困偏远地区金融服务可负担的一种新型金融模式，近年来发展十分迅速。然而，随着数字普惠金融市场的发展和不断壮大，其面临一系列的新风险和新挑战。因此，加大数字普惠金融市场的监管力度十分重要。做好市场监督和管理领域的各项工作，才能打造健康有序的市场业态，才能使客户获取更优质、多样的金融服务和金融支持。以下是加大数字普惠金融市场监管力度的一些具体做法和建议。

第一，建立健全相关法律法规。建设好市场监管法治体系，是加大数字普惠金融市场监管力度的一个重要方面。陕西各级政府必须建立科学合理的数字普惠金融市场监管机制和框架，同时对相关金融机构加强监督和管理等，规范好、维护好数字普惠金融的市场秩序，必须要制定明确的数字普惠金融市场准入和市场退出机制，要坚决处理、取消不符合市场准入标准的金融机构，同时要鼓励、支持符合市场规范的金融机构踊跃投入市场有益竞争。

第二，提升相关机构的监管能力。提升监管能力，是加大数字普惠金融市场监管力度的一个重要组成部分。一方面，就监管机构内部而言，要加强对内部监管人员进行专业素质和监管技术训练，并重视上述能力的实践应用，提升自身监管水平和监管效能。此外，也可以招聘优秀人才等加强机构建设。另一方面，就监管机构外部而言，要重视数字普惠金融从业人员的业务水平和专业素质，要对其进行定期培训和教育，使其具有规范意识。同时，要加强对数字普惠金融机构的监督和审查，规范其开展的金融业务内容，坚决打击不良行为与违法违规行为，保障数字普惠金融市场健康发展。

第三，创建市场信息合理公开机制。营造健康有序的市场环境，离不开市场信息公开和市场数据监管。就金融机构而言，必须及时、全面、准确地披露和公示本机构相关信息，如财务报表、运行状况、潜在风险等，使监督机构能第一时间把握金融市场动态，精准定位问题并采取有效措施。就监管机构而言，要提高自身对新兴数字技术的掌握和应用水平，有效监测和分析市场运行数据，快速发现可能会出现的市场异常等问题，并采取强有力的监管措施予以解决。要确保数字普惠金融市场更加透明、公正、稳定，在促进市场健康有序发展的同时，保障投资者、消费者等市场参与者的合法权益。

第四，加强数字普惠金融市场风险管理。随着数字普惠金融的迅速发展，数字普惠金融市场风险也持续走高，这就意味着，强化市场风险管理是加大数字普惠金融市场监管的重要环节，也是保障数字普惠金融市场健康有序发展的必要措施。必须规范好风险识别、风险评估、风险控制、风险应对等风险管理全流程，确保金融市场稳定。比如，能够精准识别市场风险类型并予以分类应对，能有效预防和规避市场潜在风险等。此外，监管机构应积极引导金融机构重视提高自身风险防范意识，从源头上降低数字普惠金融的市场风险。

综上所述，加大数字普惠金融监管力度，是保障数字普惠金融市场健康有序发展的必要手段，也是保障数字普惠金融市场参与者合法权益的重要措施。加大数字普惠金融市场监管力度可以从完善相关法律法规、提升市场监管能力、打造市场披露机制、加强市场风险管理等层面切入。但同时需要注意的是，相关机构在对数字普惠金融市场监管的过程中，也要遵循合理适度原则，避免对数字普惠金融市场的过度监管所导致的负面效应。

第二篇　社会治理篇

第四章　新发展格局下乡村振兴的困境与对策

乡村振兴在经济、政治和文化三个方面面临困境：经济增长速度放缓农村就业难度加大、弱势群体利益可能受损、农业生产竞争力和抗风险能力依然薄弱；社会治理中基层话语权和存在感弱化、基层治理的法治化进程滞后、社会治理中出现"真空地带"等问题；思想文化领域存在政治认同不高、政治参与不足、农村居民公共精神缺失、不良价值观念对人们产生负面影响等现象。增加经济发展的包容性，健全自治、法治、德治相结合的乡村治理体系，以社会主义核心价值观重塑乡村文化是实现乡村振兴的发展出路。

一、问题的提出

2020 年是我国全面建成小康社会和脱贫攻坚决胜之年，也是"十三五"规划的收官之年。2020 年 10 月中国共产党十九届五中全会公报在关于"十四五"时期的工作要求中提出"形成强大国内市场，构建新发展格局。""加快构建以国内大循环为主体、国内国际双循环相互促进的新发展格局"是党中央面对国内外形势变化做出的新战略部署，是充分激发我国发展潜力的战略选择，也是应对百年未有之大变局的重大战略调整。在新发展格局下，国内大循环要形成全国统一的大市场，农村作为国内市场的重要组成部分，有广阔的发展空间。2004—2019 年，国家连续颁布了 16 个涉农一号文件，并出台了一系列惠农政策，表明对农村发展的高度重视。党的十九大报告中更明确提出实施乡村振兴战略，强调"农业农村农民问题是关系国计民生的根本性问题，必须始终把解决好'三农'问题作为全党工作重中之重"[①]。党的十九届五中全会则提出，全面实施乡村振兴战略，强化以工补农、以城带乡，推动形成工农互促、城乡互补、协调发展、共同繁荣的新型工农城乡关系，加快农业农村现代化。在中国即将进入新发展阶段的历史时期，我们有必要从理论上深刻认识乡村振兴，剖析乡村振兴面临的困境，提出破解的路径。

---

① 习近平. 决胜全面建成小康社会 夺取新时代中国特色社会主义伟大胜利：在中国共产党第十九次全国代表大会上的报告[M]. 北京：人民出版社，2017：32.

二、乡村治理的理论逻辑

纵观中国乡村治理，从 20 世纪二三十年代乡村建设运动三杰（晏阳初、梁漱溟、卢作孚）的尝试，到新中国成立以来合作社、村民自治、协商民主、社区化等政策的演化，再到中央连续发布的涉农文件，直至乡村振兴战略的提出，探寻适合中国的乡村治理之路一直在持续[①]。马克思说："社会不是坚实的结晶体，而是一个能够变化并且经常处于变化过程中的有机体。"[②]正如党的十九大报告中所说，乡村振兴"要坚持农业农村优先发展，按照产业兴旺、生态宜居、乡风文明、治理有效、生活富裕的总要求，建立健全城乡融合发展体制机制和政策体系，加快推进农业农村现代化"[③]。2018 年《中共中央 国务院关于实施乡村振兴战略的意见》也要求"坚持乡村全面振兴，准确把握乡村振兴的科学内涵，挖掘乡村多种功能和价值"[④]。农业农村现代化应该是经济发展、社会治理和精神文化全面的现代化。新发展格局虽然是从经济角度对未来中国发展进行的战略谋划，但是经济活动从来不是孤立和封闭的，经济发展是一个国家政治和文化发展的基础，经济发展决定着政治和文化发展的程度，也受到政治和文化发展水平的制约。乡村振兴不仅要提高农村的经济发展水平，还要提高基层治理能力，以社会主义核心价值观重塑乡村文化。因此，新发展格局下的乡村振兴必须从经济、政治和文化相互影响的多重视角出发，构建相应的政策和制度体系，破解发展困境。

（一）政府和市场力量的再平衡

在人类历史长河中，经济从来就不是独立的一个领域，而是和其他领域有着千丝万缕的联系，共生共存。郑永年提出，西方国家由于资本主义的崛起，经济逐渐从社会领域中独立出来，发展成今天新自由主义经济学的形态[⑤]。而在东亚文明中，经济活动从来就被定义为政府责任的内在部分。

习近平总书记指出，坚持党的领导，发挥党总揽全局、协调各方的领导核心作用，是我国社会主义市场经济体制的一个重要特征，政府和市场的关系是我国经济

---

① 倪咸林．城乡再平衡进程中的乡村社会治理及其路径：以新型城镇化为背景[J]．理论月刊，2019(10)：109－115.

② 马克思．资本论：第 1 卷[M]．北京：人民出版社，2004：10.

③ 习近平．决胜全面建成小康社会 夺取新时代中国特色社会主义伟大胜利：在中国共产党第十九次全国代表大会上的报告[M]．北京：人民出版社，2017：32.

④ 中共中央 国务院关于实施乡村振兴战略的意见[EB/OL]．(2018－02－04)[2024－06－03]．http://www.xinhuanet.com/politics/2018－02/04/c_1122366449.htm.

⑤ 郑永年．大趋势[M]．北京：东方出版社，2019：2－3.

体制改革的核心问题，让市场在资源配置中起决定性作用，让政府发挥好作用，二者是有机统一的，不是相互否定的，不能把二者割裂开来、对立起来[①]。经济基础决定上层建筑。经济体制改革对其他方面的改革具有重要影响和传导作用，重大经济体制改革的进度决定着其他方面很多体制改革的进度，具有牵一发而动全身的作用[②]。新发展格局为乡村振兴提供了发展的机遇和突破口。全国统一的大市场会改变农村的边缘地位，构建顺畅的城乡人口流动机制，提高农民收入水平；通过“需求牵引供给，供给创造需求”，形成更高水平的国民经济良性循环，为激活农村旺盛的需求创造条件；农村将成为探索生态治理和经济发展双赢的试验田，将成为宜居的乐园。

从传统向现代化的转型，工业化、市场化和城市化给农村的发展带来了巨大的冲击。原有的共同体已经消失或面临解构、社会秩序面临巨变的风险和不确定性、人群的原子化倾向日益加深。乡村共同体的衰落既不利于乡村振兴和城乡融合发展战略的实施，也影响乡村居民获得感、幸福感的提升[③]。鉴于乡村治理中精英缺乏和市场对共同体的消极影响，政府需要以组织者、行动者和服务者的角色推进乡村共同体再建，并发挥主导作用。

(二)城市和农村关系的反思

城乡矛盾是马克思分析社会经济史和阶级历史的重要内容。马克思在早期研究中通过分析城乡的分工状况和对立关系，阐述了历史唯物主义的基本原理。在《资本论》中，马克思把城市对乡村人口和生产资料的持续掠夺，看作是资本主义社会物质财富集中和政治统治的重要表现。资本主义全球化的时代，生产资料私有制和社会化大生产的矛盾所导致的城乡对立现象不仅蔓延至全球，更造成了乡村人口和自然环境的普遍透支。社会主义乡村实践，作为一种革命性的历史方案，持续为人类解决城乡矛盾走向人类命运共同体提供智慧。只有在社会主义的历史基础上，才能够真正实现工农业生产的社会性和公共性，才能使得乡村中的人和自然获得解放[④]。新中国成立七十多年以来，从“农村合作化改造”到“农村市场经济体制构建”，从“统筹城乡发展”再到“乡村振兴”，我国农业农村发展取得了举世瞩目的成就，这当中离不开政策和改革的保驾护航。

纵观中外城镇化发展历程，城乡关系基本都经历了从失衡到再平衡的过程。

---

① 习近平. 正确发挥市场作用和政府作用 推动经济社会持续健康发展[EB/OL]. (2014-05-27)[2024-06-03]. https://www.gov.cn/xinwen/2014-05/27/content_2688228.htm.

② 习近平. 切实把思想统一到党的十八届三中全会精神上来[EB/OL]. (2014-01-02)[2024-06-03]. http://theory.people.com.cn/n/2014/0102/c49169-24000494.html.

③ 吴业苗. 乡村共同体：国家权力主导下再建[J]. 人文杂志，2020(8)：105-113.

④ 包大为. 从《资本论》看乡村危机的历史属性与可能出路[J]. 社会科学战线，2020(5)：10-19.

再平衡不是一个静态地“回到过去”的过程，而是回应社会转型与变迁，对城乡功能与文化等诸要素进行动态调整、最终满足城乡居民精准需求的过程。结合转型时期中国农村社会变迁特征，避免传统城镇化给乡村社会带来的弊端，借鉴乡村治理成功经验，我国新型城镇化背景下的农村社会治理既要充分发挥城市治理的经验优势，又要充分挖掘传统乡村的治理特色，还要充分运用现代技术手段，实现农村基层社会治理体系和治理能力的现代化[①]。

中国城乡关系的变化大致可以分为三个阶段。①从新中国成立到改革开放前夕是中国城乡二元体制的形成阶段。这一时期国家实行重工业优先发展的战略，人口城乡二元分割的体制逐渐形成。城乡关系的特点是“农业哺育工业、农村支持城市”。②第二个阶段是从改革开放到 21 世纪初，原有的城乡二元体制逐步被瓦解，20 世纪 80 年代随着农村经济体制改革的进行，城乡差距不断缩小，但随着市场经济体制的确立，城乡差距再次拉大。这一时期农村劳动力可以自由流向城市，但户籍制度的藩篱并未消失，资源向城市的转移使得农村逐渐被边缘化。③从党的十六大召开至今进入城乡关系的第三阶段，国家开始重视城乡失衡问题，先后提出了“城乡统筹”“城乡一体化”“城乡融合”等战略方针。特别是 2013 年党的十八届三中全会首次提出“形成以工促农、以城带乡、工农互惠、城乡一体的新型工农城乡关系”[②]。党的十九大提出的乡村振兴战略是第三阶段城乡关系调整的延续，也是国家整体发展水平提高和未来发展方向的必然选择。

三、乡村振兴面临的现实困境

(一)经济发展中存在的问题

1. 经济增长放缓可能加剧就业困难

近年来，我国经济增长速度呈放缓态势。2014 年至 2019 年我国国内生产总值增速分别为：7.3%、6.9%、6.7%、6.8%、6.6%、6.1%。随着城镇化和农地流转加快，农民的工资性收入不断增长，来自农业的经营性收入比重在逐年下降，从 2008 年之前的 50%以上降到 2016 年的 38.3%。2015 年农民工资性收入绝对额首次超过家庭经营性收入，成为农民第一大收入来源。2018 年全国农村居民人均

① 倪咸林. 城乡再平衡进程中的乡村社会治理及其路径：以新型城镇化为背景[J]. 理论月刊，2019(10)：109 - 115.

② 年猛. 中国城乡关系演变历程、融合障碍与支持政策[J]. 经济学家，2020(8)：70 - 79.

工资性收入达 5996 元，占人均可支配收入的 41%[①]。新常态下经济增长放缓可能使大量外出务工的农民工面临失业或返乡的压力。2018 年，共压减钢铁产能 3000 万吨以上，退出煤炭产能 1.5 亿吨以上[②]。去产能行业也是农民工集中的行业，去产能会影响农民工群体的就业和生计。以新生代农民工为主的农民工群体已经适应和习惯了城市生活，他们既不掌握农业劳动技能，也不愿意从事农业劳动。一方面，新生代农民工在农村获得的扶持政策不能满足其就业需要，另一方面，城市的就业扶持政策主要是针对城市居民，对进城务工农民工的扶持远远不够，因此他们也无法在城市就业。加之流动人口集中的大城市户籍政策并没有放松的迹象，小城镇又无法提供足够的就业岗位容纳这个庞大的群体，因此，单纯以工资性收入为主的农村家庭在经济增长放缓时可能面临较大的经济压力。

2. 资源逆向流动对农村地区和弱势群体的挤压

近年来宏观经济和发展战略的变化，必然对农村地区的经济活动产生影响。从经济资源竞争的角度来看，其可能会对农村产生两种不利的影响。首先是市场作用下的“马太效应”对弱者的排斥，使占有社会资本、人力资本和金融资本较少的农村地区经济发展空间被挤压，在与城市的竞争中处于劣势；其次，部分农村地区在短期利益的驱动下，可能选择短期内容易带来更多经济收益的发展模式，放弃长期发展和未来多样性发展的可能。最后，不论是发达地区还是落后地区，越来越多的农村孩子到乡镇和县城就读，教育资源集中的背后是人力资源向城市的集中，这对农村的长期发展来说是潜在的不利因素。

3. 农业生产的竞争力和抗风险能力薄弱

随着农村外出务工人员的增加，以家庭联产承包责任制为主要经营模式的农业生产的可持续性受到影响。在以家庭经营作为农业生产基本模式的情况下，农业收益偏低和土地撂荒等状况很难被改变。此外，社会化服务的可及性和农业现代化水平低以及农业生产成本高，使分散的家庭经营抗风险能力和竞争力薄弱。有研究表明，由于集体资产有限，村集体组织无法为农民提供必要的管理和社会化服务[③]，而非集体组织的社会公共服务机构在农村处在一种缺失状态。中华人民共和国农业农村部对农村集体经济组织的相关统计数据显示，截至 2016 年底，无经营收益的村有 28.7 万个，约占统计的 55.8 万个村（不含西藏）的 51%。如果加

① 2018 年农村居民人均收入与支出[EB/OL].（2018-06-21）[2024-06-03]. http://data.stats.gov.cn/easyquery.htm? cn=C01&zb=A0A04&sj=2018l.

② 郭同欣：稳中有进态势持续发展[EB/OL].（2019-05-21）[2024-06-03]. https://www.stats.gov.cn/sj/sjjd/202302/t20230202_1896186.html.

③ 孔祥智，高强. 改革开放以来我国农村集体经济的变迁与当前亟须解决的问题[J]. 理论探索，2017(1)：116-122.

上经营收益在 5 万元以下的村,共有41.8万个村,约占统计总村数的 75%[①]。2014—2018 年,第一产业增加值占国内生产总值的比重分别为 8.7%、8.4%、8.1%、7.6%和 7.2%[②],这一方面固然是我国第二、三产业发展的结果,也表明目前我国农产品的营销与深加工环节、高附加值产品发展不足,尚未形成完整的农业产业链,现代化农业发展的潜力亟待挖掘。另外,受到城乡不均衡的农村金融体系、金融服务等方面的限制,农民在农业生产中的资金需求得不到有效满足,农业生产规模化、产业化面临的困难重重。

(二)社会治理中存在的问题

1. 基层政权话语权还需加强

依托于国家权力和意识形态形成的、以同质化和静态化为特征的农村社会结构逐步瓦解[③]。由于集体经济薄弱,基层政府掌握的经济和政治资源不断减少,村级自治组织运转缺少物质保障、组织保障和人才保障,基层组织急需强化功能。与城市相比,我国农村公共服务供给本就不足,在基层组织能力弱化的情况下可能影响农村居民从新农保、新农合以及各种救助、扶贫等国家政策中受益的程度,影响他们的生活质量和农业农村的可持续发展。

2. 基层治理的法治化进程仍需推进

在部分农村地区,基层村民自治落实得不到位,"能人"治村现象并不鲜见。一些经济发达的村庄带头人多是经济或社会活动能力较强的能人,因其享有较高威信,对基层的管理更多依靠于个人权威和家族影响,而非国家法律和政策制度,所以,这就会出现全村兴衰系于一人的现象。一些村庄,村支书和村民委员会主任之间的职责不明确,有待进一步推进基层治理的法治化进程。

3. 社会治理能力需加强

自我国农村实行家庭联产承包责任制以来,农村的土地经营形式发生了很多新的变化,如土地流转、个人之间的转包等,随着国家不断调整治理乡村的理念和方式,农村的社会结构和价值观念也在发生变化。农村自治和政府主导之间的关系协调、边界分割是乡村治理面临的主要矛盾。由于青壮年劳动力的流失,农村老龄化问题突出,现有财政支持、治理能力、人员配置等与农村社会治理目标不相适应,无法有效地引导农村居民的行为和保护其利益。因此政府要加强社会治理能

① 中华人民共和国农业农村部. 中国农业统计资料:集体经济组织收益情况[EB/OL]. (2016-12-31)[2024-06-03]. http://zdscxx.moa.gov.cn:8080/misportal/public/data Channel Red Style. Jsp.

② 年度数据[EB/OL]. (2024-01-11)[2024-06-03]. http://data.stats.gov.cn/easyquery.htm? cn=C01.

③ 贺雪峰. 谁的乡村建设:乡村振兴战略的实施前提[J]. 探索与争鸣,2017(12):71-76.

力，使财政支持政策、人员配置更加完善，促进农村地区经济发展。

(三)文化建设中存在的问题

1. 缺乏对政策的充分理解

党和政府推出的一系列惠农政策，在一定程度上提高了农民群体的政治认同，但这种认同主要基于经济利益，缺乏对国家政治价值体系的倾向与心理归属[①]。我们在调研中发现，农村居民普遍对国家政策的满意度较高，对政策实施效果的满意度却低。他们更多关注的是自身利益的最大化，国家制度和政策体系对个人利益的满足程度。因此，应加大宣传教育，提高农村居民自身文化素质，让其对政治参与的目的、性质等充分了解，明确农村居民参与政治活动的程序、个人具有的权利和需要承担的责任，充分理解政策，以主人翁的心态积极参与政治活动。

2. 公共精神缺失

农村改革调动了农民劳动致富的积极性，改善了其经济状况。农村社会的利益结构、利益对立和村民之间的利益分化、利益对立也日益显著。人们更愿意公开表达其个人利益诉求，却忽视了个体之间、个人和集体之间存在着利益差别。如分散的农业生产经营仍然离不开水利、道路等基础设施，家庭规模的缩小使农户之间的协作更加有必要。在公共选择中，农民更关注个人利益得失，缺少维护公共利益的精神，倾向于利用博弈规则实现自身利益的最大化，对公共利益考虑较少，合作互助有限，集体行动困难。如一些村民不关心村庄的发展，也缺少参与的热情，在集资修路、维护公共卫生环境、保护各种公用设施等公益性行动中反应消极。因此，亟须重视和纠正。

3. 不良价值观念的负面影响

随着经济发展，人口流动加快，农村社会交往方式的多样化，人们的价值观念发生了巨大变化。部分缺少鉴别能力的年轻人最容易受到影响，他们会脱离个人经济能力盲目追求某些消费品。我们在某贫困山区的调查发现，一种热销的手机品牌同样受到农村青年的追捧，原因只是“别人有”，自己也想拥有，攀比之风在一些地区日盛。因农村文化娱乐方式的匮乏、单一，打扑克、打麻将便成了农村居民重要的娱乐方式，在农闲和春节期间尤其如此。政府应定期举行文化活动，加强农村基层管理，确保信息正向传递。

---

① 王丽. 公共治理视域下乡村公共精神的缺失与重构[J]. 行政论坛，2012，19(4)：17－21.

四、乡村振兴的发展出路

“新常态”下经济在向“形态更高级—分工更复杂—结构更合理”的阶段演化[①]。以人民为中心的发展理念日益深入人心，习近平总书记在十八届五中全会上强调，发展不能是城市像欧洲、农村像非洲，或者这一部分像欧洲、那一部分像非洲，而是要城乡协调、地区协调[②]。如何让农村居民在未来发展进程中利益不再受损，这关乎中国发展的前景。乡村振兴是国家从战略高度对农村农业发展的定位，核心在于贯彻共享理念，通过现代科技、经营方式、土地制度、城乡融合等措施改变农村发展滞后的局面，实现农业现代化。因此，乡村振兴应该是一个包括经济、社会和文化的系统工程。

(一)提高经济发展的包容性

世界各国的发展历史表明，城市化是不可逆转的趋势。乡村振兴的目标不是要建设一个独立于城市的世外桃源，而是要正视城乡差距，不断缩小城乡差距。政府要在土地、资本、劳动力等要素的配置中推动要素市场的城乡一体化。例如，在城镇化过程中，土地增值收益必须由农民公平地享有，杜绝农民“被市民化”。建立城乡统一、衔接紧密的社保体系，实现城乡居民养老、医疗、教育等公共服务的均等化。提高农村教育水平，改善农村人力资本，使农村人力资源发挥优势，获得劳动收入，反哺农村。改善农村人口的生活质量，尽力保护好农村经济和文化特色。

应把共享经济和互联网时代的发展红利应用到农业中，促进传统农业向现代农业转变。应在农业技术推广、农产品种植、农产品销售、扩大生产规模等方面发挥互联网经济的优势，拓展信息渠道和农村电子商务的空间，根据不同农村地区的实际情况探索与之相适应的发展模式。如陕西商洛万湾村“支部＋协会＋产业示范户”的果业发展模式，解决了当地留守妇女的就业和经济来源问题。再如陕西铜川照金的开发模式则为城乡统筹发展提供了一种思路[③]。

重点关注农村底层群体面临的经济困难。当基本劳动群体的经济机会减少时，他们在劳动就业中可以利用的社会资源也就减少了，有效的社会资本也会降低了。因此，各级政府部门要帮助底层群体解决经济困难，增强他们走出困境的

---

① 中央工作会议在北京举行[EB/OL].(2015-12-22)[2024-06-03]. http://politics.people.com.cn/n1/2015/1222/c1024-27958128.html.

② 习近平与“十三五”五大发展理念·协调[EB/OL].(2015-11-02)[2024-06-03]. http://www.chinanews.com/ll/2015/11-02/7599974.shtml.

③ 杜尚儒. 红色照金启示录[J]. 新西部，2017(5):29-33.

实际能力[①]，可以为他们提供岗前培训，增强就业能力，完善其工资增长机制，让他们拥有改善生活条件的机会。如电子商务在陕西多地果业销售中发挥越来越大的作用，陕西咸阳长武县在精准扶贫中把产业扶贫作为重点，使农村经济发展的内生动力不断增强。

大力发展集体经济。2016 年 12 月 26 日，中共中央、国务院印发《中共中央 国务院关于稳步推进农村集体产权制度改革的意见》，确定改革的目标是“逐步构建归属清晰、权能完整、流转顺畅、保护严格的中国特色社会主义农村集体产权制度保护和发展农民作为农村集体经济组织成员的合法权益”，提出发展新型农村集体经济是实现这个目标的重要路径。目前，全国 40%左右的村成立了农村集体经济组织，60%左右的村是由村民委员会代行职能。全国 100 个县先行先试农村集体产权制度改革[②]。2016 年，全国农村集体经济组织账面资产总额（不含西藏）达 2.86 万亿元，平均每个村 493.6 万元。这样规模庞大的集体资产数量和涉及的农村集体产权制度改革关乎广大农民的切身利益。为此，国家提出了把握正确改革方向，坚守政策法律底线和尊重农民群众意愿，分类有序推进改革，坚持党的领导的总体原则，强调试点先行的思路，为乡村振兴指出了经济发展的重要方向。

（二）构建自治、法治和德治相结合的乡村治理体系

经过 40 多年的改革与发展，我国农村治理已经初步进入了制度化、法治化的轨道[③]。新常态下社会治理要实现三个转变：维持社会稳定转变为追求社会公平正义，政府单一主体控制转变为社会多元主体共治，行政理念与命令转变为法治思维与方式[④]。农村要健全自治、法治、德治相结合的乡村治理体系。

明确基层的经济和管理职能。社会主义市场经济是法治经济，引领经济新常态，要准确把握市场规律，明确政府功能定位，促进经济发展，让有限政府释放更大的公共能量[⑤]。党的十九大报告指出：“巩固和完善农村基本经营制度，深化农村土地制度改革，完善承包地‘三权’分置制度。保持土地承包关系稳定并长久不变，第二轮土地承包到期后再延长三十年。”今后农村应将行政主导和乡土文化相混合的治理模式改变为以法治为核心的治理模式，消除农村社会治理中的“过度作为”和“不作为”并存的奇怪现象。所谓“过度作为”体现为与民争利和基层政权过分热衷于追逐经济利益，“不作为”则是指对农村居民的权利保障不够，对侵权行为没有

① 王思斌．新常态下积极托底社会政策的建构[J]．探索与争鸣，2015(4)：50－54．
② 高云才．新时代乡村如何振兴[J]．农村农业农民(B 版)，2017(22)：10－11．
③ 邱春林．中国共产党与农村治理的中国特色[J]．理论学刊，2017(1)：138－143．
④ 郁建兴．走向社会治理的新常态[J]．探索与争鸣，2015(12)：4－8．
⑤ 张九童．中国经济新常态的公共性价值[J]．东岳论丛，2015，36(9)：181－185．

给予及时的制止和干预。

发挥基层党支部的作用。截至 2015 年底，全国共有党的各级地方委员会 3206 个，基层组织 441.3 万个，覆盖全国 32341 个乡镇、571544 个建制村，覆盖率均超过 99%。由以上数据可以看出，党的组织建设成效显著，形成了强大的基层组织优势，如何让党对基层社会的改造在今天得以延续，是农村治理中重要的课题。我们调研发现，精准扶贫的意义不仅在于改善贫困户的经济状况，而更大的意义在于通过与贫困户的直接交流和联系，了解他们的需求，同时也让贫困户关心国家的发展，让他们了解党和国家的政策，在政治上认同党的领导，积极参与到国家治理中。同样，给予农村居民切实的帮助，增强他们的归属感，是以党支部为堡垒的农村基层党组织的任务和目标。

发挥村民的自治作用。中国经济新常态旨在正确处理市场和政府的关系，克服市场和政府单方面的不足，承认政府和市场在公共服务供给中同等重要的作用。一方面在经济增速放缓、经济结构调整的关键时期，发挥财政支出的作用，增加服务性支出所占的比重，降低经济波动的影响。另一方面，调动农民的积极性，使他们在社会治理中发挥更大作用。如农民自发组织形成的村规、民约等，能够起到弥合经济与道德之间裂隙的作用。农村与城市在生活和经济发展方面双重对接，改善农村生活环境和基础设施，增强对青年人的吸引力。在经济发展的基础上完善乡村治理，在发展经济的过程中保证家庭结构的完整性，让留守老人、留守儿童问题逐步得到解决，改变城乡分离的局面，实现城乡一体化目标。农村人口应共享经济发展的成果，政府应通过制度建设和政策措施，让城市反哺农村而不是放任农村资源流向城市。

（三）以社会主义核心价值观引领乡村文化建设

习近平总书记在党的十九大报告中明确提出“传统文化、文化自信是一个国家、一个民族发展中更基本、更深沉、更持久的力量”。农村作为经济、政治、文化的多元复合体，政府应在发展农村经济，改善农村社会治理的同时，要保护好乡村独特的文化景观，探索农村经济价值与文化价值统一的路径。

弘扬传统文化。习近平同志提出“中华优秀传统文化是中华民族的精神命脉”。作为世界上唯一延续至今没有中断的古老文明，中华传统文化在漫长的演变中积淀了大量的思想精华，为中华民族的团结统一和生生不息起着积极的作用。吐故纳新，与时俱进，包容开放是中华文明的突出特点。在农村文化建设中，正确处理传统文化、革命文化和社会主义先进文化的关系，才能更好地帮助人们适应现代化进程中的各种变化与挑战，反思现代化过程中出现的各种问题。因此以传统文化和习俗为载体，赋予其新的时代价值，是农村文化传承和延续的必然选择。如近年来影响很大的华阴老腔，它正是在基层政府的推动下，在市场化运作中扩大了影响，激发了人们对传统文化的热情，促进了人们对文化遗产的保护。

重视宣传教育。习近平同志在文艺工作座谈会上指出“文艺不能在市场大潮中迷失方向”。重构现代性社会及其精神生活，离不开物质生活条件的极大改善，更离不开特定社会制度的创新与核心价值体系的建设①。社会主义核心价值观是新时期乡村秩序重建的指导性原则，政府应该对农村居民进行宣传教育，通过多种形式，如提供农业技术、交流机会、致富信息、法律援助等，将社会主义核心价值观融入农村居民日常生活中，引导人们树立自尊、自立、自强的精神。笔者多次随同帮扶干部走进贫困户家中发现，精准扶贫最大的意义在于改变贫困人口被边缘化的心理，从而提高他们的信心，让他们打开一扇与外部交流的窗口。

在文化生活中重建公共精神。物质生活水平提高的同时，农村居民对文化生活的需求更加强烈，文化活动是重建农村居民集体认同和公共精神的重要载体。广场舞、戏曲等多种文化娱乐项目让农村居民保持积极健康的精神状态。重视女性和儿童在乡村文化教育中的作用，通过各种文化活动提升农村居民的认知水平，促使他们超越狭隘的个人意识，培养其具备公共精神。发挥妇联、共青团等组织的引导和协调作用，吸引青年学子、社会人士等志愿者参与到关爱留守儿童、建设农村公共文化服务体系、振兴乡村的活动中来，在城乡之间建起沟通、交流的渠道和桥梁。

五、小结

乡土文明是中华文明的根。乡村是保存和弘扬传统文化的载体，是为中华民族伟大复兴的征途持续提供养分的精神家园。在现代化过程中，乡村赋予中国现代化不同的色彩。改革开放以来，中国巨大的经济成就离不开全世界规模最大的流动人口——农民工群体的贡献和无数农村家庭的付出。中国特有的农村土地制度和经营模式为无法融入城市的人保留了一方天地和另一种选择的可能，避免了一些发展中国家城市化中的“贫民窟”现象。

乡村振兴是解决城乡二元结构，实现城乡一体，共享发展成果的必然选择。如果说中国的改革开放从农村发轫，从经济体制改革着手，乡村振兴就可以被看作是一次回归，历经四十多年的发展，再次回到农村这个起点。乡村振兴又是新时代政府和市场关系再平衡、城乡关系再反思的一项战略决策，是在新的发展起点上开启

---

① 庞立生. 历史唯物主义与精神生活的现代性处境[J]. 哲学研究，2012(2)：3－8.

的农村发展的新征程。只有着眼于经济、社会和文化的综合发展，在重视农村经济作用的同时，重视农村社会治理和文化保护，才能真正改变城乡关系的失衡，弥补农村发展的短板，把以人民为中心的发展理念落到实处，把制度优势转化为治理效能。

第五章　农村居民福利水平多维测度与影响因素分析

关注农村居民福利状况有助于避免规模性返贫，实现共同富裕。基于中国家庭追踪调查（CFPS）2018 年数据，本研究采用 A－F 双临界值法从经济、健康、教育、生活水平 4 个维度 8 个指标综合测度农村居民福利水平，将部分指标的相对性及异质性纳入福利水平的评估指标体系，并应用人工神经网络对各指标赋权。研究表明：不同维度指标下福利水平低下的家庭占比具有一定差异，所有家庭中福利水平低下的家庭占比最高的 2 个指标为受教育年限和健康状况；4 个维度中，生活水平对农村居民福利水平的影响程度最大，教育对农村居民福利水平影响最小；8 个指标中房屋价值、人均收入、健康状况和受教育年限是影响农村居民福利水平的最主要因素。

一、问题的提出

全面建成小康社会，标志着中国现代社会福利制度建设进入新时代元年。2022 年习近平总书记在党的二十大报告中指出，"全面建设社会主义现代化国家，最艰巨最繁重的任务仍然在农村"①。我国农村在完成脱贫攻坚任务后，农村居民的福利水平得到了显著改善，但与城镇居民的福利水平相比仍存在较大差距。这反映出我国在提高农村居民福利水平实践中存在着重视生存兜底，忽视生计发展；重视收入提高，忽视公共服务；关注绝对贫困，忽视相对贫困的倾向和不足②。农村居民福利水平相对较低不仅受其收入限制，更是多重因素共同作用的结果。因此，本书将致力于回答以下问题：如何科学地构建福利指数并测度农村居民的福利水平？影响农村居民福利水平的关键因素有哪些？不同地区农村居民的福利水平及其表现是否存在差异？

---

① 习近平. 高举中国特色社会主义伟大旗帜 为全面建设社会主义现代化国家而团结奋斗[N]. 人民日报，2022－10－26(1).

② 杨立雄. 农村居民共同富裕问题研究[J]. 社会保障评论，2021(4)：70－86.

二、文献回顾

福利水平是综合反映社会成员生活是否幸福、美好的重要依据，福利水平的测度主要有两类方法，一类是单一维度测度，此类测度方法源于庇古提出的“国民收入与福利等价”的思想①，主要用于国家、地区或社会整体福利水平的测度，通常以货币进行计量，因此能够直接与GDP等指标进行数量比较②。另一类测度方法为多维测度，该类方法基于阿玛蒂亚·森提出的可行能力理论，从多角度综合衡量福利状况，既可用于整体福利的测度，又能够测度个体的福利水平。阿玛蒂亚·森认为，“一个人所享有的每一功能性活动的数量或水平可以由一个实数来表示，完成了这一步骤，一个人的实际成就就可以用一个功能性活动向量来表示”③，个体功能性活动的实现程度以及具备实现这些活动的能力的集合决定了其福利水平，其中功能测度了个体当前的福利水平，能力测度了其潜在的福利水平④。基于阿玛蒂亚·森提出的可行能力理论，联合国开发计划署(UNDP)构建了人类发展指数(HDI)⑤，该指数由预期寿命、识字率和人均GDP三个指标复合而成，用于衡量福利水平。此外，国内学者针对福利水平的多维测度开展了广泛的研究，提出了各种指标体系。中国学者苑韶峰等在测度慈溪市四镇农地转用过程中农户福利变化时，根据其经济状况、居住条件、社区环境、社会保障、心理因素5项指标的测度结果，综合评价农户的福利状况⑥；王冰、钟晓华基于阿玛蒂亚·森的理论，选取工作条件、居住状况、社会交往、心理状态4项指标对中国城镇居民2003—2008年的福利状况进行了追踪测度⑦；袁方等选取工作状况、防护性保障、生活状况、经济状况4个指标度量了上海市农民工的福利水平⑧。

现有福利水平多维测度的实证研究针对不同研究主体与研究目的，采用各种不同指标体系，然而鲜有研究将指标的相对性或异质性纳入福利水平测度的考量范围。以收入指标为例，由于家庭所在地区的发达程度不同，同等金额的收入所产生的福利水平也会存在一定差异。本书的边际贡献在于：在研究对象上，结合中国

---

① PIGOU A C. The economics of welfare[M]. London：Macmillan，1929：80.

② 何强，吕光明. 福利测度方法的研究述评[J]. 财经问题研究，2009(7)：31-36.

③ 森. 论经济不平等：不平等之再考察[M]. 北京：社会科学文献出版社，2006：182-191.

④ 方福前，吕文慧. 中国城镇居民福利水平影响因素分析：基于阿马蒂亚·森的能力方法和结构方程模型[J]. 管理世界，2009(4)：17-26.

⑤ UNDP. Human development report[R]. Oxford：Oxford University Press，1995.

⑥ 苑韶峰，杨丽霞，王庆日. 慈溪市四镇农地转用过程中农户福利变化的定量测度[J]. 中国土地科学，2012，26(10)：82-90.

⑦ 王冰，钟晓华. 城镇居民多维福利的追踪测度：基于可行能力理论的视角[J]. 城市问题，2014(5)：2-8.

⑧ 袁方，史清华，晋洪涛. 居住证制度会改善农民工福利吗：以上海为例[J]. 公共管理学报，2016，13(1)：105-116.

已实现全面脱贫的现实状况和乡村振兴的战略要求，选取中国农村居民作为研究对象，使研究更具针对性与现实性；在研究指标上，将部分指标的相对性及异质性纳入福利水平的评估指标体系，力求使福利水平的测度结果更为合理；在研究方法上，参考多维贫困的测度方法，在测度农村居民福利水平的同时，对其影响因素进行详细考察。

本书采用的 A－F 双临界值法，主要用于测度多维贫困状况[①]。王恒等使用该方法测算了秦巴山区农户的多维贫困状况发现，农户主要在健康、教育和生活水平等福利方面存在较为严重的贫困现象[②]；雷霆等利用 A－F 双临界值法对中国 2018 年农户贫困进行了多维测度发现，家庭劳动力水平和灾难医疗支出是影响农户贫困的重要因素[③]；王宝成使用 A－F 双临界值法测度了中国 2012—2018 年的贫困状况发现，中国在金融服务维度和教育维度上具有较高的长期贫困发生率[④]。与其他测量贫困的方法相比，A－F 双临界值法不仅能够从多个维度对贫困进行测度，而且可以按照不同维度对贫困状况加以分析，考察各维度对贫困的影响程度，提出更有针对性的救济与帮扶政策。

也有研究将 A－F 双临界值法应用于其他领域，例如对农民工非市民化程度[⑤]、城乡居民多维就业脆弱性[⑥]、市场主体就业吸纳活跃度[⑦]、农村能源—经济—环境发展水平[⑧]的测度等。基于此，本书将 A－F 双临界值法改进后应用于农村居民福利水平的测度，并对影响福利水平的因素进行分析，从中筛选出较为重要的影响因素，以期为提高农村居民福利水平提供决策参考。

三、理论分析

（一）测度指标的选取

在相关研究中，以阿玛蒂亚·森的可行能力理论为基础的福利水平测度方法

① ALKIRE S, FOSTER J. Counting and multidimensional poverty measurement[J]. Journal of Public Economics, 2010, 95(7－8): 476－487.

② 王恒，朱玉春. 社会资本对农户多维贫困的影响：基于劳动力流动的中介效应分析[J]. 中国农业大学学报，2021，26(4)：240－254.

③ 雷霆，张浩帆. 中国农村多维贫困测算与结构分解：基于 CFPS2018 的实证研究[J]. 社会保障研究，2021(4)：78－86.

④ 王宝成. 中国多维贫困的测算与结构分解[J]. 统计与决策，2021，37(16)：5－9.

⑤ 孙婧芳. 农民工离市民化有多远？基于 Sen 的行为能力理论[J]. 劳动经济研究，2018，6(5)：99－120.

⑥ 陈爱丽，王小林. 中国城乡居民多维就业脆弱性测度与分析[J]. 劳动经济研究，2021，9(6)：19－39.

⑦ 周绪东. 市场主体就业吸纳活跃度测度及提升对策研究[D]. 济南：济南大学，2022.

⑧ 陈嘉. 农村地区能源-经济-环境系统的耦合互动关系研究[D]. 北京：中国地质大学，2022.

得到广泛认可，但在实际操作中，由于可行能力集合并不能直接观测[①]，研究者们通常使用功能性活动进行福利水平的度量[②③]。尽管如此，对于福利水平测度指标的选取仍存在争议。有学者认为，应该给定一个权威的指标列表，从而避免出现过度或不足的自由[④]，但是也有人并不支持设定权威指标的方式[⑤]。因此研究者在进行福利水平测度时，基于不同研究主体与研究目的，常会选取不同的指标体系。依据森的理论，在度量多维贫困与福利水平时，选取的指标也存在较大差异。阿尔基尔和福斯特根据 A－F 双临界值法计算印度尼西亚的贫困时，选取了消费、健康、教育、燃料、饮用水、卫生设施、污水处理以及固体废弃物处理共 8 个指标[⑥]。联合国开发计划署（UNDP）构建的人类发展指数（HDI）[⑦]由人均 GDP、预期寿命和识字率 3 个指标复合而成用于度量福利水平。联合国开发计划署和牛津大学贫困与人类发展中心联合制定的多维贫困指数从健康、教育和生活水平 3 个维度来测量贫困[⑧]，是对人类贫困指数和人类发展指数的进一步完善。

基于森的可行能力理论及阿尔基尔和福斯特的测度方法，本书从 4 个维度对农村居民的福利水平进行测量。①经济维度。收入是福利的物质基础，更是获取福利的重要途径。Brandolini 认为收入不仅能够决定个人自由的实现与否，而且还对其他功能性活动的实现产生影响[⑨]。传统的福利经济学理论认为，个人的福利可以由他所拥有的财富、基本物品或资源所产生的效用来决定，因此可以由收入指标来衡量福利水平[⑩]。在从多个维度对福利水平进行测量的相关研究中，收入

---

① MARTINETTI E C. A multidimensional assessment of well－being based on Sen's functioning approach [J]. Rivista internazionale di scienze sociali，2000：207－239.

② ROBEYNS I. Selecting capabilities for quality of life measurement[J]. Social Indicators Research，2005，(74)：191－215.

③ 苑韶峰，杨丽霞，王庆日. 慈溪市四镇农地转用过程中农户福利变化的定量测度[J]. 中国土地科学，2012，26(10)：82－90.

④ NUSSBAUM M. Capabilities as fundamental entitlements: Sen and social justice [J]. From employability towards capability，2009，4(1)：15－30.

⑤ AMARTYA S. Capabilities, Lists and public reason: Continuing the conversation [J]. Feminist Economics，2004，10(3)：77－80.

⑥ ALKIRE S, FOSTER J. Counting and multidimensional poverty measurement[J]. Journal of public economics，2011，95(7－8)：476－487.

⑦ UNDP. Human development report[R]. Oxford：Oxford University Press，1995.

⑧ UNDP. Human development report 2010[EB/OL]. (2020－8－20)[2024－06－03]. http://hdr. undp. org.

⑨ BRANDOLINI A. On synthetic indices of multidimensional well-being: Health and income inequality in France, Germany, Italy and the United Kingdom[R]. CHILD Working paper，2007.

⑩ LADERCHI C R. Poverty and its many dimensions: The role of income as an indicator[J]. Oxford Development Studies，1997，25(3)：345－360.

同样是最为常见的一项度量指标[①②③]。②健康维度。健康是农村居民福利的重要组成部分。农村居民为了获得更多的收入，通常会牺牲更多的休息时间，长此以往会对身体健康造成不良影响，加之其收入水平低下，维持身体健康所需的成本较高，最终会影响农村居民的福利水平。③教育维度。良好的教育能够提升个体的就业能力[④]、增强其维权意识[⑤]、丰富其社会资本[⑥]，有助于提高个体的福利水平，而农村居民的教育状况不理想，对其福利状况的改善难以起到促进作用。④生活水平维度。农村居民的生活水平通常较为低下，导致其福利水平难以提高，此外，低下的生活水平会对农村居民的健康水平、教育状况等产生不良影响，也会间接导致其福利水平低下，所以在对农村居民的福利进行测度时需要充分考虑他们的生活水平。

（二）福利水平的测度

本书采用 A－F 双临界值法计算农村居民的剥夺指数，进而测度其福利水平。使用 A－F 双临界值法测度农村居民福利水平的基本思路是：选取若干维度，并针对每个维度设定相应指标，对每个指标设定一个临界值，用以判定样本在该指标下是否处于被剥夺状态；进一步设定另一个临界值，将样本在每个指标下的被剥夺程度加总后与该临界值进行对比，综合考查样本的福利水平，样本的被剥夺程度越大，表明其福利水平越低下。具体的操作步骤如下。

第一，测度单一指标下的福利状况。选取 d 个维度 D，每个维度设定若干指标，d 个维度共设定 t 个指标（$t \geqslant d$）。若样本总量为 n，则所有样本在各个指标上的得分构成一个 $n \times t$ 的矩阵 $\boldsymbol{X}$，矩阵中的元素 x_{ij} 代表样本 i 在指标 j 上的得分。根据相应标准，对每个指标 j 设定相应的临界值 z_j，并将其与 x_{ij} 进行比较，从而判别样本 i 在指标 j 下是否处于福利被剥夺状态。若样本处于福利被剥夺状态，则将其赋值为 1，记作 b_{ij} 为 1；反之赋值为 0，记作 b_{ij} 为 0。由此可得到一个由 0、1 元素构成的二

---

① 袁方，史清华．不平等之再检验：可行能力和收入不平等与农民工福利[J]．管理世界，2013(10)：49－61.

② 宋艳，苏子逢，门建营，孙典．基于 Sen 可行能力理论的农民工福利制度改进研究[J]．管理世界，2017(11)：172－173.

③ 叶静怡，王琼．进城务工人员福利水平的一个评价：基于 Sen 的可行能力理论[J]．经济学（季刊），2014，13(4)：1323－1344.

④ 夏怡然．农民工的在职培训需求及其异质性：基于职业选择行为的经验研究[J]．世界经济文汇，2015(2)：57－73.

⑤ SCHWARTZ A. Interpreting the effect of distance on migration[J]. Journal of Political Economy，1973，81(5)：1153－1169.

⑥ 余应鸿，张翔．新发展阶段相对贫困的教育治理机制与行动路径[J]．西南大学学报（社会科学版），2022，48(6)：176－184.

元剥夺矩阵 $\boldsymbol{B}$，该矩阵反映了所有样本在各个指标上的被剥夺状况。

第二，计算福利指数，多维度综合测量福利水平。对每个指标 j 设定权重 w_j，$b_{ij}\cdot w_j$ 表示样本 i 在指标 j 下的被剥夺程度，将样本 i 在各个指标下的被剥夺程度进行加总得：$C_i(k)=\sum_{j=1}^{t}b_{ij}w_j$，代表样本 i 在总体剥夺临界值为 k 时的总剥夺值，其中，k 的取值范围为[0,1]。样本 i 的福利水平为：$Wel_i=1-C_i(k)$。若某样本的总剥夺值 $C_i(k)\geqslant k$，则表明该样本在总体剥夺临界值 k 下的福利水平较为低下；若某样本的总剥夺值 $C_i(k)<k$，则表明该样本在总体剥夺临界值 k 下福利水平较为良好。

第三，计算总体剥夺临界值 k 下被剥夺率(H_k)、平均剥夺份额(A_k) 以及剥夺指数(M_k)。三者分别衡量了样本被剥夺的广度、深度和强度。其中，被剥夺率越大，表明福利水平低下的家庭占比越高；平均剥夺份额越高，意味着低福利家庭的平均福利水平越低下，低福利家庭的平均福利水平可被表示为"$1-A_k$"；剥夺指数衡量了全部样本的福利水平，包含了样本中的低福利家庭与非低福利家庭，全部样本的福利水平可被表示为"$1-M_k$"。三个指数的计算方法如下：

$$H_k=\frac{q_k}{n}$$

$$A_k=\frac{\sum_{i=1}^{n}C_i(k)}{q_k}$$

$$M_k=H_k\times A_k$$

式中：q_k 代表总体剥夺临界值 k 下的福利水平低下的样本数，$\sum_{i=1}^{n}C_i(k)$ 代表在总体剥夺临界值 k 下所有福利水平低下的样本总剥夺值之和。

第四，考察各个维度对剥夺指数的贡献率。由 A－F 双临界值法计算得出的剥夺指数可以按照指标进行分解，得出各指标对剥夺指数的贡献率。将每个维度中所有指标的贡献率相加即可得出相应维度对剥夺指数的贡献率。计算方法如下：

$$C_j(k)=\frac{w_jP_j(k)}{M_k}$$

$$C_D(k)=\sum_{j\in D}C_j(k)$$

式中：$C_j(k)$ 代表总体剥夺临界值 k 下指标 j 对剥夺指数的贡献率；$C_D(k)$ 代表总体剥夺临界值 k 下维度 D 对剥夺指数的贡献率；$P_j(k)$ 为总体剥夺临界值为 k 时，指标 j 下福利水平低下的样本数占总样本数 n 的比例；w_j 为指标 j 的权重。

四、研究设计

(一)数据来源

本书所选用的数据来源于北京大学中国社会科学调查中心实施的中国家庭追踪调查(CFPS)。CFPS是一项全国性、综合性的社会追踪调查项目,重点关注中国居民的经济与非经济福利,包括经济活动、教育成果、家庭关系与家庭动态、人口迁移、健康等研究主题,研究样本覆盖中国25个省区市95%的人口,目标样本规模为16000户。CFPS已于2020年完成第五轮追踪调查。考虑到研究所需数据的完整性,本书选取2018年的调查数据进行分析。CFPS2018为中国家庭追踪调查项目的第四轮追踪调查,收集了个体、家庭、社区三个层次的数据,反映了中国社会、经济、教育等方面的状况。尽管中国在2020年底已实现全面脱贫,本书所测度的农村居民福利水平在2020年底之后有所改善,但影响其福利水平的因素和作用机理变化不大。剔除缺失值、异常值后保留有效样本量3932份。

(二)测度指标

本书参考联合国开发计划署(UNDP)和牛津大学贫困与人类发展中心联合制定的多维贫困指数①②,结合中国脱贫攻坚阶段"两不愁三保障"的核心指标,以及国内学者袁方、史清华③和陈文鹤等④提出的福利测度、多维贫困指标体系,采用经济、健康、教育、生活水平4个维度共8个指标测度样本家庭的福利水平。

在经济维度,"人均收入"指标临界值的设定参照了世界银行所制定的相对贫困衡量标准⑤,将各样本家庭所在地区农村人均纯收入的1/3作为该指标的临界值,若家庭人均纯收入低于其所在地区农村家庭人均纯收入的1/3,则表明该家庭在收入维度的福利水平较为低下。根据国际标准,恩格尔系数不低于60%即被认定为贫困,因此本书将"食物支出"的临界值设定为50%,即国际标准下温饱状态对应恩格尔系数的临界值,家庭的食物支出高于该临界值即处于被剥夺状态,表明

① 从健康、教育和生活水平三个维度来测量贫困。

② UNDP. Human Development Report 2010[EB/OL]. (2010-01-01)[2024-06-03]. https://hdr.undp.org/content/human-development-report-2010.

③ 袁方,史清华. 不平等之再检验:可行能力和收入不平等与农民工福利[J]. 管理世界,2013(10):49-61.

④ 陈闻鹤,常志朋,宫晓虹. 多维视角下农村家庭致贫深层机理研究:基于安徽省大别山区682户调查数据[J]. 湖南农业大学学报(社会科学版),2020,21(1):25-34.

⑤ 世界银行将一地区居民收入平均数的1/3设定为该地区的相对贫困线。

尽管部分低收入家庭在该指标上已经脱贫，但大部分支出用于维持基本生活，使得这些家庭无力支付其他更高层次的消费，不利于家庭福利状况的改善。同理，“医疗支出”“教育支出”的临界值均设定为50%。在生活水平维度，由于房屋面积的大小无法完整地衡量家庭住房条件的优劣，有些面积较大的房屋采用的房屋建筑材料并非砖瓦或钢筋混凝土，房屋的安全性和舒适性得不到保障①，因此选取“房屋价值”（房屋市场总价与面积的比值）作为该维度的指标之一，该指标临界值的设定参考“人均收入”指标临界值设定的基本思路，将各样本家庭所在地区房屋价值平均值的1/3作为临界值。“受教育年限”临界值设定为12年，略高于脱贫攻坚阶段“保障义务教育”的标准，按照“普及高中教育”的发展方向来设置②，具体指标如表5-1所示。

表5-1 农村居民福利状况测度指标

维度 D	指标 j	指标解释	临界值 z_j
经济	人均收入	2018年家庭人均纯收入是否高于当地农村人均纯收入的1/3：设是为1，否为0	≤0
	恩格尔系数	食物支出占家庭总支出的比例	≥50%
健康	健康状况	家庭成员最低健康状态：设非常健康为5，很健康为4，比较健康为3，一般为2，非常不健康为1	≤1
	医疗支出	医疗支出占家庭总支出的比例	≥50%
教育	受教育年限	家庭18岁以上成员最高受教育年限	<12
	教育支出	教育支出占家庭总支出的比例	≥50%
生活水平	用水质量	家庭能否使用自来水/桶装水/纯净水/过滤水：设是为1，否为0	≤0
	房屋价值	家庭2018年房屋市价是否高于当地市价的1/3：设是为1，否为0	≤0

（三）指标权重

在采用A-F双临界值法测度多维贫困的研究中，学者通常使用等指标赋权或等维度赋权，这种方法操作难度低，但难以反映指标的重要程度。也有学者采用

① 雷霆，张浩帆．中国农村多维贫困测算与结构分解：基于CFPS 2018的实证研究[J]．社会保障研究，2021(4)：78-86.

② 汪三贵，孙俊娜．全面建成小康社会后中国的相对贫困标准、测量与瞄准：基于2018年中国住户调查数据的分析[J]．中国农村经济，2021(3)：2-23.

了主成分分析法①、AHP 赋权法②等非等权法，这些方法考虑了不同指标的重要性，但对指标之间的离散性、非线性等复杂关系的考察有待深入。基于此，本书在测度福利水平时，应用人工神经网络(ANN)对各指标进行赋权。

人工神经网络是利用计算机模拟人脑工作机制的非线性复杂网络系统，具有较强的自学习性、自组织性、高度非线性、高鲁棒性和联想记忆等特点，被广泛应用于神经生理科学、计算机科学、信息科学等学科。ANN 的权重计算公式如下：

$$r_{\alpha\beta} = \sum_{\gamma=1}^{P} \frac{W_{\alpha\gamma}(1 - e^{-W_{\gamma\beta}})}{1 + e^{-W_{\gamma\beta}}}$$

$$R_{\alpha\beta} = \left| \frac{1 - e^{-r_{\alpha\beta}}}{1 + e^{-r_{\alpha\beta}}} \right|$$

$$W_{\alpha\beta} = \frac{R_{\alpha\beta}}{\sum_{\alpha=1}^{Q} R_{\alpha\beta}}$$

式中：α 为神经网络输入层神经元，$\alpha = 1,2,\cdots,Q$；β 为神经网络输出层神经元，$\beta = 1,2,\cdots,T$；γ 为神经网络隐含层神经元，$\gamma = 1,2,\cdots,P$；$W_{\alpha\gamma}$ 为输入层神经元 α 和隐含层神经元 γ 之间的权重系数；$W_{\gamma\beta}$ 为隐含层神经元 γ 和输出层神经元 β 之间的权重系数；$W_{\alpha\beta}$ 即所求权重。

隐含层的神经元数量由以下规则确定③：$\frac{Q+T}{2} < P < Q+T$。根据表 5-1 中的指标体系，本书使用的具体参数如表 5-2 所示。

表 5-2 人工神经网络各层参数

输入层神经元数量 Q	输出层神经元数量 T	隐含层神经元数量 P
8	1	8

在实际应用中，需要对输入和输出数据进行预处理，使得数据预处理后的值在 0～1，从而提高训练速度和灵敏性并有效避开 sigmoid 函数的饱和区④。由于本书对输出层节点采用线性转换函数而非 sigmoid 函数，因此不对输出数据进行预处理。本书采用极差法对输入数据进行预处理，计算公式如下：

① NJONG A M, NINGAYE P. Characterizing weights in the measurement of multidimensional poverty: An application of data driven approaches to cameroonian data[J]. Journal of Spinal Disorders&Techniques, 2008,2005(6):7-10.

② 祝志川，薛冬娴，孙丛婷. 基于 AHP 改进 AF 法的多维相对贫困测度与分解[J]. 统计与决策，2021,37(16):10-14.

③ 孙会君，王新华. 应用人工神经网络确定评价指标的权重[J]. 山东科技大学学报(自然科学版)，2001(3):84-86.

④ 郭庆春，何振芳. 基于人工神经网络的经济预测模型[J]. 计算技术与自动化，2014,33(1):132-136.

$$y=\begin{cases}\dfrac{x-\min(x)}{\max(x)-\min(x)}, x\text{ 为正向指标}\\[2ex]\dfrac{\max(x)-x}{\max(x)-\min(x)}, x\text{ 为负向指标}\end{cases}$$

式中：x 为原始数据，y 为预处理后的数据，$\min(x)$ 和 $\max(x)$ 分别为原始数据的最小值和最大值。

本书对数据预处理后，选用 70%的样本对神经元网络进行训练，验证和测试各选用了 15%的样本，得出的各神经元权值系数如表 5-3 所示。

表 5-3　人工神经网络各神经元权值系数

隐含层神经元	输入层神经元								输出层神经元
	1	2	3	4	5	6	7	8	
1	0.2312	0.0105	−0.3271	−0.8327	0.0462	−0.1730	0.0834	−1.5892	−1.2700
2	1.5798	0.0174	0.6035	−0.1225	0.0311	−0.3795	−2.8949	1.2621	2.0644
3	0.4130	−0.0087	−0.9591	−0.3647	0.0454	−0.1916	−0.0016	1.5601	0.9601
4	−1.1886	−9.8378	−0.3436	−0.2183	−0.0546	−0.3058	0.1110	−1.4262	−0.2053
5	−2.2346	−1.0807	−1.8613	1.0814	−1.0302	−0.8339	0.4551	−0.2416	−0.1277
6	−0.0047	0.0156	0.2383	−0.7980	5.4307	−0.0572	0.0184	−0.3569	0.1436
7	0.7096	0.0497	−0.6089	0.5919	0.0601	−0.5409	0.0693	2.7346	−0.9813
8	−1.4103	−0.0169	−0.5980	0.1475	−0.0529	0.6096	−2.7401	−0.7238	−2.3200

根据表 5-3 数据，对人工神经网络权重进行计算的结果，如表 5-4 所示。

表 5-4　农村居民福利状况测度指标权重

指标 j	权重 w_j
人均收入	0.2531
恩格尔系数	0.1493
健康状况	0.1596
医疗支出	0.0430
受教育年限	0.0740
教育支出	0.0684
用水质量	0.0171
房屋价值	0.2355

五、实证结果分析

(一)福利水平的单维测度

表 5-5 报告了单维度下福利水平低下的家庭所占比重，从测算结果来看，所

有家庭中福利水平低下的家庭占比最高的指标为受教育年限(80.49%)，其后依次是健康状况(38.61%)、用水质量(34.05%)、房屋价值(17.90%)、恩格尔系数(13.28%)、人均收入(10.81%)、医疗支出(3.51%)和教育支出(2.24%)。

表 5-5　单维度低福利家庭占比

维度 D	指标 j	比重/%
经济	人均收入	10.81
	恩格尔系数	13.28
健康	健康状况	38.61
	医疗支出	3.51
教育	受教育年限	80.49
	教育支出	2.24
生活水平	用水质量	34.05
	房屋价值	17.90

1. 经济维度

从人均收入指标来看，10.81%的家庭福利水平低下，而 2018 年《中国统计年鉴》报告的农村绝对贫困率为 1.7%。表明相较于贫困户，低福利家庭的数量更大、范围更广。尽管中国早在 2020 年年末就消除了绝对贫困，但农村居民的福利状况依然不容乐观。从恩格尔系数来看，13.28%的家庭食物支出占比超过了 50%，共计 552 户，其中 247 户家庭的食物支出占比超过 60%，305 户家庭食物支出占比在 50%至 60%之间，分别占样本总量的 6.28%和 7.78%，表明这些家庭的日常消费仍以生存型消费为主。恩格尔定律认为，家庭或个人收入越少，用于购买食物的支出在家庭或个人收入中所占的比重就越大。一般来说，恩格尔系数在 59%以上为贫困，恩格尔系数在 50%～59%为温饱，恩格尔系数在 40%～50%为小康，本书的测度结果表明，样本家庭中尚有 6.92%的家庭只是解决了贫困问题，但其福利水平仍处于较为低下的状态。

2. 健康维度

本书采用家庭成员的最低健康状态和医疗支出占比来测度福利水平。从健康状况来看，高达 38.61%的家庭福利水平低下，这表明提高农村居民的福利水平需要重视其健康状况的改善；从医疗支出来看，福利水平低下的家庭占比为3.51%。通过对比健康维度的两个指标，本书研究发现，不同指标下的福利水平低下的家庭占比具有较大差异，尽管大部分家庭的成员最低健康状态较差，但只有极少部分家庭在医疗方面的支出占比超过了 50%，原因可能是国家“两不愁三保障”的有效推进，农村医疗保险覆盖面扩大，国家扶贫政策起到了显著的效果，缓解了农村居民“看病难、看病贵”的问题。

3. 教育维度

本书使用样本家庭 18 岁以上成员的最高受教育年限和教育支出占比来测度福利水平。结果显示，80.49%家庭中的成员未完成或尚未完成高中教育；2.24%的家庭教育支出占比超过了 50%，共计 88 户，其中 23 户家庭中 18 岁以上成员的最高受教育年限达到了 12 年及以上，表明这些家庭希望通过提高子代的受教育程度来改善家庭整体生活条件，然而由于教育支出较多，对家庭造成较重的经济负担，不利于改善家庭的福利状况。

4. 生活水平维度

本书选取用水质量和房屋价值来测度样本家庭的福利水平，两个指标下福利水平低下的家庭占比分别为 34.05%和 17.90%。从用水质量来看，有 1339 户家庭无法使用自来水、桶装水、纯净水或过滤水，原因可能在于农村的供水系统有待优化，购置桶装水或净水设备的成本过高，农户不愿为此消费。从房屋价值看，704 个家庭的房屋价值不及当地平均水平的 1/3，原因可能是农户房屋的面积较大，但房屋建筑材料较为廉价，房屋的安全性得不到保障；也可能是房屋建筑材料达标，但房屋面积较小，因此房屋的价值较低。

(二)福利水平的多维测度

本书使用 A-F 双临界值法从多个维度测度了样本家庭的被剥夺率 H_k、平均剥夺份额 A_k 以及剥夺指数 M_k，表 5-6 报告了测度结果。结果发现，由不同的临界值 k 计算得出的被剥夺率、平均剥夺份额以及剥夺指数均不相同。随着 k 值的增加，样本家庭的被剥夺率和剥夺指数递减，平均剥夺份额反而逐渐上升，表明当测度福利水平的指标增多时，能够被识别为低福利家庭的样本数量减少，样本的平均剥夺值下降，被剥夺的广度和强度降低，但已经被识别为低福利家庭的样本在更多维度上被剥夺，这些家庭的平均剥夺值上升，表明多种因素共同导致了这些家庭低下的福利水平，因而被剥夺的深度增加。

表 5-6 样本家庭福利水平多维测度结果

临界值 k	被剥夺率 H_k/%	平均剥夺份额 A_k/%	剥夺指数 M_k
0.1	60.63	32.20	19.52
0.2	54.70	33.97	18.59
0.3	26.96	44.29	11.94
0.4	14.65	52.77	7.73
0.5	5.85	61.11	3.57
0.6	2.59	70.40	1.83
0.7	1.45	74.86	1.09
0.8	0.25	88.01	0.22

联合国测度多维贫困所使用的多维贫困指数(MPI)将 k 值设定为 0.3,本书的分析也采用这一标准。当 k 为 0.3 时,3932 户样本家庭中有 1060 户福利水平低下,被剥夺率为 26.96%,平均剥夺份额和剥夺指数分别为 44.29%和 11.94%。这表明,所有样本家庭的整体福利水平为 0.88,其中高达 26.96%的家庭福利水平较低,这些家庭的平均福利水平为 0.56。此外,前文中仅以人均收入单一指标对福利水平进行测度的结果显示,10.81%的家庭福利水平低下,而选用 k 为 0.3 进行多维度测算时,这一比率为 26.96%,后者约为前者的 2.5 倍,表明从单一维度测量并不能完整、准确、全面地反映出农村居民的福利状况,因此,在测度福利水平时不能局限于单一收入维度,应从经济、健康、教育、生活水平等多个维度进行综合测度。

(三)剥夺指数的分解

本书设临界值 k 为 0.3,比较不同维度指标对剥夺指数 M_k 的贡献率,分解结果如表 5－7 所示。

表 5－7　各维度指标对 $M_{0.3}$ 的贡献率　　单位:%

维度 D	贡献率	指标 j	贡献率
经济	30.74	人均收入	22.22
		恩格尔系数	8.53
健康	20.36	健康状况	19.79
		医疗支出	0.58
教育	15.90	受教育年限	15.25
		教育支出	0.64
生活水平	33.00	用水质量	1.54
		房屋价值	31.46

对于农村地区福利水平较低的家庭而言,对剥夺指数影响程度最高的两个维度是生活水平和经济,贡献率分别为 33.00%和 30.74%,健康贡献率为20.36%,教育对剥夺指数的贡献率最低,为 15.90%。具体到指标,房屋价值、人均收入、健康状况和受教育年限是对剥夺指数贡献程度最大的四个指标,它们的贡献率分别为 31.46%、22.22%、19.79%和 15.25%,表明农村居民福利水平低下的主要原因是住房质量较差、收入低下、健康状况欠佳以及受教育程度不足。农村居民由于收入水平的限制,获取教育资源和医疗资源的能力有限,同时难以改善其居住环境或提升其住房价值。对农村居民福利水平进行多维测度可以把表面的收入差异分解为更多具体因素,能更有针对性地改善农村居民的福利状况,如暂时无法提高家庭收入,可以对他们进行教育、住房和医疗救助。同时住房、收入、健康和教育既是导

致家庭福利水平低下的原因，一定程度上也是农户福利水平低下所导致的结果。因此在测度福利水平时，需要综合多个维度，应当多管齐下改善福利状况，既重视提高农户收入水平，也要关注农户受教育程度、住房条件、健康状况等改善情况。

(四)福利水平的地区差异分析

鉴于中国不同地区发展水平存在差异，因此本研究在设临界值 k 为 0.3 的前提下，分别对中国东部、中部和西部样本家庭的福利水平进行考察，并对每个地区的剥夺指数按维度和指标进行分解，克服采用整体样本进行分析的局限性。

根据不同观测值，表 5－8 报告了 k 为 0.3 时不同地区低收入家庭的被剥夺率、平均剥夺份额及剥夺指数。结果显示，东部地区样本家庭的被剥夺率、平均剥夺份额和剥夺指数均高于西部地区和中部地区，表明在东部地区的农村家庭中，福利水平低下的家庭占比较高，且这些家庭的平均福利水平相较于其他地区更为低下，原因可能在于：第一，东部地区经济发展水平高于其他地区，农村居民改善自身福利状况所需的成本相对较大，但由于农户的相对收入较为低下，难以付出相应的成本以提升家庭福利水平，因此导致大部分家庭福利水平较低；第二，中西部地区是中国贫困现象较为集中的地区，但国家的脱贫攻坚、乡村振兴战略为中西部地区带来了较大的发展，对这些地区低收入家庭的福利状况起到了改善作用，因此低福利家庭占比相对较少。综合以上分析，农村居民的低福利状况不仅反映出地区发展的差距，而且反映出群体收入的差距，提升农村居民的福利水平既需要以地区的经济发展作为基础，为家庭福利状况的改善提供物质条件，也需要找出造成农村居民福利水平低下的关键因素并采取相应的政策措施。

表 5－8 不同地区样本家庭的福利水平

地区	被剥夺率 H_k	平均剥夺份额 A_k	剥夺指数 M_k	观测值
东部	32.86	44.81	14.73	1269
中部	20.68	44.07	9.11	1035
西部	26.35	43.89	11.56	1628

表 5－9 是对不同地区的剥夺指数按维度和指标进行分解的结果(k＝0.3)。从维度来看，东部地区和西部地区的生活水平是影响该地区农村居民福利水平的主要因素，影响中部地区农村居民福利水平的主要维度为经济。从指标来看，尽管各个维度及指标对剥夺指数的贡献率在地区之间存在数值上的差异，但在贡献程度的大小关系上与前文采用整体样本进行分析的结果保持一致：房屋价值对剥夺指数的贡献程度最大。

表 5-9　不同地区各维度指标对 $M_{0.3}$ 的贡献率　　单位：%

东部				中部				西部			
维度 D	贡献率	指标 j	贡献率	维度 D	贡献率	指标 j	贡献率	维度 D	贡献率	指标 j	贡献率
经济	29.67	人均收入	20.32	经济	32.44	人均收入	23.89	经济	30.95	人均收入	23.26
		恩格尔系数	9.35			恩格尔系数	8.55			恩格尔系数	7.69
健康	18.96	健康状况	18.36	健康	22.52	健康状况	21.83	健康	20.68	健康状况	20.18
		医疗支出	0.60			医疗支出	0.68			医疗支出	0.50
教育	15.16	受教育年限	14.65	教育	16.23	受教育年限	15.22	教育	16.46	受教育年限	15.87
		教育支出	0.51			教育支出	1.02			教育支出	0.58
生活水平	36.21	用水质量	1.67	生活水平	28.81	用水质量	1.83	生活水平	31.91	用水质量	1.26
		房屋价值	34.54			房屋价值	26.98			房屋价值	30.65

从家庭总剥夺值的核密度曲线来看，随着总剥夺值的增加，相应总剥夺值下的家庭数量分布呈现出两个波峰。如图 5-1 所示，这种“M”型的变化趋势在不同的区域均有所体现，同时表现出一定的区域差异：在第一个波峰处，中部地区的密度较大，表明中部地区在该剥夺值附近的家庭占比较多；在第二个波峰处，西部地区密度较大，表明西部地区在该剥夺值附近的家庭占比较多；整体来看，随着总剥夺值的增加，中部地区的家庭占比呈现出递减趋势，东部地区则相反，呈现出递增趋势，西部地区家庭的比重呈现出先增后减的变化趋势。此外，在剥夺值高于 0.3 的家庭中，东部地区家庭占比最高，西部地区次之，中部地区家庭占比最低。以上现象的原因可能在于：第一，国家的脱贫攻坚、乡村振兴战略为中西部地区的发展起到了显著的促进作用，改善了中西部地区农村居民的福利状况，因此低福利家庭占比相对较少；第二，东部地区经济发展水平较高，低收入家庭由于收入低下，能够享受到的福利待遇相对有限，相对剥夺感更为显著，从而对这些家庭自身的福利水平产生了消极影响。

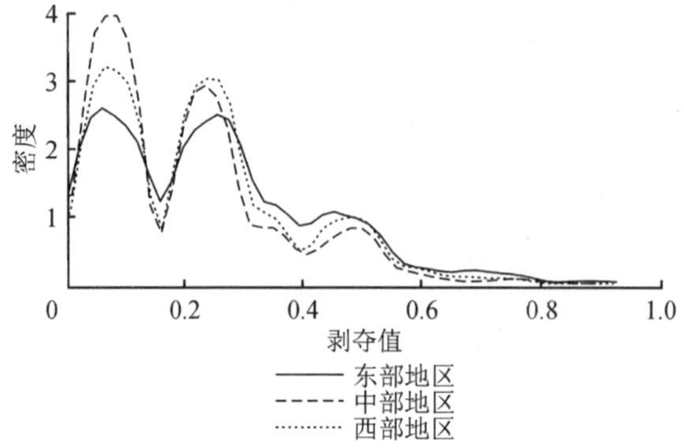

图 5－1 不同地区总剥夺值核密度估计趋势图

六、小结

本书基于中国家庭追踪调查项目数据，采用 A－F 双临界值法，从多个维度综合测量中国农村低收入家庭的福利水平及其影响因素，主要得出以下结论。

第一，29.96％的家庭福利水平较为低下，不同指标下福利水平低下的家庭占比具有一定差异性，受教育年限、健康状况和用水质量指标下福利水平低下的家庭占比较高，房屋价值、恩格尔系数、人均收入、医疗支出和教育支出指标下福利水平低下的家庭占比依次降低。

第二，按照不同维度对剥夺指数的分解结果表明，在经济、健康、教育、生活水平四个维度中，生活水平维度对福利水平的影响程度最大，教育维度则最小，进一步佐证了多维综合测度福利状况的必要性，凸显了生活水平对改善农村居民福利状况的重要性。

第三，按照不同指标对剥夺指数的分解结果表明，房屋价值、人均收入、健康状况和受教育年限 4 个指标对剥夺指数的贡献程度最大，是影响农村居民福利水平的主要因素。

本书研究表明，影响农村居民福利水平的因素具有复杂性、多元性，仅从经济收入维度进行测量有一定局限性，不能完整、准确、全面地反映农村居民的福利状况，应从经济、健康、教育、生活水平等多个维度对福利水平进行综合测量，提高农村居民的福利水平也应立足于多个维度，重点要关注农户住房质量、拓宽农户增收渠道、改善农户健康状况、提高农户受教育水平。为此，本研究提出以下建议。

第一，优化福利水平测度标准，准确识别福利水平较低群体。将健康、医疗、教育、住房等与农村家庭生活水平切实相关的因素纳入测度农村居民福利水平的指标体系，结合国际经验与中国脱贫攻坚阶段“两不愁三保障”扶贫目标，从多个维度测度福利水平，突破从经济维度进行测度的局限性，确保能够将福利状况真正亟待改善的家庭纳入帮扶对象中。

第二，改善农村低收入家庭福利状况，系统性精准施策。经济方面，坚持救助帮扶与产业扶持相结合，增强低收入家庭自我发展能力，通过创造更多就业机会，促进农户增收；教育方面，提高农村地区整体受教育程度，从思想观念和认知水平上阻断贫困代际传递，大力发展基础教育和职业教育；健康方面，加强公共卫生体系和公共服务建设，推进农村数字化公共卫生体系与服务建设，提高农村低收入居民卫生条件和健康意识，确保健康生活环境，转变健康观念；生活方面，加强农村道路、电力、网络、自来水、垃圾收集和集中处理等基础设施建设，为经济发展和交流合作创造条件。

第三，加强村庄建设管理和房屋质量保障，保障农户用房的安全性和舒适性。建立农村房屋全过程管理制度，规范农房设计、建设、使用的行政程序，明确责任主体，确保房屋质量安全；建立乡村建设管理制度，扩大乡村建设队伍；推进老房、旧房、危房改造工作，定期检测农户房屋质量，及时进行房屋修缮。

第四，发展多层次、多支柱的医疗保障体系，提高农户健康水平。尽管中国居民基本医疗保险几乎实现了城乡全覆盖，但还需进一步提升农村地区基本医疗保险的参保质量，提高大病医疗的救助力度和农村合作医疗的参保率，做到农村低收入人口应保尽保，降低其医疗成本，提升医疗保障水平，防范“因病致贫”“因病返贫”等风险。

第五，推进基本公共教育均等化，提高农户受教育程度。部分农村地区仍存在学校规模较小、教学设施陈旧、师资力量匮乏等问题，因此，需要加大农村地区的教育投入力度，改善学校办学条件，加强农村师资队伍建设。既要巩固义务教育控辍保学成果，又要提高农村地区高中教育的普及率，鼓励高中阶段学校多样化发展。

第六章 陕西省农村公共服务供给的困境与对策

一、问题的提出

(一)研究背景

党的十九大报告指出,我国社会主要矛盾已经转化为人民日益增长的美好生活需要和不平衡不充分的发展之间的矛盾。其中城乡发展的不平衡,农村发展的不充分已经成为制约中国实现现代化的最重要的因素。2004—2019 年,连续 16 个涉农一号文件的颁布,标志着国家已经意识到这个问题并在逐步解决。城乡发展的不平衡,农村发展的不充分既是改革开放前我国实施城市优先发展战略的结果,也是改革开放后市场自发作用,资源向城市流动的结果。特别是农村的公共服务领域发展严重滞后,与经济发展的成果不相适应。这表明国家对农村公共服务的投入存在着总量不足和结构有待优化的问题,也促使我们反思应该构建何种农村公共服务供给体制才能更好地破解农村发展的困境,使公共服务这个短板成为推动新时代乡村振兴的契机和突破口。

2008 年 10 月,党的十七届三中全会提出,至 2020 年要实现"城乡基本公共服务均等化明显推进"。2012 年 7 月颁布的《国家基本公共服务体系"十二五"规划》,从国家层面把提供基本公共服务作为维护公平正义、实现城乡一体化战略的重要举措。党的十九大报告中更是明确提出"坚持在发展中保障和改善民生","在发展中补齐民生短板、促进社会公平正义,在幼有所育、学有所教、劳有所得、病有所医、老有所养、住有所居、弱有所扶上不断取得新进展"[①]。这些正是农村公共服务的重要内容。2017 年国务院正式印发《"十三五"推进基本公共服务均等化规划》,并同步出台《"十三五"国家基本公共服务清单》,为保障全民基本生存发展需求做出了重要的制度性安排。党的十九大报告中四次提到公共服务,强调公共服务的均等化、公共服务在改善民生和创新社会治理中的地位。党的十九大报告中

① 习近平. 决胜全面建成小康社会 夺取新时代中国特色社会主义伟大胜利:在中国共产党第十九次全国代表大会上的报告[M]. 北京:人民出版社,2017:23.

还专门提出了"实施乡村振兴战略"和"加强农村基层基础工作，健全自治、法治、德治相结合的乡村治理体系"，为农村公共服务建设指明了一条可行的路径。

与经济发达地区相比，陕西农村公共服务的问题更加突出。2018年陕西省全省居民人均可支配收入达22528元，城镇居民人均可支配收入达33319元，农村居民人均可支配收入达11213元，城乡收入比为2.97:1，城乡居民收入差距虽然较上年缩小了0.03，但仍高于全国平均水平2.69:1。2018年，陕西生产总值(GDP)达到24438.32亿元，人均GDP为63477元，全年财政中民生支出合计3595.5亿元，占全省财政支出的81.9%。由于财政中民生支出增加，政府在支持发展、改善民生方面的能力显著增强，在教育、文化、科技、医疗卫生、社会保障等公共服务方面推出一系列举措。养老保险和医疗保险从制度全覆盖转向人群全覆盖，基本实现应保尽保，2018年参加城乡居民医疗保险648.40万人，年末纳入城市低保13.6万户、25.9万人，纳入农村低保34.6万户、85.6万人，对农村特困人员救助(五保)12.2万人，其中集中供养约3万人，全年累计实施临时救助61.9万人次。但是，由于长期实行的"以农补工、优先发展城市、优先发展工业"的倾斜性战略政策和改革开放以来以经济建设为中心的发展思路，使得农村公共服务未能得到有效供给，基础设施建设欠账、公共服务体系不完善、保障体制不足，农村公共服务不仅与城市公共服务相比存在失衡，而且在农村内部公共服务供给总量、项目和结构方面都存在不均等。2018年年末陕西全省常住人口达3864.40万人，其中城镇人口达2246.38万人，城镇人口占常住人口58.13%，高于农村居民，但农村居民人数仍有1600多万①。这样一个规模的人口其公共服务问题不容小觑。

(二)问题的界定

根据马克思主义的历史唯物主义观点，一定社会的经济结构和经济发展方式决定了其上层建筑的状况，人们的经济和政治状况决定了其价值观念，而一个社会的文化思想状况又会影响其经济地位和社会治理的发展走势。唯物史观认为，人的利益起源于人的需要，人们结成社会关系的基本动因是为了实现自身的需要，从而深刻揭示出利益在政治行为过程中的作用和本质。作为观念存在的政治心理和政治思想，来自人们的政治利益，反映着人们特定的利益内容和利益要求。"离开'利益'这一本源，任何政治心理和政治思想都无从解释，'思想'一旦离开'利益'，就一定会使自己出丑。"因此，对于陕西农村公共服务的研究需要在中国城市化、农村人口市民化、农业现代化的视野下，从经济、政治和文化三者相结合的整体框架下分析中国农村发展的经济基础、社会治理和文化构建的意义。本书研究的目的就是通过对陕西省农村公共服务制度现状及其运行情况进行剖析，揭示陕西省农

---

① 陕西省统计局.2018年陕西省国民经济和社会发展统计公报[EB/OL].(2019-03-08)[2024-06-03].http://snzd.stats.gov.cn/tjgb/2019/43144.shtml.

村公共服务供给中蕴藏的道德风险、财务风险和制度风险。研究道德风险重在分析农村现代化过程中价值多元化带来的价值沦丧和道德水平下降的原因；研究财务风险主要分析政府主导的公共服务体系在供给过程中政府财政实力的约束程度和投入的效率；研究制度风险侧重分析过往农村治理模式在当下面临的挑战，追溯公共服务供给制度演进路径，探究制度产生的经济、政治和社会根源。本书尝试从社会整体治理的角度提出破解陕西省乃至全国农村公共服务供给困境的对策建议，以期为制度改革和相关决策提供理论和现实依据。

二、研究现状

(一)关于农村公共服务的研究

1998 年，九届全国人大一次会议在《关于国务院机构改革方案的说明》中提出，“要把政府职能切实转变到宏观调控、社会管理和公共服务方面来”，这是“公共服务”一词首次出现，意味着我国政府职能由原来的管制型向公共服务型转化。虽然学者们关于公共服务的概念界定各有侧重，但在其主要内容的组成上认识基本一致，认为其包括了基础设施、基础教育、公共卫生、文化服务和社会保障等内容。国外学者以公共产品理论为基础发展了各种公共服务理论。Buchanan 基于效率与公平的原则，认为财政政策应使每个处于平等地位的人都得到平等的财政对待①；Samuel 指出，由于市场失灵公共服务必须由政府来提供②；Tiebout 等人研究发现，服务的规模经济性和消费者的偏好影响社区是否联合提供公共服务③；James 等人认为不同供给主体提供公共服务的效率不同，公共部门具有成本节约优势，他主张公共服务应该由多个部门提供④；Rainey 等人认为，由于“利他主义”动机的存在，政府能够高效率提供某些基本公共服务⑤。

国内学者关于公共服务的研究起步较晚，主要集中在 2006 年“十一五”规划提出公共服务均等化问题之后。学者们从经济体制改革、社会转型、人口城市化和行

① BUCHANAN J M. Federalism and fiscal equity[J]. The American Economic Review,1950,40(4):583－599.

② SAMUEL P A. The Pure theory of public expenditure[J]. Review of economics a statistic, 1954(11):387－389.

③ TIEBOUT, CHARLES. A pure theory of local expenditures[J]. Journal of Political Economy,1956(1):64.

④ JAMES M. GRADDY F E. Organizational choices for public service supply[J]. Journal of Law, Economics & Organization,1994(1):126－141.

⑤ RAINEY H G, STEINBAUER P. Galloping elephants: developing elements of a theory of effective government organizations[J]. Journal of Public Administration Research and Theory,1999(1):13－32.

政体制改革背景下城乡、区域间公共服务失衡等方面论证了加强农村公共服务供给的必要性，提出了新农村建设和城镇化必须大力发展农村公共服务事业的观点。

1. 关于农村公共服务供给的现状

学者普遍认为，目前我国农村公共服务存在总量不足，供求内容不匹配、供给方式不适当、供给机制过于单一、供给中的重建设轻管护和重县城轻乡村等问题①。在市场化、工业化与城市化的多重因素驱动下，大量农民外流，形成了农村人口空心化和公共服务空心化②，由于村级组织内部治理资源短缺，业绩考核呈行政化，乡村文化中功利观念凸显，造成农村公共服务供给缺失，表现为供给主体单一、市场力量不足、农民自主程度弱③。赵曼丽把农村公共服务供给主体面临的困境概括为：政府供给的官僚化困境、市场供给的监管困境和第三部门供给的资源困境④。戚功生等基于中西部三县的调研，研究发现农户在农村公共服务供给和使用中的成本负担过重，使低收入家庭和流动人口在享受公共服务的过程中受到排斥⑤。此外，学者分析指出：农村公共服务呈现区域分异特征⑥。

2. 关于农村公共服务供给滞后的原因

农村公共服务滞后既有公共物品生产资源禀赋差异的自然原因，也有公共服务供给政策累退性质的"二元结构"体制原因；既有我国工业化路径选择的历史原因，也有农村基层财力脆弱的现实原因⑦。曲延春的研究强调了现有财政分配体制及乡镇政府行政伦理的失范和公共服务理念的缺失对农村公共服务供给造成的负面影响⑧；胡志平突破了以往主要从财税制度、不同级别政府关系、官员考核机制出发的分析框架，提出农村公共服务薄弱是宏观指针的城市偏向、中观职能的"重经济轻服务"偏向和微观主体的弱约束偏向共同作用的结果，开阔了农村公共服务供给滞后原因分析的理论视野⑨。部分学者还从农村公共服务供给的绩效⑩、

---

① 林万龙. 中国农村公共服务供求的结构性失衡：表现及成因[J]. 管理世界，2007(9)：62－68.

② 陈家喜，刘王裔. 我国农村空心化的生成形态与治理路径[J]. 中州学刊，2012(5)：103－106.

③ 李全胜. 治理语境下农村公共服务体系的缺失与重构[J]. 河南社会科学，2012，20(6)：32－34.

④ 赵曼丽. 从协同到共生：农村公共服务供给的理论构建与超越[J]. 江海学刊，2013(3)：213－219.

⑤ 戚功生，林万龙. 农户在农村公共服务供给与使用中的成本负担：基于中西部三县调研材料的分析[J]. 农村经济，2012(8)：7－11.

⑥ 宋潇君，马晓冬，等. 江苏省农村公共服务水平的区域差异分析[J]. 经济地理，2012(12)：133－140.

⑦ 李燕凌，刘远风. 城乡差距的内生机制：基于公共服务资本化的一个分析框架[J]. 农业经济问题，2013(4)：15－24.

⑧ 曲延春. 从"政权经营者"到"社会治理者"：社会管理创新视域下的乡镇政府[J]. 东岳论丛，2013，34(5)：109－112.

⑨ 胡志平. 农村公共服务均等化再解构：由三个角度观照[J]. 社会科学家，2011(8)：3－77.

⑩ 陶振，叶敏. 现行农村公共服务体制的均等化绩效评估及其改革取向[J]. 调研世界，2009(3)：17－19.

满意度和需求度等视角讨论了农村公共服务供求错位的问题[①]。

3. 关于改善农村公共服务供给的对策

改变农村公共产品的决策和供给机制，加大农村公共财政对公共服务的投入[②]，合理确定公共财政对农村的优先顺序，把有限的政府财力运用到农村急需的公共服务之中去[③]是目前学者提出的解决农村公共服务供给的主流观点。多元供给主体的探讨也得到普遍的回应，董立人提出了城乡公共服务的多元供给主体模式[④]；中国（海南）改革发展研究院课题组提出了建立政府基本公共服务绩效评价体系和区域协调发展机制等制度构想，胡志平认为，财权分权在发挥应有的公共服务提供效率中需要相应宏微观政治制度的匹配，宏观上实现由经济绩效观向综合绩效观转变，微观上实现由管理主义模式向"参与式治理"转变[⑤]。贾先文等人提出农村公共服务社区化是增加农村公共服务数量，改善结构，弥补政府与市场缺陷的重要模式[⑥]。

4. 关于陕西农村公共服务供给的研究

关于陕西省农村公共服务供给和城乡公共服务均等化的相关研究逐年增多。刘静的研究表明，维护性公共服务支出、经济性公共服务效率及社会性公共服务职能指标是影响陕西省县级政府公共服务供给水平提升的重要因素[⑦]。唐娟莉等对陕西省关中地区和陕北地区 67 个自然村的农村公共服务满意度及其影响因素实证研究结果表明，农民对农村公共服务的需求具有一定的层次性和阶段性，满意度根据其需求状况具有一定的次序性[⑧]。雷晓康[⑨]和史张宇等[⑩]分别研究了陕北几县基础教育公共服务均等化问题和陕西神木基本公共服务均等化问题，王肖惠等分

---

① 张立荣，李名峰. 满意度和需求度二维耦合视角下的农村公共服务现状研究：以湖北省为例[J]. 中国行政管理，2012(2)：114－118.

② 陶勇. 中国农村公共产品供应的理论研究[J]. 学习与探索，2006(3)：209－211.

③ 徐强，王耘. 浅议农村公共产品财政投资机制创新[J]. 经济体制改革，2006(3)：118－120.

④ 董立人. 创新城乡基本公共服务供给主体[J]. 决策探索（下半月），2009(1)：32－33.

⑤ 胡志平. 从制度匹配检视农村公共服务均等化[J]. 社会科学研究，2013(1)：15－22.

⑥ 贾先文，黄蔡芬. 农村公共服务社区化模式的比较与借鉴：基于两个典型农村社区的调查与分析[J]. 学术交流，2012(8)：120－123.

⑦ 刘静. 陕西县级政府农村公共服务供给分析：以西安市各区县为例[J]. 陕西行政学院学报，2009，23(3)：37－41.

⑧ 唐娟莉，朱玉春，刘春梅. 农村公共服务满意度及其影响因素分析：基于陕西省 32 个乡镇 67 个自然村的调研数据[J]. 当代经济科学，2010，32(1)：110－117.

⑨ 雷晓康，曲婧. 基础教育公共服务均等化问题研究：以陕北几县为例[J]. 西北大学学报（哲学社会科学版），2011，41(1)：20－25.

⑩ 史张宇，杨文军. 基本公共服务均等化理论与实践：基于陕西神木县的实证分析[J]. 陕西行政学院学报，2011，25(1)：51－53.

析发现,陕西省农村基本公共服务设施呈现出中心突出、北强南弱的态势①。刘辉研究发现,自然条件的地区差异、经济发展水平低下和政府短期经济政绩导向造成了陕西农村公共服务失衡②。谭秀阁等利用数据包络分析法对陕西和国内其他地区公共服务的投入产出效率进行比较,发现陕西公共服务水平在全国居于中下水平,城乡公共服务发展不均衡③。朱玉春等的研究表明,陕西农村公共物品供给主要是采取以政府为主导的模式④。

上述研究为本项目的开展提供了丰富的理论支撑和多种可供参考借鉴的研究方法,不足之处在于针对全国整体状况的研究较多,针对陕西省农村公共服务供给的研究相对较少,定性研究较多,定量分析较少且以单一学科的研究成果为主,基于学科交叉视角的研究较少。已有文献对造成陕西省农村公共服务供给困境的原因分析不够深入和全面,对多元供给主体的角色定位和权责划分及其实施路径尚未构建起系统的理论支撑和综合性的分析框架。

(二)关于农村社会治理的研究

农村社会治理问题早已进入学者的研究视野,多数研究沿用了西方社会学、政治学的分析框架和比较成熟的理论体系,对于深入了解中国农村社会治理问题有很大的助益。自从党的十八届三中全会提出"推进国家治理体系和治理能力现代化"以来,相关研究开始转向农村社会治理。随着经济新常态提法的出现,相信关于农村社会治理的研究除了有制度转型、社会改革的视角,关注中国经济发展的特定阶段也是我们分析农村社会治理不可回避的方面。

一方面,关于社会治理的研究为农村社会治理问题提供了基本的分析框架和理论支撑。孔繁斌认为,人类社会历史存在着三种基本的社会治理模式⑤。传统社会治理模式以政府为单一权威中心管理社会公共事务,强调统治与管理。服务型社会治理模式强调多中心治理,以供给公共服务为主要职能,代表着社会治理的新趋势。郁建兴认为,经济发展与社会治理之间不是线性的单向度关系,是一个互相表征的过程。因此,社会治理的发展不仅是对经济新常态的回应和适应性选择,

---

① 王肖惠,杨海娟,王龙升. 陕西省农村基本公共服务设施均等化空间差异分析[J]. 地域研究与开发,2013,32(1):152-157.

② 刘辉. 西部欠发达地区农村公共服务供给困境与对策研究:以陕西省为例[J]. 安徽农业科学,2012,40(9):5611-5612.

③ 谭秀阁,王峰虎,杨建飞. 陕西城乡公共服务均衡发展问题研究[J]. 西安财经学院学报,2012,25(2):18—20.

④ 朱玉春,唐娟莉,郑英宁,等. 基于模糊评判法的陕西农村公共物品供给模式选择分析中国人口[J]. 资源与环境,2012,22(2):80-87.

⑤ 孔繁斌. 公共性的再生产:多中心治理的合作机制建构[M]. 南京:江苏人民出版社,2008:43.

也是其自身生长逻辑的要求①。胡琦讨论了社会组织作为一种新兴的公共治理主体,对建构社会治理"新常态"具有重大功能意义。独立性与自治性的二元困境要求我们以法治化与自治化为基本路径来推进社会组织参与建构社会治理"新常态"②。令小雄认为,社会治理是国家治理体系的关键层面,社会治理现代化是国家治理现代化的重要组成部分。他提出德法同构、挖掘中国传统文化中的契约精神等实现社会治理现代化③。康晓强预测经济新常态下社会治理会呈现的三大趋向:社会组织和社会企业崛起并成为社会治理主体结构的重要一极;法治日益成为社会治理的主导性方式;社会创新逐渐成为激发社会活力的轴心机制④。

另一方面,关于农村社会治理研究的视角被不断拓展。刘祖云等认为,"农民的终结"催生出了"乡村软治理"的学术命题。乡土文化日渐式微背景下的乡村软治理,在治理主体、法理基础、治理手段、治理对象、治理效果等方面都相对于传统乡村硬治理模式发生了根本性的变化⑤。赵秀玲认为,中国农村治理考评体系至今并未引起研究者的高度重视,这导致了农村治理存在片面、狭隘与滞后状态。当前中国农村治理考评制度建设还处于初级阶段⑥。李洁通过对江淮地区某村庄口述历史材料和文字档案材料的并置研究,采用底层史观的方法对中国农村去集体化进程进行了新的解读和分析,提出主流历史的叙述方式与转型时期国家治理的合法性需要密切相关⑦。

农村公共服务可以作为社会治理探索的切入点,积累将政府主导的治理体系向多中心、多主体的模式转变的经验。公共服务关系到每个人的切身利益,是涉及所有成员的议题,能够吸引大家共同参与。而且农村的公共服务以乡村为基本单位,涉及的人口数量少,环境有相对的独立性。陕西拥有丰富的文化资源和深厚的传统底蕴,为探索具有中国特色的农村基层社会治理机制提供了独特的条件。

三、研究设计

本书通过在图书馆、中国期刊网、中国优秀硕博士文库和一些外文数据库检索相关资料,搭建研究理论平台,并结合深度访谈和问卷调查的结果,运用理论分析

① 郁建兴.走向社会治理的新常态[J].探索与争鸣,2015(12):4-8+2.
② 胡琦.法治与自治:社会组织参与建构社会治理"新常态"的实现路径[J].探索,2015(5):77-82.
③ 令小雄.论析"新常态"视域下的社会治理现代化[J].毛泽东思想研究,2015,32(3):67-72.
④ 康晓强.经济新常态下社会治理的新趋向[J].科学社会主义,2015(4):15-18.
⑤ 刘祖云,孔德斌.乡村软治理:一个新的学术命题[J].华中师范大学学报(人文社会科学版),2013,52(3):9-18.
⑥ 赵秀玲.中国农村治理考评制度的历史变迁[J].求索,2015(5):15—20.
⑦ 李洁.农业"去集体化"过程中的乡村治理与底层政治:对一段乡村历史的分层解读[J].社会,2013,33(2):156-184.

和统计分析，描述陕西农村公共服务的现状，解析存在的问题，提出改进的对策。

(一)研究内容

1. 陕西农村公共服务的制度分析与实施现状

本书通过文献检索，获取国内外理论研究、实践探索的相关信息和权威统计资料，在国内外研究文献、陕西省农村公共服务的公开政策资料与统计资料、政府内部政策资料与统计资料的基础上，研究制度建立背景及政策体系、法律法规、推进机制等，根据跟踪调查资料，从农村公共服务的外部环境、居民满意程度、发展建议等角度，勾画出陕西农村公共服务制度的实践现状。

2. 陕西农村公共服务水平的评价

构建陕西农村公共服务评价的指标体系，对陕西农村公共服务水平和结构进行分析，以西北五省中的其他省份作为对比的参照系，结合近年来农村社会经济状况，确定陕西省农村公共服务的总体水平，从城乡结构、区域结构和项目结构三方面解析陕西省农村公共服务的内部结构，以形成对陕西农村公共服务的整体认识。

3. 陕西农村公共服务中存在的问题分析

在前文分析的基础上，结合跟踪调查获得的访谈资料，从微观角度归纳陕西农村公共服务中存在的突出问题，将宏观数据和微观资料结合，解析陕西农村公共服务面临的困境。

4. 陕西农村公共服务的完善对策建议

农村公共服务既是经济社会可持续发展的保障条件，也是体现社会公正，矫正城乡发展不均衡的办法，针对陕西农村公共服务可能存在道德风险、制度风险和财务风险等问题，本研究从夯实经济基础、重塑治理结构、提高道德水准三方面提出破解陕西农村公共服务难题的对策建议。

(二)研究方法

1. 文献法

文献法是研究者按照一定的研究目的或课题，通过研究文献，全面、正确地了解、掌握所研究的问题，揭示其规律、属性的一种方法。本书通过文献检索，获取国内外理论研究、实践探索的相关信息和权威统计资料，国内外研究文献，陕西省及各地市公开政策资料与统计资料，并借鉴现有文献的研究成果展开研究。

2. 实地调查法

实地调查便于获取大量的一手资料，便于从情景体会中发现深层次的本质。在前期文献整理工作的基础上，需要设计访谈提纲和资料收集表等。本调查方法：

通过对陕西省农村公共服务相关政府主体进行访谈，深入了解农村公共服务实施的背景、实施的现状、遇到的困难、拟解决的路径、发展的规划等；通过对农村居民的访谈，获得居民对制度的认知情况、满意度情况等；通过资料收集表收集相关资料和数据等。

3. 统计分析法

农村公共服务主要由各级政府的财政支出承担，制度的运行可能会对各级财政造成一定的风险，因此要确定合理的公共服务水平，如何在居民的需求和财政的供给能力之间达成均衡，需要结合历年数据，参考其他地区的经验。本书运用功效系数法对指标进行预处理，利用熵值法估算各指标的权重，通过构建指标体系，对陕西农村公共服务的水平进行评价，定量掌握其制度运行状况和所处发展阶段。

(三)研究进程

本研究过程主要分成四个阶段：文献准备、实地调研、发表文章、内容撰写。

1. 文献准备

2014 年 6 月—2014 年 12 月，笔者利用中国期刊网、国内主流媒体、陕西省政府网站、国际各大数据库检索了关于农村公共服务的基本研究文献，形成相关研究的文献综述。

2. 实地调研

2015 年 1 月—2015 年 12 月，笔者根据形成的文献综述和研究目标，完成本次调研设计，采用深度访谈和资料收集、情景体会等方法，收集陕西省农村公共服务的运行资料和数据，获取农村居民的认知情况和满意度信息，并实施调研。

3. 发表文章

2016 年 1 月—2016 年 12 月为发表文章阶段。笔者主要从一般意义上对农村公共服务中具有一定代表性的文化和社会保障从城乡对比和城市化的角度进行探讨。《西部农村居民卫生服务需求与利用及影响因素分析》一文发表在《西安交通大学学报(社会科学版)》2015 年第 2 期，《农民工社会保障制度的困境与出路》一文发表在《现代经济探讨》2015 年第 2 期，《中国农村文化在城市化背景下面临的困境思考》一文发表在《西安交通大学学报(社会科学版)》2016 年第 2 期。

4. 内容撰写

2017 年 1 月—2019 年 6 月为创作阶段。本研究更注重贴近陕西实际，从政府制度、政策和居民微观等方面剖析陕西农村公共服务面临的困境并提出解决对策。由于所研究问题的综合性和复杂性，因此撰写时有一个不断调整的过程，这使得该阶段工作的完成时间超过了预期。

(四)资料来源

本研究数据来源主要有三个:①公开的统计数据。在调研的过程中,搜集历年陕西农村公共服务的相关数据,如财政收支、城乡居民收入、消费情况等公开统计数据。②调查数据。选取西安、商洛、渭南和咸阳等地的村庄进行调研和访谈,以获得本研究的实态调查数据,包括农村居民收入、消费、就业、教育、医疗和基础设施的数据。③测算数据。运用统计分析的方法,评价陕西农村公共服务总体水平、城乡对比、农村公共服务项目的结构等。

(五)研究框架

本研究在文献研究的基础上确定初步的研究设计,从理论分析和实地调研两个方向展开探讨。宏观层面侧重制度反思,中观层面侧重农村公共服务供给水平与结构的评价,微观层面关注供求的一致性和需求主体的期望。

四、陕西省农村公共服务现状分析

国务院印发的《"十三五"推进基本公共服务均等化规划》提出,《"十三五"国家基本公共服务清单》包括公共教育、劳动就业创业、社会保险、医疗卫生、社会服务、住房保障、公共文化体育、残疾人服务等 8 个领域的 81 个项目。笔者认为,农村公共服务可以界定为面向农村全体成员,以改善农村居民生活质量和生活环境,提高农村居民文化素质为目标,为农村社会经济发展提供各种服务的社会活动。考虑到陕西省农村公共服务的实际情况和数据获得的可行性,笔者选取了基础教育、基础设施、医疗卫生、社会保障、文化娱乐、环境卫生 6 个方面进行研究,主要考察陕西省公共服务水平、不同区域和地级市的公共服务水平比较、不同公共服务项目的发展程度、经济发展水平与农村公共服务的相关性。

(一)陕西省农村公共服务供给基本情况

党的十八大召开以来,陕西省农村经济和社会的发展进入一个新时期,随着国家各项富农惠农政策的落实,农村的公共服务迎来了长足的发展。农民收入、消费结构的变化,农村生活环境和基础设施的不断改善①,促使农村公共服务水平不断提高。农村的公共服务供给已经解决了"从无到有"的问题,面临的是"从有到优"

① 本书所引用关于陕西的数据,除了专门注明的,其他都来自陕西省统计局网站和省内各地市统计局网站。

的命题。2018 年陕西全省财政支出 5301.9 亿元，与上年相比增加 468.7 亿元，增长 9.7%。与上年相比，其中，教育支出 872.9 亿元，增长 5.4%；科学技术支出 86.7 亿元，增长9.3%；文化体育与传媒支出 125.1 亿元，增长 2.6%；社会保障和就业支出 793.2 亿元，增长 10.4%；医疗卫生支出 454.9 亿元，增长 8.8%；节能环保支出 177.5 亿元，增长 9.2%；城乡社区支出 538.4 亿元，增长 12.7%；农林水支出 629 亿元，增长 15.3%；扶贫支出 214.6 亿元，增长 36.7%；交通运输支出 274.4 亿元，下降 9.7%，主要原因是 2017 年一次性安排省铁路建设集团、交通投资集团投资等抬高了基数；住房保障支出 192.5 亿元，下降3.4%，主要原因是任务量减少，政府补助相应减少。2018 年，陕西省加大投入力度，将精准脱贫攻坚战深入推进。各级财政投入扶贫专项资金 129.3 亿元，其中，省级预算安排 30 亿元，与上年相比增长 30%。省级财力补助的脱贫攻坚资金为 11 亿元，与上年相比增长 57.1%。整合贫困县涉农资金 189 亿元，重点支持贫困县产业发展和基础设施建设。筹措资金 82.9 亿元，支持全省农村安全饮水和乡村道路等基础设施建设。继续加大对 11 个深度贫困县的支持力度，投入增幅达到 50.5%。

加快促进公共卫生服务均等化。继续实施 11 类 43 项基本公共卫生项目，财政补助标准由 35 元提高到 40 元，新增部分用于村医补助。推广安康茨沟公共卫生服务责任医师团队模式，实行家庭签约服务或购买服务。全面推行基本公共卫生服务项目精细化管理。扩展 6 类 19 项重大公共卫生服务项目内容，强化技术指导、资金监管和绩效考核，确保项目取得实效。

作为兜底扶贫的重要职能部门，陕西省民政厅以“民政跟着民生走、低保围着脱贫做、整改聚焦问题抓”的思路，抓好兜底保障工作，将符合条件的建档立卡贫困户按规定程序全部纳入农村低保范围，确保特殊困难群体得到有效救助。从 2017 年 10 月 1 日起，陕西省农村低保最低限定保障标准提高到每人每年 3470 元，高于全省扶贫标准（每人每年 3070 元）；落实“分类施保”，对农村低保家庭中的老年人、未成年人、重度残疾人、重病患者等七类人员，按当地低保标准的一定比例增发低保金。陕西省将建档立卡贫困人口根据类别全部纳入医疗救助范围，1 月至 10 月，全省共实施农村医疗救助 53.3 万人次，支出资金 6.7 亿元。

1. 公共服务建设经济基础不断夯实

近年来，陕西省政府坚持稳中求进，科学精准施策，全社会呈现经济运行平稳，财政收入逐年增加，农民获得感增强的态势。

1）经济发展水平持续向好

2005—2016 年，陕西省地区生产总值稳步提高（图 6－1），2016 年，陕西省实现地区生产总值 19165.4 亿元，总量在全国排名第 16 位，不变价增速为 7.9%，现价增速为 6.3%，增幅较高。

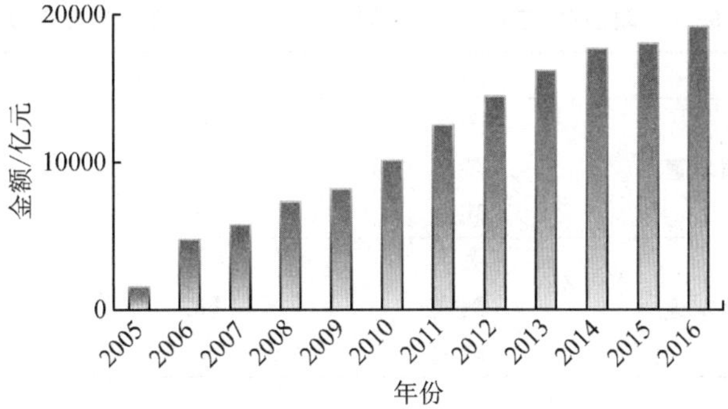

图 6-1　陕西省 2005—2016 年地区生产总值

从经济发展程度来看,陕西省经济发展水平呈现出平稳增长趋势,但经济发展不均衡情况突出。陕西省分为三个部分,分别为陕北、关中、陕南,分别位于陕西省北部、中部和南部地区。陕北包括延安、榆林;中部地区包括铜川、西安、宝鸡、咸阳、渭南五个市;陕南包括安康、商洛、汉中三个市。陕北、陕南、关中三个地区地理面积分别为 79952.4 平方千米、70207.2 平方千米、55371.5 平方千米。2005—2015 年,陕西省人口总数增长呈平稳趋势,但由于关中地区是陕西的核心区域,截至 2015 年年底,常住人口达 2385.08 万人,陕北和陕南人口分别为 563.24 万人、844.55 万人,两者人口之和不足关中人口的六成。近几年人口流动加快,向关中(主要是西安)聚集的趋势持续强化,关中人口占比持续上升,陕南、陕北人口占比则持续下降。2018 年陕西省三大区域中,关中地区常住人口占 63.35%,比上年上升 0.26%,较 2010 年提高 0.66%;陕南常住人口占 21.96%,比上年下降 0.18%,较 2010 年下降 0.51%;陕北常住人口占 14.69%,比上年下降 0.08%,较 2010 年下降 0.15%[①]。陕北和陕南常住人口合计占比不到 40%。

关中地区的经济发展水平远远高于陕南和陕北地区,截至 2015 年年底,实现 GDP 11585.17 亿元,而陕南和陕北地区分别实现 2433.18 亿元、3690.15 亿元,分别占关中地区 21.0% 和 31.9%;从 GDP 增速来看,"十二五"时期关中地区的 GDP 增速也略高于其他两个地区。但是从人均 GDP 来看,一方面得益于政府精准施策,另一方面由于陕南和陕北人口数量较少,陕南和陕北"十二五"时期人均生产总值增速呈爆发式增长,分别高于"十一五"时期 18.8% 和 18.7%,高于关中地区"十二五"时期增速 5.8% 和 5.4%。

陕西省"三区""十一五"和"十二五"时期经济指标增速见表 6-1,2005—2015 年地区生产总值见图 6-2,2005—2015 年人均 GDP 见图 6-3。

① 数据来源于 2019 年陕西省统计局网站。

表6-1　陕西省“三区”“十一五”和“十二五”时期经济指标增速　　单位：%

指标	地区	“十一五”	“十二五”
地区生产总值增速	关中	12.8	19.7
	陕南	12.4	19.1
	陕北	16.7	18.7
人均生产总值增速	关中	16.6	19.9
	陕南	6.9	25.7
	陕北	6.6	25.3

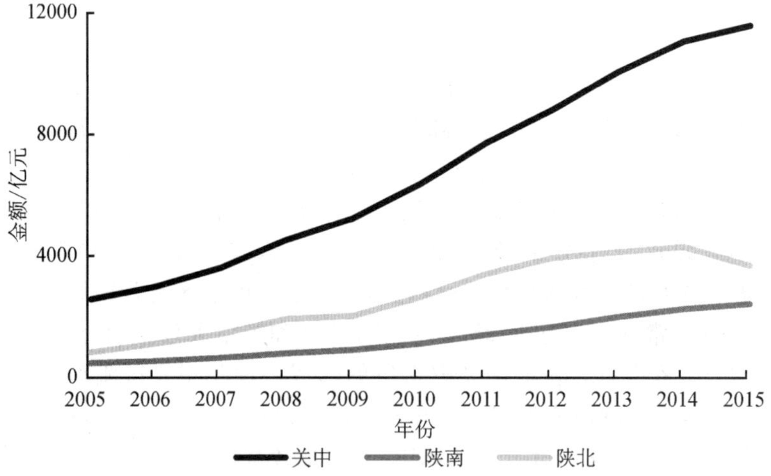

图6-2　陕西省“三区”2005—2015年地区生产总值

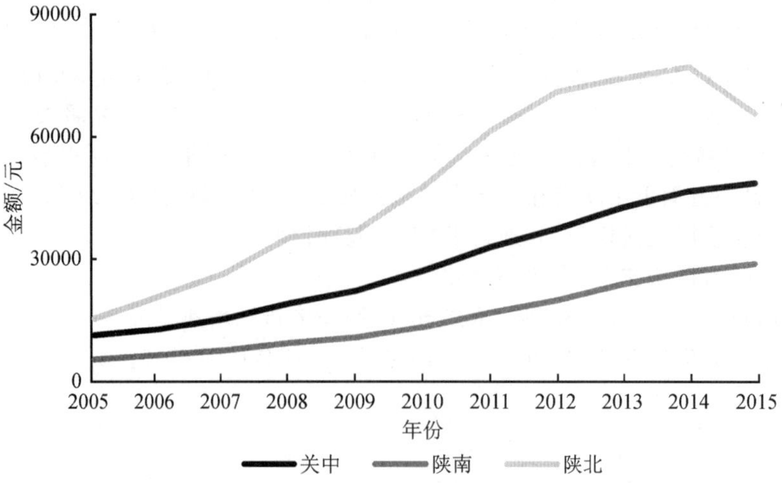

图6-3　陕西省“三区”2005—2015年人均GDP

2)财政收支逐年增加

2005—2015 年,陕西省财政收入和支出稳定提高。关中、陕南和陕北地方财政收入年平均增速高于 20%,分别实现 23.9%、24.2%、20.8%的高增速,三区地方财政支出年平均增速分别为 25.8%、27.3%和 22.6%。从总量来看,得益于较高的经济发展水平,关中的地方财政收入和支出高于陕南和陕北。尤其陕南地区,2015 年底,财政收入仅 107.3 亿元,关中和陕北的财政收入分别是其 8.62 倍和 4.26 倍。从财政赤字率角度来看,国际通用的财政赤字率安全警戒线为 3%(欧盟财政赤字率安全警戒线),2015 年年底,关中地区财政赤字率为 8.7%,高于该警戒线 5.7%,而陕南和陕北分别为 1.9%和 0.5%,处于安全范围。

2. 农村居民获得感增强

1)农村居民收入实现较快增长

随着陕西省经济发展水平的提升,以及农村就业环境、生活保障措施的完善,农村居民收入逐渐增加,2016 年陕西农村居民人均可支配收入为 9396 元(图 6-4),虽然农村居民人均可支配收入低于全国平均水平 2967 元,但是"十二五"时期以来,陕西省农村居民人均可支配收入增速高达 14.8%,高于全国平均水平 1.7 个百分点。

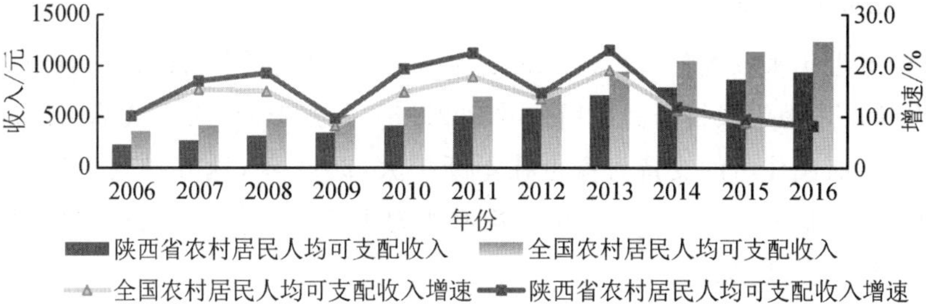

图 6-4 2006—2016 年陕西农村居民人均可支配收入状况

2)农村居民消费结构更加合理

得益于居民收入水平的提升以及电子商务的发展和生活服务圈的完备,陕西省农村人均消费支出增长较快,2016 年共实现支出 8568 元,同比增长 8.4%。农村居民消费结构优化升级成效显著,恩格尔系数由 2006 年的 39.0 下降到 2016 年的 31.8。一是农村居民吃穿用等基本消费比重继续下降。2016 年全省农村居民人均食品烟酒、衣着共支出 2818 元,占人均消费支出的比重为 33%,比上年同期下降 1.2%,比城镇低 3.1%。二是服务消费比重继续提高。与上年相比,全省农村居民人均居住、教育文化娱乐、其他用品及服务支出增长较快，分别增长13.5%、6.4%、9.8%，占人均消费支出的比重为39%，比上年同期上升0.8%，高于基本消费所占比重5.4%，并且高于城镇4.4%（图6－5）。

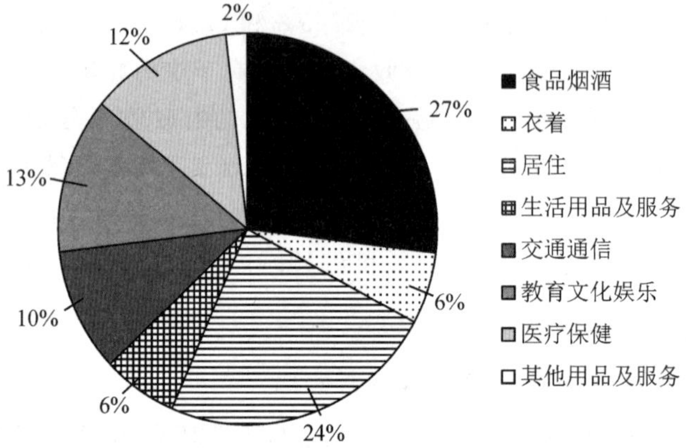

图6－5 2016年陕西省农村人均消费分解图

3. 公共服务水平较高的和谐农村初见雏形

1)“住有所居”的水平不断提升

陕西省近年来以优化城乡建设用地为抓手，大力进行农村改造。截至2015年底，城乡建设用地中农村居民点用地共2327.81平方千米，约是城镇用地的两倍。政府财政对居民住房的支持力度也在不断扩大，2015年，地方财政住房保障支出共实现249.1亿元，2011—2015年平均增速为10.5%，其中对农村农户固定资产投资额已达351.21亿元。

较大力度的住房建设使得全省居民“住有所居”的水平进一步提升，2015年底，农村农户竣工房屋建筑面积已达2444.61万平方米，农村居民人均住房面积由2011年的30.0平方米提高至2015年的42.6平方米（2013年该指标更名为年末人均住房建筑面积），并且随着农村改水、农村改厕项目的持续推进，居民住房居住条件得到了较大改善。

2)“居有所享”的基础不断强化

为了提高农村居民的幸福感，陕西省政府在保障住房的基础上，大力实施惠民工程，完善医疗健康服务、教育资源公共服务、老年人关爱服务体系，补齐基本生活服务这块短板。

截至2015年底，乡镇卫生院1589个，村卫生室25717个，农村卫生机构床位

10.51万张。积极推进各级各类教育进一步发展，地方财政教育共支出3394.81亿元，实施一期、二期学前教育三年行动计划和农村学前教育推进工程，全省各级各类幼儿园达7438所。教育质量显著提高，小学生师比(教师人数设为1)为14.93，初中生师比(教师人数设为1)为10.23，基础教育超过全国平均水平。同时，政府积极完善大、中、小学生资助政策体系，使教育公平程度进一步提升。

2019年6月21日，陕西省人社厅、财政厅联合印发《关于建立城乡居民基本养老保险待遇确定和基础养老金正常调整机制的实施意见》(以下简称《实施意见》)，标志着陕西省城乡居民养老保险制度体系的进一步完善。《实施意见》提出要完善待遇确定机制。城乡居民基本养老保险待遇由基础养老金和个人账户养老金构成。《实施意见》中明确了各级人民政府、集体经济组织和参保居民等各方面的责任。市(区)应根据当地实际适当提高基础养老金标准，对65岁及以上参保城乡老年居民予以适当倾斜；对长期缴费、超过最低缴费年限的，应适当加发年限基础养老金，原则上对累计缴费超过15年的，每多缴一年每月加发基础养老金不低于2元，形成长缴多得的激励导向。

《实施意见》明确，从2020年1月1日起，建立个人缴费档次标准和缴费补贴调整机制。全省城乡居民基本养老保险个人缴费档次设为每年缴费200元、300元、400元、500元、600元、800元、1000元、1500元、2000元和3000元10个档次。缴费补贴标准依次调整为30元、45元、60元、75元、80元、90元、100元、150元、200元和300元。对建档立卡未标注脱贫的贫困人口、低保对象、特困人员等农村困难群体，以及重度残疾人等缴费困难群体，政府暂时保留每人每年100元的最低缴费档次并给予每人每年30元的缴费补贴。《实施意见》还提出开展城乡居民基本养老保险基金委托投资，实现个人账户基金保值增值，增加个人账户养老金积累，逐步提高养老待遇水平①。

3)"享有所娱"的质量不断提高

随着农村居民收入水平的提高和物质生活条件的改善，其对美好生活的需求愈加迫切。陕西省政府以满足群众基本物质生活需求为前提，大力发展文化事业，截至2015年底，公共图书馆共110个，总藏书量1506.35万册，电视节目综合人口覆盖率达98.7%，其中农村有线广播电视用户数188.56万户，比2011年增长33.8%，文化发展水平逐步均等化。

---

① 陕西省人力资源和社会保障厅. 我省建立城乡居民基本养老保险待遇确定和基础养老金正常调整机制[EB/OL]. (2019-6-24)[2024-06-03]. https://rst.shaanxi.gov.cn/newstyle/pub_newsshow.asp?id=1014301&chid=100079.

(二)农村公共服务评价体系与研究方法

1. 指标体系构建

我国公共服务评价体系涉及领域广，层次较为繁杂，因此对于公共服务评价体系指标项目的选取，要求在广度上既能够全面反映公共服务水平，形成一个覆盖面广的有机整体，同时又能在深度上反映公共服务水平发展的可持续性，其指标项必须是可以定量化的时间序列，可以进行进一步的分析和预测。并且，在选取指标时要注意科学性和合理性，用尽可能少的指标反映尽可能多的内容。

基于前文分析，本研究首先选择西北地区的甘肃、青海、宁夏及新疆进行对比性分析，拟从基础教育、基础设施、医疗卫生、社会保障、文化娱乐、环境卫生六个方面选择相关指标，对陕西省农村公共服务水平进行综合性对比评价。其次，本研究依据以上所测权重对陕西省"十二五"时期数据进行测算，并对各项指标进行加权汇总，计算出综合评价指数，依据该指数对陕西省农村公共服务水平进行全面分析，反映公共服务水平发展的可持续性。

陕西省公共服务均等化水平分析。陕西省共有十个地市，分别隶属于关中、陕南、陕北三个地区，首先从基础教育、基础设施、医疗卫生、环境建设四个方面设定指标，从地市级的角度探讨陕西省公共服务水平情况。其次在县域的层面上，运用回归分析探讨基础教育、社会福利、医疗卫生、基础设施建设与经济发展的关系，以及农村公共服务均等化情况。

本研究首先采用功效系数法对各指标数据进行去量纲处理，在权重设定上拟选用较为客观的熵值法进行赋权，并依据所测权重对指标数据进行加权汇总，能够充分挖掘数据中所包含的信息。

2. 研究方法

1)功效系数法

首先构建原始指标数据矩阵，假设有 i 个省市，j 项评价指标，形成数据矩阵如下：$\boldsymbol{X}=\{x_{ij}\}(0\leqslant i\leqslant n,0\leqslant j\leqslant m)$，$X_{ij}$ 表示第 i 个样本在第 j 项评价指标的数值。

由于各指标的量纲、数量级均有差异，所以为消除因量纲不同对评价结果的影响，需要对各指标进行标准化处理，本研究采用功效系数法对数据进行预处理。

根据功效系数法，正向指标和负向指标数值代表的含义不同(正向指标数值越高越好，负向指标数值越低越好)，因此，对于正向和负向指标需要采用不同的算法进行数据标准化处理。

正向指标：
$$X'_{ij}=\frac{X_{ij}-\min\{X_j\}}{\max\{X_j\}-\min\{X_j\}}\times C+D$$

负向指标：
$$X'_{ij}=\frac{\max\{X_j\}-X_{ij}}{\max\{X_j\}-\min\{X_j\}}\times C+D$$

其中 X'_{ij} 为标准化之后的值，X_j 为第 j 项指标值，C 是对变换后的数值进行"放大"或"缩小"的倍数，D 是对变换后的数值做平移的"平移量"，即表示实际的基础分值。研究取 C 为 40，D 为 60，即基础分值为 60，最高分值为 100。

2)熵值法

第一，计算第 j 项指标的信息熵值的公式为

$$e_j=-K\sum_{i=1}^{m}y_{ij}\ln(y_{ij})$$

式中，K 为常数，$K=\frac{1}{\ln(n)}$，$y_{ij}=\frac{x'_{ij}}{\sum_{i=1}^{n}x'_{ij}}$

第二，某项指标的信息效用价值取决于该指标信息 e_j 与 1 之间的差值，它的值直接影响权重的大小，信息效用值越大，对评价的重要性越大，权重也就相应越大。

第 j 项指标的信息效用值：$d_j=1-e_j$

利用熵值法估算各指标的权重，其本质是利用该指标的信息效用值进行计算，其权重越大，评价就越重要。

第 j 项指标的权重：$w_j=\frac{d_j}{\sum_{i=1}^{m}d_j}$

根据熵值法估计权重如表 6－2、表 6－3、表 6－4 所示。

表 6－2　西部五省农村公共服务评价指标体系及权重

项目	指标	权重/%
基础教育	财政中用于教育支出比重	3.48
	城乡小学生师比(设教师人数为 1)	3.50
	城乡初中生师比(设教师人数为 1)	3.34
基础设施	人均日生活用水量	2.80
	城市用水普及率	3.27
	城市燃气普及率	4.20
	人均城市道路面积	2.36
	城市排水管道长度	3.74
	移动电话年末用户	3.20

续表

项目	指标	权重/%
医疗卫生	财政支出中卫生支出比重	5.12
	卫生技术人员	3.27
	执业医师数	3.32
	执业(助理)医师数	3.42
	注册护士	3.27
	每万人拥有农村卫生技术人员数	3.90
	农村每万人医疗机构床位数	2.57
	每万农业人口乡镇卫生院床位数	2.27
社会保障	参加新型农村合作医疗人数	3.67
	城市居民最低生活保障人数	3.66
	农村居民最低生活保障人数	2.64
文化娱乐	广播节目综合人口覆盖率	4.68
	电视节目综合人口覆盖率	2.44
	农村有线广播电视用户数	3.59
	农村有线广播电视用户数占家庭总户数的比重	3.45
	农村演出场次占国内演出场次的比率	2.60
	国内演出观众中农村观众的比率	3.28
环境卫生	农村改水总投资	3.30
	农村改厕总投资	2.99
	建成区绿化覆盖率	3.70
	人均公园绿地面积	3.01

注:数据来源于《中国统计年鉴》,由于2015年部分数据缺失,采用2014年数据进行替代。

表6-3 陕西省“地市级”公共服务评价指标体系及权重

项目	指标	“地市级”权重/%	“三区”权重/%
基础教育	小学生师比(设教师人数为1)	4.98	9.25
	初中生师比(设教师人数为1)	11.23	7.56
基础设施	城市用水普及率	7.21	7.40
	城市燃气普及率	6.17	7.27
	人均城市道路面积	7.89	7.39
	移动电话年末用户	7.58	7.36

续表

项目	指标	“地市级”权重/%	“三区”权重/%
医疗卫生	卫生技术人员	7.67	8.43
	执业(助理)医师数	7.68	8.76
	注册护士	7.94	8.01
	每万人拥有卫生技术人员数	8.64	6.86
	每万人医疗机构床位数	5.93	7.77
环境建设	全社会固定资产投资	8.08	7.09
	人均公园绿地面积	9.00	6.86

注:数据来源于2016年陕西省区域统计年鉴。

表6-4　陕西省“农村”公共服务评价指标体系及权重

项目	指标	“县域”权重/%	“三区”权重/%
教育	小学生师比(设教师人数为1)	11.0	8.2
	初中生师比(设教师人数为1)	7.9	10.6
社会福利	各种社会福利收养性单位数	10.9	7.8
	各种社会福利收养性单位床位数	11.7	7.8
医疗卫生	每万人拥有卫生技术人员数	8.0	7.9
	每万人医疗机构床位数	6.2	8.6
	卫生技术人员数	8.5	10.0
	执业(助理)医师数	8.1	8.5
	注册护士	10.3	9.7
基础设施建设	固定电话用户	9.1	9.2
	固定资产投资	8.3	11.7

注:数据来源于2016年陕西省区域统计年鉴。

3)采用加权求和进行评价指数计算。

$$U = \sum_{i=1}^{n} X'_{ij} w_j \times 100$$

(三)西北地区农村公共服务水平比较

1.农村公共服务水平与地区经济发展程度高度相关

根据熵值法得出在西北五省中,就农村公共服务水平而言,陕西排名第一位,新疆排名第二位,甘肃随后,青海和宁夏评价指数接近位列后两位。总体来看,以地区生产总值作为衡量经济发展程度的主要指标,以2015年为例见表6-5,经济发展较为落后的地区农村公共服务水平也相对滞后，这表明，农村公共服务发展程度与经济水平在空间分布上具有高度一致性。

表 6-5 西北地区“宜居”农村公共服务评价指标

地区	指数排名	综合指数	2015 年 GDP/亿元
陕西	1	91.35	18021.86
甘肃	3	77.93	6790.32
青海	4	70.29	2417.05
宁夏	5	68.97	2911.77
新疆	2	82.96	9342.80

2. 在西北地区，陕西省农村公共服务水平排名第一

根据熵值法公式计算出西北地区农村公共服务指数如表 6-6 所示，从西北五省来看，陕西省农村公共服务水平在医疗卫生、社会保障、文化娱乐、环境卫生等方面都位列第一，基础设施和基础教育分别位列第二和第三位。但是纵观陕西省“十二五”时期自身情况来看，基础设施、医疗卫生、社会保障、文化娱乐、环境卫生五个方面指数连年攀升，但是基础教育指数呈先增后减趋势，说明公共服务发展仍应继续提高和改进。

表 6-6 西北地区农村公共服务评价指数排名

指标	陕西	甘肃	青海	宁夏	新疆
基础教育	3	5	2	1	4
基础设施	2	5	4	3	1
医疗卫生	1	3	5	4	2
社会保障	1	4	2	4	3
文化娱乐	1	4	2	3	5
环境卫生	1	2	4	5	3
综合排名	1	3	4	5	2

(四)陕西省“十二五”时期农村公共服务发展指数评价分析

纵观“十二五”时期，2011—2015 年，陕西省农村公共服务水平指数呈连续上升趋势，由 2011 年的 61.2 上升至 2015 年的 90.2，整体发展形势良好，公共服务的适宜性逐步提高。结合西北五省的公共服务水平以及国家公共服务平均水平来看，陕西省公共服务各方面发展不够均衡。

结合“十二五”时期陕西省各项指标数值，计算出陕西省农村公共服务指数，如图 6-6 和表 6-7 所示。

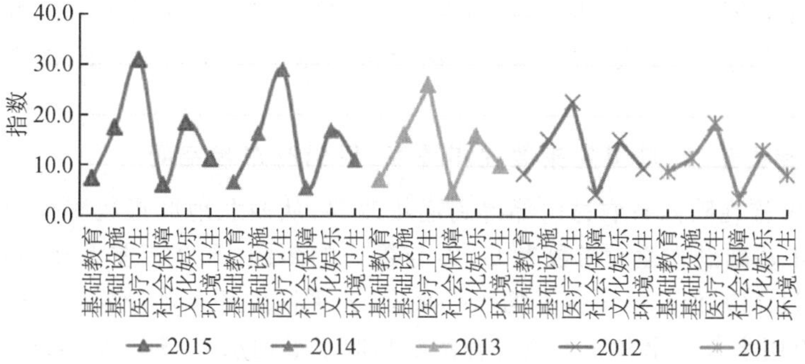

图 6-6　“十二五”时期陕西省农村公共服务评价指数走势图

表 6-7　“十二五”时期陕西省农村公共服务项目评价指数

项目	年份				
	2015	2014	2013	2012	2011
基础教育	7.52	8.54	9.35	9.46	6.60
基础设施	18.2	17.0	16.8	15.7	12.1
医疗卫生	27.1	25.1	22.1	19.0	16.3
社会保障	6.3	5.6	4.9	4.5	3.8
文化娱乐	18.7	17.0	15.9	15.0	13.3
环境卫生	12.3	12.2	11.2	10.6	9.0
总和	90.12	85.44	80.25	74.26	61.1

1. 农村基础教育发展水平相对不足

基础教育指数从 2011 年 6.60 上升至 2012 年 9.46，随后下降至 2015 年的 7.52。基础教育指数下降是由于学生及学校数量的减少，统计资料显示，“十二五”期间，普通小学在校学生数由 2011 年的 253.6 万人下降至 2015 年的 233.11 万人，普通小学学校数由 8867 所下降至 5851 所。这也反映出陕西省对基础教育的投入不足，财政中用于教育支出的比重由 2011 年的 18.07%，达到 2013 年的峰值19.38%，下降到 2015 年的 17.32%。陕西省进一步统筹推进县域内城乡义务教育一体化改革发展，深化义务教育学区制管理改革，推进义务教育优质学校与薄弱学校合作办学或合并办学，完善农村中小学现代远程教育，提高数字化校园覆盖率，以义务教育均衡优质发展为目标，加速扩大优质教育资源覆盖面，由此，基础教育一定会有所增强。

2. 医疗卫生优势凸显

医疗卫生属于陕西省农村公共服务的优势方面，该指数由 2011 年的 16.3 上升至 2015 年的 27.1。从数据看，财政支出中医疗卫生支出比重、医生护士人数逐年增加，农村医疗设施逐步改善。农村医疗卫生服务方面的部分指标已领先于全国平均水平，截至 2015 年年末，陕西省每万人拥有农村卫生技术人员数为 49 人，高于全国平均水平 10 人，农村每万人医疗机构床位数为 40.35 张，高于全国平均水平 3 张。

3. 基础设施、环境卫生指数逐年提高，但仍有进步空间

基础设施在陕西省农村内部得到逐年改善，从西北地区指数测算结果对比来看，2015 年基础设施建设指数为 17.2，与第一的新疆 18.0 相差无几，其他三个省皆刚刚超过 14。但是从全国平均水平来看，关乎民生的基础设施建设中的重要指标，如城市用水普及率和城市燃气普及率却低于平均水平，随着基础设施建设投资的持续增加，陕西省农村基础设施建设仍有改善空间。

从环境卫生来看，随着农村基础设施投资的增加，农村居民居住环境逐步改善，人均公园绿地面积不断增加，2015 年年末，人均绿地面积为 12.57 平方米每人，但是仍低于 13.35 平方米每人的全国平均水平。

4. 社会保障制度谨慎乐观

随着社会救助制度不断完善，社会保障体系的完备，截至 2015 年年末，农村居民最低生活保障人数由 220.7 万人下降到 2011 年的 161.7 万人。农村最低生活保障标准达到 2500 元每人每年，较“十一五”末期提高 62%，有效地解决了农村贫困人口的温饱问题。但是随着经济发展、供给侧结构性改革和化解产能过剩的深入推进，农村失业职工安置和就业问题将给陕西省社会保障制度运行带来一次考验。

5. 文化娱乐在农村发展相对滞后

随着生活水平的提高，农村居民对精神文化的追求日益强烈。文化娱乐对推动整个精神文明建设起着重要作用。但是在陕西省农村，文化娱乐发展较为落后，截至 2015 年年底，陕西省有线广播电视用户数占家庭总户数的比重超过全国平均水平 3%，但是该指标在农村地区的比重为 28.7%，而全国平均水平为 33.5%，与其相比还有一定差距。农村演出场次占国内演出场次的比率和国内演出观众中农村观众的比率，这两个指标于 2013 年出现向下发展趋势，文化娱乐在农村发展仍需加强。

（五）陕西省公共服务均等化水平分析

1. 陕西省城乡公共服务均等化分析

孔凡文等利用 2014 年的数据从医疗卫生、基础设施、基本公共教育三个方面对我国城乡基本公共服务均等化水平进行了研究，表明我国城乡基本公共服务总体差异还比较大，均等化水平较低（表 6-8）。全国城乡基本公共服务综合均等化差异的平均值为 0.486，差异值最小的是上海，为 0.253，差异值最大的是吉林省，为 0.771。

表 6-8 陕西与其他部分地区城乡基本公共服务均等化水平的比较

序号	区域	医疗卫生	基础设施	基本公共教育	综合均等化差异
1	上海	0.170	0.000	0.578	0.253
2	重庆	0.052	0.529	0.463	0.313
3	陕西	0.379	0.719	0.286	0.442
4	内蒙古	0.681	0.822	0.436	0.642
5	吉林	1.000	0.666	0.565	0.771

陕西省城乡基本公共服务综合均等化差异值为 0.442,基本处于全国的中等水平。其中,基础设施的城乡差距最大,远高于全国基础设施的城乡差异平均值 0.569,医疗卫生和基本公共教育的城乡差距相对较小,与全国的状况基本一致①。原因可能在于近年来我国在医疗卫生和基础教育方面的改善力度较大,且全国性的制度规定和要求差异不大。由于受陕西省经济发展水平的限制,加上陕北、陕南地区自然条件的原因,基础设施的改善尚有较大的改进空间。

陕西城乡居民收入与全国平均水平比较,见表 6-9。

表 6-9 陕西城乡居民收入与全国平均水平比较

年 份	城镇居民人均可支配收入/元			农村居民人均纯收入/元		
	陕西	全国	陕西占比/%	陕西	全国	陕西占比/%
2005	8272	10493	78.8	2052	3255	63.0
2006	9268	11759	78.8	2260	3587	63.0
2007	10763	13786	78.1	2645	4140	63.9
2008	12858	15781	81.5	3136	4761	65.9
2009	14129	17175	82.3	3438	5153	66.7
2010	15695	19109	82.1	4105	5919	69.4
2011	18245	21810	83.7	5028	6977	72.1
2012	20734	24565	84.4	5763	7917	72.8
2013	22858	26955	84.8	6503	8896	73.1
2013	22346	26467	84.4	7092	9430	75.2
2014	24366	28844	84.5	7932	10489	75.6
2015	26420	31195	84.7	8689	11422	76.1
2016	28440	33616	84.6	9396	12363	76.0

注:2014 年起为"一体化调查"新口径城乡常住居民人均可支配收入。

① 孔凡文,张小飞,刘娇.我国城乡基本公共服务均等化水平评价分析[J].调研世界,2015(7):9-12.

2005—2016 年，陕西城镇居民和农村居民的收入都在不断地增长，并且与全国平均水平的差距在逐渐缩小，但不论是城镇居民还是农村居民，其收入仍然没有达到全国的平均水平，特别是农村居民，其收入与全国平均水平的差距更大一些，这说明农村整体经济发展水平仍然滞后。2016 年年末纳入城市低保 21 万户、42.10 万人，人均月保障标准最高 590 元、最低 450 元；纳入农村低保 58.60 万户、130.40 万人，保障标准每人每年最低 3015 元。农村五保对象 15.20 万人，其中集中供养约 5 万人，供养标准每人每年最低 6000 元（现金不低于 5800 元）；分散供养每人每年最低 5500 元（现金不低于 5300 元）。农村五保供养服务机构共有 453 所[①]。

陕西各地市 2016 年城乡居民收入情况，见表 6 - 10。

表 6 - 10 陕西各地市 2016 年城乡居民收入相较 2015 年增长情况

地区	全体居民人均可支配收入/元			城镇居民人均可支配收入/元			农村居民人均可支配收入/元		
	2016 年	2015 年	增幅/%	2016 年	2015 年	增幅/%	2016 年	2015 年	增幅/%
全省	18874	17395	8.5	28440	26420	7.6	9396	8689	8.1
西安市	30032	27845	7.9	35630	33188	7.4	15191	14072	8.0
铜川市	20630	18973	8.7	27594	25559	8.0	9478	8739	8.5
宝鸡市	20040	18446	8.6	31730	29475	7.7	10287	9511	8.2
咸阳市	20006	18430	8.6	31662	29425	7.6	10481	9690	8.2
渭南市	16265	14958	8.7	27485	25472	7.9	9415	8705	8.2
延安市	21122	19479	8.4	30693	28590	7.4	10568	9789	8.0
汉中市	15678	14378	9.0	25595	23625	8.3	8855	8164	8.5
榆林市	20463	18905	8.2	29781	27765	7.3	10582	9802	8.0
安康市	15226	13976	8.9	25962	23985	8.2	8590	7913	8.6
商洛市	13693	12558	9.0	25468	23509	8.3	8358	7706	8.5
杨凌示范区	26790	24641	8.7	35510	33109	7.3	14959	13792	8.5

从 2016 年陕西各地城乡居民可支配收入的情况看，收入的增幅相差不大，各地农村居民可支配收入的增长速度都超过了城市，这说明在国家统筹城乡发展的大背景下，陕西省农村建设的成效初步显现。但从绝对数值看，2016 年各地市城乡居民的可支配收入差距比 2015 年扩大了（表 6 - 11）。这表明，农村状况的改善

① 陕西省统计局. 2016 年陕西省国民经济与社会发展统计公报[EB/OL]. (2017 - 03 - 02)[2024 - 06 - 03]. http://tjj.shaanxi.gov.cn/tjsj/ndsj/tjgb/qs_444/201703/t20170302_1616146.html.

只是在自身发展基础上的改善，与城市的差距并没有缩小。因此依靠市场机制实现农村对城市的追赶可能性较低，农村公共服务领域的投资仍需政府和其他机构介入。

表 6－11　2015 年和 2016 年陕西各地市城乡收入差距比较　　单位：元

区域	2015 年城乡差距	2016 年城乡差距
全省	17731	19044
西安市	19116	20439
铜川市	16820	18116
宝鸡市	19964	21443
咸阳市	19735	21181
渭南市	16767	18070
延安市	18801	20107
汉中市	15461	24710
榆林市	17963	19199
安康市	16072	17372
商洛市	15803	17110
杨凌示范区	19317	20551

收入差距是城乡差距的显著指标，城乡在公共服务方面的差距更大。根据统计年鉴的统计口径，2017 年西安市统计局对新城区、莲湖区、雁塔区、未央区、阎良区范围内 449 名 55 周岁以上的老年人发放问卷，开展了“西安市老年人养老服务需求调查”。调查显示，受访老人最主要的经济来源是离(退)休金/养老金，占所有收入的 73.9%(图 6－7)，有 77.5%的受访老人表示在养老方面有经济压力。

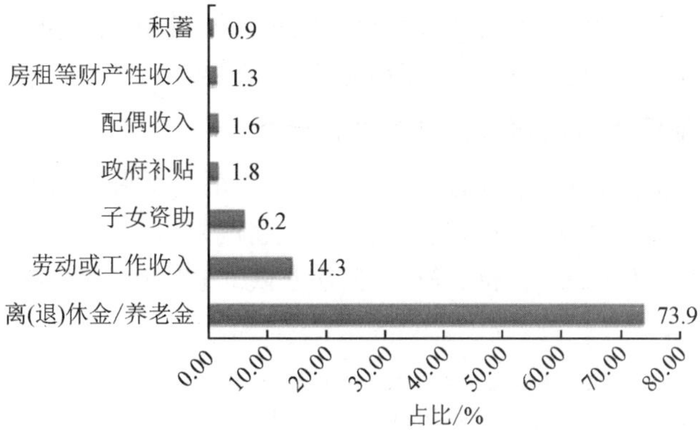

图 6－7　西安市受访老人经济来源占比

根据图 6-8，有 96.4%的受访老人参加了医疗保险，其中，参加人数最多的是城镇职工基本医疗保险，占 64.6%，有 81.3%的受访老人表示在承担基本的医疗费用(大病、手术以外的诊疗费、检查费、医药费等)方面有经济压力。由此推算，要是没有稳定的退休金经济来源，新型农村合作医疗的保障水平又远低于城镇职工基本医疗保险的农村居民会承受何种养老和医疗压力。

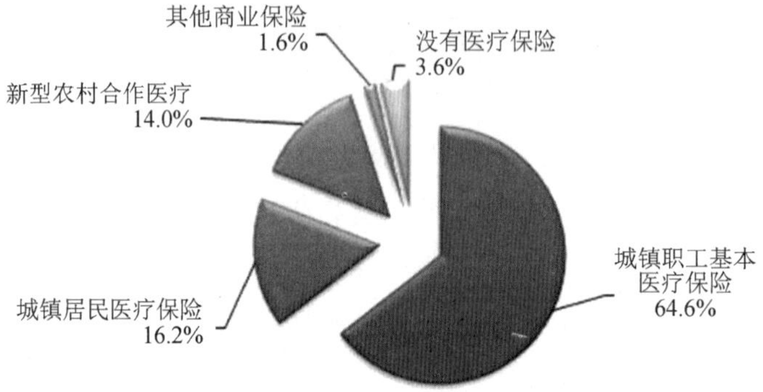

图 6-8 西安市受访老人参加的医疗保险种类

2007 年陕西省开始启动新农保试点工作，从 2014 年 1 月 1 日起，西安市统一城乡居民社会养老保险基础养老金标准，将城镇居民和农村居民基础养老金统一提高至 130 元，即农村居民基础养老金在原每人每月 85 元的基础上增加 45 元，增加部分由市财政承担 30 元，区县财政承担 15 元。城镇居民基础养老金在原每人每月 125 元的基础上增加 5 元，增加部分由市财政承担。2016 年陕西省共有村卫生室 25412 个①。

2016 年，西安城乡最低生活保障标准，城市居民和农村居民分别为每人每月 590 元和 300 元，差距较大。西安市政府办公厅出台的《西安市乡村教师支持计划(2016—2020 年)实施办法》，将通过实施生活待遇、职称评聘向乡村学校倾斜等措施，建立乡村教师"下得去、留得住、教得好"政策保障机制②。这也从侧面说明，目前西安市在城乡教育的公共服务方面存在较大的差异。

2. 陕西省地级市公共服务区域差异化分析

本书通过熵值法计算得出陕西省 10 个地级市的公共服务得分(杨凌示范区是我国唯一的农业高新技术产业示范区因名义上属咸阳市，在此不做统计)。从三区的角度来看，关中以 95.60 分位居第一，其次是陕北和陕南，评价指数分别为77.79

① 陕西省统计局. 2016 年陕西省国民经济与社会发展统计公报[EB/OL]. (2017-03-02)[2024-06-03]. http://tjj.shaanxi.gov.cn/tjsj/ndsj/tjgb/qs_444/201703/t20170302_1616146.html.

② 中国政府网. 西安出台乡村教师支持计划 提高乡村教师生活待遇[EB/OL]. (2017-01-03)[2024-06-03]. https://www.gov.cn/xinwen/2017-01/03/content_5156052.htm.

和 63.28。其中公共服务总分最高的是位于关中的西安，得分为 89.34 分，名列最后一位的是位于陕南的商洛，得分为 68.63 分(表 6－12)。

表 6－12　陕西省"十市""三区"公共服务评价指数

三区	地区	基础教育	基础设施	医疗卫生	环境建设	总分
关中	铜川	14.84	20.88	27.83	10.82	74.37
	西安	10.02	27.39	37.87	14.06	89.34
	宝鸡	14.31	24.48	28.28	14.19	81.26
	咸阳	15.16	22.11	30.27	14.17	81.71
	渭南	15.11	23.21	26.60	12.21	77.13
陕北	延安	10.55	21.00	27.46	11.10	70.11
	榆林	11.62	25.59	27.72	14.52	79.45
陕南	安康	14.70	23.33	24.29	12.03	74.35
	商洛	12.01	21.04	25.08	10.50	68.63
	汉中	15.24	19.64	27.14	11.91	73.93
关中		16.50	26.86	39.83	12.41	95.60
陕北		10.08	25.28	30.29	12.14	77.79
陕南		13.37	17.65	23.90	8.37	63.29

为了进一步分析陕西省公共服务在城市个体之间的均等化水平，根据各地市公共服务的得分，获得陕西省公共服务得分的均值为 77.0。首先，高水平区域，得分高于均值的包括西安、宝鸡、咸阳、渭南、榆林，关中除铜川外都属于高水平区域。公共服务发展处于领先地位，公共基础设施完备，交通设施、商贸设施完善，医疗服务设施齐全，社会保障健全。其次，低水平区域分别为延安、安康、商洛、汉中以及铜川，陕南三个市评价指数都低于均值。

1)关中地区公共服务均等化水平分析

陕西省关中地区包括铜川、西安、宝鸡、咸阳、渭南等。公共服务水平发展程度较高，其中作为省会的西安发展程度最高，其基础设施和医疗卫生位列省内第一名，环境建设位列第四，处于均等水平，而西安市的基础教育公共服务水平得分仅 10.02 分，反而低于陕西省基础教育公共服务水平均值 13.37 分。相比而言，西安市中、小学生人数众多，远远高于其他各个区，尽管在教育设施的配备上较为齐全，但是在师资力量上较为薄弱，有待加强。但是随着雁塔区、周至县、蓝田县等创建国家义务教育发展基本均衡县政策的实施以及教育智库等相关政策的构建①，西

① 西安市教育局. 西安市教育局印发 2017 年工作要点[EB/OL]. (2017－02－08)[2024－06－06]. http://edu.xa.gov.cn/xxgk/zcwj/bmwj/5d710504f99d65501fdd704a.html.

安的基础教育将会有质的提升。而在环境建设上，尽管全社会固定资产投资较高，但是城市绿化水平有待提升。2018 年年末西安市共有各类卫生机构 6638 个，其中，医院 343 个，社区卫生服务中心(站)222 个，卫生院 119 个。各类卫生技术人员共 10.15 万人，其中，执业(含助理)医师 3.38 万人。各类卫生机构床位 6.90 万张。全市提供住宿的法定社会服务机构 156 个，床位 2.82 万张，年末收养人数 18940 人。年末城市低保对象 1.7 万户，2.6 万人，发放低保金 2.4 亿元；农村低保对象 2.5 万户、7.2 万人，发放低保金3.9 亿元。6383 人享受农村特困人员救助供养，发放供养金 5478.2 万元。全年民政部门直接医疗救助 6.4 万人次。

宝鸡公共服务发展较为均衡，基础教育、基础设施、医疗卫生、环境建设公共服务水平得分都高于全省均值。而咸阳的基础设施与其他方面相比，较为薄弱，但是固定资产投资较高，随着基础设施投资力度的持续加大，基础设施短板将会很快被补齐。渭南的医疗卫生和环境建设的投入有待加强。

铜川离陕北较近，与延安、渭南、咸阳 3 个地市毗邻，除基础教育高于均值 1.49 外，其他四个方面都发展程度较低，在关中地区，铜川的发展值得重点关注。

2)陕北地区公共服务均等化水平分析

陕北地区包括延安、榆林。榆林的公共服务水平要高于延安的。榆林是国家历史文化名城、国家卫生城市、国家生态保护与建设示范市，综合来看，榆林的总分位列第五，基础设施、环境建设公共服务水平得分都高于均值，但是基础教育、医疗卫生公共服务水平得分较低，这与国家卫生城市的定位具有一定差距。延安的公共服务发展较慢，位列陕西省第九位，其公共服务水平得分与最后一位差 1.48 分，而与排名第一的西安差 19.23 分，公共服务在四个方面发展都较为落后。但是延安于 2016 年 12 月被列为第三批国家新型城镇化综合试点地区，随着相关利好政策的推行及实施，延安的公共服务水平将会有较快的发展。

3)陕南公共服务均等化水平分析

陕南地区包括安康、商洛、汉中。公共服务发展水平相对较低，总分低于均值。分开来看，仅安康和汉中的基础教育公共服务水平以及安康的基础设施公共服务水平超过全省平均水平，其中商洛的公共服务发展最差。2013 年 3 月陕南三市发展获得北京、天津筹资专项支持，陕南的发展已上升到国家战略。

4)陕西各地农村公共服务发展重点

由于自然条件的差异，陕西各地区具有不同的经济发展特点和经济发展水平。这既为各地农村公共服务提供了不同的基础和起点，也使得各地形成了各具特色的农村公共服务模式和经验。本书以 2016 年相关数据(表 6－13)为例做一简单分析。关中地区西安、宝鸡和咸阳着力解决农村自来水普及、医疗保障和文化公共服务问题,陕北地区在免费教育和免费医疗方面进行了宝贵的尝试和探索,商洛、安康和汉中农村公共服务迫切要解决的是基础设施差,农业生产抗风险能力低的问题,公共服务集中在移民搬迁、扶贫和职业技能培训方面。

表 6－13 2016 年陕西各地市农村公共服务情况

区域	情况
西安	2016 年,农村集中式供水受益人口比重达到 94.09%、农村自来水普及率达 94.8%,均与上年基本持平;县镇自来水普及率 98%;农村卫生厕所普及率 81%;农村供水入户率达到 100%
铜川	农村自来水普及率达到 90.6%、提升 1.62 个百分点,农村集中式供水受益人口比重 94.1%、提升 8.14 个百分点,农村卫生厕所普及率稳定在 91.7%。脱贫人数多,农村贫困人口 2.93 万人,同比下降 41.5%。2016 年全市中等职业教育在校生 263 人(不含矿务局技工学校和职院“五年一贯制”学生数),同比下降 20.1%;铜川市技工学校在校生仅有 15 人。中等职业教育规模萎缩状况应受到关注。“留守儿童”问题已经成为社会各界关注的焦点和难点问题。争取资金实施了省级妇女儿童民生项目,建成 5 所“留守儿童之家”
宝鸡	农村居民年末人均住房建筑面积 35.9 平方米全年实现 50445 户,18.15 万人脱贫,扶贫移民易地搬迁 8909 户,3.23 万人,医疗救助 6.4 万人,教育扶持 7.5 万人。共有农村五保供养服务机构 14 所。2017 年开始,城乡居民医保在覆盖范围、筹资政策、保障待遇、医保目录、协议管理、基金管理六个方面统一。2016 年全市共筹集新农合基金 15.23 亿元,基金支出 14.09 亿元
咸阳	全年累计发放城乡低保金 5.7 亿元,医疗救助城乡困难群众 4.14 万人次、支出医疗救助金 0.68 亿元,临时救助 2.68 万户次、发放资金 0.31 亿元
渭南	2015 年全市农村改水受益率 98.6%,较 2010 年提高 12.6 个百分点;农村卫生厕所普及率 32.16%,较 2010 年提高 12.44 个百分点;县镇自来水普及率 97%,较 2010 年提高 7 个百分点;农村自来水普及率 95%。2016 年共完成 610 个村级和乡镇农民体育健身工程。农村数字电影放映覆盖率 100%。2016 年末全市农村劳动力转移就业 105.4 万人
延安	农村集中式供水受益人口比重提高到 83.3%;农村自来水普及率提高到 91.65%;农村卫生厕所普及率 71.19%。但北际和南际县差异巨大,城乡差距明显。农村妇女可以免费住院分娩,农村育龄妇女和 65 岁以上老人享受免费体检。电影行政村放映覆盖率 100%。全市广电网络县、乡镇覆盖率达 100%。全市拥有乡村医生和卫生员 2494 人。从 2007 年起,吴起开始推行免费教育,全县小学至高中所有学生实行五免一补,即免除杂费、课本费、住宿费、取暖费、信息费,补贴寄宿学生生活费。全市农村劳动力转移就业 27.83 万人

续表

区域	情况
汉中	略阳县义务教育免试就近划片入学，确保留守儿童、返乡农民工子女和进城务工人员随迁子女全部就近入学，城乡居民社会养老保险参保人数 200.3 万人。2016 年略阳县全县医疗救助和临时救助实现了“城乡一体”的救助模式，五保供养实现应保尽保和按标救助
榆林	实施了 200 个农民体育健身工程，97 个乡镇农民体育健身工程。新建农村饮水工程 900 处，安全达标人口新增 33.56 万人。2008 年神木推行 12 年免费教育，2009 年神木开始推行全民免费医疗
安康	农业生产基础设施落后，抵御自然风险能力差。全市耕地多数为坡地，灌溉设施相对较少，虽经多年来的农田水利设施建设有所改善，但抗自然风险能力依然较差。2016 年，农村供水入户率 76.52%，较 2010 年提高 21.47 个百分点；农村卫生厕所普及率 67.01%，较 2010 年提高 32.3 个百分点，距 2020 年分别达到 90%、85%的规划目标仍有一定差距。农村中小学学生营养补贴率达到 100%，完成 2020 年实现全覆盖的目标任务
商洛	完成移民搬迁 3.18 万户，20.41 万贫困人口实现稳定脱贫。全年农村劳动力转移就业 53.95 万人

数据来源：根据 2016 年陕西省统计局、陕西各地市统计局网站国民经济和社会发展统计公报整理。

神木和吴起用制度化的社会福祉改革，在公共服务发展模式上进行了新的尝试。2008 年，神木推行 12 年免费教育，近 9 万名学子不用出一分钱，还给他们每天补助 3.5 元的午餐费，为此，县财政每年支出 1.6 亿元。2009 年 3 月，神木开始推行全民免费医疗。从 2007 年起，吴起开始推行免费教育，在全县范围内对小学至高中的所有学生实行五免一补，即免除杂费、课本费、住宿费、取暖费、信息费，并补贴寄宿学生生活费，一学期以 125 天计，小学与学前班每人每日 2 元，初中生每人每日 3 元，高中生每人每日 1.5 元。2010 年起，吴起 5300 多名儿童享受到了学前免费教育，全县 28 所幼儿园，无论公立还是私立，一律免收书本费①。

2008 年底至 2009 年初，神木先后颁布了《中共神木县委神木县人民政府关于在全县实施全民免费医疗工作的通知》(神发〔2008〕23 号)、《神木县全民免费医疗实施办法(试行)》(神政发〔2009〕3 号)、《神木县全民免费医疗实施细则(试行)》(神卫发〔2009〕11 号)等一系列规章制度，自 2009 年 3 月 1 日起，实施涵盖有神木

① 鄂璠，刘建华. 公共服务：政府种树有限 百姓都想乘凉[EB/OL]. (2010-12-01)[2024-06-06]. http://news.sina.com.cn/c/sd/2010-12-01/150921565979_3.shtml.

籍户口并参加了城乡居民合作医疗和职工基本医疗保险的全县干部职工和城乡居民的"全民免费医疗"制度。神木"全民免费医疗"模式入选 2009 年中国社会保障十大事件[①]。神木成为中国首个实施"全民免费医疗"制度的区域。神木免费医疗制度的出台为城乡医疗待遇水平的普遍化和均等化发展做出了具有创新意义的重要尝试。

3. 陕西省县域农村公共服务均等化水平分析

1)公共服务与农村经济发展的关系实证分析

大量分析研究表明，公共服务能够提高生产效率，进而促进经济的增长，前文已经提到，通常公共服务的发展水平越高，国民生产总值也越高。由于农村的数据匮乏，在此以县域的数据代替农村的公共服务水平数据。本研究选取陕西省 87 个县域，以 GDP 为被解释变量，小学生师比、初中生师比等作为解释变量，建立回归模型，以探讨公共服务与经济发展的相关性。

由分析结果表 6－14 可以看出，在 0.05 的显著性水平下，仅固定资产投资和小学生师生比的系数显著性拒绝系数为零的原假设。故以固定资产投资和小学生师生比为解释变量，GDP 为被解释变量进行回归，见表 6－15。

表 6－14　公共服务与农村经济发展的回归分析

项目	系数	标准差	t 值	P 值
斜距	－604800.00	599100.00	－1.01	0.32
小学生师比	102500.00	31610.00	3.24	0.00
初中生师比	－92710.00	52470.00	－1.77	0.08
各种社会福利收养性单位数	－8535.00	15060.00	－0.57	0.57
各种社会福利收养性单位床位数	－84.23	184.10	－0.46	0.65
每万人拥有卫生技术人员数	4851.00	9908.00	0.49	0.63
每万人医疗机构床位数	6827.00	12160.00	0.56	0.58
卫生技术人员	－52.15	310.30	－0.17	0.87
执业（助理）医师数	－597.90	859.00	－0.70	0.49
注册护士	1200.00	679.60	1.77	0.08
固定电话用户	0.98	3.20	0.31	0.76
固定资产投资	0.44	0.13	3.47	0.00

① 2009 中国社会保障十大事件揭晓.[EB/OL].(2010－02－28)[2024－06－08]. https://news.sina.com.cn/o/2010－02－28/072517140609s.shtml.

表 6-15 投资与农村经济发展的回归分析

项目	系数	标准差	t 值	P 值
斜距	-580600.00	346800.00	-1.67	0.10
小学生师比	67170.00	24260.00	2.77	0.01
固定资产投资	0.65	0.09	6.88	0.00

此时模型的 R^2 值为 0.44，由于此处模型主要是分析 GDP 与公共服务水平的关系，而不是对 GDP 进行系统性的解释分析，故在此不做多重共线、异方差等分析和考虑。

回归模型说明固定资产投资与基础教育投资对 GDP 具有正向关系，一是固定资产投资建设对经济发展具有促进作用，应充分利用固定资产投资加大基础设施建设、更新改造以及房地产开发的投资力度，以促进经济的发展；二是基础教育中的小学教育对经济的发展也具有很强烈的促进作用，尽管短期来看教育的本身不产生产值，但从长期发展来看，人才是经济发展不可或缺的重要因素，应继续加大基础教育的投入；三是社会福利、医疗卫生对经济的贡献不明显，这主要是因为医疗卫生、社会福利是公共服务的主要内容，反映的是我国民生现状，对经济的贡献率接近于零。

2)基于熵值法的陕西省农村公共服务发展评价指数

为了更好地说明陕西省农村的公共服务均等化水平，在充分考虑人口、经济发展水平的基础上，笔者分别在关中、陕南、陕北三区随机抽取三个县域，共九个县域，通过熵值法得到的公共服务得分，如下表 6-16 所示。

表 6-16 陕西省不同区域农村公共服务项目评价指数

地区		基础教育	医疗卫生	社会福利	基础设施建设	总分
关中	周至县	15.0	31.7	14.5	13.9	75.1
	大荔县	17.9	38.9	19.4	14.0	90.2
	岐山县	18.9	34.5	16.8	15.5	85.5
陕南	镇安县	15.5	30.0	20.7	12.2	78.4
	西乡县	12.0	32.5	16.2	13.7	74.5
	平利县	17.4	26.9	20.2	11.8	76.2
陕北	富县	18.1	27.9	13.6	11.4	71.1
	宜川县	11.9	27.2	16.5	10.7	66.2
	靖边县	12.9	34.2	13.7	14.5	75.2
关中		18.8	40.2	12.6	20.9	92.4
陕南		12.7	32.4	15.6	13.3	74.1
陕北		11.3	33.0	9.4	12.5	66.2

根据表 6 - 16，可以看出陕西省关中、陕南、陕北三区呈现县域的公共服务发展不平衡现象，其中关中的公共服务水平最高，为 92.4，随机选择的关中三个县域，包括周至县、大荔县、岐山县的公共服务水平也相对较高，三县分别位列第六名、第一名和第二名。但是陕南和陕北的“县域”和“市级”公共服务水平的名次有区别，前文提到，从市级层面看，陕南的经济发展水平和公共服务水平要低于陕北的水平，但是从县域的角度看，陕南要高于陕北，与经济发展相反。

3)基础教育及医疗卫生指标分析

在计算市级与县级的公共服务水平的指标体系选取时，基础教育指标和医疗卫生指标的选取是一致的。具体来说，在基础教育方面，陕南略高于陕北，与经济发展程度相反；在医疗卫生方面，陕北高于陕南，与经济发展程度一致。这说明陕北的基础教育还需要加大投入，教育投入的加大将会进一步促进陕北经济的繁荣。

4)社会福利水平的指标分析

社会福利仅从县域的角度进行分析，陕南略高于陕北。由于陕南的人口较多，所以相应的卫生技术人员、执业医师、注册护士人数较多，但是从平均水平来看，陕北每万人拥有的卫生技术人员数高于陕南的，陕北三县平均为 48 人，高于陕南每县 8 人；陕南平均每万人医疗机构床位数为 41 床，仅仅比陕北的多 1 床。

5)基础设施建设的指标分析

基础设施建设方面，笔者仅考虑了两个指标，分别为固定电话用户和固定资产投资。由于基础设施建设指标中的固定电话用户受人口影响严重，陕南人数大大多于陕北人数，该指标高；但就固定资产投资指标来看，陕北比陕南多约 4000 万元，达 243.0 亿元。

五、基于陕西某市×村的跟踪调查分析

课题组部分成员利用寒暑假返乡的机会对某市×村公共服务情况进行了连续的跟踪调查和深度访谈，并从 15 户村民的微观角度透视农村基层公共服务供给中存在的问题。这是距离关中某市 10 多公里的一个行政村庄，下辖 4 个自然村，有 37 个村民小组，总人口 6000 多人，1000 多户，人均耕地面积 1000 平方米，1 个党支部，十几名党员。我们通过随机抽样并遵循便于访谈的原则选取了 15 家农户进行了跟踪调查。

(一)基础设施的规划建设进展明显，部分设施落后

在 2005 年国家提出新农村建设规划之后，国家对农村基础设施的投资力度明显加大，该村农业生产的水利、电力和道路设施面貌发生了显著的变化。有线电

视、公交系统基本满足居民需求。村内道路等生活设施的改善则是在2011年之后发生的，之前村子里是泥土路，坑洼不平，特别是下雨过后，泥泞难行，并在低洼处形成积水，晴天发出恶臭。2012年第一次修路，经费来自村集体承包土地收入，由于经费限制和认知局限(认为陕西少雨)，第一次修路没有预留排水设施，导致下雨积水，村民使用洗衣机的排水滞留在公路上，加之缺少维护和保养，不到两年，路已经面目全非，无法使用。2015年，从上级财政部门争取到充足的修路经费。多年失修的村道得到大规模的整修，坑洼的道路如今变得平整，可以通过两辆小型轿车，村民出行便利。村口开通了通往城市的公交路线。2019年之前，村里的垃圾、污水处理是自然状态，村子中间原来作为排雨的涝池由于周围居民不断地填埋建房，面积逐渐缩小，下雨的时候路面积水现象明显。没有形成集中的垃圾收集机制，既没有专人负责卫生清扫，也没有统一放置的垃圾箱。居民自发地在部分路段或偏僻的角落倾倒生活垃圾，一些不可降解的塑料袋等已经开始堆积，冬季大风把垃圾吹得四处散落。得益于国家的乡村振兴战略和农村治理规划，该村在2018年底开始设置垃圾集中收集点，卫生状况得到明显改善。另外该村专门有清扫村道和维护路面的人员，变化明显。目前尚没有专门的图书阅览室和文体活动室。这一方面说明在基层经济实力有限的西部地区，农村公共服务的供给仍然主要依靠政府，也说明国家城乡统筹的发展思路对农村公共服务的改善有着直接的影响。

(二)基层组织存在感弱的情况得到改善

随着家庭联产承包责任带来的生产经营的家庭化，基层组织的影响力曾经被极大地削弱，基层组织存在感不强，人员配置不足，工作不积极主动的问题突出，工作内容主要停留在完成上级交派的任务。近年来随着国家对农村投入的加大，基层组织掌握的资源不断增加，话语权重新在恢复。村集体一直没有经营性收入来源，据村民描述，三部分资金都是来源于外部：自来水厂建设征地补偿、高铁建设征地补偿、集体所有土地对外承包。国家加强对新农合、新农保和农村最低生活保障体系的建设，提出精准扶贫和乡村振兴。基层组织在扶贫、新农保和新农合、乡村文化生活等方面的作用较之前增强，其通过组织广场舞比赛、孝亲敬老评比等活动加强村民间交流，活跃文化生活。据部分居民提供的信息，现有的基层组织、当地不同姓氏的宗族势力在村级社会治理方面存在竞争和制衡关系，如村里有两大主要姓氏，这个村由这两大姓氏的两个人分别担任村委会主任和党支部书记。村民私下悄悄地说“这两个人矛盾很深”，这种情况使村级事务呈现独特的局面。宗族势力在促进社会动员和社会组织方面发挥积极作用的同时，应避免过度插手基层事务。

(三)留守老人问题潜在的风险较大

跟踪调查的15户居民中夫妻双方或一方外出务工,老人照顾孙辈的家庭占一半以上,多数家庭只有在春节时全家才能团聚。目前家中70岁以上的老人一般尚有子女照顾,他们的子女年龄多在60岁上下,这部分人的养老问题在未来十年之后会越来越凸显,因为家中的第三代基本脱离了农业劳动,也不居住在农村,从他们的经济能力、在城市的生活境况和目前城乡仍然存在很大差异的公共服务体系来看,他们对父母的照料和养老会面临很大挑战。笔者在访谈中发现,这些60岁上下的农村居民仍对农村有深厚的感情,他们主要从事的是农业劳动,在农村基础设施改善后,他们一般对农村生活的满意度较高。他们不愿意离开农村到城市生活,更倾向于留在农村。

正如其中一位70多岁的老人所说:"在城里儿子、媳妇都去上班了,孙子去上学了,我一个人在家里很孤单,出去又不认识人,也不认识路,害怕被人骗了。"由于60岁的儿媳要进城帮助接送孙子上学,一位80多岁的老人不得不独自生活,儿媳每周回来送一些日用品,平时靠邻居代为照看。村子在靠近公路的位置有私人承办的养老院,每月费用为600元,但对于几乎没有经济来源的农村居民来说,这仍是一笔不小的开支。目前的城乡一体的养老保险虽然划分了十个不同的缴费档次,但对于经济状况相对紧张的农村居民来说,选择最低点档次的缴费标准几乎是不约而同的行为。随着计划生育政策的实施和社会的变迁,家庭规模缩小,"四二一"家庭模式比例上升,需要照顾的老人相对增多了,但可供照顾老人的家庭成员相对减少了,这加重了子女的负担,使得家庭养老的功能逐渐弱化。

(四)留守儿童的教育问题突出

由于农村人口较少和撤点并校的原因,村里的小学已关闭了四五年,适龄儿童去临近中心学校上小学,有家长或班车每日接送;中学生多数到市里租房住,由祖父母或母亲陪读;少数在私立封闭式学校住校,周末回家,虽不用接送,但增加了相关的教育支出。留守儿童的教育、心理健康和社会交往能力发展都受到一定的限制。据一位长期从事教育的乡村小学教师反映,所在班级留守儿童的祖父母一般文化水平不高,也不掌握网络和信息技术,对孩子主要进行生活方面的照顾,孩子与父母的沟通和联系依靠手机和网络,父母与孩子的情感纽带不牢固,孩子在青春期和叛逆期沾染不良习气,辍学、早恋或出现其他问题的比例高。留守儿童家庭教育缺位,个性心理特征发育异常,价值观与人生观偏离,应该引起足够的重视和关注。

(五)教育、医疗和社会保障体系有待加强

目前的制度基本保证了居民的医疗需求。四个自然村共有三个村级卫生室,

我们重点调研了其中一个卫生室，有医生和护士各 1 人，是夫妻俩，医生享受国家的乡村医生补贴。该卫生室有三间输液室，12 张病床，还有若干个长椅，满足了附近居民日常的医疗需求。这些村民到市里就医只有半小时的车程。农村居民在切实体会到新农合带来的好处以后，参保积极性非常高，甚至也有部分经济条件较好的农村居民选择商业保险作为补充。但其保障水平仍然与居民的期望值有较大的差距。的调查显示，陕西省宝鸡市陈仓区的基础养老金的发放标准：60～69 周岁、70～79 周岁、80～89 周岁、90 周岁以上者每人每月分别为 60 元、70 元、80 元、90 元，而被调查者期望的养老金待遇平均为每人每月 251.82 元。陕西省商南县基础养老金的发放标准：60～69 周岁、70～79 周岁、80 周岁以上者每人每月分别为 55 元、65 元和 75 元，而被调查者期望的养老金待遇平均为每人每月 289.72 元。

调查显示，接受了职业教育和培训的人由于具备了职业技能，在就业中有明显的优势，职业比较稳定，收入更高。这表明教育在改变个人经济状况和发展前景方面仍然有着独特的作用，因此农村公共服务中教育的地位不容忽视。

(六)与人口结构变化相适应的公共服务体系尚未得到充分发展

笔者在多地调研发现，目前陕西农村生产和社交生活的骨干主要是 50 岁以上的劳动力，40 岁以下的劳动力基本都外出务工，只在春节期间短暂返乡。陕西省统计局对 33 个行政村 47318 个户籍人口的调查显示，平均每 7 户人家，就有一户全家外出的情况。几乎每家都有外出的务工人员①。与我们的调研结论基本一致。

那些在城市非正规部门就业的村民普遍不愿意放弃农村户籍，即使其已经在城市里生活了一定年限，仍希望享受新农合、耕地补贴等政策，因其在城市的收入不高且工作不稳定，无力承担家庭在城市的生活负担，对国家的宅基地补偿等有较高期待。这有赖于土地流转制度等改革措施的落地。

重硬件轻软件建设的倾向未得到明显改变。此外，文化娱乐、心理健康等相关公共服务滞后。其重要性不容忽视，这关系到乡村公共性重建、人际交往原则重塑和抵御低俗道德文化观念侵蚀，警惕宗教对乡村文化的渗透等重大问题。

六、陕西省农村公共服务供给的困境分析

(一)政府职能转变过程中体制和机制尚未理顺

基层政府正由原来的全能型政府向服务型政府转变，但是在角色转变过程中，

① 数据来源于陕西省统计局网站。

还存在一些不适应。当手中不再拥有较大的行政权力，尤其是财税方面权力的时候，基层政府在提供公共管理和服务方面就出现了方向不明、主体责任落实不到位、政策指向不清晰的问题。陕西省统计局对 11 个县区 33 个村的调查显示，90％的调查村没有生活污水管道，污水也没有被集中处理，缺乏统一的排水设施规划，随着农村居民生活用水量的增加，污水乱流现象常见。调查显示，实际经营耕地面积共计 43136 平方千米，设施农业用地面积共计 5911 平方千米，设施农业用地面积仅占实际耕地面积的 13.7％，说明政府对设施农业的推广和扶持力度有待加强。全部调查村机电井总数为 275 眼，本村能够使用的灌溉用水塘和水库合计为 53 个，平均到每村仅有 8.3 个和 1.6 个，在遇到干旱或者农忙时节，这很难满足农业生产的需要。

(二)农村基本公共服务供给总量不足

农村基本公共服务的供给明显不足。比如，看病难、看病贵，上学难、上学贵的难题依旧存在。对很多农村家庭来说，看病和受教育的开支是十分沉重的负担，而城市教育系统发展良好，生活在城市中的孩子能享受到良好的教育福利。此外，对部分农村地区来说，医疗卫生资源的供应十分有限。

(三)公共服务供给绩效缺位

政府在基本公共服务领域内的投资与快速增长的财政支出相比，还相差甚远，特别在部分民生与公共安全领域，其投资更少，难以充分满足城乡居民对基本公共服务的诉求。此外，在基本公共服务供给方面，由于供给主体较为单一，政府始终处在垄断位置。更为重要的是，部分地方政府的一些部门存在职责模糊、办事效率低下、监管不力等问题，使得基本公共服务的供给更加低效。同时，基层干部工作强度大、辛苦劳累，加班加点现象普遍存在，缺少中间的缓冲和专业人士的指导，村民的参与积极性没有被调动起来，多主体供给的体系未被真正构建起来。

(四)基本公共服务供给质量失衡

见诸报端的独居老人、留守儿童和留守妇女的权益遭到侵害的新闻暴露出农村社会治安和居民人身安全存在隐患。家中青壮年劳动力为了生计无奈外出务工，农村在公民的自我保护意识、法律意识、安全意识方面的宣传和相应保障制度有待加强和改善。

一个基本的事实是，对于同种类的基本公共服务，乡村的质量较低，城市的质量较高。基于此，城市居民的维权意识与参与意识要明显超过农村居民。与此同时，由于城市在法律和监督机制方面配套更加完善，所以城市居民可以针对政府提供的基本公共服务进行充分监督，促使政府提供更高质量的基础公共服务。可是，在很多农村地区，由于政府财力十分有限，人们对政府行为的监管相对缺位，使得农民的参与意识和维权意识相对薄弱。而一旦利益诉求和表达渠道受阻，就给农村基本公共服务的供给带来诸多隐患。

七、破解陕西省农村公共服务供给困境的对策

通过比较研究，我们发现，各国基本公共服务的提供模式具有不同的社会历史背景，受制于国家发展特定的历史阶段、国情特点。我们要在比较的视角下来总结，从经验与局限性来看，我们既借鉴经验，又不能模仿，更不能照搬。我们要系统总结我国在城乡公共服务方面取得的卓有成效的业绩，在国际比较中构建中国特色的城乡基本公共服务均等化模式。

（一）提高发展的包容性，增强经济活力，为农村公共服务提供坚实的经济支撑

良好的经济基础是公共服务发展的基石，陕西省农村的经济增长与农村公共服务建设在一定程度上具有相互促进作用。陕西省农村公共服务在农业生产、非农生产增长和农民人均可支配收入提高上都发挥了显著的规模经济效益①，尤其固定资产投资对 GDP 增长具有促进作用。为保障陕西省农村公共服务的可持续发展，加大优势产业的扶植力度，促进乡镇企业的发展，把农业同商业、服务业结合起来，发展与农业相关的产业链条，例如包装、运输产业等，使产业特色化、集约化、链条化，从根本上解决农村劳动力就业问题，扩大农村人口的增收渠道，通过经济的增长反向促进农村公共服务的发展。

（二）加强顶层设计，重视政治引领作用，完善政策机制

陕西农村公共服务中存在的问题具有一定的普遍性和典型性，是中国在现代化、城市化过程中的一个缩影。暴露出来的问题既有本地经济相对落后，需要通过进一步的发展化解，也有过去发展战略、城乡关系、发展模式、管理体制、发展失衡等长期积累的矛盾。通过对陕西农村公共服务的调查，我们发现，农村公共服务的实际投入效果尚不尽如人意，存在着投入回报率低、供给结构与农村居民的需求有错位等问题。研究表明，当前陕西农村公共服务仍以政府主导为主，注重自上而下的资源输入而忽视社会治理，特别是其他社会主体参与、合作和分享不足，使农村公共服务提供过程中部分项目偏离初衷甚至损害社会团结。因此将社会治理纳入农村公共服务全过程，从社会治理的角度构建农村公共服务体系，立足长远，夯实

---

① 朱玉春，唐娟莉. 公共服务与农村经济发展关系的实证分析[J]. 商业研究，2009(5)：197-200.

农村公共服务的社会基础，使农村基层民众真正获益，“三农”问题才能从根本上破解。

我国自改革开放以来，政治经济文化社会各方面全面迅速发展，城市化进程更是世界瞩目，展现出独特的中国特点。同时，无论是城市还是农村，广大民众对于基本公共服务的需求也在快速增长。当今，我们要在工业化、信息化、全球化、城镇化的进程中完成城乡基本公共服务的均等化。这面临着新的挑战。我国教育、医疗、就业、养老等方面的政策在不断完善，同时新问题新矛盾也在不断出现。社会普遍存在高质量的教育需求、高水准的医疗服务需求以及全面的社会保障需求。基本公共服务的均等化是一个在发展中不断提高质量的动态过程，我们要不断促进社会公平，缓解矛盾，实现社会稳定发展、而要解决这些问题需要我们不断深入了解城乡居民不断增长的基本公共服务需求。

在新的条件下，政府要加强顶层设计，进行战略部署。加强政府主导作用，强化政府主导下的多元方式的探索，发挥市场和社会的作用，遵循政府—市场—社会的逻辑进行改革，形成多元互动机制，通过完善的制度保障提高公共服务的质量。

(三)重视政府职能分工，构建多元化公共服务供给体系

坚持政府主导下的多元化的公共服务供给，关键还是在于政府要发挥好职能作用。要构建符合国家行政制度的职责体系，确保各级行政职员的职能分工明晰，政策落实到每个环节。

首先，要重视“以人为本”的思想，强化公共服务理念，建设服务型政府，满足城乡居民不断增长的公共服务需求。其次，要在实际工作中创新服务手段和方式，加快电子政务建设，提供相关服务信息。最后要致力于服务型政府的能力建设。在政府绩效考核与评估过程中，形成服务理念优先的行政职责，把生活保障、基础设施建设、基本公共卫生保障、基本社会救济制度、义务教育等公共服务指标纳入政府绩效评估体系内，以此激励与监督政府工作人员，从而提高从业人员的公共服务水平。

发挥基层党支部的作用。我们在调研中发现，精准扶贫的意义不仅在于改善贫困户的经济状况，更大的意义是通过与贫困户的直接交流和联系，了解他们的需求，同时也让贫困户关心国家的发展，让他们了解党和国家的政策，在政治上认同党的领导，积极参与到国家治理中。同样，给予农村居民切实的帮助，增强他们的归属感，是党支部在农村基层的任务和目标。

发挥村民的自治作用。调动农民的积极性，使他们在社会治理中发挥更大作用。如农民自发组织形成的村规、民约等，能够起到弥合经济与道德之间裂隙的作用。农村与城市在生活和经济发展方面双重对接，改善农村生活环境和基础设施，增强对年轻人的吸引力。在经济发展的基础上完善乡村治理，在发展经济的过程

中保证家庭结构的完整性，让留守老人、留守儿童问题逐步得到解决，改变城乡分离的局面，实现城乡一体化发展；农村居民和城市居民共享经济发展成果，通过制度建设和政策措施，让城市反哺农村而不是放任农村资源流向城市。农村居民可以有多种形式参与供给公共服务，如生产型参与、决策型参与、监督型参与和校对型参与等。农村居民在事前参与决策，也可以在公共服务供给后以民主评议制度校对者的角色参与。民主评议制度校对者的角色是村民作为公共服务生产者、决策者和监督者的引申性角色。

（四）洞察民众的需求，精细提升质量管理

城乡之间基本公共服务存在着不均衡现象根源在于二元经济结构，而且我国城市化发展进程较发达国家晚，总体上看，农村的基本公共服务处于落后状态。但是，我国农村的基本公共服务水平提高的速度比较快。实现陕西城乡之间基本公共服务的均等化与我国城市治理以及农村现代化建设进程密切相关，要特别关注新型城市化过程中的利益整合，重视城市辐射乡村、带动乡村的功能，实现城乡互补，打破二元结构，走一条城乡共同繁荣的新型城镇化发展之路。

总结具有区域特色的经验，鼓励尝试和探索。根据区域发展模式和面临的问题构建公共服务供给体系。笔者在咸阳长武调研中发现，结对子帮扶不仅给贫困家庭具体的帮扶措施和脱贫规划，更重要的是架起了政府和农村贫困人口之间的桥梁，给贫困家庭带来了希望，使之感到没有被抛弃，有了期待和指望。特别是有孩子的家庭，因为有了这种结对子的帮扶。使之没有与社会脱节和被边缘化。关中地区可以利用优越的农业生产条件和便利的交通，深厚的文化底蕴和文化资源，实现文化公共服务的率先突破。陕北应该总结神木等地免费医疗和教育的经验，继续完善相关制度。另外，政府应将国家精准扶贫和乡村振兴的战略和农村居民公共服务的日常运行结合起来。

各级政府部门应加大农业科技的宣传和培训力度，推广高效能、节约型的农业技术，降低资源消耗，提高农产品产量和质量。政府应定期为农村富余劳动力提供实用技能培训和技术方面的培训，提升农民工综合素质，鼓励农民工外出务工增加收入。政府应推广各项惠农政策，宣传“三农”工作的有关决议、决定和重要举措，使农民群众真正从国家政策上得到利益。农村公共服务短期内着力解决生活困难，满足医疗、教育、环境等基本公共服务的需求，长期立足于地方经济特色，增强自身造血能力。

第七章　乡村振兴背景下旅游社区韧性影响因素测度与分析

一、问题的提出

党的二十大报告指出："全面建设社会主义现代化国家，最艰巨最繁重的任务仍然在农村。坚持农业农村优先发展，坚持城乡融合发展，畅通城乡要素流动。加快建设农业强国，扎实推动乡村产业、人才、文化、生态、组织振兴。"[①]发展乡村旅游，推动乡村振兴。乡村振兴背景下旅游社区韧性提升主要表现为：乡村旅游社区在维持可持续性和稳定性发展的同时，能有效应对各种脆弱性风险，并不断提升自身适应力、抵抗力与恢复力。旅游社区韧性关键影响因素及其作用机制是韧性理论引入旅游研究领域后国内外学者关注的重要方向。国内外学者对社区韧性的研究主要集中于理论发展脉络梳理、影响因素个案分析等方面，多从宏观经济层面分析韧性理论，而以社区为单位从微观层面进行的韧性研究较为欠缺。乡村社区韧性的相关研究仍处于起步阶段，研究内容集中在灾害韧性评估、韧性发展模式与构建路径等方面[②③④]。社区韧性的指标选取和水平测度的相关研究尚未成熟[⑤]，社区韧性测度指标体系还没有实现标准化[⑥]。学者在对社区韧性的研究中，多将韧性看作是经受自然灾害后恢复到原来状态甚至更有生命力状态的重要动能，对其他外界扰动方式关注较少。国外学者对乡村社区韧性的研究较多，国内研究尤其

---

① 习近平. 高举中国特色社会主义伟大旗帜 为全面建设社会主义现代化国家而团结奋斗[N]. 人民日报，2022-10-26(1).

② 唐任伍，郭文娟. 乡村振兴演进韧性及其内在治理逻辑[J]. 改革，2018(8)：64-72.

③ 王雨村，李月月，潘斌. 精准扶贫视域下河南乡村产业韧性化发展策略[J]. 规划师，2018，34(12)：39-45.

④ 李玉恒，黄惠倩，王晟业. 基于乡村经济韧性的传统农区城乡融合发展路径研究：以河北省典型县域为例[J]. 经济地理，2021，41(8)：28-33.

⑤ ADGER W N，HUGHES T P，FOLKE C，et al. Social-ecological resilience to coastal disasters[J]. Science，2005，309(5737)：1036-1039.

⑥ STRICKLAND-MUNRO J K，ALLISON H E，MOORE S A. Using resilience concepts to investigate the impacts of protected area tourism on communities[J]. Annals of Tourism Research，2010，37(2)：499-519.

在乡村振兴领域的相关研究尚处于探索阶段[①]。综合来看，有关旅游社区韧性影响因素、乡村振兴领域内社区韧性的研究更侧重理论分析，实证分析较少，对旅游社区韧性关键影响因素之间相互关系的探究更为缺乏。

本书选取河南省禹州市神垕古镇旅游社区作为案例地，创建一个由旅游增权、地方依恋、社区参与三个关键影响因素构成的结构方程模型，分析各影响因素间的相互关系，讨论其对乡村旅游社区韧性的影响路径和程度。将韧性理论应用于乡村旅游社区韧性提升策略研究中，可以丰富和拓展韧性理论，为研究不同类型社区韧性提供理论借鉴，同时为继续巩固拓展脱贫攻坚成果，接续推动乡村地区旅游业发展和乡村全面振兴提供实践参考。本书力图回答以下问题：①旅游增权、地方依恋、社区参与三个关键影响因素对乡村旅游社区韧性的影响程度如何？②三个关键影响因素之间有怎样的相互关系？③影响因素的作用过程是否存在中介效应？

二、理论基础

（一）乡村旅游社区韧性

“韧性”又称为恢复力、弹性等，最初为物理学概念。随着研究不断深入，韧性研究逐渐从自然科学领域延伸到社会科学领域，内涵逐渐拓宽到演进韧性方面，弥补了只强调绝对平衡状态概念的不足，更强调系统不断调整和适应的自组织能力，以实现可持续发展。与此同时，学界逐渐由对生态领域韧性研究转向对社会系统韧性尤其是社区韧性的研究。与社会系统韧性相比，社区韧性范围更小，更强调社区成员的自觉性，在面临外部风险和冲击时，发挥自身所积累的才能[②]。

在开发关中地区乡村旅游业时，马波曾提到乡村社区是用以开展旅游活动的重要场所。乡村旅游社区作为乡村振兴的重要空间载体，有助于实现乡村旅游业可持续发展，具有强烈的地方特征和乡土气息，可以为当地社区居民提供就业、培训等机会[③]。旅游行业具备流动性强、季节性强、所售商品无法储存等敏感性特征，乡村旅游社区又往往面临基础设施不够完善、本地居民参与方式单一、旅游产品亟须升级等问题。因此，在自然灾害和大规模突发公共卫生事件等不确定因素冲击下，乡村旅游社区脆弱的社会生态环境极易遭到破坏，韧性能力提升已成为发展乡村旅游产业、全面推进乡村振兴的重要任务。在城市化、工业化和现代化的进

① 李玉恒，阎佳玉，刘彦随．基于乡村弹性的乡村振兴理论认知与路径研究[J]．地理学报，2019，74(10)：2001－2010.

② CHRISTENSEN L, KROGMAN N. Social thresholds and their translation into social-ecological management practices[J]. Ecology and Society, 2012, 17(1): 5.

③ 蔡碧凡，陶卓民，郎富平．乡村旅游社区参与模式比较研究：以浙江省三个村落为例[J]．商业研究，2013(10)：191－196.

程中，我国乡村旅游社区面临着脆弱性风险冲击和慢性扰动，需要进一步提升乡村旅游社区韧性，实现区域长远发展。

现有研究中社区韧性的影响因素主要包含社会、经济、制度三个方面。社会因素主要包含社会关系网络①、社会信任②、地方依恋③、社会公平④等。经济因素主要包含生计方式的多样性⑤、经济增长⑥、经济机会的多样性⑦、经济漏损减少⑧等。制度因素主要包含社区参与⑦、权利共享⑧、自组织行为⑨、灵活性等②。本书在对相关文献进行系统归纳梳理的基础上，最终选取旅游增权、地方依恋、社区参与作为乡村旅游社区韧性的三个关键影响因素，综合测度各影响因素之间的相互关系，以探究乡村振兴背景下旅游社区韧性的生成路径。

(二)旅游增权

社区存在一定脆弱性，很大程度上是因为社区居民在面临扰动和冲击时缺乏选择性，归根结底是因为居民权利和资源分布不平衡。旅游增权是提升旅游社区韧性的重要前提，其实质是增强社区居民在旅游发展中的参与权、决策权和表达权，实现权利关系平衡，促进社区居民更加积极主动地参与当地社区发展活动⑩。Akama 最早将增权理论引入旅游研究领域，明确指出了旅游社区增权的必要性⑪。Scheyvens 在生态旅游研究领域引入增权理论，提出由经济、心理、政治、社会 4 个

---

① DONOGHUE E M, STURTEVANT V E. Social science constructs in ecosystem assessments: Revisiting community capacity and community resiliency[J]. Society and Natural Resources, 2007, 20(10): 899-912.

② PELLING M, HIGH C. Understanding adaptation: What can social capital offer assessments of adaptive capacity[J]. Global Environmental Change, 2005, 15(4): 308-319.

③ ORCHISTON C. Tourism business preparedness, resilience and disaster planning in a region of high seismic risk: The case of the Southern Alps, New Zealand[J]. Current Issues in Tourism, 2013, 16(5): 477-494.

④ ADGER W N. Social and ecological resilience: Are they related? [J]. Progress in Human Geography, 2000, 24(3): 347-364.

⑤ SHERRIEB K, NORRIS F H, GALEA S. Measuring capacities for community resilience[J]. Social Indicators Research, 2010, 99(2): 227-247.

⑥ MALDONADO J H, MORENO R P. Estimating the adaptive capacity of local communities at marine protected areas in Latin America: A practical approach[J]. Ecology and Society, 2014, 19(1): 16.

⑦ SHERRIEB K, NORRIS F H, GALEA S. Measuring capacities for community resilience[J]. Social Indicators Research, 2010, 99(2): 227-247.

⑧ BANKOFF G. Vulnerability as a measure of change in society[J]. International Journal of Mass Emergencies and Disasters, 2003, 21(2): 30-50.

⑨ CHOI H C, SIRAKAYA E. Sustainability indicators for managing community tourism[J]. Tourism Management, 2006, 27(6): 1274-1289.

⑩ 左冰，保继刚. 从"社区参与"走向"社区增权"：西方"旅游增权"理论研究述评[J]. 旅游学刊，2008(4)：58-63.

⑪ AKAMA J S. Western environmental values and nature-based tourism in Kenya[J]. Tourism Management, 1996, 17(8): 567-574.

维度构成的社区旅游增权框架[①]。在乡村旅游助推乡村振兴的实践中，“社区居民主体性缺失”的问题日益凸显，居民在社区参与活动中处于消极被动状态，甚至陷入“无力发展”的内源性困境，阻碍了乡村旅游社区韧性提升。因此，旅游增权对提升乡村旅游社区韧性，加快乡村振兴进程具有重要意义。

增权可以促使社区居民更积极主动地参与社区集体活动，进一步增强社区向心力。其中，经济增权可以增加居民收入，使其有足够的资金应对脆弱性风险，提高居民生活质量；心理增权可以增加居民对当地独特资源的自信心和自豪感；政治增权有助于提升社区居民的政治参与能力；社会增权可以增强社区居民的凝聚力，形成社区成员的归属感。当前，部分乡村地区经济发展落后，有关政策落实不到位，只有增强社区居民的各项权能，才能进一步明确居民在当地旅游业发展过程中的主体地位，提高其参与社区活动的积极性。

据此，本研究提出以下假设：

H1：旅游增权对乡村旅游社区韧性有正向影响。

H2：旅游增权对社区参与有正向影响。

（三）地方依恋

地方依恋概念源于环境心理学，是指人与特定地方所产生的情感联系[②]。学者对地方依恋的概念阐述较多[③]，普遍认为地方依恋是指人与特定地方相互作用所产生的情感联系，表示人们更愿意居住在此地，因为居住此地感到安全、舒适和放松[④]。通常情况下，人们更容易对自身居住和成长的环境产生依恋情感，例如旅游社区内的居民往往对该社区具有很深的情感依恋。学者多认为，地方依恋属于多维概念。Williams 等提出，地方依恋有两个维度，分别是地方认同和地方依赖，前者指人对地方的情感性依恋，后者指人对地方的功能性依恋[⑤]。学者们对地方依恋概念的理解虽然存在一定差异，但都认为人们对特定地方的依恋程度越高，情感联系也就越深。强烈的地方依恋情感能够增强社区凝聚力，对乡村旅游社区韧性相关研究具有重要的参考价值。

人们与特定地方建立的情感联系会影响其行为态度和生活方式。地方依恋越

---

① SCHEYVENS R. Ecotourism and the empowerment of local communities[J]. Tourism Management, 1999, 20(2): 245 - 249.

② 朱竑，刘博. 地方感、地方依恋与地方认同等概念的辨析及研究启示[J]. 华南师范大学学报（自然科学版），2011(1): 1 - 8.

③ SCANNELL L, GIFFORD R. Defining place attachment: a tripartite organizing framework[J]. Journal of Environmental Psychology, 2009, 30(1): 1 - 10.

④ HIDALGO M C, HERNÁNDEZ B. Place attachment: conceptual and empirical questions[J]. Journal of Environmental Psychology, 2001, 21(3): 273 - 281.

⑤ DANIEL R, WILLIAMS, et al. Beyond the commodity metaphor: examining emotional and symbolic attachment to place[J]. Leisure Sciences, 1992, 14(1): 29 - 46.

强的人更倾向于将自身发展与社区发展联系起来，会更积极地参与社区组织的各项活动[①②③]。强烈的地方依恋会进一步增强地区归属感，从而有效增强社区凝聚力，促进社区发展[④⑤]。根据相关研究可知：旅游社区居民对当地的情感依恋程度越强，其认同感、归属感与支持力度也就越高，从而对旅游社区居民的社区参与行为产生重要影响。目前很少有研究将地方依恋和社区参与理论联系起来。已有研究表明，除了个体社会人口属性[⑥]，地方依恋、社区归属感[⑦]等也是影响居民进行社区参与的重要因素。原住民对特定地方建立的情感联系越深，参与集体活动的积极性也就越强。

据此，本研究提出以下假设：

H3：地方依恋对乡村旅游社区韧性有正向影响。

H4：地方依恋对社区参与有正向影响。

（四）社区参与

社区参与是指社区居民亲自参加社区组织的各项活动，在社区参与过程中落实主体责任的行为。在乡村旅游社区发展的各阶段，政府都应强调社区参与的重要性。社区旅游规划、政策的制定与修改要充分采纳社区居民的意见，满足其自身需求[⑧]。强调社区参与是实现旅游业可持续发展的关键环节，是推动旅游社区韧性提升的重要影响因素[⑨⑩⑪]。旅游业的利益相关者应将社区居民看作占主导地位

---

① KULIG J C, EDGE D S, JOYCE B. Understanding community resiliency in rural communities through multi method research[J]. Journal of Rural and Community Development, 2008, 3(3): 77 - 94.

② 程绍文，张捷，徐菲菲，等. 自然旅游地社区居民旅游发展期望与旅游影响感知对旅游态度的影响：对中国九寨沟和英国 NF 国家公园的比较研究[J]. 地理研究，2010，29(12)：2179 - 2188.

③ 许振晓，张捷，等. 居民地方感对区域旅游发展支持度影响：以九寨沟旅游核心社区为例[J]. 地理学报，2009，64(6)：736 - 744.

④ 史春云，韩宝平，刘泽华，等. 旅游地居民感知与态度的比较研究：以九寨沟、庐山和周庄为例[J]. 经济地理，2010，30(8)：1400 - 1407.

⑤ ABBOTT J. Community participation and its relationship to community development[J]. Community Development Journal, 1995, 30(2): 158 - 168.

⑥ GLYNN T J. Psychological sense of community: measurement and application[J]. Human Relations, 1981, 34(9): 789 - 818.

⑦ STEFANIAK A, BILEWICZ M, LEWICKA M. The merits of teaching local history: Increased place attachment enhances civic engagement and social trust[J]. Journal of Environmental Psychology, 2017 (51): 217 - 225.

⑧ 孙九霞，保继刚. 从缺失到凸显：社区参与旅游发展研究脉络[J]. 旅游学刊，2006(7)：63 - 68.

⑨ GLYNN T J. Psychological sense of community: measurement and application. [J]. Human Relations, 1981, 34(9): 789 - 818.

⑩ 保继刚，孙九霞. 社区参与旅游发展的中西差异[J]. 地理学报，2006(4)：401 - 413.

⑪ 刘纬华. 关于社区参与旅游发展的若干理论思考[J]. 旅游学刊，2000(1)：47 - 52.

的利益主体。

已有研究成果表明,社区成员以积极乐观的态度参与到当地旅游业发展中,这有助于社区发展共同愿景和目标的形成,从而推动当地旅游业可持续发展①。居民积极参与社区活动对当地旅游业发展的积极影响主要表现在:统一调配资源以应对危机②,确保社区权益公平的实现④和促进可持续发展长期目标的建立③。社区居民主动参加社区活动有助于整合社区价值,在行动路径一致的基础上,推动当地旅游社区的可持续发展④。居民在增强乡村旅游社区韧性时应具备:主要作用,风险应对能力,社区的计划、学习和重组能力,变化应对能力,对变化的兴趣等。

据此,本研究提出以下假设:

H5:社区参与对乡村旅游社区韧性有正向影响。

基于理论基础和研究假设,构建如图 7-1 所示的概念模型。

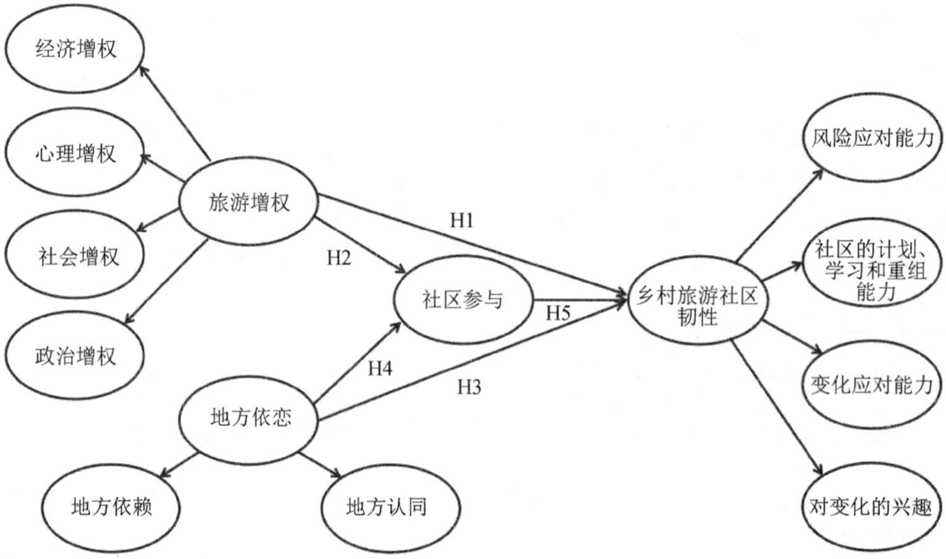

图 7-1 概念模型

① 杜宗斌,苏勤. 社区归属感对乡村旅游地居民社区活动的影响:以浙江安吉为例[J]. 旅游科学,2013,27(3):61-71.

② ELLEN M. DONOGHUE, VICTORIA E. Social science constructs in ecosystem assessments: revisiting community capacity and community resiliency[J]. Society and Natural Resources, 2007, 20(10):899-912.

③ MAGIS K. Community resilience: an indicator of social sustainability[J]. Society and Natural Resources, 2010, 23(5):401-416.

④ ESTEBAN R B. Social-ecological resilience and community-based tourism[J]. Tourism Management, 2010, 32(3):655-666.

三、研究设计

(一)问卷设计与变量选取

本书选取河南省禹州市神垕古镇为案例地,以古镇周边社区居民作为研究对象。为确保问卷题项的科学性和准确性,在借鉴已有研究采用的权威量表基础上,本书结合当地情况和研究内容进行问卷设计。问卷包括两部分,第一部分是当地社区居民的基本信息,第二部分是本研究所构建结构模型中的四个关键潜变量。

问卷共 34 道题项,采取 5 分制量表,1 至 5 分别代表非常不同意、不同意、一般或不确定、同意、非常同意。在四个关键潜变量中,“乡村旅游社区韧性”“旅游增权”和“地方依恋”分属多个维度。“乡村旅游社区韧性”变量借鉴了 Marshall 等的研究成果[①],共 11 个测项,主要分为 CR1～CR4 四个次维度。“旅游增权”测量量表借鉴了孙九霞等、陈志永等的研究成果,分为 TE1～TE4 四个次维度[②③]。“地方依恋”测量量表借鉴了 Williams 等的研究成果,分为 PA1～PA2 两个次维度[④],共 10 个测项。社会参与测量量表,分为 CP1～CP3 三个次维度。各变量观测指标如表 7-1 所示。

表 7-1　各变量观测指标

变量	观测指标	研究者
乡村旅游社区韧性	CR1 风险应对能力 CR2 社区的计划、学习和重组能力 CR3 变化应对能力 CR4 对变化的兴趣	Marshall 等[①]
旅游增权	TE1 经济增权 TE2 社会增权 TE3 心理增权 TE4 政治增权	孙九霞等、陈志永等[②③]

① MARSHALL N A, MARSHALL P A. Conceptualizing and operationalizing social resilience within commercial fisheries in northern Australia[J]. Ecology and Society,2007,12(1):1.

② 保继刚,孙九霞. 雨崩村社区旅游:社区参与方式及其增权意义[J]. 旅游论坛,2008(4):58-65.

③ 陈志永,杨桂华,陈继军,等. 少数民族村寨社区居民对旅游增权感知的空间分异研究:以贵州西江千户苗寨为例[J]. 热带地理,2011,31(2):216-222.

④ WILLIAMS D R, VASKE J. The measurement of place attachment: Validity and generalizability of a psychometric approach[J]. Forest Science,2003,49(6):830-840.

续表

变量	观测指标	研究者
社区参与	CP1 我经常参加当地的管理活动 CP2 我经常参加当地组织的旅游培训活动 CP3 乡村振兴、乡村旅游相关政策的制定征求了居民的意见	Tosun①
地方依恋	PA1 地方依赖 PA2 地方认同	Williams 等②

(二)数据采集与处理

疫情期间调研存在一定困难和限制,能入户调研的当地居民数量较少,因此本研究采取线上和线下相结合的方式进行数据收集。线下正式调研时间为 2022 年 4 月 20 日—23 日,调研地点主要为神垕古镇周边社区。问卷发放方式主要为入店入户发放、沿街随机发放等,正式调研共回收问卷 202 份。线上通过网络平台联系当地居民帮忙转发,共回收问卷 83 份,剔除无效问卷,得到有效问卷共 276 份,问卷有效率为 96.84%。

本研究所使用的数据处理软件为 SPSS26.0 和 AMOS26.0,主要分为六个步骤:①使用 SPSS26.0 软件进行描述性统计分析;②测算 KMO 和巴特利特球形检验两个统计量来检测模型的整体信度,以判断是否适合进行因子分析;③借助 AMOS26.0 软件进行验证性因子分析;④运用皮尔逊相关性分析法进行相关性检验;⑤进行概念模型检验,对模型拟合度和路径系数进行具体分析;⑥通过自举法进行中介效应分析,检验先前提出的研究假设是否成立。

四、实证结果及分析

(一)共同方法变异检查

为检查本研究是否存在共同方法变异问题,本研究采用两种方法。第一种方法是 Harman 单因子检验法,对所有测量题项同时进行探索性因子分析,未旋转前

① TOSUN C. Expected nature of community participation in tourism development [J]. Tourism Management,2006,27(3):493-504.

② WILLIAMS D R, VASKE J. The measurement of place attachment: validity and generalizability of a psychometric approach[J]. Forest Science,2003,49(6):830-840.

的第一个因子方差解释率为 20.777%，低于 40%，说明不存在严重的共同方法变异问题。第二种方法是加入共同方法因子的验证性因子分析法，在构建验证性因子分析模型 M1 的基础上，构建加入共同方法因子后的模型 M2，将两个模型进行比较，分析得出主要拟合指数的变化情况为：ΔCFI=0.009，ΔIFI=0.009，ΔNFI=0.014，ΔRMSEA=0.009。各项拟合指数的变化不超过 0.02，说明加入共同方法因子后，模型改善情况不明显，即不存在严重的共同方法变异问题。

(二)KMO 检验和巴特利特球形检验

首先，使用 KMO 和巴特利特球形检验两个统计量来检验量表是否可以进行因子分析。一般认为，当 KMO 值大于 0.7 时，巴特利特球形检验显著时可以进行因子分析。计算结果显示，巴特利特球形检验均显著，当克龙巴赫 α 值大于 0.7 时，显著性水平 Sig. 为 0.000，表示测量工具的内部一致性良好，适合进行因子分析。本研究所采用的乡村旅游社区韧性、旅游增权、社区参与、地方依恋四个量表的克龙巴赫 α 值分别为 0.853、0.840、0.794、0.886，KMO 值分别为 0.841、0.800、0.707、0.902，结构效度良好，各变量的相关性较强，可以进行因子分析，如表 7-2 所示。乡村旅游社区韧性量表观察变量的因子载荷最小值为 0.720，最大值为 0.864，探索性因子分析得到四个划分维度，符合 Marshall 等学者对旅游目的地社区恢复力的研究结论，说明此量表同样适用于对乡村旅游社区韧性的测度。

表 7-2　各维度效度检验结果

维度	KMO 值	巴特利特球形检验	克龙巴赫 α 值
乡村旅游社区韧性	0.841	0.000	0.853
旅游增权	0.800	0.000	0.840
社区参与	0.707	0.000	0.794
地方依恋	0.902	0.000	0.886

(三)验证性因子分析

为进一步检验测量模型的拟合效度和信效度，使用 AMOS26.0 软件进行验证性因子分析。首先检验本研究收集的样本数据是否服从正态分布，偏度和峰度的取值范围须在(−1.96，1.96)区间内。运用 SPSS26.0 进行描述性统计分析，计算结果如下：偏度值和峰度值的范围分别为(−0.359～0.219)，(−0.719～−0.126)，表明样本数据服从正态分布。误差方差计算结果显示，其值范围为(0.68～1.212)，均为正值；标准化参数值范围为(0.825～1.101)，符合统计要求。

根据计算得出，概念模型的拟合度指数为 χ^2/df＝1.078，RMR＝0.037，AGFI＝0.904，RMSEA＝0.015，GFI＝0.918，PGFI＝0.788，PNFI＝0.816，IFI＝0.992，CFI＝0.992，符合统计标准。拟合度指数中 NFI＝0.895，虽然略小于理想值 0.9，但仍在可接受范围内。计算结果如表 7－3 所示。综合来看，该模型的拟合度指数较为良好。

表 7－3　概念模型的拟合度指数

指标	绝对拟合指数				简约拟合指数			相对拟合指数		
	χ^2/df	RMR	AGFI	RMSEA	GFI	PGFI	PNFI	IFI	CFI	NFI
理想值	1～5	＜0.05	＞0.9	＜0.08	＞0.9	＞0.5	＞0.5	＞0.9	＞0.9	＞0.9
概念模型	1.078	0.037	0.904	0.015	0.918	0.788	0.816	0.992	0.992	0.895

一般情况下，信度分析需要使用组合信度系数（CR 值），CR 值主要用来判断模型内在质量，当 CR 值大于 0.6 时，模型的内在质量较为理想，构念内部一致性较高。各观测变量的标准化因子载荷均大于 0.50，符合标准。测量模型中各变量的 CR 值均高于 0.8，达到统计要求，且构念内部一致性较高。效度检验通过平均萃取方差值（AVE）来测量，通常认为 AVE 大于 0.5 时，指标对所测量构念的代表性较强。各变量的 AVE 均大于 0.5，效度水平良好。且各观测项的标准化因子载荷均大于 0.50，符合标准。所有变量的题目信度（SMC）均大于 0.5，t 值（C. R.）介于 9.56*** － 14.19*** 之间，说明所估计的参数值均达到 0.001 的显著性水平，模型具有良好的收敛度。验证性因子分析结果如表 7－4 所示。

表 7－4　验证性因子分析结果

潜变量	观测变量	标准化因子载荷	标准误（S. E.）	t 值（C. R.）	题目信度（SMC）	组合信度（CR）	平均萃取方差值（AVE）
风险应对能力	CR11	0.762***	0.091	12.065***	0.581	0.802	0.575
	CR12	0.774***	0.101	12.232***	0.599		
	CR13	0.738***	—	—	0.545		
社区的计划、学习和重组能力	CR21	0.759***	0.08	11.968***	0.576	0.786	0.550
	CR22	0.717***	0.087	11.455***	0.514		
	CR23	0.748***	—	—	0.560		
变化应对能力	CR31	0.827***	0.092	11.669***	0.684	0.802	0.669
	CR32	0.809***			0.654		

续表

潜变量	观测变量	标准化因子载荷	标准误(S. E.)	t 值(C. R.)	题目信度(SMC)	组合信度(CR)	平均萃取方差(AVE)
对变化的兴趣	CR41	0.711***	0.102	10.335***	0.506	0.759	0.513
	CR42	0.725***	0.103	10.329***	0.526		
	CR43	0.712***	—	—	0.507		
经济增权	TE11	0.805***	—	—	0.648	0.802	0.574
	TE12	0.751***	0.078	12.87***	0.564		
	TE13	0.715***	0.075	12.286***	0.511		
心理增权	TE21	0.783***	—	—	0.613	0.751	0.601
	TE22	0.767***	0.109	9.56***	0.588		
社会增权	TE31	0.727***	—	—	0.529	0.775	0.534
	TE32	0.746***	0.086	11.086***	0.557		
	TE33	0.719***	0.085	10.824***	0.517		
政治增权	TE41	0.846***	—	—	0.716	0.817	0.691
	TE42	0.816***	0.089	11.44***	0.666		
社区参与	CP1	0.747***	—	—	0.558	0.796	0.565
	CP2	0.72***	0.087	11.495***	0.518		
	CP3	0.787***	0.088	11.957***	0.619		
地方依赖	PA11	0.729***	—	—	0.531	0.875	0.583
	PA12	0.754***	0.084	13.428***	0.569		
	PA13	0.805***	0.084	14.156***	0.648		
	PA14	0.779***	0.094	13.625***	0.607		
	PA15	0.75***	0.078	13.235***	0.563		
地方认同	PA21	0.77***	—	—	0.593	0.869	0.571
	PA22	0.749***	0.059	13.854***	0.561		
	PA23	0.768***	0.06	14.19***	0.590		
	PA24	0.739***	0.058	13.629***	0.546		
	PA25	0.751***	0.059	13.943***	0.564		

注：*** 表示在 0.001 的水平下显著。

综上所述，该模型的信度和效度水平良好。

(四)相关性分析

相关性分析是为了进一步验证变量间是否存在相关关系,为变量间因果关系的验证提供依据。为证明乡村旅游社区韧性四维度、地方依恋二维度、旅游增权四维度与社区参与间是否存在显著的相关关系,如表7-5所示,变量“变化应对能力”的$\sqrt{AVE}$为0.818,大于该变量与其他各变量间的相关系数,说明该变量与其他变量间具有较好的区别效度。其余变量同理。

表7-5 变量间的皮尔逊相关性分析

测量指标	1	2	3	4	5	6	7	8	9	10	11
对变化的兴趣	0.716**										
变化应对能力	0.503**	0.818**									
社区的计划、学习和重组能力	0.539**	0.545**	0.742**								
风险应对能力	0.545**	0.523**	0.517**	0.758**							
社区参与	0.341**	0.393**	0.367**	0.337**	0.752**						
地方认同	0.126**	0.221**	0.226**	0.226**	0.254**	0.756**					
地方依赖	0.143**	0.236**	0.242**	0.216**	0.267**	0.571**	0.764**				
政治增权	0.202**	0.280**	0.225**	0.281**	0.224**	0.049**	0.069**	0.831**			
社会增权	0.265**	0.235**	0.180**	0.158**	0.174**	0.035**	0.074**	0.445**	0.731**		
心理增权	0.207**	0.300**	0.223**	0.254**	0.260**	−0.027**	0.030**	0.480**	0.505**	0.775**	
经济增权	0.209**	0.261**	0.288**	0.273**	0.229**	−0.038**	0.047**	0.558**	0.478**	0.525**	0.758**

注:对角线上数值为$\sqrt{AVE}$,线下方数值为各变量间相关系数,** 表示 P 小于0.01。

(五)概念模型检验

路径系数主要是为了判别前文理论模型中所提出的各种假设关系是否成立,从而进一步分析各影响因素对乡村旅游社区韧性的作用程度,判断标准为各标准化路径系数是否显著。如表7-6所示,结构模型中潜变量之间的相互关系符合先前提出的理论模型,模型的解释能力较强。旅游增权显著正向影响乡村旅游社区韧性,路径系数为0.36,显著性水平为0.003,假设H1成立;地方依恋显著正向影响乡村旅游社区韧性,路径系数为0.26,显著性水平为0.001,假设H3成立;社区参与显著正向影响乡村旅游社区韧性,路径系数为0.29,显著性水平为0.001,假设 H5 成立；地方依恋、旅游增权显著正向影响社区参与，路径系数分别为 0.33 和 0.3，显著性水平均为 0.001，假设 H4 和 H2 均成立。相关研究表明，标准化路径系数用来判断作用强度，其值低于 0.1 是小效果，其值大于等于 0.1 而小于 0.3 时是中效果，其值大于等于 0.3 而小于 0.5 时是强效果，其值大于等于 0.5 时说明影响效果非常强烈。依据该标准，地方依恋、社区参与对乡村旅游社区韧性的作用强度分别呈现中效果，旅游增权对乡村旅游社区韧性的作用强度、旅游增权对社区参与的作用强度、地方依恋对社区参与的作用强度呈现强效果。

表 7-6　标准化估计值

研究假设	路径关系	标准化路径系数	t 值	p 值	检定结果	影响程度
H1	旅游增权→乡村旅游社区韧性	0.36	4.471	0.003	成立	强
H3	地方依恋→乡村旅游社区韧性	0.26	3.081	***	成立	中
H5	社区参与→乡村旅游社区韧性	0.29	3.704	***	成立	中
H2	旅游增权→社区参与	0.3	4.079	***	成立	强
H4	地方依恋→社区参与	0.33	4.000	***	成立	强

注：*** 表示在 0.001 的水平下显著。

(六)中介效应分析

本书将社区参与作为中介变量，检验社区参与在旅游增权和乡村旅游社区韧性之间，在地方依恋和乡村旅游社区韧性之间是否分别存在中介效应，所使用的检验方法为自举法。

在 AMOS 中使用自举方法，设置抽样次数为 2000 次，对本研究所涉及的两个中介效应进行检验(表 7-7)。检验结果显示：①间接效应 1 的校准曲线 95% 置信区间为[0.044,0.202]，百分位数 95% 置信区间为[0.037,0.177]，均未包含 0，表明社区参与在地方依恋和乡村旅游社区韧性之间的中介效应存在。②间接效应 2 的校准曲线 95% 置信区间为[0.032,0.13]，百分位数 95% 置信区间为[0.028,0.121]，表明社区参与在旅游增权和乡村旅游社区韧性之间的中介效应存在。③直接效应 1 的校准曲线 95% 置信区间为[0.102,0.501]，百分位数 95% 置信区间为[0.101,0.5]，均未包含 0，表明地方依恋对乡村旅游社区韧性关系的直接效应存在，社区参与的中介效果为部分中介。④直接效应 2 的校准曲线 95% 置信区间为[0.168,0.442]，百分位数 95% 置信区间为[0.171,0.446]，均未包含 0，表明旅游增权对乡村旅游社区韧性关系的直接效应存在，社区参与的中介效果为部分中介。研究结果显示，社区参与分别在旅游增权和乡村旅游社区韧性、在地方依恋和乡村旅游社区韧性的关系中具有重要的中介作用。

表 7-7 结构模型中介效应自举法检定(抽样次数为 2000 次)

路径效应	作用强度	系数乘积		自举法			
				校准曲线 95% 置信区间		百分位数 95% 置信区间	
		标准误	Z 统计量	下限	上限	下限	上眼
总效应 1	0.366	0.103	3.55	0.189	0.602	0.188	0.598
间接效应 1	0.1	0.036	2.78	0.044	0.202	0.037	0.177
直接效应 1	0.266	0.099	2.69	0.102	0.501	0.101	0.500
总效应 2	0.357	0.072	4.96	0.231	0.513	0.234	0.517
间接效应 2	0.069	0.024	2.88	0.032	0.13	0.028	0.121
直接效应 2	0.288	0.07	4.11	0.168	0.442	0.171	0.446

五、对策建议

立足乡村振兴的总要求，在经济、文化、生态、社会、治理五个方面增强社区居民的权能，鼓励社区居民参与社区建设，增强社区凝聚力，提升社区应对风险和冲击的恢复能力。

第一，产业兴旺，拓展业态，提升经济韧性。发挥地方特色产业优势，结合当地独特的自然文化资源，助推钧瓷文化产业高质量发展。在产业培育方面给予社区居民一定的权能，通过规模经营的方式延长钧瓷产业生态链，提高系列产品的附加值。居民应充分发挥主观能动性，主动进行适应性调整变化，探索出一条具有地方独特性的自我经营之路。

第二，生态宜居，绿色引领，提升生态韧性。在尊重自然规律的基础上改造自然，利用自然是乡村旅游社区韧性提升的重要表现。在古镇钧瓷文化产业的发展过程中，应合理利用新技术，在不破坏乡村生态环境的前提下扩大钧瓷产业规模。在提升古镇生态韧性的过程中，需要依据当地生态资源状况，不断完善以保护环境为基础的居民参与制度。

第三，乡风文明，社区参与，提升文化韧性。乡村旅游社区韧性植根于当地深厚的文化积淀，推动乡村文化振兴有助于提升文化韧性。定期举办乡风文明活动，进一步增强社区成员对本地的自豪感和自信心。定期举办文化活动，鼓励居民主动参与，促进居民间情感交流，提升居民情感依恋程度。

第四，治理有效，利益共融，提升治理韧性。乡村振兴与乡村旅游相关政策的制定应着重凸显社区居民的主体地位，增强居民在当地旅游发展中的话语权，使社区居民对乡村旅游开发的意见和建议充分反馈到决策层。通过旅游增权，明确社区居民的角色定位，拓宽古镇居民参与治理的渠道，有效提升居民的治理权能。

第五，生活富裕，全民振兴，提升社会韧性。乡村旅游社区面临一定的风险和冲击，如何化解风险是提升社会韧性亟须解决的重要问题。在保障古镇社区居民多元化权益的同时，降低脆弱性，从而提升韧性。古镇应根据当地实际情况制定相关政策，突出社区居民在乡村振兴中的主体性地位，满足居民的实际需求。

六、小结

(一)研究结论

第一，通过理论分析、问卷调查和实证检验，得出研究结论，地方依恋显著正向影响乡村旅游社区韧性，作用程度呈现中效果。社区居民与当地情感联系越深，越会主动参加社区举办的各项活动，强烈的地方依恋情感可以增强社区内部的凝聚力，从而进一步增强社区韧性。

第二，社区参与显著正向影响乡村旅游社区韧性，作用程度呈现中效果。乡村旅游社区居民在目标愿景一致的前提下，会更加主动地参与社区建设，从而增强社区抵御各种脆弱性风险冲击的恢复能力。

第三，旅游增权显著正向影响乡村旅游社区韧性，作用程度呈现强效果。通过旅游增权可以增加社区居民在当地旅游业发展中的话语权，使居民的利益和诉求得到有效表达，提升乡村旅游社区面对脆弱性风险和冲击的适应能力。

第四，地方依恋、旅游增权分别通过两种方式影响乡村旅游社区韧性。其本身既可以直接影响乡村旅游社区韧性，也可以通过社区参与间接影响乡村旅游社区韧性。

(二)研究局限与展望

第一，本研究在构建模型时着重考虑研究对象之间的相互关系，所提出的研究假设也主要围绕研究对象展开。后续应对各变量的次维度展开讨论，分析各次维度的相互关系及作用机制，同时考虑一些控制和调节变量。

第二，不同地域的乡村旅游社区具有一定差异性，乡村振兴有关政策的落实成效也不同，而本研究是仅针对单一区域的个案调研，由于人力、财力和时间等限制，加之其他不可控因素影响，样本的收集范围有限，且在调研过程中与高龄老人的沟通不畅，研究结论缺乏普适性，有待进一步验证。

第三，政府在乡村旅游发展的不同阶段所制定的政策有所差异，在未来的研究中可以尝试进行追踪调查，研究在不同发展阶段乡村旅游社区韧性的关键影响因素及作用机制，从时间和空间两个角度进行分析。

基于此，未来应加大对不同地区乡村旅游社区韧性关键影响因素的探讨和对比研究，提高该模型的普适性，从而更全面地提出乡村振兴背景下旅游社区韧性提升策略。

第三篇　文化教育篇

第八章　农村文化在城市化背景下面临的困境思考

中国快速的城市化造成了大量乡村的消失和农村居民“进城”，城市化给农村居民带来了严峻的现实挑战和观念冲击，突出表现为农村衰落带来的文化生存的焦虑。不彻底的城市化及过分改造导致文化传承面临困境和冲突，这源于宏观战略层面上的经济发展对文化构建的替换，中观战略层面上对现代化和城市化的片面理解，微观战略层面上对公共文化供给的缺失。文化传承是一个积累和渐进的过程，要实现对文化困境的破解和共同价值理念的塑造，就需要探索具有中国特色的乡村文化保护模式，寻求现代性起点上的城乡文化融合，发挥农村居民文化需求主体的作用。

一、问题的提出

2011 年，中国城市化率达到了 51.3％，城镇人口首次超过农村人口，同时城市化快速发展使大量村落消失。农村居民在进入新的经济交往、社会生活的过程中不仅面临着经济来源、交往方式、生活习惯等诸多方面的挑战，更要承受前所未有的心理冲击。他们既要面对原有生活场景消失的痛苦，又要承受新生活的阵痛和不适。这种文化和心理层面的变化反过来又会影响其经济发展和社会交往模式。中国城市化过程中农村居民面临着三种不同情境下的文化困境。首先，大量青壮年劳动力进城，农村逐步空心化，经济衰败，原有社会秩序和管理规范失效，文化的生存失去了依附的载体。其次，城市周边农村居民在城市扩张中失去了土地，他们虽然通过户籍变更成为城市居民，但仍然无法完全认同城市文化。大量的农民工在经济来源、职业特征、生活方式等方面越来越像城镇居民，却无法成为真正的“城里人”。最后，乡土文化和民俗文化被逐渐忽视，出现了退化和断层的严重现象①。农村文化的困境折射出转型期中国农村居民在文化生存、认同和延续中面临的难题。随着我国城市化进程快速推进，诸多经济、社会问题交织在一起，局面变得更加错综复杂。

---

① 曹云，周冠辰．城镇化进程中乡土文化的保护困境与有效传承策略[J]．现代城市研究，2013，28(6)：31－34.

改革开放以来，中国现代化的社会转型不仅要实现以物质条件的改善为核心的经济起飞，还要解决以思想解放和道德重塑为核心的制度创新与文化转型。当经济发展在一定程度上解决了中国人迫切的生存困境之后，制度创新和文化转型问题就日益凸显出来，并成为制约经济发展的重要因素。因此，文化不再仅仅作为经济发展的被动接受者，而逐渐显示出它自身的独立要求和内在发展逻辑。2012年，中共中央在党的十八大报告中提出："文化是民族的血脉，是人民的精神家园"，"建设面向现代化、面向世界、面向未来的，民族的科学的大众的社会主义文化"[①]。乡村文明是中华文明史的主体，在新型城镇化的背景下，中国社会要实现"五位一体"的战略格局，无法回避农村文化建设这一兼具历史重任和鲜明时代特征的关键问题。本研究通过对中国城市化背景下农村文化困境状况的考察与分析，思考破解困境之策。城市化把文化转型的迫切性以新的形式呈现出来，使我们不得不反思当下最剧烈的文化转型问题，即乡村文化在城市化的背景下何去何从的问题。

二、研究现状

中国城市化背景下的农村文化困境实质是现代化过程中传统文化和外来文化的碰撞和交锋。国内学界在此问题上形成了三种主要的分析思路。传统文化价值论认为，传统文化可以诊治精神空虚、价值观扭曲、人际关系冷漠等西方文明病和城市病[②]。现代文化优势论认为，西方文化和市场经济的成功结合已经证明了顺应现代化的趋势就必须放弃传统文化。更多学者赞同中国的现代化就是试图在两种文化中达成一种平衡[③]，把城市化背景下的农村文化困境看作近代中西文化碰撞的延续[④]。具体到城市化的实践中，学者们又不得不承认，当下中国的城市化席卷一切，城市是强势的一方，乡村是弱势的一方。蒋福明对"村改居"的社区文化及其困境进行了探讨，把文化的重塑和再造看作城市化过程的重要组成部分[⑤]。曹峰认为，农民工在城市的文化适应是该群体城市化必经的文化心理的范式转换[⑥]。梅联华提出，由于城市化对文化遗产造成极大的破坏，所以文化遗产保护问题是亟待解决的问题[⑦]。陈超回顾了20世纪80年代以来文学创作视野中的城市化过程

① 胡锦涛. 在中国共产党第十八次全国代表大会上的报告[EB/OL]. (2012-11-17)[2024-06-06]. https://www.12371.cn/2012/11/17/ARTI1353154601465336.shtml.

② 张平功. 全球化的后果：基于文化社会学的视角[J]. 广东社会科学，2012(3)：222-226.

③ 孟凡东，李庆利. 价值与意识：东亚现代化进程中的文化认识[J]. 理论月刊，2012(7)：184-188.

④ 张小平. 关于中国现代化问题的文化反思[J]. 马克思主义研究，2011(9)：101-109.

⑤ 蒋福明. "村改居"社区文化及其困境探讨[J]. 北京行政学院学报，2013(3)：87-90.

⑥ 曹峰. 文化心理的范式转换：中国农民工城市化的根本出路[J]. 山西师范大学学报(社会科学版)，2011，38(6)：47-50.

⑦ 梅联华. 对城市化进程中文化遗产保护的思考[J]. 山东社会科学，2011(1)：56-60.

中的文化冲突，认为文学对城乡景观和社会文化的演绎始终存在着两条交互发展的路径，由此催生出一种对现代生活秩序不断重构的话语张力①。外文文献中关于农村文化建设的研究主要是农村社区与文化认同方面的研究，20 世纪 20 年代以来，国外出现了一些关于中国农村社区研究的经典文献②。国外关于中国文化建设特别是城市化过程中农村文化建设的文献相对较少，但有些文献仍为我们的研究提供了宝贵的借鉴。盖贝托夫等认为，可持续发展不仅要考虑经济效益和环境保护，还要优先考虑文化的可持续性③。乔治·朱迪指出，关于文化价值的重要性在世界上不少地区已被研究和验证，在澳大利亚，这种文化类节目的举办对农村社区意味着重要的经济机会④。夏光从历史和比较的视角对中国文化进行了分析，认为必须消除这种将现代化等同于西方化的误解，改变近代以来文化发展中以西方为中心的状况⑤。莫斯·罗杰等从一位德国工程师的视角研究了中国文化的十个标准⑥。还有学者研究了拥有世界文化遗产碉楼的中国南方开平地区如何在保持农业的基础上发展旅游业的文化保护模式⑦。

从目前现有研究来看，中文文献从新农村建设、区域发展、乡风文明、农民文化教育等视角出发讨论农村文化发展的内容较多，而在现代化的背景下，对城市化和农村文化变迁的关系，以及经济发展战略转变中文化的核心价值和现代化条件下农村居民作为文化需求主体的研究较少。本研究认为农村文化的发展既不是简单模仿和移植城市文化，也不是固守传统和拒绝城市化。农村应在不可逆转的城市化过程中主动迎接挑战，发掘乡村文化和中国传统文化的内在价值，探索符合中国文化特点和实际的农村文化发展路径。

---

① 陈超．“城市化”的祛魅之途与认知重构：新时期城市化进程中“反城市”文化的思想检视与审美反思[J]．学术论坛，2012(4)：80－85．

② 吴理财，李世敏，张良，等．新农村建设中的文化建设研究述评[J]．社会主义研究，2009(3)：136－142．

③ GABITOV T，KURMANALIEVA A，MOLDAGALIYEV B，et al. Sustainable development as a priority of contemporary cultural policy[J]. Social and Behavioral Sciences，2014(140)：691－694.

④ JUDY G. Examining the cultural value of festivals[J]. International Journal of Event and Festival Management，2015，6(2)：122－134.

⑤ XIA G. China as a “Civilization-State”：a historical and comparative interpretation[J]. Social and Behavioral Sciences，2014(140)：43－47.

⑥ ROGER M，MIGGE T. Exploring chinese cultural standards through the lens of German managers：a case study approach[J]. IIMB Management Review，2011(23)：102－109.

⑦ RYAN C，CHAO Z，ZENG D. The impacts of tourism at a UNESCO heritage site in China：a need for a meta narrative? The case of the Kaiping Diaolou[J]. Journal of Sustainable Tourism，2011，19(6)：747－765.

三、农村文化面临的困境及表现

(一)农村的衰落——文化生存的焦虑

村庄是传统中国农村社会生活的基本单位，也是以血缘、地缘为纽带形成的一个自治共同体，这个自治共同体通过道德伦理、宗族家规、乡村传统等维系着秩序①。市场化改革使村庄社区发生了很大变化，其原有的社会整合功能的重要性在市场化改革之后急剧下降②。以市场为导向的利益驱动机制使村庄成员的组织归属感日益丧失。

农村的衰落首先源于城市的"拉力"。2002年以来，我国城乡收入比一直维持在"3"以上③。即使现代化水平和机械化程度较高的农村与城市相比，农业劳动环境依然恶劣，劳动条件仍然艰苦。随着经济发展和农业经营的多样化，农民群体在就业方式和收入结构方面逐渐分化，越来越多经济条件优越的家庭选择离开农村在城镇购房，追求更便捷、更丰富的城市生活。农村土地流转、撂荒和房屋闲置现象日益普遍。根据笔者对陕西某地的调查，农村生产和社会生活的骨干主要是50岁以上的劳动力，40岁以下的劳动力基本都外出务工，只在春节期间短暂返乡。原来农村居民要举办非常热闹的红白喜事，现在由于找不到帮忙的人，大多改在乡镇的酒店举办，举办形式也越来越与城市趋同，失去了乡土特色。

农村基本公共服务和设施空心化是青壮年劳动力外流的"推力"。近年来，虽然国家加大了对农村基础设施的投入力度，但仍存在很多问题。如"农家书屋""文化大院"等文化娱乐设施和场所资源不足，健身场所匮乏，部分农村的电视信号不畅、网络服务不便，这都满足不了基本需求④。基础教育、医疗、道路等生活设施保障不足。特别是环境污染问题日益突出，农村的垃圾倾倒、收集和处理处于无序状态，有的时候农村还成了城市建筑垃圾和渣土的抛撒地。农村排水设施缺失，每逢下雨路面就出现积水。洁净的饮用水得不到保证，很多青壮年劳动力抱着逃离农村的心态外出务工。这些现象自20世纪90年代末就已经存在。2001年，各地实行"撤点并校"，加剧了这种以追逐优质教育资源为主要目的的迁移。根据教育部公布的统计数据，1997年到2010年，全国减少小学37万多所，其中农村小学减少

① 赵艳梅，夏彩云. 农村社会公共文化生活的衰落与重建研究[J]. 农村经济，2012(11)：90-93.

② 阮荣平，郑风田，刘力. 公共文化供给的宗教信仰挤出效应检验：基于河南农村调查数据[J]. 中国农村观察，2010(6)：72-85.

③ 韩家慧. 中国城乡居民收入比13年来首次缩小至3倍以下[EB/OL]. (2015-01—20)[2024-06-06]. http://www.ce.cn/xwzx/gnsz/gdxw/201501/20/t20150120_4384230.shtml.

④ 邸焕双. 农村社区公共产品供给存在的问题及对策[J]. 经济纵横，2014(8)：61-64.

约 30 万所，约占全国小学总减少量的 81%[①]。

随着农村外出务工、经商人口的增加，“新生代农民逐渐丧失了对农村传统文化的认同，再加上城市的急剧扩张和新生代农民向城市的单向流动，使农村传统文化缺乏内生力量，得不到内在更新。”[②]农村留下的多是失去劳动能力的老龄人口和不能随父母进城的“留守儿童”，这两类人口不是生产型人口，更无法进行文化的创造和再生。根据 2013 年《中国农村留守儿童、城乡流动儿童状况研究报告》统计，中国农村留守儿童数量超过 6000 万，46.74%的农村留守儿童的父母都在外出[③]。2013 年，民政部有关负责人表示，我国农村留守老人数量已近 5000 万，失能无靠等问题突出[④]。农村的经济、社会功能的退化必然导致原有文化生存面临困境，依附于一定社会生产的农村传统文化将成为无源之水、无本之木。现阶段我国文化市场经营单位主要集中在城市和县城，农村规模偏小。

(二)半城市化——文化冲突的焦虑

文化认同和文化冲突是文化困境的一体两面，过快的城市化造成了两种特殊的城市居民。一种是城郊附近的失地农民，另一种是在城乡间往返的农民工。“村改居”的大规模推行使农民不得不接受当下外部环境“强加”给他们的城市化，但从根本上来说他们仍保留着浓重的乡土“文化习性”，这种身份的转变和生活空间的转换，使他们在慢慢淡忘和疏远原有的乡村文化，尚未融入新的城市文化的条件下，出现文化认同的断裂。这些人陷入文化“他者”的迷茫和无根的“精神乡愁”之中。那些不能适应新环境、构建新关系的居民，无法获得对新的生活共同体的认同感和归属感。这些问题常常因城市化带来的物质生活水平的提高而被忽视。甚至在一定程度上，土地升值带给他们的巨额财富反过来成了某些人人生轨迹发生转变的负面推力。笔者在深圳市和西安市进行的调查显示，“村改居”过程中经常出现的问题有：家庭成员因为拆迁补偿款矛盾激化，在老人赡养等问题上互相推诿；原有村民既缺乏必要的知识技能，又无心从事繁重的体力劳动，导致他们无所事事，精神空虚，参与到赌博等不健康的娱乐活动中，最终难以自拔；较低的文化素质和教育水平，使他们对于一时间收获的财富不知如何处置，有时会挥霍浪费或

---

① 郭少峰. 农村小学十年少 5 成 “撤点并校”政策被指待改[EB/OL].(2012-05-21)[2024-06-06]. http://politics.people.com.cn/GB/17937607.html.

② 胡丰顺，杨少波. 我国城市化进程中农村文化的变迁与重构[J]. 江西社会科学，2012，32(11)：238-241.

③ 刘维涛. 中国农村留守儿童数量超 6000 万[EB/OL].(2013-05-10)[2024-06-06]. http://news.xinhuanet.com/politics/10/c_115720450.htm.

④ 朱峰. 农村留守老人近 5000 万 失能无靠等问题突出[EB/OL].(2013-09-20)[2024-06-06]. http://www.chinanews.com/gn/5302461.shtml.

上当。

如果说“村改居”的城市居民住在城市，还对农村有心理上的留恋和依赖，那么农民工这类在统计口径上的“常住人口”则更适应城市的生活，却没有真正在城市“定居”下来。特别是“新生代农民工”①，由于他们早早脱离农村和农业劳动，对农村生活已经日益疏远，在价值观念和生活追求方面向城市居民看齐，但是由于种种制度障碍，并未被城市完全接纳。笔者对深圳和苏州两市部分农民工的问卷调查表明，关于未来的打算，选择留在打工城市、返回家乡城镇生活、返回农村从事非农业生产的人数占农民工总数的 96.5%，而选择回乡务农的人数占农民工总数的 3.5%②。因而作为城乡文明冲突的承受者，新生代农民工的精神文化生活反映了该群体的生活方式从传统性向现代性、同质性向异质性、单调性向多样性、封闭型向开放型、保守型向进取型转变的过程。他们不仅要面对来自城乡两种文化的冲击，还要面对代际文化冲突以及农村家庭在择偶方式、消费方式方面给他们施加的压力。有关研究表明：农民工文化生活总体处于贫乏状态，具有文化生活单调，娱乐方式单一；闲暇生活层次低，活动不足；文化消费支出偏低，有偿文化消费意愿不强；公共文化设施的利用率低，文化活动参与度不高等基本特征③。这种文化生活有可能加剧城乡间的认知隔膜，延缓农民工融入城市的进程。

(三)过度改造——文化传承的焦虑

文化是社会生活的产物，无论何种文化都是在一定的自然环境和社会环境中孕育出来的。因此，文化不可能脱离它生成的环境。而这种环境是处在不断变化当中的，环境的变化或缓或急，文化一旦形成就具有相对的稳定性，只有那些面对环境变化有效应对的文化才有可能延续下来。在人类历史上，至今仍然保持旺盛生命力的文化都曾面对无数次重大的挑战。中国文化能否延续并发展，在一定程度上也取决于这种文化能否有效地应对时代和环境赋予的挑战。但实践的成果并不乐观，有些时候，以文化之名实施的所谓保护反而以毁灭性的改造破坏了农村文化最后的生存土壤。

首先，在新农村建设中，开发商打着文化保护的旗帜进行“商业性开发”，展开对乡村文化的破坏。轰轰烈烈的城市建设一步步地蚕食着乡村，把耕地变成高楼，把农民变成居住在高楼上的社区居民。过分强调土地利用效率和生活便利程度的提高，忽略了人们的生活不仅有物质内容还有精神内容。一个区域的文明程度应

---

① 国务院发布 2010 年中央一号文件《中共中央、国务院关于加大统筹城乡发展力度进一步夯实农业农村发展基础的若干意见》，其中首次使用了“新生代农民工”的提法。

② 苏州市有效问卷 696 份，有效率为 92.8%；深圳市有效问卷 1623 份，有效率为 91.08%。

③ 叶继红. 农民工文化需求与城市公共文化服务体系构建：来自江苏的调查与思考[J]. 中州学刊，2015(6)：66－71.

该是多维的，包括经济指标，也包括居民的文化素养、生活满意度、休闲娱乐等内容。而现在它被简化为一个指标——城市化水平。一些地区主要依赖行政手段推动新农村建设，直接造成很多中国民间艺术的衰败和民俗文化的消亡。有些地区用统一式样、统一颜色的民居代替了具有地方特色的传统民居，以形式上的整齐一致取代了多样的民俗文化和建筑艺术。相对高歌猛进的城市化，安静的乡村为民间文化的存在和延续提供了宝贵的空间。随着城市化的推进，原有的平衡被打破了，城市化把新的要求强加于乡村，用功利化的标准改造乡村。村落中的民间文化能否被保留下来不是取决于它自身的审美性和艺术价值，而是取决于它所带来的经济价值。作为文化载体的民俗活动原有的凝聚人心、交流思想、融洽人际关系的社会功能被忽视了，举办民俗活动的舞台和其他表演空间随着村落的消失也就失去了存在的价值。笔者在陕西部分农村进行的调查显示，秦腔、面花制作技艺等非物质文化遗产在农村日渐凋零，而喜爱这些文化遗产的多以 60 岁以上的老年人为主。

其次，在传承乡村文化的过程中，人们面临很多商机，这种商机本来可以为乡土文化的保护提供服务。但这种商机一旦被“利用”，甚至凌驾于文化之上，这种文化传承的商业打造就有可能破坏乡土文化本身。离开了文化的内在精神，就有可能导致文化的同质化和“千村一面、千城一面”的结果，特色鲜明、淳朴宁静的乡土文化逐渐被解构，其发展就会出现断裂，甚至慢慢消失。

四、破解农村文化困境的对策

(一)文化扬弃的模式探索

“在全球化语境下，世界不会只有一种单一的普世文化，而是有多种不同的民族文化同时并存。”[①]东亚模式的出现证明了不同文化实现现代化路径的多种可能性。与以市场为主导的欧美发展模式不同，东亚模式的特点是政府扮演了不可或缺的角色。如果说日本、韩国经济的腾飞证明了东亚文化与市场经济的兼容性，那么中国模式之所以受到广泛关注是因为它打破了资本主义才能实现现代化的神话，进一步证明了文化和经济的发展可以借鉴经验，但不能复制经验。因此，我国要增强农村的文化软实力。

我国对一些地区进行特色文化保护，在文化传承和现代性的结合中不断探索发展之路。城市和乡村不是一种简单的二元对立关系，可以在文化、环境、景观和生活方式方面实现有益互补。“看得见的乡愁”不应该以农村的落后和日益边缘化为代价。

---

① 曹桂生，曹阳. 文化全球化语境下多元文化的碰撞与融合[J]. 西安交通大学学报(社会科学版)，2014，34(6)：100－103.

(二)现代性起点上的文化融合

2014年10月15日,习近平同志在文艺工作座谈会上指出“文艺不能在市场大潮中迷失方向”,并提出“中华优秀传统文化是中华民族的精神命脉”。可见现代性社会及其精神生活的重构以物质生活条件的极大改善为基础,更离不开特定社会制度的创新与核心价值体系的建设①。社会转型带来了社会生活方式的变迁,从传统走向现代、从农业文明走向工业文明,文化在由一元走向多元的过程中关键要使人们的行为目标与行为方式真正实现向现代的全面转化②。

“中国农村的历史和现实决定了农民不可能从整体上转移到都市当市民,也不可能变成发达国家那样的农场主和农业工人。”③中国除了2.6亿流动的农民工之外,乡村仍然是大多数农民安身立命的地方。城市化不仅是“土地的城市化”,更应该是“人口的城市化”,即农村居民的人格转型和文化转型。而文化的养成是一个渐进的过程,文化的转换也是一个渐进的过程。从习以为常的乡村文化向陌生的城市文化转换,这对于原来的农村居民来说,将面临巨大的现实挑战和观念冲击。现有的城市化注重的是生产方式和居住方式等物质层面的城市化,而对价值理念、心理需求等精神层面的城市化重视不够,这会导致一系列的社会问题,如道德观念的淡薄、约束机制的弱化等。在实现了地域、职业、身份的转换以后,对城市的文化适应是进城农民完成城市化的最后一个步骤。要使农民真正融入城市,完成城市化进程,就必须通过改革来消除农民融入城市的体制、机制与政策障碍,帮助农民从经济和社会两个层面融入城市。

(三)确立农村居民的文化主体地位

传统与现代性的矛盾,是现代化运动过程中不可避免的。越是在中国这种传统文化深厚的国家,这种冲突就越突出、越持久。现代化在经济上造成了中国的城乡二元结构,在文化上同样造成了城乡二元结构。简单地用城市代替农村,表面看是消除了矛盾,实际上也消除了文化的多样性和文化的创造性。伴随国家政治经济体制改革和乡村社会基础结构的转型,中国农村公共文化建设模式也在转变。要使农民真正拥有文化发展权利,就必须继续推动农村公共文化建设模式的转变,由政府主导式向多元参与式治理模式转变,把单向度的现代化转变为共融性的制度设计,把以行政力量为主导的城乡简单对立转变为社会主义核心价值观引领下的多元文化和谐共存。

---

① 庞立生. 历史唯物主义与精神生活的现代性处境[J]. 哲学研究,2012(2):3-8.

② 邹广文. 论文化自觉的三重意蕴[J]. 中国特色社会主义研究,2012(2):59-62.

③ 季中扬. 乡村文化与现代性[J]. 江苏社会科学,2012(3):202-206.

农村多元文化最后的落实者必须是农村居民，政府需要在村民自治制度和文化建设中落实农民的主体地位，以程序和制度规范文化建设。不论是在长期稳定的农业社会，还是在现代化进程中的农村，农民更多是作为既定制度和政策的接受者、具体方针的执行者。当下中国农村文化建设的任务就是要把制度和基层农民的利益诉求结合起来，而这种利益诉求的实现依赖于农村多元参与式治理机制的构建。以农民为核心，实现多元主体共同努力，不仅能解决基层政府公共文化服务能力不足的问题，而且能让农民拥有文化发展权利，调动农民参与的积极性。

第九章　乡村振兴背景下农村公共文化服务结构转型

2017年党的十九大提出乡村振兴战略和“产业兴旺、生态宜居、乡风文明、治理有效、生活富裕”的总要求。文化作为民族的根基和灵魂，是乡村振兴和社会主义现代化建设的重要内容，农村公共文化服务高质量发展是文化建设与乡村建设的双重要求。提高农村公共文化服务水平和实现其结构转型，才能更好地发挥文化服务群众、丰富生活、凝聚人心的作用。党和政府历来重视农村公共文化服务建设，自2005年起发布了一系列政策文件，指导农村公共文化服务建设。随着我国社会主要矛盾的转变，农村居民对公共文化服务建设提出了更高的要求。2020年我国脱贫攻坚任务顺利完成后，“三农”工作的重心转移到乡村振兴上，农村公共文化服务建设成为脱贫攻坚与乡村振兴有效衔接的重要载体。

一、问题的提出

(一)研究背景

构建公共文化服务体系的要求早在21世纪初就已经被提出。国家对农村提出了“乡风文明”的要求[①]。此后，关于文化发展与服务体系示范区创建等相关政策文件陆续颁布，对农村公共文化服务建设提出了原则遵循、内容建设、愿景目标等不同层面的要求。2015年11月，《深化农村改革综合性实施方案》在涉及公共文化服务的相关内容中指出，作为农村精神文明建设的平台和支撑，公共文化服务的作用要充分发挥，这一方案强调了公共文化服务在精神文明建设中的平台作用[②]。农村公共文化服务建设成为农村精神文明建设的重要载体。2017年，党的十九大提出乡村振兴[③]。此后，“十四五”规划建议等文件都对农村公共文化服务建设提出了明确要求。2021年4月20日，《国家基本公共服务标准(2021年版)》

---

① 中共中央文献研究室．十六大以来重要文献选编：中[M]．北京：中央文献出版社，2006：1066－1081．

② 中共中央办公厅 国务院办公厅印发深化农村改革综合性实施方案[N]．人民日报，2015－11－03(6)．

③ 中共中央党史和文献研究院．十九大以来重要文献选编：上[M]．北京：中央文献出版社，2019：22．

对各省、自治区、直辖市人民政府提出了要求，该标准对送戏曲下乡、读书看报等多项具体公共文化服务的服务对象、服务内容、服务标准、支出责任与牵头负责单位做出了明确规定[①]。2022年中央一号文件指出要“创新农村精神文明建设有效平台载体”，对农村公共文化服务建设提出了“创新”“有效”等要求[②]。综上所述，在乡村振兴背景下，农村公共文化服务建设是促进乡风文明的载体，结构转型是乡村实现全面振兴的必要条件。

社会环境的变化对农村公共文化服务建设提出了新的要求，农村公共文化服务结构转型有其必要性和迫切性。随着社会主要矛盾的转变、“三农”工作重心的历史性转移，农村公共文化服务结构转型的实现不仅能够满足人民对于公共文化服务的更高要求，而且可以作为脱贫攻坚与乡村振兴有效衔接的重要载体。一方面，农村公共文化服务建设尚有进步空间。自2005年首次提出逐步形成覆盖全社会的比较完备的公共文化服务体系后，我国农村公共文化服务建设取得了一定成就。大部分地区的体育、文化娱乐、教育学习等方面的基础设施建设在数量上有了明显的增加，农村地区不断开展各类公共文化活动，有些地区还入围了服务示范区。但是目前不少地区仍然存在着体制机制重宏观轻微观、服务内容重“量”轻“质”、主体参与重理论轻实践等问题，学者也对此进行了相关研究。另一方面，现有农村公共文化服务建设还没有更好地与繁荣发展乡村文化、加强意识形态引导结合起来。作为农村精神文明建设的重要载体，结构转型后的农村公共文化服务应该更具“振兴乡村文化的时代使命感”。从脱贫攻坚到乡村振兴，这意味着农村经济水平要提高，农村公共文化服务建设也要有一个质的提升。《乡村振兴战略规划(2018—2022年)》对服务质量提升、乡村文化发展提出了要求，推动着结构转型的进程[③]。乡村振兴战略背景下公共文化服务建设不仅推动文化惠民工程不断落实，而且通过结构转型发挥公共文化引领社会主义核心价值观、加强意识形态引导的深层次作用。

(二)研究意义

1.理论意义

本书试图构建一个“以乡村振兴对农村公共文化服务建设的要求为目标导向，不仅能够满足体系建设等量的要求，而且能满足振兴文化、正确引导农村居民意识

---

① 关于印发《国家基本公共服务标准(2021年版)》的通知[EB/OL].(2021-04-20)[2024-06-06]. https://www.ndrc.gov.cn/xwdt/tzgg/202104/t20210420_1276842.html.

② 中共中央 国务院关于做好二〇二二年全面推进乡村振兴重点工作的意见(二〇二二年一月四日)[N].人民日报,2022-02-23(1).

③ 乡村振兴战略规划(2018—2022年)[M].北京:人民出版社,2018:60.

形态等质的要求，包括体制机制、内容供给、主体架构等方面内容的农村公共文化服务结构体系”，以丰富马克思主义乡村文化发展思想。

2. 现实意义

本书提出结构转型的对策建议，期待能够为解决相关的现实问题提供决策参考。在农村公共文化服务建设实践中，本书为改变体制机制重宏观轻微观、内容层次重“量”轻“质”、主体参与重理论轻实践等阻碍农村公共文化服务结构转型的状况，实现农村公共文化服务创新发展提供启示和借鉴。在此基础上，政府应发挥农村公共文化服务建设在化解社会矛盾、推进治理能力现代化、促进农村居民全面发展中的作用。

二、基本概念和理论基础

(一)基本概念

1. 乡村振兴

乡村振兴战略在党的十九大上首次提出，是社会主要矛盾转变背景下的一项关于“三农”问题的国家战略，其内涵涉及多个方面，意在推动乡村全面振兴、缩小城乡差距，满足人民对美好生活的需要。乡村振兴战略的实施有战略规划作为指导，有相关法律作为保障，在宏观指引、法律法规、主体推进等方面得到全方位保障。该战略提出以来，学者们对其内涵进行了较多研究。李长学认为“乡村振兴”在新的时代背景下，在五大总要求的指导下，可以挽救乡村衰落局面，促进农业农村实现现代化[①]。王朝科等认为，乡村振兴战略是在社会主要矛盾转变的背景下，为了从根本上解决农业农村农民问题，由党中央提出的一项重大战略[②]。蒋永穆认为该战略的内涵包括几个方面的根本性转变：从城乡一体化发展、村容整洁、管理民主等向农业农村优先发展、生态宜居、治理有效等的转变[③]。刘儒等追溯了该战略形成的理论逻辑，认为其以马克思主义相关思想为依循，是走中国特色社会主义道路的伟大实践[④]。本书将乡村振兴定义为社会主要矛盾转化背景下党中央提出的一项旨在全面振兴乡村的战略，它体现了农村工作重心的历史性转移，它是对

① 李长学. 论乡村振兴战略的本质内涵、逻辑成因与推行路径[J]. 内蒙古社会科学(汉文版)，2018，39(5)：13-18.

② 王朝科，王宝珠. 乡村振兴：一个政治经济学的分析框架[J]. 当代经济研究，2018(11)：40-49.

③ 蒋永穆. 基于社会主要矛盾变化的乡村振兴战略：内涵及路径[J]. 社会科学辑刊，2018(2)：15-21.

④ 刘儒，刘江，王舒弘. 乡村振兴战略：历史脉络、理论逻辑、推进路径[J]. 西北农林科技大学学报(社会科学版)，2020，20(2)：1-9.

马克思主义相关理论的继承和发展，它是实现共产主义道路上的阶段性战略。乡村振兴是对政治、经济、文化、生态等的全面振兴，它对包括公共文化服务在内的农村各方面建设都提出了更高的目标与要求。

2. 乡村文化振兴

文化是一个复杂的概念，有广义（文学、宗教、建筑等）和狭义（知识水平、素质等）之分。文化是物质的，同时也是一种能对人们的行为产生影响的精神力量。习近平总书记强调了乡村振兴中文化发展的重要性，指出"要统筹推进乡村各方面的振兴，挖掘乡村优秀文化"①。首先，乡村文化振兴是实现乡村振兴的必由之路。一方面，乡村振兴要求文化振兴，乡村振兴是指乡村各方面的振兴，包括产业、组织、生态、文化等方面的振兴，乡村振兴的实现以文化振兴为前提。另一方面，社会环境的变化要求文化振兴。刚刚完成脱贫攻坚任务的广大农村地区，面临传统文化衰落、文化空间缺失等问题，而且随着农民物质生活水平的提高，他们对文化生活提出了更高要求，这些都使文化振兴更具迫切性。其次，乡村文化振兴内涵丰富，不仅包括文化产业与事业的发展、文化作品的产出，而且包括精神引领作用的发挥。陈运贵认为，乡村文化振兴就是要从乡村传统文化中寻找精神因素，挖掘乡村保存并延续下来的精神内核，将精神内核与社会主义核心价值观融合起来，成为乡村振兴的精神动力②。邹慧君认为，作为乡村振兴的重要方面，文化振兴具有重要的使命，包括重振乡村活力、重建乡民文化自信等③。精神内核的挖掘、乡村活力的恢复不仅是文化振兴的使命，也是农村公共文化服务结构转型要达到的目标。最后，农村公共文化服务建设可以作为乡村文化振兴的重要载体。杨华等指出，乡村文化的发展面临载体衰减、价值认同危机、主体缺位等困境④。乡村文化振兴不仅需要认识文化发展的规律，而且需要挖掘文化内核，发挥上层建筑的反作用。乡村文化的振兴不是轻轻松松、敲锣打鼓就能实现的，需要借助具体的手段，将文化振兴的目标融入公共文化服务建设的实践中。本书认为，乡村文化振兴是全方位、多层次的，既包含传统文化、地域文化等多种文化的振兴，也包含农村、家庭、农民等单位的文化环境的振兴。

---

① 习近平李克强王沪宁赵乐际韩正分别参加全国人大会议一些代表团审议[N]. 人民日报，2018-03-09(1).

② 陈运贵. 乡村文化振兴的逻辑内涵探究[J]. 湖北经济学院学报(人文社会科学版)，2019，16(11)：105-107.

③ 邹慧君. 乡村文化振兴下公共文化服务的价值内涵与发展取向[J]. 河南图书馆学刊，2020，40(3)：68-71.

④ 杨华，范岳，杜天欣. 乡村文化的优势内核、发展困境与振兴策略[J]. 西北农林科技大学学报(社会科学版)，2022，22(3)：23-31.

3. 农村公共文化服务

关于“农村公共文化服务”这一概念，学者们从主体、内容、作用等方面给出了定义。疏仁华认为，农村公共文化服务是由政府、社会等多元主体供给的公益性文化活动和服务的总和，这种活动和服务应当在文化知识普及、农民基本文化权益保障等方面发挥重要作用[①]。尹长云认为“农村公共文化服务”的主体构成是政府主导和社会力量辅助参与，基本内容是能够发挥传播先进理念、满足文化需求、引领社会风尚等作用的活动的开展[②]。本书认为，农村公共文化服务是指由政府主导，社会力量、农村居民等多方主体共同参与，以满足农村地区人民群众的基本公共文化服务需求为目的，以设施建设、产品提供、活动开展等为主要内容，以繁荣发展乡村文化、促进乡风文明建设、强化意识形态引导为追求，以解决社会主要矛盾、推进治理能力现代化、实现人的自由全面发展为价值旨归。

4. 农村公共文化服务结构转型

对结构转型概念的定义应从“结构”的内涵开始探讨。所谓“结构”，在词典中有这样的定义：各个组成部分的搭配和排列（如文章、语言等的结构）；组织安排文字、情节等[③]。农村公共文化服务结构，是由体制机制、服务内容、主体架构等内容以一定比例构成的完整结构。学者们对农村公共文化服务结构转型的概念研究较少，罗哲等少数人对这一概念给出了清晰的定义，认为农村公共文化服务结构转型包含物质和精神两方面的转型，既包含服务内容、机制、模式等重构，也包含价值观、道德标准等成型过程，在此基础上，其从目的与措施两方面给出了农村公共文化服务结构转型的定义：一方面，满足农民文化需求是其目的，另一方面，可以通过转变主体互动模式与资源配置方式实现结构转型，形成多元主体良性互动、共建共享的建设格局，促进农村公共文化服务价值导向、功能定位等的优化[④]。许丹虽然没有明确提出转型的概念，但是其指出，随着农民公共文化服务需求从“数量均等”向“质量共享”发展，需要推动农村公共文化服务高质量发展，这种高质量发展包括以“民生引领、品质共享”为价值导向，构建“多主体合作、动态化调适”的主体结构，展示“精准供给、供需耦合”的功能效果，以“技术引领、规则协同”为驱动过程，实现“服务高品质、治理高效能”的目标结果[⑤]。综上，结构转型是指农村公共文化服务

---

① 疏仁华．农村公共文化的场域、空间表达与结构再造[J]．安徽师范大学学报（人文社会科学版），2019，47(1)：91－96.

② 尹长云．农村公共文化服务的弱势与强化[J]．求索，2008(6)：67－68.

③ 中国社会科学院语言研究所词典编辑室．现代汉语词典[M]．7版．北京：商务印书馆，2016：666.

④ 罗哲，唐迩丹．农村公共文化服务的结构转型：从“城市文化下乡”到“乡村文化振兴”[J]．四川师范大学学报（社会科学版），2019，46(5)：129－135.

⑤ 许丹．中国农村公共文化服务高质量发展：基本内涵、问题清单与行动框架[J]．社会科学研究，2021(5)：115－123.

无论从物质层面、制度层面还是主体层面都不再着眼于从量上满足农民需求，而是从更高层次上思考如何将农村公共文化服务建设与繁荣发展乡村文化、发挥价值引领等作用结合起来。结构转型要发挥满足农民的基本需求和引导其树立正确的价值观的双重作用。农村公共文化服务结构转型是一个复杂的系统工程，需要处理好系统与要素的辩证关系，要解决何以供给、供给什么、由谁供给的问题。本书在前期研究的基础上构建了"体制机制—内容供给—主体架构"三位一体的农村公共文化服务结构，其中，体制机制是保障，内容供给是根本，主体架构是关键。体制机制建设包含农村公共文化服务发展所必需的物质层面的资金、人才保障机制，以及保障公共文化服务有效供给的制度层面的监督、考评等配套机制。内容供给既包含农村公共文化服务体系建设所需要的基础设施、文化场馆等，也包含结构转型所要求的高质量、多样化的供给内容。主体架构是包括政府部门、社会力量、村民等主体在内的一体多元的结构。本书认为，农村公共文化服务结构转型包括体制机制、内容供给、主体架构等方面的转型，要求实现体制机制从宏观到微观的转型；内容供给从形式到实质的转型，主体架构从一元向多元化转型。这不仅能够满足农民对于公共文化设施建设、相关保障机制建设等方面的量的需求，而且能够充分发挥价值引领、凝聚人心、强化意识形态引导等作用，实现增量提质的双重目标。

(二)理论基础

1. 马克思主义文化观

马克思主义文化观是马克思在批判继承前人的文化思想并进行理论创造之后，形成的关于文化的立场、观点、方法的总和，为农村公共文化服务建设提供了理论指导。政府在这一理论指导下推进文化服务建设，是对该理论的继承与发展。第一，马克思主义文化观认为文化与经济、政治等要素之间是互相作用、互相制约、辩证统一的关系。文化能够影响人于无形，并且是深刻、持久的，它对经济、政治具有巨大的反作用，它作为上层建筑的一种表现形式，能够反作用于经济基础。结构转型不仅能够为农村塑造优良文化，而且能够助力公共文化的价值引领、凝聚人心、强化意识形态引导等作用的发挥，在此基础上维护农村和谐稳定。第二，马克思主义文化观认为文化是由人所创造的，人是推动文化变革与进步的重要力量①。在农村公共文化服务建设中，农民虽然是服务需求者，但是也可以成为供给主体，他们对农村地区的情况更为了解，在服务建设中引入农村自有力量，有助于为农民提供更加精准、更加契合需求、更有特色的公共文化服务。第三，马克思主义文化观认为文化具有民族性，体现民族特色。文化的民族性启示公共文化服务建设应

① 杨美晨．论加强文化教育对实现乡村振兴的重要性：基于马克思主义文化观视角的分析[J]．文化学刊，2021(8)：28－30.

当体现各地区的文化特色，应当与特色文化的发展相结合，实现一项工作、多种益处的目的。第四，马克思主义文化观认为文化具有阶级性，文化作为上层建筑，受到社会的生产关系的总和，即经济基础的制约，最终受制于生产力。一个社会上占主导地位的文化往往是经济上占统治地位的阶级的文化。政府在农村公共文化服务建设中，必须保证马克思主义在意识形态领域中的主导地位，矢志不渝以该理论作为文化建设的指导思想，推动结构转型的实现。

2. 马克思主义公共服务观与新公共服务理论

马克思并没有明确提出“公共服务”这一概念，但从他的著作中可以看出马克思的相关思想。马克思的许多思想观点都在其著作中表现出来，在《哥达纲领批判》中，我们从“社会扣除理论”可以看出他对社会公共服务方面的一些思考。在马克思看来，社会总产品分配给个人之前，要做必要的扣除，扣除的部分包括六项内容，这在社会中发挥一定作用[①]。其中“用来满足共同需要的部分”就体现了马克思对于公共服务的重视，这种共同需要，包括共同的物质需要与共同的精神文化需要，同时，这里也包含了一个默认的内容，即满足共同需求的部分由社会扣除，公共服务由社会来提供，也就是我们所说的政府。

新公共服务理论是西方关于公共服务的代表性理论，该理论是由罗伯特·登哈特和珍妮·登哈特夫妇在19世纪80年代依托对新公共管理理论的评判而提出的，认为政府的工作重点应该是为村民服务和放权于民，摆脱划桨和掌舵的束缚。新公共服务应遵循七个原则：政府部门提供的是服务而不是掌舵；追求的目标是公共利益最大化；思考要有战略性，行动要有民主性；强调为公民提供服务，对象是公民而不是顾客；责任并非是单一的；重视人而不仅仅是生产效率；重视公共事务和公民权。在农村公共文化服务建设过程中，政府也应该摆脱包揽思维，转变服务理念，调动社会、市场、农民等多元主体在农村公共文化服务建设中的主体性、创造性、积极性。总之，政府既要发挥主导作用，又要转变服务理念，避免供给过度，同时要提供多种参与渠道，引入多方力量参与建设，实现农村公共文化服务共建共享。

3. 习近平总书记关于公共文化服务建设的重要论述

农村文化发展的问题是习近平总书记关注的重要问题，他在很多重要场合都多次强调解决“三农”问题的重要性与迫切性，并指出“文化是民族生存和发展的重要力量”[②]，强调文化是民族的根基和灵魂。习近平总书记的相关论述为农村公共文化服务建设工作提供了方向性的指导。首先是建设的目标。党的十九届五中全

① 中共中央马克思恩格斯列宁斯大林著作编译局. 马克思恩格斯文集：第3卷[M]. 北京：人民出版社，2009：432－433.

② 中共中央文献研究室. 习近平关于社会主义文化建设论述摘编[M]. 北京：中央文献出版社，2017：5.

会提出“公共文化服务体系更加健全”,“基本公共服务均等化水平明显提高”是“十四五”时期经济社会发展的主要目标①。这个服务“均等化”,既包括城乡之间服务均等化,也包括区域之间的服务均等化。其次是建设应当遵循原则。具体为:其一,要坚持以人民为中心。“人民对精神文化生活的需求时时刻刻都存在”②。党的宗旨是全心全意为人民服务,党领导下的农村公共文化服务建设也要坚持为人民服务,使人民切实享受到服务建设的成果。其二,要坚持社会主义先进文化的前进方向。在习近平总书记相关重要论述的指引下,公共文化服务保障法出台,提出了法律层面的要求,文化服务要“坚持社会主义先进文化前进方向”③。只有脚踏实地践行这一原则,才能保证文化服务的质量,才能代表广大农民的利益,满足乡村振兴的相关要求,为结构转型把好质量关。其三,要坚持以社会主义核心价值观为引领。《关于培育和践行社会主义核心价值观的意见》指出要“让不同类型文化产品都成为弘扬社会主流价值的生动载体”④。最后是建设的要求。战略规划对农村公共文化服务体系建设提出了“四有”要求,一是有标准,二是有网络,三是有内容,四是有人才,要通过体系的建立、产品的供给、活动的开展丰富乡村文化生活,繁荣发展乡村文化⑤。习近平总书记的相关论述,为本书相关研究的开展构筑了坚实的理论基础。

(三)国内外研究现状

1. 国内研究现状

农村公共文化服务总目标是历年中央一号文件中农村文化政策关注的重点⑥,同时也是学者们研究农村文化问题比较关注的方面。国内学者对于农村公共文化服务建设问题的研究给予了较多关注。立足乡村振兴背景,学界对农村公共文化服务建设问题进行的研究大致分为三类。

1)乡村振兴背景下农村公共文化服务建设的现状研究

对于现状的把握是分析问题、研究问题的前提与基础,人们通过分析现状可以梳理出事物发展取得的成就与面临的阻碍。研究农村公共文化服务建设的现状,对于理清现实与乡村振兴对农村公共文化服务建设的要求存在的差距、发现农村

---

① 中共十九届五中全会在京举行[N]. 人民日报,2020-10-30(1).

② 中共中央文献研究室. 习近平关于社会主义文化建设论述摘编[M]. 北京:中央文献出版社,2017:8.

③ 中华人民共和国公共文化服务保障法(2016 年 12 月 25 日第十二届全国人民代表大会常务委员会第二十五次会议通过)[N]. 人民日报,2017-02-03(14).

④ 关于培育和践行社会主义核心价值观的意见[M]. 北京:人民出版社,2013:14.

⑤ 乡村振兴战略规划(2018—2022 年)[M]. 北京:人民出版社,2018:64-65.

⑥ 刘彦武. 乡村文化振兴的顶层设计:政策演变及展望:基于“中央一号文件”的研究[J]. 科学社会主义,2018(3):123-128.

公共文化服务建设存在的问题、探索解决问题的途径具有前提意义。学者们对于农村公共文化服务现状的研究基本分为两类，分别是整体状况研究与具体项目的研究。第一，对农村公共文化服务整体状况的研究。对整体状况的研究不是针对某一具体的地方，而是对全国或者某一地区的总体状况进行研究。李少惠等对2007至2018年西部地区农村公共文化服务供给效率进行了研究，得出“西部地区农村公共文化服务供给效率呈现负增长、西部农村地区间的公共文化服务供给效率差距呈缩小趋势”等结论[①]。陈庚等以选取全国25个省(区、市)84个行政村的实证调研数据为基础，指出我国农村居民参与公共文化服务的程度不深，具体表现为参与次数较少、时间较短、内容低质、参与交通成本偏高等特征[②]。第二，对农村公共文化服务建设中某一具体项目的实施状况进行研究。周亚等对于“乡土中国的文化力量——村史馆”进行了研究，指出村史馆作为农村公共文化服务体系的重要组成部分，在丰富乡村文化生活、弘扬乡村优秀传统文化、传承乡村特色文化等方面发挥着重要作用，要使村史馆成为乡村文化振兴的重要力量，就必须在政府、社会等多元主体协同参与的情况下，依托乡村特有文化探索村史馆的内生式发展道路[③]。除此之外，乡镇文化站的运行效率能够部分地反映农村公共文化服务的投入产出效率，刘宇等以乡镇文化站为研究对象，运用数据包络分析、空间自相关分析等方法剖析了农村公共文化服务的“效率困境”，发现人口数量、受教育程度等因素与乡镇文化站的运行效率存在正相关关系，人均文化事业经费等因素则反向影响着乡镇文化站的运行效率，农村公共文化服务存在效率不高的问题[④]。

2)乡村振兴背景下农村公共文化服务建设的问题研究

社会主要矛盾转变背景下提出的乡村振兴战略对于农村公共文化服务建设水平提出了更高要求，服务建设面临新的情况与问题。问题是时代的声音，只有明确乡村振兴背景下农村公共文化服务建设存在的问题，才能够对症下药，促进农村公共文化服务高质量发展。学者们对于问题的研究基本分为三个方面。第一，对农村公共文化服务存在的资金、人才等物质保障问题进行研究；第二，对农村公共文化服务存在的体制束缚、制度老旧等问题进行研究；第三，对农村公共文化服务存在的主体参与不充分等问题进行研究。

具体体现如下。

---

① 李少惠，韩慧. 西部农村公共文化服务供给效率及收敛性分析[J]. 深圳大学学报(人文社会科学版)，2020，37(6)：54-63.

② 陈庚，崔宛. 乡村振兴中的农村居民公共文化参与：特征、影响及其优化：基于25省84个行政村的调查研究[J]. 江汉论坛，2018(11)：153-160.

③ 周亚，李旺. 村史馆：乡土中国的文化力量[J]. 图书馆论坛，2019，39(11)：72-78.

④ 刘宇，何小芊. 农村公共文化服务的“效率困境”问题剖析：基于乡镇文化站的考察[J]. 地域研究与开发，2022，41(2)：127-132.

第一，物质保障不足。农村公共文化服务配套基础设施不完善是物质保障不足的表现之一。周媛也等认为交通配套设施不完善和网络配套设施不完善增加了农村居民参与公共文化服务的难度①。孟小平指出了农村公共文化服务建设存在资金保障不足等问题，在具体工作的落实中，地方财政投入较少、投入增速缓慢，资源浪费、职责划分不清等问题仍然是制约农村公共文化服务高质量发展的阻碍②。

第二，制度更新缓慢。傅才武等认为科层行政体制的影响根深蒂固，在科层官僚制下形成的超长的委托代理链条并没有形成"自上而下"的发展合力，反而在客观上引发了信息失真、供需不符等问题，阻碍了农村公共文化服务建设水平的提升③。董帅兵等从体制不健全的层面剖析了服务建设面临的阻碍，指出服务供给主体的协调机制不健全，服务的供需对接机制不合理、监督运行机制不完善等造成了农村公共文化服务供需脱节④。

第三，主体意识不强。肖长春等认为在农村公共文化服务建设中，存在着需求主体参与不足、参与质量低下、参与较难等问题，主要表现为农民参与公共文化活动缺乏主动性、农村娱乐性公共文化活动层次较低、农民缺乏自由的表达渠道等，除此之外，农村公共文化服务体系作用的发挥还受到农村人口结构的限制。杨光等认为农村公共文化服务责任主体缺失，村委会不作为、少作为等问题阻碍着服务水平的提高⑤。

3）乡村振兴背景下农村公共文化服务建设的路径研究

路径是针对问题提出的。农村公共文化服务建设面临的问题体现在物质保障不足、制度更新缓慢、主体意识不强等方面，国内学者针对这些问题所提出的解决路径也基本集中在物质、制度、主体等方面，少数学者对农村公共文化服务转型问题进行了研究。

第一，保障物质基础。一方面要完善公共文化服务体系，强化基础设施建设与数字文化服务供给。李国新认为乡村公共文化服务建设应当以构建县域图书馆、文化馆总分馆制为突破口，健全公共文化服务体系⑥。杨芳等认为"数字化"是改

---

① 周媛也，孙建娥．共享发展理念下贫困地区农村图书室建设路径探析[J]．新世纪图书馆，2018(12)：36－40.

② 孟小平．乡村振兴战略下农村公共文化服务建设分析[J]．文化产业，2021(13)：88－89.

③ 傅才武，刘倩．农村公共文化服务供需失衡背后的体制溯源：以文化惠民工程为中心的调查[J]．山东大学学报(哲学社会科学版)，2020(1)：47－59.

④ 董帅兵，邱星．供给侧视角下我国农村公共文化服务的有效振兴：基于全国 31 省 267 个村庄的调查分析[J]．图书馆学研究，2021(2)：30－36.

⑤ 杨光，高子健．乡村文化"内卷化"问题何解？[J]．人民论坛，2018(31)：128－129.

⑥ 李国新．关于加强农村公共文化服务建设的思考[J]．中国图书馆学报，2019，45(4)：4－11.

善农村公共文化服务供需不平衡现象的实现手段和工具之一[①]。孙晓宁等针对山西省晋中市农村地区的“数字贫困”现象，提出应当从优化服务、培育素养、改善环境等方面来实现数字贫困消减，完善公共文化服务体系建设[②]。另一方面要通过更多地投入资金、人才等要素来提升服务效能。刘红指出应当通过提高专项资金额度、拓宽资金来源渠道等措施来保障公共文化服务建设经费，通过引入专业人才、培训农村职业经理人等举措优化人才队伍，促进服务体系的完善[③]。

第二，完善体制机制。尹婷婷等认为应当建立健全农村公共文化服务监管机制，让社会各界力量都参与到监督中来，在日常监督管理工作中及时发现并解决问题，为人民群众提供更高水平、更高质量的农村公共文化服务[④]。陶晶指出应当通过健全供需反馈机制，有效回应农民文化需求，来加强农村公共文化服务体系建设[⑤]。汤资岚以老龄群体公共文化服务为研究对象，指出应当借助数字技术建立精细化需求采集机制，保证供需双方信息畅通[⑥]。侯凤芝等提出了乡村振兴背景下农家书屋可持续发展的对策，应当通过建立健全科学有效的农家书屋“建、管、用”激励监督机制和绩效评价体系，促进农家书屋长效发展[⑦]。

第三，增强主体参与意识。一方面要拓展农村公共文化空间。陈波认为农村公共文化服务建设不仅要保障资源总量，而且还要保障资源配置的合理性，在此基础上构建文化空间，使其具有功能多样、体验性强的特点[⑧]。另一方面要唤醒多元主体的内生力量，让他们参与到农村公共文化服务供给中。文立杰等认为应当转移公共文化建设的重点，将更多精力放到文化自组织能力建设而非网络建设方面，由内而外培养农民建设文化、创造文化、消费文化的能力，挖掘农村文化建设的内生力量[⑨]。杨嬛等通过实证分析对农村公共文化服务协同治理机制与效能进行了研究，指出应当构建多元主体协同参与的治理体系以进一步提升公共文化服务效能[⑩]。

---

① 杨芳，王晓辉．数字赋能农村公共文化服务供需契合作用机理研究：基于扎根理论的性质研究[J]．图书与情报，2021(1)：62－69．

② 孙晓宁，甄瑾慧．农村居民数字贫困成因、状态及其关系结构研究：基于山西省晋中市的田野调查[J]．中国图书馆学报，2022，48(3)：112－129．

③ 刘红．乡村振兴背景下农村公共文化服务体系建设研究[J]．社会科学战线，2022(3)：255－259．

④ 尹婷婷，毕东，毕晓红，等．边疆少数民族地区农村公共文化产品供给现状分析：以云南楚雄彝族自治州姚安县为例[J]．图书馆理论与实践，2018(11)：74－78．

⑤ 陶晶．乡村振兴视域下农村公共文化服务体系建设的路径选择[J]．农业经济，2020(8)：30－32．

⑥ 汤资岚．数字乡村战略下农村老龄公共文化服务效能提升研究[J]．图书馆，2021(10)：9－15．

⑦ 侯凤芝，黄奇杰．治理现代化视域下农家书屋效能提升策略研究[J]．中国出版，2021(5)：36－40．

⑧ 陈波．公共文化空间弱化：乡村文化振兴的“软肋”[J]．人民论坛，2018(21)：125－127．

⑨ 文立杰，纪东东．乡村文化振兴过程中农村公共文化服务的实践转向[J]．图书馆，2021(4)：20－25．

⑩ 杨嬛，黄雅奥，王家合．农村公共文化服务协同治理机制与效能研究：基于H省X县的实证分析[J]．图书馆，2021(6)：35－43．

第四，促进农村公共文化服务转型发展。要解决农村公共文化服务建设存在的问题，除了保障物质基础、完善体制机制、增强主体参与意识之外，还需要实现农村公共文化服务创新发展。罗哲等另辟蹊径，对农村公共文化服务从“城市文化下乡”转型到“乡村文化振兴”进行了探讨，认为“城市文化下乡”面临着行政逻辑导向下的价值困境、“发展主义”视角下的功能困境、“他者视角”下的行动困境，乡村文化振兴背景下农村公共文化服务结构转型应当以文化内生性激发文化自觉、通过重构社会认同促进文化自信、通过合作共建实现文化自强，从价值导向、功能定位、建设路径三个维度来实现转型①。王文德等针对农村文化惠民工程存在的“悬浮化”与“弱参与”问题，指出应当通过供需双侧协同改革、引入数字技术、探索乡镇公私混合型文化主体模式等来实现文化惠民工程的转型发展②。陶俊等以浙江德清县总分馆改革为例，从文旅融合的角度探讨了农村公共文化服务模式转型发展的新出路，指出要将服务供给与乡村旅游文化建设紧密结合，改善文化氛围和旅游环境③。

2. 国外研究现状

国外关于公共文化服务的研究开始较早，且由于发达国家已经基本解决城乡一体化的问题，所以并没有对城市与农村的公共文化服务做严格区分，而是围绕“公共文化服务”进行研究。

首先是关于公共文化服务的内涵研究。19 世纪后期德国政策学派学者瓦格纳最早对公共文化服务的概念做了界定，他主张通过公共财政的政策作用强化政府的社会文化和公共福利的责任。瓦格纳从公共政策的角度对公共文化服务的内涵进行了阐释，萨缪尔森没有明确界定其内涵，但是将文化服务作为公共产品进行了界定，认为“公共产品是一个人的消费不会影响其他人的消费的产品”。其次是关于公共文化服务的供给模式研究。不同的供给模式体现了不同主体在服务建设中的作用。国外关于公共文化服务的供给主体的观点基本分为三类。第一类是政府主导供给模式。1954 年萨缪尔森在《公共支出纯理论》一文中指出政府是公共产品供给的当然主体，只有这样才能提高资源配置效率，达到帕累托最优状态④。公共文化服务作为公共产品，也应主要由政府来供给，这样才能提高文化资源配置

① 罗哲，唐迩丹. 农村公共文化服务的结构转型：从“城市文化下乡”到“乡村文化振兴”[J]. 四川师范大学学报(社会科学版)，2019，46(5)：129－135.

② 傅才武，王文德. 农村文化惠民工程的“弱参与”及其改革策略：来自全国 21 省 282 个行政村的调查[J]. 中国图书馆学报，2020，46(5)：54－73.

③ 陶俊，杨敏红. 农村公共文化服务体系与乡村旅游的融合发展：以浙江德清总分馆改革为例[J]. 图书馆论坛，2022，42(2)：45－55.

④ SAMUELSON P. The pure theory of public expenditure[J]. Review of Economics and Statistics，1954，36(4)：387－389.

的效率。第二类是市场主导供给模式。科斯将公共服务比作灯塔，认为其可以由私人来提供，指出“与许多经济学家的信念相反，灯塔的服务可以由私人提供。”[①]哈特·施莱弗等认为“公共事业的私有化可以节约公共物品的成本”[②]。第三类是多元主体协同供给模式。1992 年英国政府首先提出了 PPP（public-private partnership）供给模式[③]，奥斯特罗姆夫妇认为政府并非公共服务的唯一供给者，在政府之外还有其他力量可以参与供给[④]。彼得·格雷夫强调了非政府组织在公共服务供给中的重要作用。英国前首相托尼·布莱尔指出地方政府应与私人公司、社会组织等建立伙伴关系[⑤]。第三类是关于公共文化服务的发展路径研究。Jianhui Zheng 从农民文化需求的角度分析了当前农村公共服务的政策目标与现实需求的差异，在差异的基础上提出了发展路径[⑥]。

除此之外，在外文文献中，有许多学者对中国农村的公共文化服务建设进行了研究。Ning Cao 等在历史研究的基础上，指出了农村公共文化服务供给存在的城乡供给不均衡、农村供给不充分等问题，应当通过建立城乡统筹供给体系，明确界定产权和行政权、改善决策机制等来解决问题[⑦]。Kaifeng Yu 等研究了科技支撑西部农村公共文化服务的创新实践[⑧]。Wanyan Dengdeng 等认为要在中国实现数字公共文化服务供给，应当通过整合公共文化结构的数字资源，以公众需求为基础供给文化服务，采用新技术、创新服务模式等措施来促进农村公共文化服务的发展[⑨]。Xiaoning Zhu 等对中国农村公共文化服务智能化供给进行了研究，认为智能化供给是迎合农民需求和顺应时代发展的必然趋势，当前，中国农村公共文化服务供给面临着一系列困境，主要表现为服务供给滞后于基础设施建设、智能化供给理念落后、农村公共文化服务供给侧与需求侧存在矛盾等问题，应当构建农村公共文化服务供给的感知与传递智能化、供给理念智能化、供给决策机制智能化与供给

---

① COASE R H. The lighthouse in economics[J]. Journal of Law and Economics, 1972, 12(2): 357 - 376.

② QUIVER H, SCHLEIFER A, VISHNY R. The propers cope of government: theory and an application to prisons[J]. Quarterly Journal of Economics, 1997, 112(4): 1127 - 1161.

③ 周青梅，李彪. 公共服务 PPP 供给模式的理论建构与实践优化研究[J]. 当代经济，2017(36)：156 - 160.

④ OSTROM V, OSTROM E. Public goods and public choices, in alternatives for delivering public services: toward improved performance[M]. New York: West view Press, 1977: 7 - 49.

⑤ BLAIR T. Leading the way: a new vison for local government[R]. London: IPPR, 1998: 13.

⑥ ZHENG J H. Meet peasant cultural needs: analysis on rural public cultural service from a new perspective[J]. Energy Procedia, 2011(13): 2374 - 2378.

⑦ CAO N, ZHANG T. Historical evolution and innovation of supply of rural public cultural service in China[J]. Asian Agricultural Research, 2012, 4(11): 50 - 53.

⑧ YU K F, JIN Y R. Innovative practice of science and technology supported western village public cultural services in China[J]. Agricultural Science and Technology, 2017, 18(12): 2628 - 2632.

⑨ DENG DENG W Y, HU J H. How to provide public digital cultural services in China? [J]. Library Hi Tech, 2020, 38(3): 504 - 521.

监督机制智能化并存的农村公共文化服务智能化供给新模式[①]。

3. 对现有研究的评价

国外关于公共文化服务的研究相对成熟，对供给模式有更多的理论与实践经验。这有利于我们开阔视野，也为本书提供一定的理论指导和经验借鉴。从国内研究现状来看，很多研究为本书提供了指引与参考，但是调查研究的较多，从更加宏观、系统的层面进行研究的较少。立足乡村振兴背景对农村公共文化服务进行的研究从物质保障、制度供给、主体意识等多方面展开，提出了可行的对策，这为后面的研究提供了大量的信息和研究思路。尽管涉及层面多，但是关于公共文化服务的价值引领与强化意识形态引导等作用如何发挥的研究较少，农民文化需求的满足与价值观念的提升应相辅相成，乡村振兴背景下农村公共文化服务的研究不应该停留在工具理性的层面，应更多从价值理性层面出发进行研究，以发挥其作为精神力量的文化作用，使其成为价值引领、凝聚人心的重要手段。农村公共文化服务亟须整体结构转型，以实现服务水平与质量的提升，实现公共文化服务创新发展。

三、农村公共文化服务建设取得的成就

中国的公共文化服务建设由来已久，早在党和政府正式提出“公共文化服务体系”一词之前，就已经开始酝酿了。在新民主主义革命时期，党面临的主要任务是争取民族独立和人民解放，通过文化宣传，号召人民团结起来共同战斗是公共文化建设的主要内容。毛泽东指出：“政治宣传的普及乡村，全是共产党和农民协会的功绩。”[②]在社会主义革命和建设时期，我国实行的是计划经济体制，文化事业也是由政府统一包办，提高国民素质和为社会主义意识形态服务是当时文化建设的主要内容与目标，文化的作用还比较单一。新中国成立初期，全国文化艺术表演团体和文化事业单位数量增速较快，并且确定了乡村基层政权，成立了基层文化部门。20 世纪 60 年代，公共文化建设进展缓慢，文化事业受到较大冲击。在改革开放和现代化建设新时期，党和国家将更多的资源与精力放到了经济建设上，尽管如此，文化建设也取得了一些成就。文化领域开始了市场化改革，将文化事业分成了公益性文化事业和文化产业，特别是在 2005 年“十一五”规划建议中首次明确要建立“公共文化服务体系”之后，文化领域获得了更多的资源与重视，文化建设开始以相

---

① ZHU X N, HUANG S S. Research on the supply of rural public cultural service wisdom in China[M]. Proceedings of the 2018 International Workshop on Education Reform and Social Sciences. Paris: Atlantis Press, 2019: 148 - 153.

② 毛泽东. 毛泽东选集：第 1 卷[M]. 北京：人民出版社，1991：35.

对较快的速度发展，相关体制机制不断获得完善，公共文化服务建设向制度化、体系化、市场化迈进。我国在公共文化服务设施的发展与服务方式的创新方面取得了很大的成就[①]。

本书将"农村公共文化服务结构"定义为包括体制建设、服务内容、主体架构等方面内容在内的完整结构。党的十九大提出乡村振兴，"十四五"规划建议首次提出"乡村建设"，并将其摆到了社会主义现代化建设的重要位置。在党和政府的重视下，在社会主要矛盾的转变下，在第一个百年奋斗目标完成的情况下，农村公共文化服务建设发挥了载体作用，在体制机制、服务内容、参与主体等方面取得了一定进展，为结构转型的实现奠定了前期基础。

(一)体制机制不断完善

1. 政策体系的完善

社会主义各方面建设的开展都需要党和政府的支持，如相关文件、规划等的出台。相关文件与规划的出台为农村公共文化服务建设营造了良好的政策环境，指导着农村公共文化服务建设的推进。乡村振兴战略并不是凭空确立的，而是党和政府立足现代化建设的实践，站在民族复兴全局的高度上，慎重提出的。"三农"工作重心的转移也是建立在 832 个贫困县全部脱贫的基础上的。关于农村公共文化服务建设，党和政府也给予了高度重视，体现在所发布的一系列政策文件中。自党的十九大提出乡村振兴战略以来，相关政策文件对农村公共文化服务建设的要求越来越明确、细致，逐步形成了兼具方向引导与路径指导的比较完善的政策体系。政策文件对农村公共文化服务建设的要求可以分为以下三个方面的内容：第一，总体目标。2017 年，党的十九大报告明确提出"乡风文明"的总要求，乡风作为一种公共文化，它的文明发展离不开农村公共文化服务高质量发展[②]。2018 年 9 月，战略规划中"繁荣发展乡村文化"单独成篇，要求"以乡村公共文化服务体系建设为载体"来推动乡村文化振兴的实现[③]。2020 年 10 月 29 日，党的十九届五中全会提出，"十四五"时期经济社会发展的主要目标之一是"公共文化服务体系和文化产业体系更加健全"[④]。此后，"十四五"规划纲要、2021 年中央一号文件等重要文件中都多次重申要提升农村公共文化服务水平，实施乡村建设行动。第二，建设内容。战略规划中将公共文化服务体系的健全、产品和服务供给的增加、文化活动的广泛

---

① 中华人民共和国国务院新闻办公室. 改革开放 40 年中国人权事业的发展进步[N]. 人民日报，2018-12-13(14).

② 中共中央党史和文献研究院. 十九大以来重要文献选编：上[M]. 北京：中央文献出版社，2019：22.

③ 乡村振兴战略规划(2018—2022 年)[M]. 北京：人民出版社，2018：60-67.

④ 中国共产党第十九届中央委员会第五次全体会议公报[M]. 北京：人民出版社，2020：11.

开展等作为丰富乡村文化生活的举措[①]。体系的健全、产品的供给等静态形式是服务建设的内容,活动的开展等动态形态也属于服务建设的内容。第三,具体要求。中央一号文件、公共服务标准等文件都对服务建设提出了要求。2018年中央一号文件明确指出要"加强农村公共文化建设",从服务体系、服务效能、服务质量等方面对农村公共文化建设提出了要求[②]。2022年中央一号文件指出要"创新农村精神文明建设有效平台载体",为公共文化服务建设设置了更高目标[③]。此外,国家历年来发布的基本公共文化服务指导标准提出了更具体的要求。2021年4月20日,《国家基本公共服务标准(2021年版)》对各省区市人民政府提出了要求,该标准对公共文化设施免费开放、送戏曲下乡、收听广播等具体项目的服务对象、内容、标准等做出了明确规定[④]。总之,农村公共文化服务建设既符合乡风文明的总要求,又是繁荣发展乡村文化的重要载体,应当严格按照政策要求提升农村公共文化服务水平,为乡村文化振兴贡献力量。

2. 法律法规的出台

除了政策文件之外,法律与各项规章制度的出台为保障人民的文化权利营造了良好的制度环境。乡村振兴提出以前,国家就已发布许多法律文件与规章制度,为公共文化服务提供了法律与制度保障,比如电影产业促进法、非物质文化遗产法、公共文化体育实施条例等。其中,公共文化服务保障法是最具代表性的文件。2016年12月25日,《中华人民共和国公共文化服务保障法》在十二届全国人大常委会第二十五次会议上审议通过,该法共分为六章,包含公共文化设施建设与管理、服务提供、保障措施等内容,其规定了服务建设的目的、内容,各级文化机构应负的责任等,并明确说明"国家重点增加农村地区的图书、报刊等公共文化产品供给"[⑤]。该法的出台,将公共文化服务建设的相关内容以法律的形式确定下来,为其提供了法律保障。乡村振兴战略提出之后,国家在乡村和文化建设方面发布的比较具有代表性的法律文件是公共图书馆法和乡村振兴促进法。2017年11月4日,《中华人民共和国公共图书馆法》审议通过,该法意在促进公共图书馆事业的发展。文化设施种类多样,其中,图书馆是服务建设的物质载体,在群众基本文化权益的保障上发挥着不可或缺的枢纽作用。公共图书馆法是乡村振兴战略提出之后

---

① 乡村振兴战略规划(2018—2022年)[M]. 北京:人民出版社,2018:64-65.

② 中共中央党史和文献研究院. 十九大以来重要文献选编:上[M]. 北京:中央文献出版社,2019:157.

③ 中共中央国务院关于做好二〇二二年全面推进乡村振兴重点工作的意见(二〇二二年一月四日)[N]. 人民日报,2022-02-23(1).

④ 中华人民共和国中央人民政府. 关于印发《国家基本公共服务标准(2021年版)》的通知[EB/OL]. (2021-03-30)[2024-06-08]. https://www.ndrc.gov.cn/xwdt/tzgg/202104/t20210420_1276842.html.

⑤ 中华人民共和国公共文化服务保障法(2016年12月25日第十二届全国人民代表大会常务委员会第二十五次会议通过)[N]. 人民日报,2017-02-03(14).

国家出台的第一部关于文化建设的法律，是继2016年出台的公共文化服务保障法之后又一部关于文化建设的重要法律，该法的出台为公共图书馆事业提供了基本遵循，为公共图书馆建设提供了法律保障，提出了法律层面的要求，对于农村公共文化服务建设来说也是一大进步。2021年4月29日，关于乡村振兴的重要法律《中华人民共和国乡村振兴促进法》审议通过，该法把“文化繁荣”列为单独一章并做了规定，要求各级人民政府“提供便利可及的公共文化服务”[①]。此法律的出台，表明在新时代大力发展乡村文化的背景下，农村公共文化服务建设有了法律保障，表明相关体制机制正在不断完善。总之，相关法律法规既有总体的指导，也有具体项目的指导，为提升农村公共文化服务水平、为人民群众文化权利的保护提供了制度保障。

3. 保障机制的建立

政策指导、法律保障对于公共文化服务高质量发展不可或缺，同时，公共文化机构的高效运转也离不开资金、人才等支持。国家对于农村文化发展给予了大力支持，资金、人才、监督等保障机制正在逐步建立。2021年3月8日，文旅部等多部门发布《关于推动公共文化服务高质量发展的意见》，提到了保障机制的相关内容，指出要在组织、法律、资金、人才等方面建设公共文化服务保障机制[②]。首先是资金方面的保障。公共文化设施的建立、公共文化活动的开展、文化工作人员的履职，都需要有大量资金作为保障。为支持完善公共文化服务体系，提升公共文化服务水平，财政部每年都向该领域投入一定量的资金，并且通过资金奖励来鼓励公共文化服务体系示范区的建立，鼓励文化惠民工程的开展。2020年文化和旅游发展统计公报显示，从2012年到2020年，全国文化和旅游事业费逐年增长，人均相关费用从35.46元上升到了77.08元，增长了1.17倍。在全国文化和旅游事业费中，县及县以下的文化旅游事业费呈上升趋势，所占比重在2019年有所下降，2020年又继续上升[③]。其次是人才方面的保障。农村公共文化服务建设归根到底是基层工作人员在建设，他们是连接政府与农民群众的纽带，是在上级政府与基层领导的指示下，将文化服务送到农村的中间人，发挥着不可替代的作用。近年来，各级文化和旅游部门从业人员逐年增加，2020年增至69.98万人。文化和旅游部每年都有公共服务队伍培训工作计划，一方面提高他们的工作能力，另一方面提升其素质，体现出党和国家对人才保障的高度重视。与此同时，国家用于文化队伍建设的投入也在增多，表现为鼓励人才培养项目的申报，如2022年启动了与西藏、新疆联

---

① 中华人民共和国乡村振兴促进法[M]. 北京：人民出版社，2021：5－12.

② 文化和旅游部、发展改革委、财政部关于推动公共文化服务高质量发展的意见[EB/OL].（2021－03－08）[2024－06－06]. https://www.gov.cn/zhengce/zhengceku/2021－03/23/content5595153.htm.

③ 中华人民共和国文化和旅游部2020年文化和旅游发展统计公报[N]. 中国文化报，2021－07－05(2).

合实施的基层文化人才共建培养项目，启动申报全国戏曲表演领军人物培养计划等。除此之外，乡镇综合文化站的建立使得农村公共文化服务人才队伍的工作平台日益完善。资金与人才的保障为农村公共文化服务建设提供了基础条件支持。

(二)服务内容日益丰富

服务建设的根本是内容供给，农村获得的服务来自供给的内容，它是建设的主体部分，是保障农民文化权益、使文化发展成果由农民共享的物质载体，包括农家书屋、网络交通等基础设施的建设与戏曲下乡、电影下乡等文化惠民工程的实施、公共文化活动的开展等。农村公共文化服务内容多样，形式各异。

1. 文化设施较为完善

设施建设为服务开展提供了物质基础。公共文化设施建设是指有助于相关服务供给、相关活动开展的设施、文化场馆等的建设，是服务的物质内容与基础，是开展活动依托的重要载体。目前，我国已经建立了比较完善的农村文化设施网络。第一，与公共文化服务的提供直接相关的文化场所建设，包括文化站、农家书屋等，它们是提供文化服务的基层单位，处在文化建设的一线。其一，乡镇综合文化站是在农村地区建立的公共性事业单位和综合性文化机构，其主要目的是指导农村地区的文化工作与方便对农村文化市场进行管理，其主要功能包括宣传教育、体育健身等。它的数量多少是衡量基础设施建设水平的重要指标。2020 年，全国共有乡镇综合文化站 32825 个，村级综合性文化服务中心 575384 个①。其二，农家书屋也是重要的文化设施之一。农家书屋工程是在农村地区建立的以满足农民文化需求为目的的公益性文化设施，可以为农民提供书籍报刊、电子制品等服务内容。农家书屋工程自 2007 年正式启动实施，早在 2012 年底就已建成了 60 余万家，基本实现了行政村全覆盖。其三，村史馆也是农村公共文化设施的重要组成部分，很多省份都建立了数量可观的村史馆。农家书屋的文化资源是来自外部，村史馆的文化资源则是来自农村本身。村史馆的建设对于了解乡村历史、保护乡村特色文化、提高村民归属感具有很大的作用。陕西省宝鸡市岐山县凤鸣镇就建立了体现其民俗风情、奋斗事迹的村史馆。重庆市涪陵区南沱镇睦和村建立了以“移民精神”为特色的村史馆，它不仅有物件的陈列，更有精神的涵养。第二，协助农村公共文化服务供给到位的配套基础设施建设，包括交通、网络、物流等的建设。县级图书馆是重要的公共文化设施，交通设施的完善对农民享受县级图书馆提供的公共文化服务来说不可或缺。随着“村村通”工程的成功实施，我国农村道路总里程、路网密度、道路质量等都大步迈进，为农村公共文化服务的开展提供了良好的交通条件。

---

① 中华人民共和国国务院新闻办公室. 全面建成小康社会：中国人权事业发展的光辉篇章(2021 年 8 月)[N]. 人民日报，2021-08-13(10).

在网络配套设施方面，截至 2020 年 12 月，农村地区互联网普及率为 55.9%，我国农村网民规模达 3.09 亿，占网民整体的 31.3%[①]。在互联网日益普及的大背景下，农村网民数量增多，信息来源渠道增多，这种新情况意味着农村公共文化服务面临着供给渠道的改革与创新，它与数字技术的融合成为大势所趋。2020 年底，数字图书馆推广工程已覆盖全国三百多家市级图书馆，辐射 2760 个县级图书馆[②]。农村公共文化服务供给的实现不仅需要基本的设施建设，而且还需要配套的支撑条件来保障。交通设施的完善、数字工程的建设恰好满足了配套设施的保障这一要求。

2. 文化活动有序开展

农村公共文化活动是依托文化设施开展的一系列文化建设与传播的活动，包括电影放映、群众歌舞活动、农技知识培训、文化骨干培训、农民外出就业指导、地方戏曲演出活动、文体比赛等形式[③]。文化设施的建设为农村公共文化服务的发展提供了静态的条件支撑，文化活动的开展则为其提供了动态的条件支撑，丰富了服务的表现形式。第一，总体文化工程的实施。相比于文化设施的建立，农村电影放映工程的实施、“戏曲下乡”活动的开展，是人民群众更乐于接受的服务形式。这种形式更能调动农民享受服务、参与建设的积极性。农村电影放映工程的前身是文化部和广电总局于 1998 年提出的“2131 工程”，要求在 21 世纪广大农村地区实行一个行政村一个月放映一场电影的目标。以山西省垣曲县为例，全县 188 个行政村、1277 个自然村、33 个农村寄宿制学校的放映任务由该县电影发行放映公司的 9 支放映队承担，自项目实施以来共放映两万余场电影，并且根据放映场所与受众人口的不同，选择爱国、法律等不同主题的电影[④]。山西省地方剧种多达 54 个，有晋剧、蒲剧以及受宗教文化影响的道情戏等，为服务内容的多样化提供了深厚的文化底蕴，山西通过一系列的送戏曲下乡活动在农村公共文化服务建设方面取得了一定成效[⑤]。第二，微观文化活动的开展。2020 年，文化和旅游系统开展全国“乡村春晚”线上展演活动，全国共举办 88 场，线上参与人次达 1320.5 万人次[⑥]。很多农村地区都建立了老年活动室、文化活动广场等，逢年过节会举行各种形式的

---

① 第 47 次《中国互联网络发展状况统计报告》[EB/OL].(2021-08-24)[2024-06-06]. http://www.cnnic.net.cn/hlwfzyj/hlwxzbg/hlwtjbg/202102/t20210203_71361.htm.

② 中华人民共和国国务院新闻办公室. 全面建成小康社会：中国人权事业发展的光辉篇章(2021 年 8 月)[N]. 人民日报，2021-08-13(10).

③ 慕良泽，曲建波. 农村公共文化建设中政府与农民供需关系研究[J]. 广西大学学报(哲学社会科学版)，2021，43(1)：97-105.

④ 成相翼. 关于山西省垣曲县农村电影放映情况的调研报告[J]. 现代电影技术，2020(4)：52-55.

⑤ 雷焕贵，段云青. 山西农村公共文化服务供给研究：以送戏曲下乡为例[J]. 农村经济与科技，2019，30(23)：215-217.

⑥ 中华人民共和国文化和旅游部 2020 年文化和旅游发展统计公报[N]. 中国文化报，2021-07-05(2).

文体比赛,如篮球比赛、拔河比赛、广场舞比赛等,丰富了人民群众的文化生活。山西省白家庄村每年都会举行"游黄河"活动,这一极具特色的文化活动在丰富人民的精神生活的基础上,也在某种程度上成为人民信仰与理想的寄托①。总之,文化活动的开展丰富了农村居民的精神文化生活,为他们提供了精神寄托,有助于农村地区的和谐稳定。同时,文化活动作为服务建设的重要内容,提高了农村地区文化设施与场所的利用率。

(三)参与主体趋于多元

内容是服务的主体部分,组织与个人是提供服务的真正主体。公共文化服务主要由政府及文化机构来提供,但是,企业、社会组织、农村居民等也可以参与到农村公共文化服务供给中。许多文件都规定了主体方面的内容。公共文化服务保障法②、加快构建现代公共文化服务体系的意见③等都提到了服务的主体,并指出它是政府主导与社会参与的统一。这从政策高度确定了参与主体的多元。

1. 以政府供给为主

虽然一些地区的公共文化服务建设中已经引入了社会力量参与,但是政府仍然是主要供给主体,其主要供给方式具体体现在设施供给、资金供给、人才供给三个方面。第一,农村公共文化设施主要由政府提供。董帅兵等通过选取全国 31 个省区市 267 个村庄的调查分析发现,在所调查的村庄中,综合活动广场由政府和村集体供给的比例为 94.37%;图书阅览室由政府和村集体供给的比例为96.72%;老年人活动中心由政府和村集体供给的村庄比例为 95.1%④。从这些数据可以看出,政府和村集体是农村公共文化服务供给的主体,几乎占了全部。农村地区的综合活动广场、图书阅览室、老年人活动中心等公共文化场所与设施多由政府与村集体提供,且比重较大。第二,农村公共文化服务建设资金主要由政府提供,包括文化场所与文化设施建设、文化活动开展所需的资金。农家书屋、农村文化活动广场的建设,农村电影放映、广播电视"村村通"等工程的建设资金都来自财政支持。公共文化服务体系示范区与示范项目的建设都由国家财政资助。第三,农村公共文化服务建设人员主要由政府配备,包括农村文化场馆、文化机构的工作人员,农村

---

① 邓国彬,巩宇飞."游黄河"活动形式及文化寓意研究:基于山西省白家庄村的调研思考[J]. 广西教育学院学报,2020(3):50-53.

② 中华人民共和国公共文化服务保障法(2016 年 12 月 25 日第十二届全国人民代表大会常务委员会第二十五次会议通过)[N]. 人民日报,2017-02-03(14).

③ 中共中央办公厅、国务院办公厅印发《关于加快构建现代公共文化服务体系的意见》[N]. 人民日报,2015-01-15(9).

④ 董帅兵,邱星. 供给侧视角下我国农村公共文化服务的有效振兴:基于全国 31 省 267 个村庄的调查分析[J]. 图书馆学研究,2021(2):30-36.

公共文化的宣传者与文化活动的组织者。县图书馆、农家书屋、文化惠民工程的实施者主要是政府配备的工作人员，文化宣传活动比如社会主义核心价值观的宣传、扫黑行动等的宣传都主要是由政府牵头、基层文化工作者实施来完成。在我国，交通、电力等公共服务历来由政府来提供，这决定了这些公共产品的性质。同理，农村公共文化服务作为公共产品，其公共性决定了这种服务主要由政府来供给。在我国，服务建设的资金、人员、设施等主要都是由政府来提供。

2. 以社会参与为辅

政府是农村公共文化服务的主要供给主体，但不是唯一的供给主体。除了政府之外，农村居民、市场力量、社会组织等也可以参与供给。农村公共文化服务除了其公共性外，还有其特殊性。这种特殊性决定了农村公共文化服务也可以由政府之外的主体来参与供给。第一，农民参与供给。农村公共文化服务作为一种为农村提供的服务，可以由农民参与供给。新乡贤是农民群众中的先进分子，文化水平较高，乡土情结比较浓厚，是服务建设可以吸收的有生力量。在湖南省石羊塘镇的服务供给中，新乡贤在政府、社会、市场与村民之间起到了良好的沟通作用：一方面，他发挥了协助政府履行文化职能、促进市场力量参与的作用；另一方面，他也充当了政府与农民之间沟通的桥梁，发挥了反馈村民文化需求的作用①。同时，在一些送戏下乡、广场舞健身等公共文化活动中，许多农民都积极主动地参与进来，参加文艺演出活动、广场舞大赛等，不仅享受服务，而且成为服务的供给者。第二，市场参与供给。农村公共文化服务作为一种服务，可以由市场参与供给，文化企业具有更高的专业性与行动力。政府可以通过购买服务的形式引入市场机制。浙江省嘉兴市嘉善县城关镇魏塘街道通过与民办非企业组织魏塘众悦文化服务中心的合作，将社会力量引入公共文化服务供给中，同时将公共文化服务外包给民办非企业组织，这实现了市场机制的引入。“魏塘模式”对于农民、政府和社会组织来说是一个三方共赢的农村公共文化服务供给模式②。第三，社会参与供给。作为一种具有公共性的服务，文化服务可以由社会参与供给。陕西省榆林市府谷县采取公益合作创新的方式，图书馆与邮政局合作推出“同城快递”，通过邮政快递将图书馆的书籍送货上门，造就了节省政府成本、提高企业声望、满足农民需求的三方共赢局面。企业成为府谷县“书服到家”项目的重要供给主体。广西各地各级政府面对文艺体制改革后专业文艺队伍减少的局面，利用民间文艺团体常年为农村基层群众提供多样节目的优势，培育民间文艺团体，发挥艺术引领作用③。这些事实都表明

① 许源源，邓敏. 农村公共文化服务供给中新乡贤的作用研究：一个“双层认同与行动模型”的分析框架[J]. 东北大学学报(社会科学版)，2021，23(2)：48－55.

② 黄旭东. 魏塘模式：镇级文化中心社会化运作的新出路[J]. 图书馆研究与工作，2018(10)：22－25.

③ 全婕. 公共文化服务视域下广西民间文艺团体的现状与发展途径[J]. 歌海，2020(4)：115－120.

政府并不是唯一的供给主体，结构转型的实现是多方协作的过程。乡村振兴背景下，政府对农村各方面建设的投入力度不断加大。随着农民素质的提高、企业责任感的增强与市场机制的日益完善，越来越多的主体将会参与到农村公共文化服务供给中，与政府携手共建，分担农村公共文化服务建设任务，构建一体多元的服务主体结构。

四、乡村振兴背景下农村公共文化服务结构转型面临的困境

2005年"十一五"规划建议中首次提出"公共文化服务体系"一词，此后该体系建设不断得到完善。自乡村振兴战略提出以来，关于乡村振兴的一系列文件都对农村公共文化服务建设提出了或宏观、或微观的要求。乡村振兴背景下理想的农村公共文化服务如何，不应仅着眼于政策文件中出现"农村公共文化服务"字眼的地方，而应当关注一切与文化服务有关的范畴。本书通过对相关文件与相关文献的分析，归纳出乡村振兴对于服务建设的要求。这些要求包含内容众多，体现在体制、内容、主体等方面。当前农村公共文化服务结构转型面临困境，是由于文化建设实践与乡村振兴的相关要求存在差距，与国家、政府、人民对于农村公共文化服务建设的期待存在差距。综合农村公共文化服务结构转型在体制、内容、主体方面存在的问题，我们可以看出它面临的最大问题即供需不符，无论是体制机制、内容供给还是主体参与状况，都不能完全满足乡村振兴的要求，这些问题归根到底都围绕"供需不符"展开。具体来讲，农村公共文化服务结构转型面临着体制机制重宏观轻微观、服务内容重"量"轻"质"、主体参与重理论轻实践的问题。

(一)体制机制：重宏观轻微观

乡村振兴背景下农村公共文化服务体制机制应完整覆盖。这一要求体现在两个方面。其一，农村公共文化服务应有配套完整的制度框架和政策体系，包括人才培养与保障、需求反馈、监管等机制。其二，服务体系应当完整覆盖农村地区，应当实现城乡基本公共服务均等化。实现保障机制的完善与服务体系的完整覆盖，才能保障农村公共文化服务建设高效有序进行，为乡村振兴的实现创造良好的制度环境。然而，受多种因素影响，农村公共文化服务结构转型面临着体制机制方面重宏观轻微观的问题。

1. 资金保障不足

社会主义各方面建设都离不开充足的资金保障，资金是文化设施建设与活动开展的物质保障。尽管国家每年向公共文化领域投入一定量的资金，但是在资金的分配与落实上存在着问题，文化建设经费没有完全落实到公共文化服务建设的实践中。资金保障不足的问题具体体现在以下三个方面。

第一,财政投入失衡。一方面是财政投入地区失衡。2020年全国文化和旅游事业费中,东部地区文化和旅游事业费491.62亿元,占总投入47.5%;中部地区文化和旅游事业费269.78亿元,占总投入24.8%;西部地区文化和旅游事业费301.64亿元,占总投入27.7%[①]。党的十八大以来文化资金投入在东部地区和中、西部地区之间存在较大差距。另一方面是财政投入城乡失衡。2016年起,用于乡村文化事业费才开始超过了城市,农村公共文化事业资金投入欠账良多,投入失衡的状况需要较长时间才能扭转。第二,资金来源单一。除了财政投入失衡外,单一的资金来源渠道是资金保障不足的表现之一。服务建设的资金主要来源于财政投入,即便政府通过购买服务的形式引入市场机制,其建设资金也是由政府负责提供。第三,资金落实不到位。虽然政府每年向农村公共文化服务建设领域投入不少的资金,但是有些地区存在着资金落实不到位的问题,以安徽省五河县为例,该县人均文化事业费(30元)与全国(65.57元)相比存在较大差距,并且在全国文化体育等方面经费逐年增长的情况下,该县却出现了负增长,该县在服务建设中存在着财政缺失的问题[②]。综合分析,造成资金保障不足的原因主要有:受传统的城乡二元体制影响,财政投入更多地倾向于城市建设而非农村建设;我国的公共事业历来由政府统揽,其他主体也适应了这样的供给模式,没有主动为农村公共文化服务建设贡献力量的意识,同时也没有相关优惠政策的吸引;一些基层政府官员中饱私囊,将本应用于公共文化建设的资金移作他用。

2. 人才保障不足

"国家发展靠人才,民族振兴靠人才",乡村振兴亦然,农村公共文化服务建设亦然。尽管文化和旅游部门的从业人员呈逐年增长的趋势,但是对于农村公共文化服务建设实践来说,仍然面临从业人员不足、专业性不高等人才保障不足的问题,这一问题主要体现在文化工作人员的数量与质量上。

第一,数量不足。中国农村人口数量庞大,无论是农村哪一方面的建设都需要配备大量的工作人员,文化建设工作本就比较薄弱,更应该配备比一般的工作更多的人员,但是事实并非如此。2020年末,全国共有群众文化机构43687个,从业人员185076人,也就是说,平均每个群众文化机构仅有从业人员约4.2个,对于一个村庄甚至一个居民组的文化工作开展来说远远不够[③]。第二,文化工作人员专业性弱。术业有专攻,无论是哪一个领域的建设都需要拥有专门知识与技术的人才参与工作。文化的内涵丰富多样,加大了农村文化工作的难度,这就更需要有专业

① 中华人民共和国文化和旅游部2020年文化和旅游发展统计公报[N]. 中国文化报,2021-07-05(2).

② 王蓉蓉,刘亚利. 浅析加强农村公共文化服务供给的财政保障机制对策:以安徽省五河县为例[J]. 山西农经,2019(4):49-50.

③ 中华人民共和国文化和旅游部2020年文化和旅游发展统计公报[N]. 中国文化报,2021-07-05(2).

素质的人才专门从事文化工作。在农村公共文化服务建设实践中，存在着专干不专、身兼数职的现象，文化工作人员专业性比较弱①。第三，文化工作人员工作热情不高。高质量地完成一项工作，不仅需要专业素养，更需要情怀这种精神力量。但是一些农村地区却存在着文化工作人员安于现状，对于农村文化工作缺乏情怀的情况，阻碍着结构转型的实现。造成人才问题的原因主要有：首先是由于管理体制的惯性。过去注重经济建设型人才的培养，将人才大量投入经济建设领域，而在文化建设领域的岗位设置较少。受国家编制计划影响，文化服务机构人才断层、断档情况普遍存在②。其次是由于缺乏相应的激励机制。文化工作者对于工作的热情不仅靠情怀的支撑，也靠物质的激励。只有在基本的生活需要得到满足的条件下，才能以更加饱满的热情投入工作。最后是基层文化人才培训计划没有落到实处。国家每年都会制订基层文化人才队伍培训计划，但是基层在落实计划的过程中，存在着流于形式的情况，并没有真正地提高文化工作人员的专业素质。

3. 制度供给不足

在各方面建设中，政策的指导是一方面，保障制度的健全是另一个重要方面。农村公共文化服务建设不仅需要政策的指引，还需要建立相关的监管、考评等制度，将相关的政策落到实处，杜绝阳奉阴违行为。然而，制度供给不足已成为结构转型的阻碍之一，主要体现在以下三个方面。

第一，监督机制还需完善。中国共产党执政需要监督，各级政府行政、各行各业的运行都需要有效监督来保障其依法行政、规范运行，公共文化服务建设亦然。文化作为上层建筑的具体表现形式，对于经济基础具有巨大的反作用，公共文化内容的优劣对于农民思想是否健康有着很大的影响，政府针对农村公共文化服务建设出台了许多法律法规，发布了许多政策文件，提出了相关要求、内容、目标，但是对于建设过程却缺乏相应的监管制度。一方面对于文化工作人员的工作过程缺乏相应的监管机制，另一方面对于政府之外的主体参与公共文化服务建设缺乏相应的监管机制，在一定程度上导致一些低俗文化的产生与传播。第二，考评机制的不健全。监督是一种外在的推动力，考评则是设立了具体的完成目标。有了具体的目标，就有了明确的方向。农村公共文化服务建设达到了什么水平，农村文化工作人员工作参与度如何，需要健全的考核评估机制，量化评估建设的成果，但是相关考核评估机制还有待完善，主要体现在指标设置与绩效评估上。一方面，对于农村公共文化服务建设的考核关注的多是可以量化的指标，比如建立了多少文化设施，开展了多少文化活动，但是在质量评估上，考评机制仍不健全。另一方面，对于工

---

① 李少惠，邢磊. 社会组织嵌入：农村基层公共文化服务效能提升路径研究[J]. 图书馆学研究，2021(10)：32－38.

② 龙旺. 农村公共文化服务的人才保障建设研究[D]. 长沙：湘潭大学，2018：23.

作人员的绩效缺乏相应的考核评估机制，没有将绩效与工资挂钩，某种程度上助长了“懒政怠政”风气的滋生。第三，激励机制尚不健全。一方面基层工作人员参与工作的激励机制不健全，另一方面对于农民、社会力量等参与服务建设的相关鼓励措施不健全。

4. 机制不完善

农民的文化需求对于政府的文化决策至关重要。公共文化服务虽然主要是由政府提供，但最终是为农村居民提供的，涉及供需双方，因此服务建设需要考虑农民需求。服务的有效供给既需要均等化、标准化，又需要多样化、特色化，实现供给与需求相符，促进结构转型的实现。政府与农民之间的高效高质沟通是供需相符的必要条件，这种高质量沟通有赖于畅通的需求表达机制的建立。

(二)内容层次：重“量”轻“质”

乡村振兴背景下农村公共文化服务内容应丰富多彩。文化是一个非常具有弹性的概念，无论是广义的文化还是狭义的文化，其内涵都涉及众多方面。乡村振兴背景下农村公共文化服务内容的构建应当处理好普遍性和特殊性的关系，处理好物质文明和精神文明之间的关系。其一，就物质文明和精神文明的关系而言，农村公共文化服务内容不仅应当包括基础的文化设施建设，如服务中心的设立、新闻、出版、广播、电视等公共服务内容，而且应当以基础文化设施为载体，通过戏曲、电影等形式向农村居民传播符合社会主义核心价值观的内容。其二，就普遍性和特殊性的关系而言，农村公共文化服务内容不仅应当涉及社会主流价值观、生态文化、公民道德等共性内容，而且应当结合当地特色的文化资源以促进文化繁荣发展，挖掘农村文化独有的精神内核，将服务内容的普遍性与特殊性有效结合。实现物质建设与精神建设、普遍供给与特殊供给的有效结合，才能保障农村公共文化服务建设的内容供给符合农民个性化、多样化的文化需求，从而为乡村振兴的实现打好坚实的文化基础。虽然农村公共文化服务建设的设施日益完善、活动正在有序开展，但是服务内容的供给更应满足农民的文化需求，在建设内容方面，仍然存在着重“量”轻“质”的问题，体现在物质层次与精神层次的失衡、供给与需求关系的失衡、引领作用发挥不足三个方面。

1. 物质精神层次失衡

农村公共文化服务结构转型要实现高质量发展，就需要提供物质层面的文化设施，然后通过对设施的充分利用、活动的开展满足农民的精神需求，从而发挥公共文化的精神引领作用，保证物质层面与精神层面的平衡。但是，在农村公共文化服务建设中，存在着物质层次和精神层次失衡的问题，具体体现在以下四个方面。

第一，农村公共文化基础设施建设仍然存在不完善的问题。基础设施的完备与否是服务能否有效实施与发挥作用的物质前提。一方面，虽然覆盖城乡的服务体系已经基本建立，但是在一些农村地区，仍然存在着基础设施建设不足的情况。以甘肃为例，其农村文化基础设施非常薄弱，表现在农村文化管理办公场所被拆除或挪作他用和农村文化设施的老化方面①。另一方面，农村公共文化服务设施的作用并没有充分发挥。一些地方的公共文化设施利用率低下，甚至存在农家书屋上锁的情况，未能有效满足农民群众的精神文化需求。第二，重形式轻实质。一方面，行政色彩比较浓厚。服务内容带有强烈的政策导向性和行政化色彩，导致文化服务流于形式，缺乏实质性内容②。另一方面，更多关注政绩而非农民需求。在农村公共文化服务供给中，有人按照自己的喜好决策，使得供给混乱，为了政绩建设或一些面子工程，导致资源浪费和供给失效，这阻碍着结构转型的实现。第三，重视物质建设轻视精神建设，缺乏使命感。当前，农村已基本建立起完善的服务体系，大部分地区文化设施比较健全，但是并没有有效利用这些文化资源。一方面，没有将文化资源的利用与乡风文明建设结合起来，没有通过特色文化活动的开展担负起引导农民树立正确价值观的责任。另一方面，没有将文化资源的利用与振兴乡村文化结合起来，没有起到宣传农村优秀传统文化与特色文化的作用。第四，重"送"轻"种"。"送"文化是指依托一定的文化建设经费，由文化管理部门组织的在农村开展的文艺汇演等活动，主要特征是给农民送去服务。"种"文化是指挖掘农村公共文化的内生力量，将农村公共文化服务建设与挖掘特色文化相结合，实现文化自给。我国目前服务的形式主要是"送文化下乡"，这种文化活动形式对农民文化生活的影响往往仅停留在感官层面，难以满足农民的精神文化需求③。物质层次与精神层次失衡阻碍着结构转型的实现。

2. 供给需求关系失衡

供给满足需求方能称之为有效供给。公共文化服务一头连着供给方，一头连着需求方。因此，供需相符是实现结构性转型的重要举措。但是，在建设实践中存在着供给需求关系失衡的问题，具体体现在供给数量、供给内容、供给方式等方面供需不符。

第一，供给数量无法满足需求。公共文化活动的开展需要借助一定的公共文化设施，数量充足是质量提升的基础。但是在一些农村地区，公共文化服务设施的建设、文化活动的开展甚至无法保障农民基本的文化需求，数量不足是供需失衡的表现之一。第二，供给内容单一化与文化需求多样化之间存在着矛盾。供给内容的单一化体现在农村公共文化服务的供给仅仅停留在一些图书、音频、视频资料的

① 彭琪琪. 甘肃农村公共文化服务供给问题研究[J]. 农家参谋，2021(10)：6－7.

② 段雨泓. 乡村振兴视阈下农村公共文化建设困境探究[J]. 新西部，2019(36)：9.

③ 杨光，高子健. 乡村文化"内卷化"问题何解[J]. 人民论坛，2018(31)：128－129.

提供上。文化需求的多样化体现在随着时代的发展，农村居民的文化需求范围扩大，已经超越看、听、读的狭窄范围，对于农村公共文化服务供给内容的要求变得更加广泛，要求享受到文体娱乐、信息获取等方面的服务①。需求的多样性对服务建设提出了更高要求，它不应只是着眼于机械的供给，更应该以高质量的服务为目标，为农民打造具备文化、娱乐等多种功能的公共文化服务，以此缓解单一化与多样化之间的矛盾。第三，供给格式化与需求个性化之间存在矛盾。供给格式化体现为在不同的地区设置相同的文化服务建设指标，没有考虑到差异化的文化需求。文化需求的个性化体现在不同文化程度、性别、年龄、职业的人对公共文化的需求存在差异，发展程度不同的地区对于建设水平的要求各有不同，这种个性化的要求向结构转型提出了挑战。农村公共文化服务供给不仅要致力于实现公共服务标准化、均等化的目标，而且要考虑不同地区、不同人群文化需求的差异性，提供兼具普遍性与特殊性的服务。第四，供给方式无法满足农民对于数字文化服务的需求。随着互联网、智能手机的普及，农民更倾向于通过网络、自媒体等了解一些信息，这为农村公共文化服务的供给提供了新的渠道，也提出了挑战。如果服务供给方式依然停留在线下供给，这将无法满足农民对于数字文化服务的需求。数字技术的充分利用不仅方便服务的供给，而且方便收集农民的文化需求信息。我们通过对这些信息进行智能处理，提高供给效率，促进结构转型的实现。总之，农村公共文化服务建设不仅要注重增量，更要注重提质，任何一个层面的缺失都会导致供给无效、低质等问题，加剧供给需求关系的失衡。

3. 价值取向失范

近年来，农村文化呈现消费性、多元性特点，面临着价值取向失范、文化本位丧失等挑战②。文化作为上层建筑的一种表现形式，反作用于经济基础。公共文化亦然，它作为上层建筑的一种表现形式，作为一种社会意识形态，应当承担起强化意识形态引导的责任。革命文化与社会主义先进文化的宣传弘扬也是服务文化建设、文化发展的，这种宣传内容包含着无数革命先烈与社会主义先进工作者的感人事迹，更能从内心深处引起农民群众的共鸣，充分发挥文化的精神引领作用。但在一些公共文化服务发展比较成熟的地区，工人者更多地关注到农村传统文化的发展，对于革命文化和先进文化的宣传不足。

(三)农民参与不充分

农民是公共文化服务的需求主体，政府须保障农民充分参与、享受服务，让农民的基本文化权益得到保障。农民亲自参与其中，感受服务的优势与不足，才能为

---

① 王列生. 农村公共文化服务改革的困境[J]. 行政管理改革，2012(3)：22－23.

② 孙明明. 乡村振兴背景下的农村文化发展研究[J]. 中学政治教学参考，2020(12)：100－101.

结构转型的实现提出更多具有建设性的建议。但是，在建设实践中存在着农民参与不充分的问题。农民参与的不充分主要体现在参与时间不足、积极性不高、渠道缺乏等多个方面。

第一，农民无暇参与。农民参与文化惠民工程、参与公共文化活动都需要时间的保证，但是广大农村地区经济发展水平较低，糊口任务比较艰巨，农民需要将大部分甚至全部的精力放到满足基本生活需要上。对于以打工为主要谋生方式的人群，大部分的时间不在农村，对于以种植养殖为主要谋生方式的人群，需要耗费大量的时间待在田间地头、鸡舍猪棚，在少有的农闲时节可能会外出打工，他们根本无暇参与文化服务。第二，农民不愿参与。这种情况的出现一方面是由于文化水平的限制，他们根本不了解所谓的文化服务带给自己的益处，也不理解服务水平提升的深远意义，因而不愿意参与。另一方面，农民群众更多注重个人的发展，并且受农村社会不良风气的影响，他们更乐于参与一些低俗的活动。农民除去劳作时间之外，业余活动比较单调，娱乐方式单一，主要参与打麻将、小卖部聊天等缺乏内涵的文化活动，对群体的文化建设充耳不闻。第三，农民无法参与。一方面，文化设施、文化活动供给的不充分导致农民无法参与。另一方面，有先进分子关注到农村文化建设的动态并发现不足，但是基层工作人员懒政怠政等因素导致农民无法参与。第四，农村无人参与。城市化背景下，农村人口大量向城市流动，或是谋生，或是定居，导致农村人口主体变为“留守儿童”“空巢老人”，老弱群体参与能力不足，参与意识薄弱，无人参与公共文化服务，遑论结构转型的实现。某种程度上，这种人口结构限制了公共文化服务体系作用的发挥，阻碍着结构转型的实现①。

(四)市场、社会力量薄弱

除了政府、农民之外，市场与社会也可以成为服务供给的重要力量。一些地方已经通过服务外包等形式将市场与社会力量引入服务供给中，并且发挥了重要作用。但是在建设实践中，仍存在着市场、社会力量薄弱的问题。

第一，市场作用不足。一方面，市场机制的作用发挥不足，如政府部门在服务供给中，对于通过公开招标确定第三方供给机构的方式利用不足，没有让市场机制充分发挥作用，帮助政府部门选择最优的文化服务供给单位等。另一方面，市场主体的作用发挥不足。与政府相比，相关文化企业在服务供给上更加具有专业性，它们对利润的追求促使它们主动迎合农民的需求，不断进行服务供给的转型升级。但在实际建设中，文化企业参与的情况不多。第二，社会力量薄弱。一方面表现在公共文化服务建设中，决策权主要掌握在政府手中，多数乡镇政府基层部门还保持

① 肖长春，郑传芳. 如何提高农村公共文化服务实效[J]. 人民论坛，2019(17)：70－71.

着传统观点，认为公共文化服务的生产应由政府来承担[①]。另一方面表现在各种文化组织发展良莠不齐上，文化内容倾向于娱乐化、低俗化，阻碍着公共文化建设的进步与乡风文明的发展[②]。无论是市场力量还是社会力量，只要善加引导，都可以发挥重要作用，缓解政府压力并满足农民的文化需求。

五、对策建议

农村公共文化服务结构转型是一个复杂的系统工程，需要解决何以供给、供给什么、由谁供给的问题。其中，体制机制是保障，需要通过物质层面的资金、人才等保障机制的建立与制度层面的监督、考评、反馈等机制的建立健全来解决“何以供给”的问题；内容供给是根本，需要通过供给内容的丰富、供给方式的优化、供给质量的提升等措施来解决“供给什么”的问题；主体架构是关键，需要通过政府发挥引领作用并引入多元主体参与供给等举措来解决“由谁供给”的问题。如此，构建“体制机制—内容供给—主体架构”三位一体的农村公共文化服务结构，实现农村公共文化服务创新发展。“哲学家们只是用不同的方式解释世界，问题在于改变世界”[③]。农村公共文化服务结构转型的实现，不仅要揭示结构转型的困境，而且还要针对困境提出相应的对策建议。乡村振兴背景下农村公共文化服务建设在体制机制、服务内容、主体参与等方面都存在着问题，阻碍着结构转型。要促进结构转型的实现，就需要从体制、内容、主体等方面着手，实现体制机制从分散到系统的转变、内容供给从形式到实质的转变、参与主体从外生到内生的转变。

(一)体制机制多层次转型:从分散到系统

农村公共文化服务结构转型的实现，离不开充足的物质保障，也需要良好的制度环境，这两方面共同保障着服务建设的发展与水平的提升，二者缺一不可。乡村振兴背景下农村公共文化在体制机制方面存在着资金保障不足的问题，体现为财政投入失衡、资金来源单一、资金落实不到位等；存在着人才保障不足的问题，表现为文化工作人员总量不足、专业性弱、工作热情不高等；存在着制度保障不足的问题，表现为监督、考评、激励等机制的不健全等；存在着需求表达不畅的问题，表现为基层工作人员缺位、农村居民缺位等。体制机制多层次转型，一方面需要从物质

① 许俊仁. 多元治理视角下的农村公共文化服务供给研究：基于Y县乡镇的案例[D]. 苏州：苏州大学，2020：40.

② 陈德洋. 乡村振兴战略的农民主体性探析：基于安徽农村公共文化服务体系建设的视角[J]. 安徽农业大学学报(社会科学版)，2019，28(1)：7－11.

③ 中共中央马克思恩格斯列宁斯大林著作编译局. 马克思恩格斯选集：第1卷[M]. 北京：人民出版社，2012：136.

层面保障资金、人才等要素的合理配置，另一方面需要从制度层面保障监督、考评、激励等机制的建立健全与有效衔接，从而实现体制机制从分散到系统的转变。农村公共文化服务结构转型的实现，具体需要通过保障资金平衡充足、保障人才质量兼顾、保障制度闭环合理等措施实现体制机制多层次转型。

1. 实现资金保障平衡充足

文化基础设施的建设、农村文化活动的发展，都离不开充足的经费保障。资金问题的解决，除依靠政府的财政投入之外，还要拓展更多的资金来源渠道，从源头上解决资金保障不足的问题。保障资金平衡充足，需要从两个方面入手：加大投入与寻找新的资金来源。

第一，财政投入向农村文化领域倾斜。受历史因素、财政政策等影响，长期以来，我国城乡之间与地区之间的经济发展水平不均，文化发展水平亦然，农村地区经济发展快于文化发展。随着脱贫攻坚任务的完成，“三农”工作重心的历史性转移，传统的经费划分方式已经不能满足农民群众文化发展的新要求，应当更合理地分配财政投入比例，一方面要保障区域间和城乡间的公共文化服务均衡发展，另一方面要保障农村其他方面的建设和文化建设均衡发展。除此之外，在省级、县级公共文化设施比较完善的情况下，尽量保障财政投入向村、镇一级倾斜，让农村公共文化服务建设资金真正落实到基层文化建设上。第二，拓展新的资金来源渠道。很长时间以来，在我国农村公共文化服务建设实践中，经费主要来源于财政，这使政府面临着一定的财政压力，拓展新的资金来源渠道一方面有利于缓解财政压力，另一方面可以将提供资金的主体引入到农村公共文化服务建设中，实现多元主体的参与。农村地区可以通过与上级政府的沟通，争取更多的资源，政府也可以通过一系列的优惠政策，比如税费减免、给予荣誉等，吸引更多的力量参与到农村公共文化服务建设中，整体提升经济投入能力①。除了拓展新的资金来源，政府还可以通过“节流”的方式减少不必要的花费，通过公益合作等创新方式，吸引公益性企业或组织为农村公共文化服务建设无偿贡献力量。拓展新的资金来源渠道本质上是一种资源置换，合作共赢的模式。总之，要保障服务建设资金的平衡充足，一方面依赖政府的财政投入，另一方面也要积极拓展更多的资金来源渠道，政府与社会力量共同合作促进农村公共文化服务结构转型的实现。

2. 实现人数与质量兼顾

“致天下之治者在人才，成天下之才者在教化”，农村公共文化服务建设需要人才，更需要专业素质高、业务能力强的人才。文化建设部门不仅需要配备充足的人

---

① 戴艳清，彭雪梦，完颜邓邓．农村公共数字文化服务供需矛盾分析：基于湖南省花垣县的调查[J]．国家图书馆学刊，2020，29(2)：16－25．

手，而且需要提高文化工作人员的专业素养与工作热情，从物质与精神两方面入手缓解人才保障不足的问题。实现人数与质量兼顾，可从以下四方面入手。

第一，保障农村文化工作人员数量充足。乡村振兴的宏伟蓝图的实现，归根到底靠的是人。结构转型的实现，依赖充足的人力保障。但是，对于刚刚脱离贫困的广大农村地区而言，文化工作者的数量还远远跟不上农村公共文化发展的要求，应当实现工作岗位的扩容，吸引更多的人投身公共文化服务建设。第二，满足农村文化工作人员合理的薪资要求。根据马克思主义的观点，人们为了能够进行物质资料的生产活动，首先要能够生存。在文化岗位上的工作人员也是生活在社会中的人，他们对于自己的工作固然拥有热情，但是也需要养家糊口。农村文化人才的不足，除了历史条件的限制之外，还在于不合期待的薪资水平导致了人才流失，因此，应当保障文化工作人员合理的薪资要求，实现"佳薪养才"。第三，提升农村文化工作人员业务能力。"工欲善其事，必先利其器"，农村公共文化服务高质量发展，不仅需要充足的人，更需要高素质的、业务能力比较强的工作人员。农村情况特殊，群众文化水平参差不齐，难以统一管理，这就提高了文化工作者的工作难度；加之互联网技术的迅猛发展，文化工作者的专业技术素养也需要提高。因此，要提升农村文化工作人员的业务能力，对已工作的人员要加强培训，对后来的工作人员要仔细考核，保障农村文化工作者的业务能力能够符合时代与现实的需求。第四，调动农村文化工作人员的工作热情。认识对实践具有巨大的反作用，正确的认识可以促进实践的发展。针对农村文化工作人员热情不高的问题，文化工作单位可以通过评选先进个人、宣传先进事例、加强素质教育等措施让他们认识到自己所从事的工作对于乡村振兴与社会主义现代化建设的重要意义，让他们认识到文化岗位上的每一个工作人员的重要性，提升自我价值感，由内而外调动他们参与工作的热情。

3. 实现制度保障闭环合理

农村公共文化服务建设中监管保障缺乏、需求表达制度不完善等问题一定程度上阻碍了农村公共文化服务结构转型。制度问题的解决，不仅需要建立健全监督、考评等反馈机制，而且需要注意各个机制之间的衔接与配合，覆盖农村公共文化服务供给的全过程。要使保障制度闭环合理，就需要构建一个从决策到反馈闭环完整的机制。

第一，建立健全科学的决策机制。火车跑得快，全靠头来带。农村公共文化服务如何供给，供给给谁，执行的是决策的要求，合理的决策对于农村公共文化服务高质量发展至关重要。由于政府掌握的信息不够全面，因而在做出农村公共文化服务供给决策时，难免存在不科学不合理的情况。因此，应当建立合理的农村公共文化服务决策机制，通过实地调查等多种方式了解服务建设中存在的实际问题，让基层文化工作人员、农村居民参与到决策过程中来，以保障决策的科学性、合理性。第二，建立健全监督机制。科学合理的决策，只有落实到实践中方能发挥作用。绝对的权力导致绝对的腐败，农村公共文化服务高质量发展，不仅需要科学的决策，更需要加强对决策执行过程的监督。需要建立多方主体共同参与的有效监督机制，采取群众监督、政府监督等形式，保证决策的实施、项目的开展、资金的落实。第三，建立健全合理的考评机制。对工作人员的考核、对建设水平的衡量是发现问题、解决问题的过程。用绩效考核的方式将农村公共文化服务建设水平与政府机构工作人员的业绩挂钩，提高他们的工作积极性。建立以公众满意度为导向，多方参与的绩效评价体系，提升公共文化服务效能①。第四，建立健全完备的需求反馈机制。农村公共文化服务的对象主要是农民，满足他们的服务需求是提高供给质量与效率的关键。政府要建立需求反馈机制，一方面要拓宽农民的需求表达渠道，让农民的需求能够畅通无阻地反映给政府；另一方面，要借助数字化的手段对农民的文化需求进行大数据分析，为实现精准供给开辟道路。总之，科学决策的实施有赖于监督机制的运行与激励机制的保障，决策的有效实施才能产生更有价值的反馈，反馈意见又可以作为新一轮决策的参考，如此，周而复始，实现农村公共文化服务水平螺旋式上升。

（二）内容供给多样性转型：从形式到实质

农村公共文化服务结构转型的实现，需要质量兼顾、层次多样的服务内容。乡村振兴背景下农村公共文化服务在内容建设方面存在着物质层次与精神层次失衡的问题，表现为基础设施建设不足、重形式轻实质、重视物质建设轻视精神建设、重“送”轻“种”等；存在着供给与需求关系失衡的问题，表现为供给数量无法满足需求、供给内容单一化与文化需求多样化之间存在矛盾、供给内容格式化与文化需求个性化之间存在矛盾、供给方式无法满足农民对于数字文化服务的需求等；存在着引领作用发挥不足的问题，表现为强化意识形态引导的作用发挥不足、建设内容缺乏革命文化、先进文化等内涵。内容供给多样性转型，不仅需要从文化设施的配备、文化活动的开展等方面满足农民的需要，而且需要从供给方式的优化升级、服务内容的创新发展等方面提升供给的质量，发挥公共文化服务凝聚人心、引领核心价值观的作用，从而实现内容供给从形式到实质的转变。农村公共文化服务结构转型，具体需要通过丰富供给内容、优化供给方式、提升供给质量等措施实现内容供给从形式到实质的转变。在乡村振兴战略实施的大背景下，重视城市而忽视农村发展的问题已经不再是阻碍农村发展的主要因素，现在更为重要的是在各方资源向农村倾斜的情况下，如何配置好这些资源，如何发挥好这些资源的作用，实现量变到质变的转型。

---

① 耿达，罗婧．乡村振兴战略下农村公共文化服务体系建设的困境与进路[J]．领导科学，2021(14)：103－107.

1. 丰富供给内容

农民享受的公共文化服务主要来自供给内容，其包含农村公共文化设施与活动等。丰富供给内容，一方面要保障基础设施的建设，另一方面要丰富供给的层次。针对农村公共文化服务内容中物质层次与精神层次失衡、供给与需求关系失衡的问题，政府可以通过强化基础设施建设、普遍供给与特殊供给相结合、构建文化空间等措施来缓解。

第一，强化农村公共文化基础设施建设。“基础不牢，地动山摇”，农村公共文化服务精神引领、凝聚人心等作用的发挥，必须依托一定的文化基础设施，无论何时，基础建设都不容忽视。一方面，对于农村公共文化基础设施比较完善的地方，要定期检查，适时更新，保障文化资源的时效性。另一方面，对于基础设施建设不足的地方，首先应当保障这方面的建设，为农村公共文化服务结构转型奠定基础。第二，普遍供给与特殊供给相结合。人民对美好生活的需求要求服务内容不应仅停留在农村公共文化基础设施建设上，还要求服务内容能够满足不同个体多样化的文化需求，能够使他们得到精神满足。从普遍性上讲，要注重农村公共文化基础设施的完备性与功能定位的正确性，要符合社会主义核心价值观。从特殊性上讲，要注重不同目标人群多样化、个性化的文化需求，依托畅通的需求表达渠道收集不同年龄、不同职业、不同性别群体的不同需求，注重供给的差异性，提供定制化的服务。第三，重构农村公共文化空间。文化活动的开展既依托一定的设施，也需要特定的场所，即文化空间。它能够为农村居民提供一种对话语境，为文化和价值观的传递提供生动的环境①。然而，主体空心化、供给失衡等导致了农村公共文化空间的陷落，成为文化振兴的“软肋”。因此，应当重构农村公共文化空间。一方面要注重恢复传统的农村公共文化空间，如戏曲、宗祠等，唤起农村居民的乡土认同感与归属感。另一方面创新拓展农村公共文化空间，立足各地的特点，对原有的农村公共文化场所进行改造，根据地域特色设置文化礼堂、乡村戏台等主体功能空间。

2. 优化供给方式

农村公共文化服务供给需要借助一定手段，农民享受公共文化服务也需要依托一定的媒介。针对公共文化服务不能满足农民数字服务需求、农民参与不充分的问题，政府可以通过供给方式的优化来解决。

第一，巩固拓展农村公共文化宣传方式。要使社会主流价值观、农村优秀传统文化等深入人心，就必须利用好各种宣传平台。随着人民生活水平的提高、互联网的普及，人们接触到的公共空间逐渐扩大化，能否利用好新型空间对于结构转型能

① 孟祥林．乡村公共文化内卷化困境与对策[J]．西北农林科技大学学报(社会科学版)，2019，19(5)：40－47．

否实现至关重要。因此，要利用人民群众容易接触到的和容易接受的、接地气的形式潜移默化地宣传公共文化。一方面，要巩固原有的农村公共文化宣传平台，不能放弃原有的宣传方式，如农村地区的电影巡演、戏曲表演等。另一方面，要拓展农村公共文化服务的新方式，如将社会主义核心价值观的宣传融入相声表演等。第二，革新农村公共文化服务技术手段。“只有顺应历史潮流，积极应变，主动求变，才能与时代同行。”①不追赶时代潮流者，必将被时代所抛弃。当今互联网时代，技术变革日新月异，农村公共文化服务也必须借助技术手段方能向好发展。一方面，要通过数字平台为农村居民提供多种形式的文化服务。另一方面，要借助互联网的便利性，及时收集农村居民的文化需求信息，以实现精准供给。对农村公共文化服务供给方式的优化不仅是文化建设本身的发展需要，而且对于无暇参与、不愿参与、无法参与公共文化服务的农民来说有了一种合理的解决方式。

3. 提升供给质量

乡村振兴背景下，农村公共文化服务建设水平要得到有效提高，就应当充分发挥其载体作用。农村公共文化应当作为一种精神力量帮助乡村培育良好的乡风、家风、民风，提升优秀传统文化、红色文化等的影响力。从农村公共文化服务结构转型到乡村文化振兴再到全面振兴，并非结束，而是新的开始。乡村振兴战略的实施有明确的指导思想与目标任务，乡村振兴背景下农村公共文化服务结构转型的目标不应仅仅着眼于结构转型本身，而应该在更高层次上促进乡村振兴作用的发挥，而不是促进结构转型作用的发挥。首先，通过结构的转型推动城乡一体化建设、满足人民文化需求、促进农村文化治理能力现代化等，在此基础上实现中华民族的伟大复兴。其次，通过文化方面的结构转型与其他方面联动起来，发挥文化对经济与政治等的反作用。要使农村公共文化服务的作用得到有效发挥，就需要将服务建设与发展乡村文化、促进文旅融合、促进乡风文明结合起来，唤醒公共文化引导农民树立正确价值观、振兴乡村文化、强化意识形态引导的使命感。

第一，保障服务内容符合社会主义核心价值观的内涵。在过去的农村，“社会主义思想不去占领，落后的、错误的思想就会去占领”②，所以，公共文化服务内容的质量对农民思想觉悟的高低至关重要。在农村公共文化服务建设中，先进的文化不去占领，庸俗的、落后的文化就可能会去占领。服务的内容应当符合文明乡风的要求，符合社会主义核心价值观，以实现公共文化精神引领和价值培育功能。特别在舞市、集市等公共场所，更应当注重对社会主义核心价值观的宣传。第二，促进服务内容与发展优秀传统文化相融合。乡村文化振兴的内涵包含着传统文化的振兴，这是战略规划中繁荣发展乡村文化的要求。习近平总书记强调了中华优秀

① 习近平. 在庆祝改革开放40周年大会上的讲话(2018年12月18日)[N]. 人民日报，2018-12-19(2).

② 朱高林. 1949—1978年农村公共文化生活的运行经验及历史启示[J]. 学术界，2021(5)：178-190.

传统文化的精神力量与其涵养社会主义核心价值观的作用，指出“优秀传统文化是中华民族的精神命脉，是涵养社会主义核心价值观的重要源泉”①。服务内容应当包含中华优秀传统文化的内容。服务建设可以成为助力传统文化实现双创的重要载体，政府可以通过挖掘这些文化，探索其与社会主义核心价值观相一致的内核，通过宣传传统文化这种形式将服务建设与乡村文化的振兴结合起来。第三，促进服务内容与农村特色文化相结合。山东通过颇具特色的文化活动，复兴了民间艺术②。山东的做法，一方面将民间艺人等力量引入公共文化服务供给中，促进了多元主体参与，挖掘了文化的内生力量，另一方面也复兴了民间艺术，对于公共文化服务建设与农村特色文化的结合具有很强的启示意义。保护和发展农村地区特有的文化是振兴乡村文化的要求之一。农村地区特有的农耕文化、戏曲文化以及部分农村地区特有的红色文化等，这些文化中的积极因素对于教化群众、凝聚人心有重要作用。农村公共文化服务可以汲取农村特色文化中的积极因素，达到既促进文化建设又发展特色文化的目的。第四，促进服务建设与文化产业发展相融合。对于不平衡不充分问题的解决，生产力的发展是重中之重，农村经济的发展至关重要。农村公共文化服务建设与文化产业相融合，一方面完成了农村公共文化服务建设的要求，另一方面有利于农村经济的发展，农村经济的发展又为农民获取更多的文化服务做支撑，文化与经济二者互相促进，形成良性循环。第五，促进文化服务建设中精神引领、凝聚人心等作用的实现。一方面，加大对中国共产党治国理政指导思想的宣传，另一方面将革命文化、先进文化融入农村公共文化服务供给中，在有条件的地方还可以挖掘其特有的红色文化，发挥公共文化建设强化意识形态引导、凝聚人心的作用。

（三）主体架构多元化转型：从外生到内生

农村公共文化服务结构转型的实现，离不开多元主体的协同参与。主体架构多元化转型，不仅需要从观念层面强调多元主体的重要作用，而且需要从实践层面让多元主体参与到公共文化服务供给的实践中，发挥其主观能动性，激发文化振兴的内生力量，从而实现主体架构从外生到内生的转变。

1. 政府充分发挥引领作用

政府引领作用的充分发挥，一方面需要把关文化基调，另一方面需要促进文化资金的合理配置。

第一，政府要把关文化基调。文化影响人于无形，人们的行为在不知不觉中受

---

① 中共中央文献研究室. 习近平关于社会主义文化建设论述摘编[M]. 北京：中央文献出版社，2017：167.

② 任成金，何颖. 改革开放以来山东农村文化建设的历史考察[J]. 聊城大学学报(社会科学版)，2021(1)：1-10.

到文化的影响,一旦公共文化的价值导向出现了偏差,人们的思想就会随之受到影响,从而影响整个社会的和谐与稳定。政府作为乡村振兴战略的引领者,应当对农村公共文化的价值取向严格把关,保证其内容的正确性、先进性,符合中华优秀传统文化双创要求,杜绝低俗文化。政府部门可以通过定期检查文化场馆的展览内容、严格审批公共文化活动等举措从思想上引起工作人员的重视、从实践上保障公共文化的价值导向契合社会主义核心价值观的要求。第二,政府要实现文化资源合理配置。城乡之间、地区之间文化的均衡与充分发展,有利于解决不平衡不充分的问题,有利于社会主要矛盾的解决。政府作为宏观调控者,应当在资源配置阶段保证城乡与区域间的合理配置,在保障发达地区与城市人民群众文化需求的基础上,将更多的资源投向"老少边穷"地区,在文化资源配置上追求按需分配。

2. 保障多元主体参与有道

公共文化服务的公共性意味着这种服务可以由多元主体共同提供。政府应加快职能转变,给予社会组织、市场机制等更多的支持与自主空间,成为农村公共文化服务供给的掌舵者而非划桨者。

第一,引入社会力量参与。政府部门是公共文化服务建设的主力军,但是其资源毕竟有限,一时不能保障所有地区的文化建设,社会力量便成为重要建设力量。政府引入社会力量参与农村文化建设,一方面应当鼓励社会组织、民间团体通过各种各样的形式提供服务,另一方面应当培育农村文化建设新力量,如广场舞团队等文化组织,引导其朝着正确的方向发展,为农村公共文化服务供给贡献力量。第二,引入市场运作机制。引入市场竞争机制,让文化企业通过竞标方式成为供给主体,这是提高农村公共文化服务供给效率和专业化程度的重要途径。市场力量的引入、市场机制作用的发挥可以有效缓解政府在农村公共文化服务供给中的专业性不足的问题。一方面,政府要建立完善的招标制度,通过向企业购买服务的形式使文化企业成为供给的主体。另一方面,政府招标能够促进企业之间的竞争,从而使企业更加关注文化产品的质量,追求更低的成本与更高的质量。第三,促进农民文化自给。诸多供给主体中最了解农民文化需求的,莫过于农民自己。但是受农村长久以来脱贫观念的影响,农民将更多的心思放在了致富上,对于文化生活漠不关心。一方面,政府应当为农民提供公共文化服务开辟道路。另一方面,应当鼓励乡贤、返乡大学生、乡村企业家等积极参与农村公共文化设施的建设,并贡献物质与精神力量。

3. 调动多元主体参与热情

"仓廪实而知礼节,衣食足而知荣辱",针对农村公共文化服务建设中文化工作人员、社会力量等主体参与不积极的问题,政府可以通过提供充足的物质保障、正确的价值引导来调动多元主体的参与热情。

第一，提供充足的物质保障。无论是文化工作人员、企业、社会组织或是农民，要调动他们参与文化建设的热情，首先必须满足其基本生活需求。因此，应当建立合理的报酬与奖励机制，给予文化工作人员合理的报酬与适时的奖励，调动其工作积极性，为农村公共文化服务建设多做贡献。第二，提供正确的价值引导。“理论一经掌握群众，也会变成物质力量。”①欲调动农村公共文化服务相关主体的积极性，除了要提供充足的物质保障之外，更重要的是要从思想上调动其参与文化建设的热情。一方面，要培养其文化素养，相关单位就要通过相关知识与技能的培训提高其参与文化建设的专业性与自信心。另一方面，要提高其思想觉悟，相关单位就要通过一系列动员活动提升他们参与文化建设的价值感、成就感、责任感，培育农村公共文化建设的内生力量。

---

① 中共中央马克思恩格斯列宁斯大林著作编译局. 马克思恩格斯选集:第1卷[M]. 北京:人民出版社，2012:9.

第十章　西部乡村家校社协同育人的困境与对策

一、问题的提出

“教育兴则国家兴，教育强则国家强”[①]。当前我国社会主要矛盾已经转化为人民日益增长的美好生活需要和不平衡不充分的发展之间的矛盾。这一矛盾在教育领域表现突出。针对教育中存在的“教育焦虑”“社会培训机构乱象”等问题，习近平总书记指出：“这些问题都属于社会性问题，不是教育部门单独可以解决的，需要社会各方面、各有关部门共同努力研究解决。”[②]《中共中央关于制定国民经济和社会发展第十四个五年规划和二〇三五年远景目标的建议》和 2022 年政府工作报告均提出要“健全学校家庭社会协同育人机制”[③]。

我国早在 2010 年就将家校合育纳入国家教育改革和发展规划中，从德育、减负、评价、完善中小学管理等方面提出学校、家庭、社会合育问题。2021 年颁布的《中华人民共和国家庭教育促进法》要求“各级人民政府指导家庭教育工作，建立健全家庭学校社会协同育人机制”[④]。与东部发达地区和西部城市相比，西部乡村的教育仍存在观念保守、基础设施落后、师资力量薄弱、现代化水平不高等问题，影响着家校社协同育人的成效。随着“双减”政策的落地实施，提高西部乡村教育质量、减轻乡村学生负担、培养全面发展的人才，需要家校社协同发力。深入剖析家校社协同育人面临的困境及其原因对振兴西部乡村教育具有重要意义。

---

① 习近平在北京大学师生座谈会上的讲话[EB/OL].（2018－05－02）[2024－06－08]. https://www.ccps.gov.cn/xxsxk/zyls/201812/t20181216_125673.shtml.

② 习近平看望参加政协会议的医药界卫生界教育界代表[EB/OL].（2021－03－06）[2024－06－08]. http://www.npc.gov.cn/npc/kgfb/202103/72e79600d27441de98c5a95bcf3c1b80.shtml.

③ 中共中央关于制定国民经济和社会发展第十四个五年规划和二〇三五年远景目标的建议[EB/OL].（2020－11－03）[2024－06－08]. http://www.gov.cn/zhengce/2020－11/03/content_5556991.htm.

④ 中华人民共和国家庭教育促进法[M]. 北京：中国法制出版社，2021：2.

二、研究现状

有关家校社协同育人的研究主要集中在协同理论的阐述、协同关系的认知、影响协同的因素及实现协同的路径等方面。唐汉卫运用交叠影响阈理论、协同理论、行政组织理论等构建协同育人模型，认为协同主体应形成整体、生态、共生共成的新型伙伴关系，家庭负责价值观教育，学校负责学科教育，社会负责强化[①]。家校社的影响不仅在各自领域，还会溢出并影响其他领域的教育作用，形成新的教育效果。施久铭等认为学校教育、家庭教育、社会教育存在“功能合一”的问题，应该让家校社功能回归到“育人”初心上[②]。倪闽景提出要把学校放在社会背景下办教育，家长要不断学习，与孩子共同进步，同时加强整合，引导社会力量参与社会教育[③]。

在西部乡村教育的研究中，学者提出，造成东西部城乡教育水平差距的原因既有经济发展水平的差距，也有社会文化和教育发展理念上的差距[④]；“文字上移”或“村落学校加速终结”的状况是人口因素、城乡关系、规模效应和政策驱动等多重因素作用的结果，根源在于中国乡村社会发展的整体滞后[⑤]；只有立足于文化的变革与建设，立足于人的现代化，才能给西部农村教育发展带来精神支持和长久动力[⑥]。

目前关于家校社协同育人的研究尚处于探索阶段，主要聚焦宏观视野和城市层面，关注乡村特别是西部乡村家校社协同育人的研究较少。本书选取典型案例，通过实地调研的方式，深入分析并明确家校社协同育人主体的关系和定位；通过纵向历史分析和不同类型横向对比研究，探究西部乡村协同育人的难点和关键，尝试提出破解的对策建议。

三、样本选择和信效度分析

(一)总体情况

本书调研的三县按照教育主管部门要求，发挥家校社协同育人机制，严格开展

① 唐汉卫. 交叠影响阈理论对我国中小学协调育人的启示[J]. 山东师范大学学报(人文社会科学版),2019(4):102-110.

② 施久铭，董筱婷，魏倩，等. 让家校社协同回归“育人”初心[J]. 人民教育,2021(6):36-39.

③ 倪闽景. 家校社协同育人需要进行顶层设计[J]. 人民教育,2021(8):19-22.

④ 郝文武. 进一步加大缩小东西部及其城乡教育现代化差距的力度[J]. 西北师范大学学报(社会科学版),2021(6):29-35.

⑤ 熊春文.“文字上移”:20 世纪 90 年代末以来中国乡村教育的新趋向[J]. 社会学研究,2009(9):110-140.

⑥ 林健. 西部农村教育发展与乡村文化建设[J]. 探索,2006(5):138-140.

学生手机、睡眠、读物、作业和体质这“五项管理”，减轻学生课业负担，提升综合素质。在家校社合育中，所调研学校均有比较详细的规划和设计，成立了家长学校和家长委员会，听取和征求家长对学校的重大决策意见，加强与家长沟通交流，组织家长参与学校管理活动；结合各县优势资源，组织学生参观家风馆、开展公益大讲堂、进行传统文化教育展览等活动并取得了明显效果。县政府统筹协同县教育局关工委、妇联、司法局等开展“好儿童”“好家庭”评选等活动，提高了家庭教育的重要性。一系列家校社协调育人举措为巩固拓展教育脱贫攻坚成果与乡村振兴有效衔接奠定了初步的基础。

(二)样本选择

2021 年 10 月到 2022 年 2 月之间，我们选择对陕西省 S 市三县九镇进行问卷调查和深度访谈，并对调查问卷和访谈结果进行了整理分析，实施了补充调研，形成了调研报告。按照地区生产总值、规模以上工业增加值等方面指标，三县既有经济发展靠前县，也有相对落后县；按照经济发展特点，既有传统农业种植县（A 县）、文化旅游重镇（B 县），也有新兴工业发展县（C 县）（表 10－1）。所调研三县兼有差异性和代表性，基本能够反映西部乡村现状及特点。

表 10－1　三县 2020 年主要经济指标

项目	指标				
	地区生产总值比上年增长/%	规模以上工业增加值增速/%	农林牧渔业比上年增长/%	旅游业综合收入/亿元	农村居民人均可支配收入比上年增长/%
A 县	3.1	7.1	3.9	30.26	8.2
B 县	3.3	4.4	4.1	76.07	8.2
C 县	6.0	8.4	4.3	30.12	8.3
各区县平均值	4.8	4.8	3.9	38.6	8.5

数据来源：A、B、C 县统计局。

调研包括线上和线下问卷调查、个人访谈、座谈会、入户调查等形式，共发放线下问卷 200 份，回收 198 份，发放线上问卷 4147 份，开展访谈 15 次，调研访谈对象包括各调研县政府教育主管部门负责人，县乡村高中、初中、小学的校长、教务老师、任课教师、乡村学生家长、学生等人员。调研采集样本数量较大，调研形式完整、覆盖面较广、可信度较高。

(三)信效度分析

对家校社合作基本情况在以线上问卷调查结合线下调研的基础上，在深度访谈了解家校社协同育人机制的深层次问题，并对数据进行详细分析之前，要对数据的信效度进行分析，并运用已有理论加以归纳和总结。

1. 信度分析

信度分析主要解决问卷的可靠性问题；本书利用内部一致性系数克龙巴赫 α 系数来分析调查问卷测量项的信度，根据以往学术研究中的经验，若克龙巴赫 α 在 0.7 以上则表示信度很高。利用 SPSS 统计分析软件对问卷进行了信度分析且基于标准化项的克龙巴赫 α 为 0.912，说明该问卷的信度较高，符合标准（表 10－2）。

表 10－2　数据的信度分析表

克龙巴赫 α	基于标准化项的克龙巴赫 α	项目个数
0.906	0.912	4147

2. 效度分析

用 KMO 值和巴特利特球形检验来分析问卷的数据是否需做因子分析，通常情况下的 KMO 值需要在 0.7 以上。根据 SPSS 统计分析软件的分析处理，该问卷的 KMO 值为 0.918，说明问卷数据的结构效度较好，同时巴特利特球形检验的近似卡方分布值为 2084.605，显著性水平为 0.000（表 10－3）。

表 10－3　数据的效度分析表

KMO	巴特利特球形检验	
0.918	近似卡方分布值	2084.605
	自由度	231
	显著性水平	0.000

本书调查问卷的设计是在预调研的基础上咨询了政府工作人员和专家意见，对问卷部分题项反复进行修改，使内容能够贴合报告的研究主题，所以该问卷具有内容效度。

四、家校社协同育人面临的四重困境

（一）家庭教育或越位或缺位，协同育人阻力大

据对三县教育主管部门、学校领导及家长的调研，协同育人中因家庭自身变故出现问题儿童的现象较为突出。许多留守儿童因未能得到正常的抚育和关爱而成为问题儿童，这成为家校社协调育人的主要难点。

学校绝大多数学生都来自农村。农村孩子许多存在家庭监管落后的问题，缺

乏父母关爱的学生比重较大。典型的家庭结构类型主要有：父母在外打工不在家；父母一方打工不在家；单亲或离异又组建家庭；父母在身边但抚育责任缺乏等。（调研对象：A 县某高中校长）

我们这两年存在的困惑比较多：一方面是家长的文化程度以及重视教育的程度参差不齐；另一方面比较严重的就是留守儿童的问题。爷爷奶奶使用的是老人机，没有智能手机，无法配合学校开展一些工作，家庭在孩子的学习、心理方面的引导都是远远不够的。（调研对象：C 县某中学校长）

调查显示，各学校问题儿童所占比例平均在 30％以上。通过对三县 4147 份问卷调查，长期与母亲或父亲或爷爷、奶奶生活在一起的比重占到 37.13％（图 10－1）。这也印证了我们对各县学校的访谈结果。

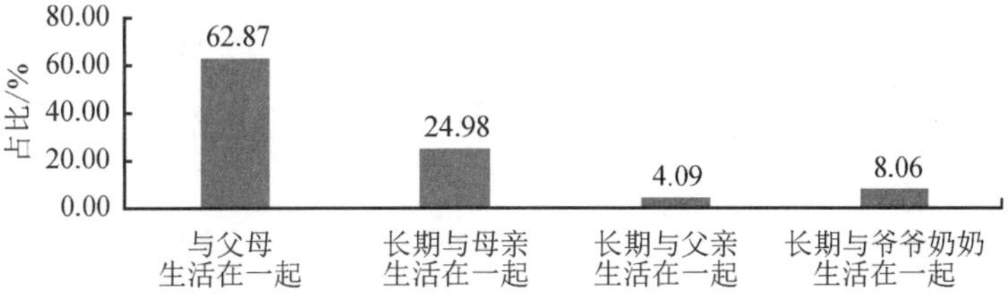

图 10－1　三县学生与家长生活情况统计柱状图

孩子的问题多是家庭问题的折射。家庭中出现的问题主要是：父母长时间不在身边照顾，或父母离异、感情不和等原因给这些孩子们造成心理上的影响，造成青少年的心理障碍；父母教育缺位或教育方法不科学，使孩子性格变得叛逆，成绩下滑。很多家长更多的是在物质方面满足孩子的需要，关注孩子的学习成绩，在孩子的心理健康、思想道德、价值观塑造方面关注较少。

（二）"城镇挤、乡村弱"，教育资源布局矛盾突出

20 世纪末到 21 世纪初，乡村的"撤点并校"政策在改善农村办学条件的同时使乡村学校数量骤减。2001 年，《国务院关于基础教育改革与发展的决定》提出要"因地制宜调整农村义务教育学校布局"[①]。2012 年《国务院办公厅关于规范农村义务教育学校布局调整的意见》对前期"撤点并校"政策进行纠偏，以求提高教育教学质量。但随着城镇化进程的推进，教育布局的矛盾仍然突出。

自 20 世纪末以来，西部地区财政在乡村教育投入乏力，加之乡镇企业萧条、外出务工求生，乡村劳动力源源不断地向县域和城市转移，乡镇学校数量不断减少，

① 国务院关于基础教育改革与发展的决定[EB/OL].(2001－05－29)[2024－06－08]. http://www.gov.cn/gongbao/content/2001/content_60920.htm.

村级学校撤并，数量急剧缩减。调研三县2020年与2012年相比，小学、初中、高中阶段的学校数量分别减少了53.04%、7.58%、23.53%；在校学生数分别减少了8.08%、40.16%、42.96%；专任教师数分别减少了29.24%、34.48%、21.18%（表10-4）。

表10-4 调查三县2012—2020年教育资源流动情况

年份	高中阶段			初中阶段			小学阶段		
	学校数/所	在校学生数/人	专任教师/人	学校数/所	在校学生数/人	专任教师/人	学校数/所	在校学生数/人	专任教师/人
2012	17	32393	2233	66	47463	4965	345	68615	5232
2013	15	30512	1975	67	42035	4838	328	65372	5174
2014	15	29747	1939	67	37055	6379	288	63439	5079
2015	13	26645	1922	66	33746	4226	206	62671	4786
2016	13	25179	1901	63	32284	4040	205	62557	4608
2017	13	24534	1881	63	31171	3843	205	63173	4400
2018	13	23174	1866	61	30479	3676	198	63117	4236
2019	13	20635	1848	60	28992	3577	177	63437	4177
2020	13	18476	1760	61	28400	3253	162	63069	3702

数据来源：A、B、C县统计局。

县自2010年左右小学已退出关停，B县和C县情况稍好一些，有的村子能够保留一所小学。这三个县的乡镇一般只保留初中1～2所，在校学生人数也不多。某镇中学两年前撤并，只剩一所小学。小学学生仅为十几名，多为经济状况困难或残障孩子，学校教师人数比学生人数还多，学校也随时面临撤并的情况。

前几年希望工程耗资百万元在村里捐资建设的某希望小学，因招生人数少而关停闲置。某镇高中高考录取率曾经排到全市前三名，现在连学生都很少了，排名就更不要说了。（访谈对象：A县退休教师）。

据对西部其他地区调查，受多种因素影响，一些地方出现希望小学校舍人去楼空，被废弃或闲置的现象，这不仅造成浪费，还可能引发社会疑虑①。

县城学校学生数量多，教师总体配备不足，师资结构性缺编严重，心理咨询师、体美教师严重不足，三个县除个别重点高中配备专职心理咨询教师外，大多是学校教师兼任，一个班主任兼多重身份，县乡师生供需和结构矛盾突出。

① 投入近200万，仅使用6年！部分希望小学废弃闲置，处置成难题[EB/OL].(2019-03-28)[2024-06-08]. http://big5.xinhuanet.com/gate/big5/www.sc.xinhuanet.com/content/2019-03/28/c_1124295242.htm.

目前县上的教育，一个比较严重的问题就是师资总量不足和结构缺编，区上每年要退休 200 名左右的教师，但是招聘最多只能招到 80 人左右。以前县里 7000 多名教师，现在只剩 3000 多名教师了。尤其在农村比较严重，几乎没有年轻教师。在学科方面，乡村学校的体、音、美教师严重不足，虽然各方都在努力改变这一现状，但是每年招聘的体、音、美老师依然很少，这与人民满意的教育有一定的差距。（访谈对象：B 县教育局主管股长）

教育发展中“空壳学校”和“大班额”的并存①在一定时期内将持续。教育资源的流动，在加强市县教育的同时严重削弱了乡村教育的基础力量，而乡村教育的衰败又进一步降低了人们对于乡村教育的社会信任，并加剧了教育资源向城镇的流动。

（三）主体认识有偏差，共育体系化建设不足

家校协同育人是家校社共育的基础性工作，起关键性作用。家校沟通中方式的选择、参与程度和沟通主体的认识等决定着协同育人的成效。

在沟通形式的调查中，当问“您是如何参与学校教学活动”时（图 10－2），在 2635 名家长中，家长会是主要渠道，占到 96.79%，讲座、其他方式、亲子活动、志愿者分别占到 16.61%、14.29%、6.10%、2.14%。当问“你班级上家长与老师交流的方式有哪些”时（图 10－3），调查显示家长会占到 88.61%，微信、电话沟通、学校活动、家访、QQ 群和其他分别占到 67.40%、44.56%、11.83%、2.39%、4.78%、3.21%。在“你所在的学校是否经常邀请家长参与活动”调查中，有 73.44%的学生选择了“偶尔”。在“您与老师的联系情况怎样”的调查中（图 10－4），在三县 2635 名被调查的家长中，回答“每周一次”有 458 人，占 17.38%，回答“每月一次”有 1029 人，占39.05%，回答“每学期一次”有 1148 人，占 43.57%。调研显示，家长参与学校教学活动、与教师进行沟通的方式单一、形式简单、频次较低。

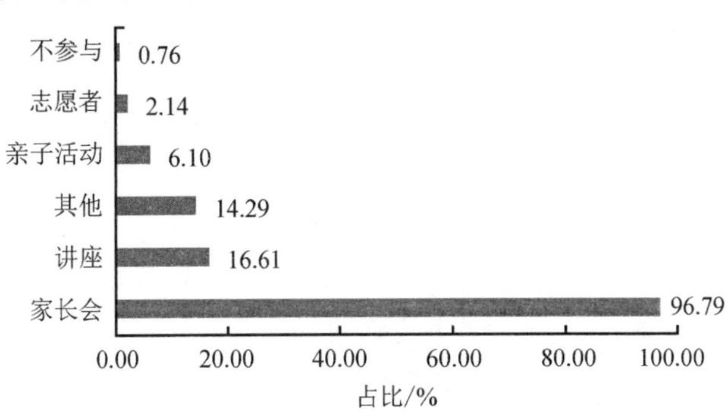

图 10－2　家长参与学校教学活动情况条形图

① 邬志辉. 城乡教育一体化：问题形态与制度突破[J]. 教育研究，2012(8)：19－24.

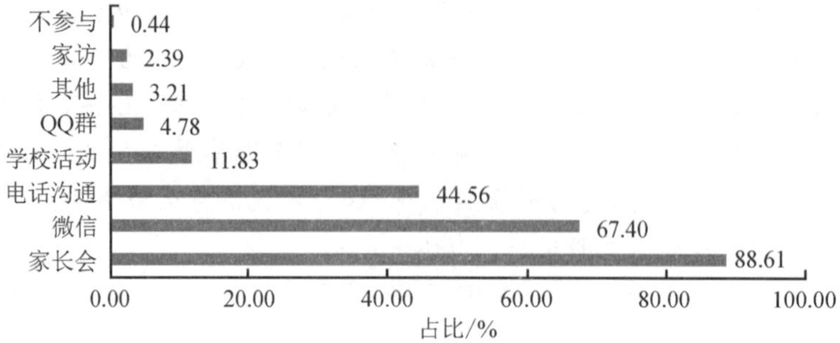

图 10-3 家长与老师交流方式情况条形图

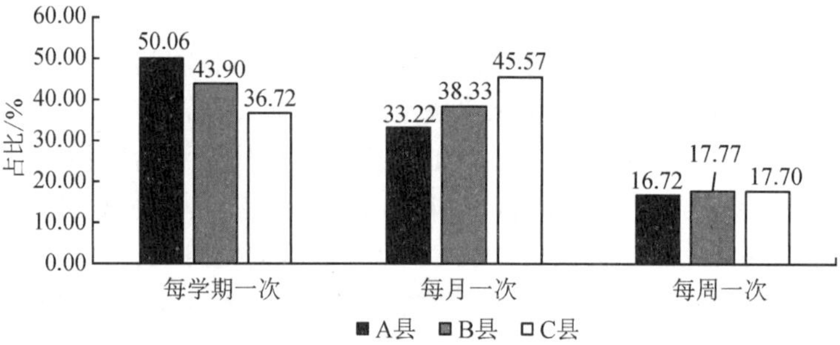

图 10-4 三个县区家校沟通情况分布柱状图

沟通成效的调研显示，家庭和学校之间存在不同认知。在“您对学校在家校合作育人中有什么意见和建议”的调查中，有 60%家长认为“学校缺乏系统的家校合作育人机制，家长会、‘家长进课堂’等活动效果不明显”。其中的主要问题是家长只是被动聆听者、支持者，缺乏合作成效。也有部分家长认为家校合作只是班主任单兵作战，没有其他老师和学校作为主体参与。而学校认为家长对于家校协同育人的理解和参与不够，同时认为自身承担了更多的社会教育功能，校内安全事故和庞杂事务影响正常工作开展。

学生有一点问题，家长不理解就会引起比较大的冲突。学校和老师都不敢管理了，这已经成为一种普遍的现象，尤其在农村，对于一些留守孩子和问题孩子就更为突出。（访谈对象:B 县中学教务主任兼教师）

现在有一个极端问题，就是学生不论发生了多大的安全事故，最后都是学校承担这个责任，学校也想采取办法尽快平息事态，这样就形成了恶性循环，最后破坏了学校良好的育人环境。学校承担的社会功能太多，教师要应付许多非教育教学事务，学校的管理压力较大。（访谈对象:C 县教育局股长）

家庭和学校在一些重要问题方面的沟通不够及时顺畅，有“单兵作战”和“各自为战”的现象，存在体系化建设不足的尴尬，对实现协同育人的目标不利。

(四)社区教育短板，弱化协同育人成效

社区教育是家校社协同教育的“最后一公里”。乡土教育是社区教育的重要载体。然而，家校社协同育人面临社区教育短板的尴尬，在社区乡土教育方面更缺乏成熟的治理经验可资借鉴[①]。缺少乡土文化的社区教育，家校将在孤岛困境中生存，学生活动空间面临持续萎缩，精神世界也会走向自我封闭。

县城有一个社区曾经组织过大学生暑期社会实践，效果非常好，国家级媒体曾报道过，我想农村在这方面也可以实行。这样可以减轻学校的压力，才能实现家校社共育。(访谈对象：B县中学校长)。

县里的教育不论是社区还是村里，应该做好留守儿童的管理，应该发挥乡村社区的优势，这需要一个顶层设计来正确引导。孩子们在学校得到很好的教育，但是回到农村就无人管理，沾染上各种坏习惯，这样无形中损耗了教育者的精力。社区教育管理很重要，很急迫。(访谈对象：C县教育局股长)

入户调查显示，课余时间孩子们会在学校周边参加课外辅导班，平均费用为一学期1万元到2万元，给家庭带来了一定的经济负担。这种“影子教育”[②]参加学生人数比重巨大，在乡村成为普遍现象。孩子们假期回到村子，一些孩子处于无人管理状况，就会沉迷于网络游戏，沾染上不良习气，各类事故也会经常发生。

A县村里有许多过去的古城门楼，村里有一座600多年历史的城门楼，县里专家说是县里保存最完整、规模最大的明代城门楼，2019年进行了重修，也只有这个重修了，其他的都年久损毁了。这些古城门楼对孩子们也没有发挥多大教育作用。(A县某村家长)

乡村社区文化教育资源很多处于闲置状态，缺乏较好的保护利用，乡村传统人文景观、特色文化教育功能发挥不够；乡村基层组织、社会力量、企事业单位服务乡村教育振兴还处于探索阶段。

五、家校社协同育人困境的成因分析

(一)历史发展演进：乡村教育基础薄弱

教育资源结构中生源、投资、师资三项资源要素组成了一个有机整体，任何一

① 张胜军.农村社区教育治理困境与突破[J].教育与职业，2021(3)：85-90.

② 梅红，司如雨，王璇.农村贫困地区影子教育的实施效果研究[J].西安交通大学学报(社会科学版)，2020，40(6)：101-108.

项资源变动都会影响带动其他两项资源的变动，形成所谓的裹挟效应①。在裹挟效应的影响下，教育资源分布呈现出不均衡状态，这一趋势在西部乡村表现尤为突出。据相关学者研究，如果把全国城乡教育发展水平分为三个层次，西部地区农村教育就位于东西部城市教育、东部城镇乡村教育（部分与城市教育一样是第一层次）之后的第三层次。西部地区内部也存在着较大的差异。调查三县中，工业旅游重镇、产业发展好的地区对人才吸引力更大，间接服务了乡村教育发展，协同育人成效明显；单纯以种植业为主的传统农业地区产业链单一，经济发展薄弱，乡村教育萧条，人才流失严重，家校社协同育人效果不佳。

随着国家脱贫攻坚战略推进，西部落后地区乡村获得了更多的国家投资，进而完成了历史性的变革，农村教育脱贫攻坚也取得了实质性成果。随着国家不断推进巩固拓展脱贫攻坚成果同乡村振兴有效衔接，以外生变量为主的政策推动型教育脱贫将过渡到以乡村治理现代化为标志的教育改革内生发展动力上来。西部乡村教育面临巩固教育脱贫攻坚成果与乡村振兴有效衔接和实现城乡教育从基本均衡向优质均衡发展两大历史任务。

（二）主体教育认知：教育认知偏弱化趋势

家长教育素质的高低是家庭教育能否成功的关键因素，教育素质包括家长的教育观念、教育态度、教育能力、控制情绪的能力等②。目前，家庭教育还未纳入国民教育体系，一些西部乡村家庭教育更多的是摸着石头过河，家庭问题和困惑最终通过孩子的思想和行为表现出来。家庭教育的对象不仅仅是学生，也应该包括家长。三县家长文化程度可见图 10－5。文化程度等客观上影响了家长对于家校社协同育人的认知水平。

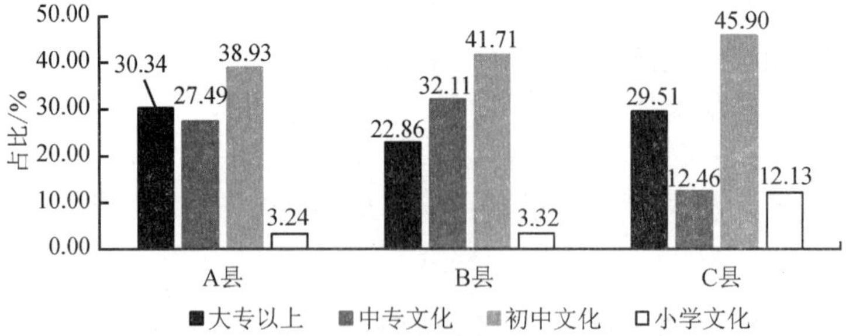

图 10－5　三县家长文化程度分布柱状图

① 张玉林. 分级办学制度下的教育资源分配与城乡教育差距：关于教育机会均等问题的政治经济学探讨[J]. 中国农村观察，2003(1)：10－22.

② 赵刚，王以仁. 中华家庭教育学[M]. 北京：研究出版社，2016：75.

家长的主观愿望与实际行动出现了明显的不一致。在“出席学校举办的活动时，您是抱着怎样的想法”的调查中，81.28%的家长表示“很乐意出席，这是了解孩子在校情况的好机会”。在我们的另一项“您愿意参与到家校共育中来吗”的调查中，40%的家长表示无所谓。结合前面的分析发现，其实许多家长在观念上认为孩子送到学校就该老师来管理，自己在家校合作中应该是一个配角，把教育子女的责任和义务出让给了祖辈、培训机构和学校。很多家长具备强烈的共育动机，但因各种条件限制（如外出务工，不在孩子身边）或者能力制约（如文化程度低），影响了共育的效果。

（三）乡村教育发展：内生性动力不足

优质教育资源配给和教育主体对乡村文化的认同是协同育人的重要内生性动力。教育不均衡使各方改变了对乡村教育的认知，乡村教育的核心竞争力严重不足。

A县调查问卷显示（图10-6），站在农民的立场上，他们觉得我国关于乡村教育的改善应该从“加大人才流动，多分配优质教师进入农村”入手，在“你认为改善目前乡村义务教育的主要着力点”调查中，选项“提高教师教学水平”占比最高。对于学校教育，在“您最关心的是什么”的调查中，“教师素质”的回答占比最高。这些都反映了教师对乡村教育的重要影响。

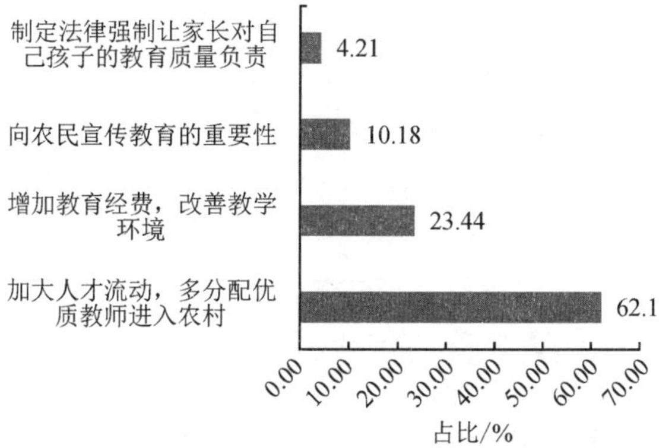

图10-6　A县家长对于教育建议情况条形图

由于乡村学校生源流向城市、县域师范学校撤并，以及离农教育盛行等原因，呈现出农村—乡镇—县城—城市的乡村教师流动趋势。2000—2019年，我国乡村中小学教师数量整体减少，乡村小学专任教师数量由2000年的367.8万人减少到2019年的167.94万人，乡村普通中学专任教师数量由2000年的178.63万人减少到2019年的76.83万人[①]。乡村师资在乡村学校资源结构中发挥重要作用，优

① 陈鹏，李莹．全面乡村振兴视域下乡村基础教育的新认识与新定位[J]．陕西师范大学学报（哲学社会科学版），2021(9)：126-136.

质师资力量是其中的教学骨干，发挥着传帮带的代际接力任务，这部分师资的流失，会降低人们对乡村教育的信心，影响协同育人主体的行为选择。一些乡村学校学生人数少，远远低于国家规定的师生比例 1∶23。政府在一定程度上受生源流动影响形成资源配置压力①，这导致在乡村发展小规模学校的动力不足。这一点在对 C 县的调研中也得到进一步印证。为了保证城镇学校教育教学基本运行，一些地方乡村学校教师只能选用代课教师或临聘教师②。

(四)协同育人体系：主体责任边界模糊

家校社协同育人主体包括家庭、学校、社会三个主体。各主体之间是平等协调的，构成了家校、校社、家社、家校社协同育人体系，在相互联系的过程中，各主体之间是既相互独立，又互相重叠的关系(图 10－7)。目前，家校社重叠处衔接不足，表现为家校沟通机制不畅，校社、家社缺乏联络互动；互补处角色错位现象突出，表现为主体缺位、越位或一方占据优势地位，使其他主体的作用无法正常发挥等。

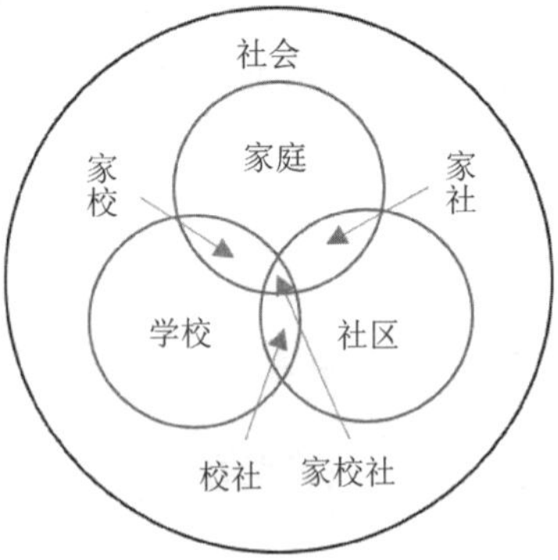

图 10－7 家校社协同育人关系图

第一，“学校教育社会化”。在家校社协同育人治理中，学校应起重要的引导作用，发挥主导地位。但一方面学校承担了大量社会性事务，教师也往往被各种非教学事务所困扰，造成学校教育出现“甩锅”现象。一位教学点的校长抱怨，自己花在教学上的时间只有三分之一，其他都用来应付检查，写报告③。另一方面学校在主动开展协同育人工作，如创新家校沟通方式，在家社沟通方面效果还不明显。

① 安永军．生源流动、教育资源重组与城乡义务教育失衡：基于甘肃 N 县的案例研究[J]．北京工业大学学报，2021(5)：39－47．

② 倪闽景．家校社协同育人需要进行顶层设计[J]．人民教育，2021(8)：19－22．

③ 唐一鹏，王恒．何以留住乡村教师：基于 C 省特岗教师调研数据的实证研究[J]．教育研究，2019(4)：134－143．

第二，“家庭教育学校化”。交叠影响阈理论发现，因阶层、经济条件、受教育程度的差异，在协同育人中家庭的参与度呈现出分化状态，那些社会地位较低的家庭往往因被“边缘化”而缺乏合作的愿景与自信[①②]。家长在家校社合作中参与度很大程度上取决于家庭特征，即家庭类型、家庭的社会经济地位等[③]。西部地区许多农村家庭教育存在着诸多问题，尤其是留守儿童、问题儿童的家庭教育被边缘化、家庭教育严重缺位。除此之外，由于一些学校的制度化权威导致家庭教育的学校化倾向[④]。

第三，“社区教育空缺化”。随着“分级管理、以县为主”教育管理体制的推进，乡镇和村在办学过程中逐渐“失势”“失位”“失责”，意味着学校与乡村逐步处于“渐行渐远”“貌合神离”的状态[⑤]。乡村教育是乡村与教育的组合，乡村需要教育，教育也需要融入乡村。乡土文化是中华民族的文化根基和血脉。西部农村的教育发展水平不高，但却有着自己独特的文化资源，所缺的是资源意识，缺那些调动、提取、聚合和利用这些资源的办法与手段[⑥]。

六、对策建议

(一)推进政策性重点支持

第一，明确协同育人核心目标和细分目标。培养什么人、怎样培养人、为谁培养人，历来是我们党和国家教育的根本问题。学校、家庭、社会在各自定位基础上，将立德树人作为核心目标，关注学生的身心健康和全面发展，树立多层次、多类型的细分目标，提供公平教育环境，形成全社会共同参与的教育治理新格局。例如针对问题儿童，在关注学生发展的基础上，将增强自信心、情感交流、基础学习能力、亲子和谐度、与人交往技能作为协同育人的细分目标。

第二，在“以县为主”的农村义务教育管理体制中，应充分调动村镇办学积极性，充分发挥村镇在振兴乡村教育、推进乡村教育现代化中的重要作用[⑦]。因地制

① 唐汉卫. 交叠影响阈理论对我国中小学协调育人的启示[J]. 山东师范大学学报(人文社会科学版)，2019,64(4):102－110.

② 爱普斯坦，等. 大学教育:学校、家庭与社区合作体系[M]. 3版. 曹骏骥，译. 哈尔滨:黑龙江教育出版社，2016(3):248.

③ 鞠佳雯，李妍，蒋柳青. 促进家长参与家校合作的国际经验及启示[J]. 中国电化教育，2021(5):33－38.

④ 吴重涵. 制度化家庭合作的内在动力、行动逻辑与实践路径:基于十年家校合作实验的回顾与反思[J]. 中国教育学刊，2021(9):68－75.

⑤ 徐金海. 从历史走向未来:城镇化进程中的乡村教育发展[J]. 教育研究，2021(10):24－29.

⑥ 熊春文. 文字上移:20世纪90年代末以来中国乡村教育的新趋向[J]. 社会学研究，2009(9):110－140.

⑦ 郝文武. 乡村教育振兴应充分发挥村镇的作用[J]. 群言，2021(1):11－12.

宜有效利用各地资源，如A县可以进一步挖掘文化旅游资源，将家校社教育融入文旅项目；B县可以以县内入选的全国乡村治理示范村为试点展开社区教育；C县可以利用工业发展吸引人才回乡就业创业带动当地教育发展。

第三，加强政策支持和调查督导。乡村家校社协同育人除需纳入义务教育阶段的发展规划和政府财政经费预算等外，还要纳入高校专业培养、校长教师在职培训和纳入各级政府统筹评估。各级政府需加强对乡村教育的调查督导，发挥第三方机构等社会力量的作用，有序推进社区家长学校、家庭教育指导机构的发展。

（二）明确协同育人主体作用

第一，学校在协同育人中应起到主导作用。学校的主导作用一方面体现在对协同育人规划和制度的制定，另一方面通过现代学校治理，力求家长和社区的参与[①]。学校作为教育发挥影响力的制度化机构，通过育人体系的制度化构建，增强协同育人的科学性、针对性；努力与家庭建立生态信任关系，完善家校工作情感关系[②]。

第二，落实家长第一责任人的重要地位。“家庭是人生的第一所学校、家长是孩子的第一任老师，要给孩子讲好人生第一课，帮助扣好人生第一粒扣子”。除了关注孩子的学习成绩，还要多关注孩子的价值观、心理健康、行为习惯等教育。同时，针对农村留守儿童、问题儿童，要健全和完善家校联络员制度，选派专业家庭教育指导师进行指导，探索农村家长的持证上岗教育制度。

第三，社会要营造协同育人的良好生态氛围。发挥基层群众的力量，积极建言献策，营造支持乡村家校社协同育人的文化氛围。要以乡村社区为主要载体，加强对社区教育整体性认识，强化校社、家社的沟通协调，从体系建设方面优化社区教育的主要内容、法治体系、执行路径。

（三）激发协同育人的内生动力

第一，破解教师“不愿到乡村任教”的现实困局。随着《中华人民共和国乡村教育促进法》《教育部等四部门关于实现巩固拓展教育脱贫攻坚成果同乡村振兴有效衔接的意见》等出台，乡村教育改革深水区的破局迈出了重要步伐。2022年中央一号文件提出了“加强乡村教师定向培养，在职培训与待遇保障”的制度设计[③]。这些都为西部地区教师队伍建设提供了法律和政策遵循。在执行文件和细化落实

---

① 张永．美国家校社合作的两种层次理论及启示[J]．全球教育展望，2012(3)：106－117．

② 鞠佳雯，李妍，蒋柳青．促进家长参与家校合作的国际经验及启示[J]．中国电化教育，2021(5)：33－38．

③ 农业农村部关于落实党中央国务院2022年全面推进乡村振兴重点工作部署的实施意见[EB/OL]．(2021－03－01)[2024－06－08]．http://www.moa.gov.cn/ztzl/jj2022zyyhwj/．

中，稳定乡村教师队伍做到“政策留人、事业留人、情感留人”；要尊重乡村教师意愿、听取他们的意见，发挥其主体性和内驱力。

第二，通过改革的办法完善工作机制，解决好乡村教师结构性缺编的问题。完善县管校聘等改革办法，做好教师由“学校人”向“系统人”转变；特岗计划分配多向乡村学校音、体、美等学科缺编严重的教师岗位倾斜；加大对于紧缺学科公费师范生招录比例，直接解决严重缺编问题。

第三，加强学校教师协同育人的专业性指导。充分利用数字乡村建设平台，将发达地区优质教学资源引入西部乡村学校，使其充分惠及西部地区并促进教育公平。优化学校班主任和任课教师协同配合机制，主动构建相互倾听的班级共同体文化，促进学生健康成长①。

(四)加强社区教育共同体建设

第一，形成县政府统筹、基层组织配合、学校充分参与、社会企业支持的协同共治模式。运用好政府(县政府、教育局)＋学校＋社会＋企业模式，依托城乡社区公共服务设施，设立社区家长学校等指导服务站点②③，配合家庭教育指导机构组织开展家庭教育宣传、家长教育培训等活动。

第二，陕西省教育厅发布的《陕西省教育厅关于进一步加强中小学幼儿园家校共育工作的通知》指出：“全省各中小学幼儿园要积极探索与社区共建家庭教育指导工作站，定期开展家庭教育指导及实践活动”④，强调在家社共育中要注重从文化引领、教育内容、实践教学等方面加强协同教育的体系化建设。

第三，整合乡村社区人力资源和优秀传统文化、民俗文化资源，调动社会力量参与家校社协同育人，使乡村教育浸润在乡村优秀文化、民族文化、现代文化中。近年来，一些地区通过建立农家书屋、举办读书会等形式加强农村社区教育，起到了很好的效果。

---

① 郑艳红. 倾听，助力教师协同育人[EB/OL].(2021-01-13)[2024-06-08]. http://paper.chinateacher.com.cn/zgjsb/html/2022-01/12/node_22.htm.

② 孙永鸣. 新时代家校社协同育人的内涵和特征[J]. 探索，2021(18)：15-19.

③ 刘鹂. 农业教育治理现代化：原点、困厄及实践路径[J]. 现代教育管理，2020(12)：15-21.

④ 陕西省教育厅关于进一步加强中小学幼儿园家校共育工作的通知[EB/OL].(2021-12-29)[2024-06-08]. http://jyt.shaanxi.gov.cn/news/jiaoyutingwenjian/.

后　记

《资治通鉴·汉纪·汉纪五》中写道："农，天下之大本也，民所恃以生也。"新中国成立75年来，我国农业生产取得历史性成就，农村面貌发生历史性变革，农民生活实现历史性跨越。乡村振兴战略是党的十九大提出的重要战略，2017年12月29日，中央农村工作会议首次提出走中国特色社会主义乡村振兴道路，让农业成为有奔头的产业，让农民成为有吸引力的职业，让农村成为安居乐业的美丽家园。2021年6月1日中国第一部直接以"乡村振兴"命名的法律《中华人民共和国乡村振兴促进法》正式施行。乡村振兴的实施使理论探索和地方实践不断深入，围绕相关问题进行学术研究是时代的责任，更是学者的担当。

承担本书写作任务的是：樊晓燕（第4章、第8章）、张琦（第9章）、蒋明（第10章）、董怡然（第7章）、安文叶（第6章）、吴迪（第1章）、梅茹冰（第2章）、李洋（第3章）、丁国宣（第5章）。樊晓燕设计了全书的总体思路、研究内容和研究方法，会同承担具体写作任务的同志对各章进行了逐句修改，对全书进行了审查定稿。董怡然、安文叶具体承担组织工作和格式修改、文献核对等工作。感谢为我们实地调研、资料收集提供帮助的个人和机构，感谢写作过程中所引用文献和资料的作者和相关机构，如有遗漏，敬请谅解。